Zweitspracherwerb im Kindergarten aus der
Community-of-Practice-Perspektive

Beiträge zur Soziokulturellen Theorie der Sprachaneignung

Band 2

herausgegeben von
Udo Ohm und Andrea Daase

Lesya Skintey

Zweitspracherwerb im Kindergarten aus der *Community-of-Practice*-Perspektive

Ressourcen, Praktiken, Positionierungen

Waxmann 2020
Münster • New York

Die vorliegende Arbeit wurde von der Universität Bielefeld, Fakultät für Linguistik und Literaturwissenschaft, Fach Deutsch als Fremd- & Zweitsprache, als Dissertation angenommen.

Bibliografische Informationen der Deutschen Nationalbibliothek
Die Deutsche Nationalbibliothek verzeichnet diese Publikation in der Deutschen Nationalbibliografie; detaillierte bibliografische Daten sind im Internet über http://dnb.dnb.de abrufbar.

Beiträge zur Soziokulturellen Theorie der Sprachaneignung, Band 2

ISSN 2626-2622
Print-ISBN 978-3-8309-4120-0
E-Book-ISBN 978-3-8309-9120-5

© Waxmann Verlag GmbH, 2020
Steinfurter Straße 555, 48159 Münster

www.waxmann.com
info@waxmann.com

Umschlaggestaltung: Pleßmann Design, Ascheberg

Gedruckt auf alterungsbeständigem Papier, säurefrei gemäß ISO 9706

Printed in Germany

Alle Rechte vorbehalten. Nachdruck, auch auszugsweise, verboten. Kein Teil dieses Werkes darf ohne schriftliche Genehmigung des Verlages in irgendeiner Form reproduziert oder unter Verwendung elektronischer Systeme verarbeitet, vervielfältigt oder verbreitet werden.

Dankeswort

Dass diese Arbeit entstanden ist, habe ich vielen Menschen zu verdanken. In erster Linie danke ich meinem Doktorvater Prof. Dr. Udo Ohm für die exzellente fachliche Betreuung und für sein Vertrauen. Ich danke auch meiner Zweitgutachterin Prof.'in Dr. Claudia Riemer für die wertvollen und inspirierenden Hinweise und meiner ehemaligen Mentorin Prof.'in Dr. Julia Ricart Brede für die behutsame Begleitung bei den ersten Forschungsschritten. Mein aufrichtiger Dank gilt des Weiteren Prof. Dr. Olexander Oguy (†), der mich für das wissenschaftliche Arbeiten, Prof. Dr. Hans Barkowski, der mich für das Fach Deutsch als Zweitsprache, und Prof. Dr. Bernt Ahrenholz (†), der mich für den frühen Zweitspracherwerb begeistert hat. Prof. Dr. Arnulf Deppermann und Dr. Wilfried Schütte danke ich für die Einführung in die forschungsmethodologischen Aspekte der Konversationsanalyse und in die GAT-2-Transkriptionskonvention. Prof. Dr. Hans-Joachim Roth und Prof. Dr. Michael Becker-Mrotzek danke ich für ihr Verständnis und die Unterstützung in der Endphase der Promotion.

Ganz herzlich möchte ich mich bei meinen Kolleginnen und Kollegen aus der Forschungswerkstatt „Bielefelder Arbeitsgruppe Soziokulturelle Theorie und empirische Zweitsprachenerwerbsforschung", dem Doktorand*innenkolloquium Deutsch als Fremd- und Zweitsprache der Universität Bielefeld sowie der AG Mehrsprachigkeit am Mercator-Institut für Sprachförderung und Deutsch als Zweitsprache der Universität zu Köln für ihre kritischen Hinweise, wertvollen Anmerkungen und motivierenden Worte bedanken. Ich danke auch all den Menschen, die sich auf dem einen oder anderen Wege auf das Thema meines Forschungsprojektes eingelassen haben und mit ihren Fragen und Kommentaren zum Gelingen dieser Arbeit wesentlich beigetragen haben. Auch wenn die namentliche Nennung an dieser Stelle nicht möglich ist, sollen sie sich mit gemeint fühlen. Ein besonderer Dank gilt dabei Prof.'in Dr. Andrea Daase für ihr offenes Ohr, den aufrichtigen Austausch und die motivierenden Worte in den wichtigsten Momenten meines Lebens als Doktorandin.

Für die finanzielle Unterstützung auf den verschiedenen Etappen des Promotionsprojektes danke ich dem Programm *ProChance* der Universität Jena, der *Deutschen Gesellschaft für Fremdsprachenforschung* (DGFF) und dem *Bielefelder Nachwuchsfonds*. Für die ideelle Förderung und Unterstützung danke ich dem Projekt *movement* der Universität Bielefeld und insbesondere meiner Peergroup.

Für die Lektüre einzelner Teile der Arbeit bin ich Dr. Stefanie Bredthauer, Prof.'in Dr. Andrea Daase, Johanna Grießbach und Jun.-Prof.'in Dr. Nora von Dewitz zu einem aufrichtigen Dank verpflichtet. Marie Ludwig vom *Kompetenzzentrum Schreiben* der Universität zu Köln danke ich für ein behutsames und professionelles Schreibcoaching in der Endphase der Dissertation. Für die Korrektur der Transkripte von Nias (Persisch) bedanke ich mich bei Jasaman Behrouz. Für die Korrektur der Transkripte von Ercan (Türkisch) bedanke ich mich bei Cüneyt Sali, Çağdaş Tutak und Fatih Uzun. Für die Unterstützung bei der Klärung der Zweifelsfälle im Persischen und Türkischen danke ich außerdem Shohreh Ghavidel-Taghavi und Tülin Yildiz. Ulrike Witzmann danke für das sorgfältige Korrekturlesen der gesamten Dissertationsschrift. Daniela Langer vom Waxmann Verlag danke ich für die professionelle und äußerst angenehme Betreuung und Daria Poliak danke ich für die Unterstützung bei der Formatierung der Druckvorlage.

Ich danke ganz herzlich den Kindern, den pädagogischen Fachkräften und den Eltern dafür, dass sie mir spannende Einblicke in ihre (sprachlichen) Welten ermöglicht haben.

Meinen Eltern Vasyl und Galyna Skintey, meiner Schwester Maryna Skintei und meinem Großvater Ivan Vivcharjuk danke ich dafür, dass sie mich ständig motiviert und ermutigt haben. Meinem Mann Mouhannad Alakrad und meinen Söhnen Marcel und Elias danke ich fürs Mitmachen und Inspirieren.

Köln, den 20.09.2020

Inhalt

1 Einleitung 13

2 Deutsch als Zweitsprache im Elementarbereich: Diskussions- und
Forschungsstand 17

   2.1 Früher Zweitspracherwerb: Begrifflichkeit 17
      2.1.1 Zweitsprache 17
      2.1.2 Kinder, die Deutsch als Zweitsprache erwerben 18
      2.1.3 Bildungsinstitution Kindergarten 22
   2.2 Bildungspolitische und fachwissenschaftliche Diskussion zur sprachlichen
Bildung im Elementarbereich 24
   2.3 Aktueller Forschungsstand 27
      2.3.1 Sprachlich-kommunikative Strategien im frühen Zweitspracherwerb 27
      2.3.2 Identität, Beziehungen und Praktiken im frühen Zweitspracherwerb 36
   2.4 Forschungsgegenstand und -fragen 41
   2.5 Zusammenfassung 44

3 Theoretischer Bezugsrahmen 45
   3.1 Debatte um die Rekonzeptualisierung des Zweitspracherwerbs 47
      3.1.1 Kognitiv-soziale Debatte in der Zweitspracherwerbsforschung 47
      3.1.2 Erwerbsmetapher und Partizipationsmetapher des Lernens 50
   3.2 Soziokulturelle Ansätze 51
      3.2.1 Der soziokulturelle Ansatz oder die Soziokulturelle Theorie 52
         3.2.1.1 Die genetische Methode 53
         3.2.1.2 Mediation 53
         3.2.1.3 Internalisierung und Externalisierung 55
         3.2.1.4 Zone der nächsten Entwicklung 55
      3.2.2 Der *Situated-Learning*-Ansatz 56
         3.2.2.1 *Community of Practice* 56
         3.2.2.2 Situiertes Lernen 57
         3.2.2.3 *Legitimate peripheral participation* 58
         3.2.2.4 Identität 59
         3.2.2.5 Sprache 60
         3.2.2.6 Ressourcen 61
         3.2.2.7 Zugang und Macht 61
         3.2.2.8 Zur Kritik am *Situated-Learning*-Ansatz 62
   3.3 Konversationanalytische Ansätze 63
      3.3.1 Ethnomethodologische Konversationsanalyse (KA) 63
      3.3.2 *Conversation analysis for second language acquisition* (CA-SLA) 66
      3.3.3 Herausforderungen der CA-SLA 72
         3.3.3.1 Verhältnis zwischen dem Interaktionalen und dem Kognitiven 72
         3.3.3.2 Analyse kindlicher Gespräche 73
         3.3.3.3 Konversationsanalyse zur Untersuchung des (Zweit-)Spracherwerbs ... 74
         3.3.3.4 Verallgemeinerung 76
   3.4 Poststrukturalistische Ansätze 76

  3.4.1 Der Identitätsansatz 77
  3.4.2 Die Positionierungstheorie 81
 3.5 Synopse der fünf Ansätze 84
  3.5.1 Der *Situated-Learning*-Ansatz und die Positionierungstheorie 84
  3.5.2 Der *Situated-Learning*-Ansatz und die KA 86
  3.5.3 Die SCT und der Identitätsansatz 86
  3.5.4 Die KA und die SCT 87
  3.5.5 Die KA und der Identitätsansatz 88
  3.5.6 Der Identitätsansatz, der *Situated-Learning*-Ansatz
     und die Positionierungstheorie 89
 3.6 Definition zentraler Begriffe der Studie 89
  3.6.1 Ressourcen 89
  3.6.2 Praktiken 90
  3.6.3 Positionierungen 91
 3.7 Einordnung des Forschungsgegenstandes in das Mehrebenenmodell
   des L2-Lernens und -Lehrens 91
 3.8 Zusammenfassung 93

4 **Methodisches Vorgehen** 94
 4.1 Ethnografische Feldforschung 94
  4.1.1 Teilnehmende Beobachtung 96
   4.1.1.1 Kindergarten als Untersuchungsfeld 98
    4.1.1.1.1 Feldzugang 99
    4.1.1.1.2 Feld 100
    4.1.1.1.3 Feldausstieg 101
   4.1.1.2 Beobachtungssituationen 101
   4.1.1.3 Die Rolle der*des Beobachter*in 102
   4.1.1.4 Fokuskinder 107
    4.1.1.4.1 Ercan 108
    4.1.1.4.2 Nias 109
    4.1.1.4.3 Wateya, Selma, Mostafa 110
    4.1.1.4.4 Begründung der Auswahl der Kinder für die
         Datenauswertung 111
  4.1.2 Audioaufnahmen und Feldnotizen 112
   4.1.2.1 Audioaufnahmen 112
   4.1.2.2 Beobachtungsprotokolle 112
   4.1.2.3 Weitere Daten 113
 4.2 Forschungsethik 116
  4.2.1 Kinder als Forschungsteilnehmende 117
   4.2.1.1 Informierte Einwilligung 118
   4.2.1.2 Freiwilligkeit der Teilnahme 121
   4.2.1.3 Beziehungsaufbau 122
  4.2.2 Deutschzentriertheit 124
  4.2.3 Perspektiven und Erwartungen von Forschungsteilnehmenden 125
 4.3 Aufbereitung und Transkription der Daten 125
  4.3.1 Selektion 125
  4.3.2 Transkription 127

4.4	Datenauswertung	130
	4.4.1 Zweitspracherwerbsspezifische Konversationsanalyse (CA-SLA)	131
	4.4.2 Positionierungsanalyse	133
	4.4.3 Analysezyklen im Forschungsprozess	136
	4.4.4 Beispielanalyse eines Interaktionstranskriptes	138
	4.4.5 Kontrastiver Vergleich	142
4.5	Zusammenfassung	147

5 Darstellung der Ergebnisse 148

- 5.1 (Re-)Konstruktion des Kindergartens als CoP 149
  - 5.1.1 Zugehörigkeit zur Community 150
  - 5.1.2 Gemeinsames Unternehmen und gemeinsame Involviertheit 151
  - 5.1.3 Geteiltes Repertoire 152
    - 5.1.3.1 Geteilte symbolische Ressourcen 152
    - 5.1.3.2 Geteilte Regeln 153
    - 5.1.3.3 Geteiltes Wissen 156
- 5.2 Sprachlich-interaktionale Ressourcen der Kinder und deren Aneignung ... 158
  - 5.2.1 Sprachlich-interaktionale Ressourcen der Fokuskinder 158
  - 5.2.2 Mehrsprachigkeit als Ressource 160
  - 5.2.3 Aneignung der sprachlich-interaktionalen Ressourcen 162
    - 5.2.3.1 Ressourcenaneignung als soziale Praxis *(doing-learning)* 162
      - 5.2.3.1.1 Ressourcenaneignung bei *doing-learning* in der Kind-Erzieher*in-Interaktion 163
      - 5.2.3.1.2 Ressourcenaneignung bei *doing-learning* in der Kind-Kind-Interaktion 168
    - 5.2.3.2 Veränderungen im Ressourcengebrauch 168
- 5.3 Soziale Praktiken der Kindergarten-Community und deren Aneignung 171
  - 5.3.1 Soziale Praktiken im Kindergarten und deren Beschreibungskategorien 172
  - 5.3.2 Beispielanalyse einer sozialen Praktik 173
  - 5.3.3 Mehrsprachigkeit in sozialen Praktiken 180
    - 5.3.3.1 Mehrsprachigkeit in der Kind-Erzieher*in-Interaktion 181
    - 5.3.3.2 Mehrsprachigkeit in der Kind-Kind-Interaktion 184
  - 5.3.4 Lernen 185
    - 5.3.4.1 Lernen als soziale Praxis *(doing-learning)* 185
      - 5.3.4.1.1 *Doing-learning* in den Kind-Erzieher*in-Interaktionen ... 186
      - 5.3.4.1.2 *Doing-learning* in den Kind-Kind-Interaktionen ... 193
    - 5.3.4.2 Praktik-Mediation und die Entwicklung höherer psychischer Funktionen 199
      - 5.3.4.2.1 Mediation in der Kind-Kind-Interaktion 200
      - 5.3.4.2.2 Mediation in der Kind-Erzieher*in-Kinder-Interaktion ... 201
    - 5.3.4.3 Lernen einer Praktik: von der LPP zur vollen Partizipation ... 205
- 5.4 Selbst- und Fremdpositionierungen der Kinder und deren Entwicklung ... 209
  - 5.4.1 Positionierungsaktivitäten in Kind-Kind- und Kind-Erzieher*innen-Interaktionen 210
    - 5.4.1.1 Ressourcenbezogene Positionierungen 210
    - 5.4.1.2 Praktikbezogene Positionierungen 212
    - 5.4.1.3 Zugehörigkeitsbezogene Positionierungen 214

		5.4.2	Aushandlung von Positionen innerhalb einer Interaktion 217

- 5.4.2 Aushandlung von Positionen innerhalb einer Interaktion 217
- 5.4.3 Mehrsprachigkeit und Positionierungen 223
  - 5.4.3.1 Mehrsprachigkeit in der Kind-Erzieher*in-Interaktion 223
  - 5.4.3.2 Mehrsprachigkeit in der Kind-Kind-Interaktion 224
- 5.4.4 Lernen 231
  - 5.4.4.1 Positionierungen in *Doing-Learning*-Interaktionen 231
    - 5.4.4.1.1 Positionierungen bei *doing-learning* in der Kind-Erzieher*in-Interaktion 231
    - 5.4.4.1.2 Positionierungen bei *doing-learning* in der Kind-Kind-Interaktion ... 233
  - 5.4.4.2 Entwicklung von Positionierungen 235
- 5.5 Zusammenfassung und Theoriegenese 238

6 Zusammenfassung und Diskussion der Ergebnisse 244

- 6.1 Kindergarten als *Community of Practice* 244
- 6.2 Sprachlich-interaktionale Ressourcen der Kinder und deren Aneignung ... 245
- 6.3 Soziale Praktiken der Kindergarten-Community und deren Aneignung 246
- 6.4 Selbst- und Fremdpositionierungen der Kinder und deren Entwicklung 248
- 6.5 Mehrsprachigkeit 250

7 Kritische Reflexion zur Anwendung der Methode CA-SLA 254

8 Implikationen 259

- 8.1 Relevanz für die Zweitspracherwerbs- und Bildungsforschung 259
- 8.2 Relevanz für die Praxis 263
  - 8.2.1 Praktik- und positionierungssensible Sprachbeobachtung 264
  - 8.2.2 Förderung sprachlich-interaktionaler Ressourcen 264
  - 8.2.3 Unterstützung der kindlichen Partizipation an Kita-Praktiken 268
  - 8.2.4 Unterstützung der Kinder bei der Identitätskonstruktion 268
  - 8.2.5 Entwurf eines Pilotprojektes 269
- 8.3 Relevanz für die Bildungspolitik 270

9 Fazit und Ausblick 272

10 Literatur 274

11 Abbildungsverzeichnis 300

12 Abkürzungsverzeichnis 301

13 Anhang 302

- 13.1 Anhang 1: Vorlage für Beobachtungsprotokolle 302
- 13.2 Anhang 2: Leitfaden für Elterninterviews 303
- 13.3 Anhang 3: Leitfaden für Erzieher*inneninterviews 304
- 13.4 Anhang 4: Elternfragebogen 305
- 13.5 Anhang 5: Erzieher*innenfragebogen 310
- 13.6 Anhang 6: Transkriptionskonvention GAT-2 313

Transkriptsammlung abrufbar unter www.waxmann.com/buch4120

```
053   N     ich hab KEIN (sprechen);
054         ((Stimme eines anderen Kindes))
055   Erz   du hast nicht geSPROchen?
056   N     ich hab kein SPREchen;
057         (1.5)
058   N     ich hab kein SPREchen;
059   N     SPREchen.
```

Nias (3;8, Transkript N23)

1 Einleitung

In der vorliegenden Arbeit, die den Titel „Zweitspracherwerb im Kindergarten aus der *Community-of-Practice*-Perspektive: Ressourcen, Praktiken, Positionierungen"[1] trägt, werden sprachliche Kind-Kind- und Kind-Erzieher*in[2]-Interaktionen im Kindergarten in den Blick genommen, wobei sich das erste „Kind" in den Komposita auf jene Kinder bezieht, die Deutsch als Zweitsprache lernen[3].

Ziel der Arbeit ist es, einen konversationsanalytisch fundierten sowie soziokulturell und poststrukturalistisch inspirierten Blick auf den frühen Deutsch-als-Zweitsprache[4]-Erwerb zu entwickeln, der diejenigen Aspekte in den Vordergrund rückt, die in der traditionellen – auf individuelle Erwerbsprozesse fokussierten – DaZ-Forschung sonst wenig Berücksichtigung finden. Aus der Perspektive der im sozialen Paradigma angesiedelten Zweitspracherwerbsforschung wird „Zweitspracherwerb [...] nicht als ein Informationsverarbeitungsprozess thematisiert, der innerhalb eines Lerners abläuft", sondern als „Prozess der Partizipation an zielsprachlichen Gemeinschaften im Sinne der Aneignung sprachlicher Ressourcen und sozialer Praxis" (Ohm 2008, 14). Folglich werden hier nicht die in der bildungspolitischen Debatte der letzten Jahre häufig bemängelten sprachlichen ‚Defizite'[5] der Kinder fokussiert, sondern das Kind als aktive*r und kompetente*r Sprach(en)sprecher*in und -lerner*in sowie als Mitglied einer Kita-Community steht dabei im Mittelpunkt der Untersuchung. Bereits Vygotskij wies auf die Konstruktion von Menschenbildern durch die Forschung hin und plädierte für die Untersuchung „d[er] positive[n] Beschaffenheit des kindlichen Verhaltens" (Vygotskij 1931/1992, 221):

> Sie [die psychologischen Methoden zur Erforschung des kindlichen Verhaltens, L. S.] führen alle zu einer negativen Charakterisierung des Kindes. Sie zeigen auf, was beim Kind nicht gibt und woran es einerseits dem normalen Kind im Vergleich mit dem Erwachsenen

---

1 Vgl. den Titel von Tooheys Monografie „Learning English at school. Identity, social relations and classroom practice" (Toohey 2000).

2 In der vorliegenden Arbeit bemühe ich mich um das Gendering, da ich der Auffassung bin, dass das ‚Mitgemeint' nicht ausreichend ist, um die öffentliche Wahrnehmung zu ändern. Dafür ist das Schaffen von „Umgebungsstatistik" (Barden 2013/2017, 264) notwendig, d.h., durch die allgegenwärtige und explizite Präsenz eines Reizes (hier: des weiblichen Geschlechts) wird angestrebt, dass die Assoziationen (hier: das Mitdenken des weiblichen Geschlechts) nicht von der willentlichen Wahrnehmung, sondern von der Autopilot-Wahrnehmung gesteuert werden. Dennoch habe ich aus Lesbarkeitsgründen auf das Gendering in den in der Forschung geläufigen Komposita ohne Bindestrich verzichtet und verwende hier z.B. Sprecherbeitrag statt Sprecher*inbeitrag oder Sprecherwechsel statt Sprecher*inwechsel.

3 Die Begriffe *lernen*, *erwerben* und *aneignen* werden in der vorliegenden Arbeit synonym verwendet.

4 Ferner DaZ.

5 In Anlehnung an Akbaş setze ich diesen Begriff, den Akbaş als „ein legitimierendes Wort für diskriminierende Praktiken" beschreibt, in die einfachen Anführungszeichen, um seinen „diskussionswürdigen Konstruktionscharakter" zu markieren (Akbaş 2018, 12).

und andererseits dem nicht normalen im Vergleich mit dem normalen mangelt. Die kindliche Persönlichkeit wird stets negativ dargestellt, es wird positiv nichts über die Besonderheit ausgesagt, die das normale Kind vom Erwachsenen und das nicht normale vom normalen unterscheidet (ebd.).

Das Zitat, das als eine implizite Aufforderung zur Reflexion der eigenen Forschungshaltung gedeutet werden kann, lässt sich angesichts der steigenden Aktualität forschungsethischer Fragen auch auf die heutige DaZ-Forschung übertragen.

Meine Faszination für den frühkindlichen Zweitspracherwerb und mein Forschungsinteresse entspringen der eigenen biographischen und beruflichen Erfahrung und werden durch die mehrfache Positionierung im sozialen Feld Kindergarten aufrechterhalten: als Sprachförderkraft im Zeitraum von Juli 2009 bis Dezember 2012, als Forscherin von Februar 2013 bis Juni 2013, als wissenschaftliche Begleitung und Fortbildnerin seit Dezember 2014 und nicht zuletzt als Mutter zweier mehrsprachiger Kindergartenkinder[6] seit Januar 2017 und seit September 2019. Es waren somit sowohl praxis- und forschungsbezogene als auch persönliche Motive, die mich dazu bewegt haben, mich mit dem Thema des frühen Zweitspracherwerbs auseinanderzusetzen.

Die Konzipierung des frühen Zweitspracherwerbs als Partizipation an alltäglichen Kindergartenpraktiken ermöglicht eine umfassendere und präzisere Untersuchung sprachlich-interaktionaler Ressourcen der Kinder, ko-konstruierter sozialer Praktiken des Kindergartens als *Community of Practice* (CoP) und verschiedener Selbst- und Fremdpositionierungen, die dabei vollzogen werden. Vier zentrale Forschungsfragen, denen in der Arbeit nachgegangen wird, lauten:

– Wie wird der Kindergarten von den Erzieher*innen und Kindern als *Community of Practice* ko-konstruiert?
– Auf welche sprachlich-interaktionalen Ressourcen greifen die Kinder zurück, wenn sie alltägliche Interaktionen im Kindergarten ko-konstruieren?
– Wie gestaltet sich die Partizipation der Kinder an den sozialen Praktiken des Kindergartens?
– Welche Positionierungen werden dabei von den Kindern und ihren Interaktionspartner*innen gegenseitig vollzogen?

Diese Fragen werden anhand des Ansatzes *conversation analysis for second language acquisition* (CA-SLA) (Kasper/Wagner 2011) untersucht, der bezogen auf die DaZ-Forschung einen innovativen Ansatz darstellt. Die methodische Stärke der Arbeit liegt in der Verknüpfung einer offenen und explorativen Annäherung an den Gegenstand im Rahmen der ethnografischen Feldforschung, der sequenzanalytischen und streng datenbasierten Vorgehensweise bei der Analyse sprachlicher Interaktionen (mittels der Konversations- und Positionierungsanalyse) sowie des Heranziehens von Erkenntnissen und Konzepten der soziokulturell orientierten Zweitspracherwerbsforschung, was in der Synopse ver-

---

6 Meinem vierjährigen Sohn Marcel verdanke ich viele interessante Einsichten, die ich hier an verschiedenen Stellen in den Fußnoten festgehalten habe, um eine Kinderperspektive auf den Forschungsgegenstand einzubringen und eine – wenn auch in einem geringen Ausmaß – polyphone Darstellung im Sinne Bachtins (1963/2002, 4) zu versuchen.

schiedener Ansätze ein besseres Verständnis von komplexen Kontexten und sozialen Prozessen ermöglicht, in denen der frühe Zweitspracherwerb eingebettet ist. Die vorliegende Arbeit versteht sich demnach als Beispiel dafür, wie eine rekonzeptualisierte Zweitspracherwerbsforschung (vgl. Firth/Wagner 1997) aussehen kann, und beruht dabei auf folgenden Prämissen sozial orientierter Zweitspracherwerbsforschung:
- Verständnis von Lernen als sozialer Prozess, der – ontogenetisch gesehen – zunächst in Interaktionen und dann im Individuum stattfindet,
- Verständnis vom Ziel des frühen Zweitspracherwerbs nicht als die Beherrschung des linguistischen Systems der deutschen Sprache, sondern als eine vollständige Partizipation an den relevanten Praktiken des Kindergartens als CoP,
- natürliche authentische (nicht elizitierte) Interaktionsdaten als Forschungsgrundlage,
- Analyse von Mikromomenten der Interaktion mittels der CA-SLA-Methode,
- (Re-)Konstruktionsversuch[7] der emischen Perspektive mittels der Positionierungsanalyse,
- Berücksichtigung forschungsethischer Fragen,
- longitudinales Design, das die Verfolgung einer Entwicklung ermöglicht.

Es wird anhand der Analysen der transkribierten Daten aufgezeigt, dass sich der frühe Zweitspracherwerb im Kindergarten durch die Partizipation an den alltäglichen sozialen Praktiken des Kindergartens vollzieht, während welcher die Kinder vielfältige sprachlich-interaktionale Ressourcen einsetzen und weiter ausbauen sowie soziale Positionen in der Kita-Community aushandeln. Es besonderes Augenmerk gilt dabei dem Einsatz der und dem Umgang mit den mehrsprachigen Ressourcen der Kinder.

Durch ihre Ausrichtung auf soziale Prozesse des Zweitspracherwerbs soll die Arbeit neue Impulse für die Forschung und Praxis im Bereich des frühen DaZ-Erwerbs setzen sowie einen wichtigen Beitrag zur aktuellen Debatte über die sprachliche Bildung im Elementarbereich leisten.

Die Arbeit gliedert sich wie folgt: In Kapitel 2 werden die relevante Begrifflichkeit, die aktuelle bildungspolitische Debatte und der augenblickliche Forschungsstand zum Zweitspracherwerb im Elementarbereich skizziert sowie der Forschungsgegenstand und die Untersuchungsfragen der vorliegenden Studie vorgestellt. Kapitel 3 präsentiert die soziokulturellen, konversationsanalytischen und poststrukturalistischen Ansätze, deren Prämissen als forschungsmethodologischer und konzeptueller Rahmen für die Studie dienen. Darauffolgend wird das methodische Vorgehen der longitudinalen CA-SLA bei der Datengenerierung und -auswertung vorgestellt (Kap. 4).

Nach der Darstellung der zentralen Ergebnisse der Studie zum Kindergarten als CoP sowie zu den rekonstruierten sprachlich-interaktionalen Ressourcen, sozialen Praktiken sowie Fremd- und Selbstpositionierungen der Community-Mitglieder (Kap. 5) werden in Kapitel 6 die Ergebnisse der Studie diskutiert und in Kapitel 7 das methodische Vorgehen

---

7 Hier spreche ich von *(Re-)Konstruktionen*, da es auch bei Rekonstruktionen um Konstruktionen geht, und von einem Versuch, da ich keine Befragungen mit den Kindern durchgeführt habe, in denen sie ihre Sichtweisen hätten präsentieren können, sondern durch die Positionierungsanalysen hoffe, etwas näher an die Perspektiven der Kinder heranzutreten.

und die Reichweite der longitudinalen CA-SLA reflektiert. Anschließend werden Implikationen für die künftige Forschung zum Zweitspracherwerb und die Praxis sprachlicher Bildung abgeleitet (Kap. 8). Ein kurzes Fazit und ein Ausblick auf weitere Forschung in Kapitel 9 runden die Arbeit ab.

2 Deutsch als Zweitsprache im Elementarbereich: Diskussions- und Forschungsstand

In diesem Kapitel werden zunächst der Rahmen der vorliegenden Studie abgesteckt und die relevanten Begriffe geklärt (Kap. 2.1). Darauf folgt die Darstellung der aktuellen bildungspolitischen und fachwissenschaftlichen Diskussion im Bereich früher Zweitspracherwerb im Kindergarten (Kap. 2.2). Danach werden die Ergebnisse der bisherigen Zweitspracherwerbsforschung einerseits zu sprachlich-interaktionalen Ressourcen der Kinder (Kap. 2.3.1) und andererseits zu sozialen Aspekten des Zweitspracherwerbs im Kindergarten (Kap. 2.3.2) präsentiert. Vor dem Hintergrund der skizzierten bildungspolitischen Situation und des aktuellen Forschungsstandes werden schließlich in Kapitel 2.4 das Forschungsinteresse erörtert sowie Forschungsfragen abgeleitet.

2.1 Früher Zweitspracherwerb: Begrifflichkeit

Bevor der aktuelle Diskussions- und Forschungsstand dargestellt wird, ist es wichtig, den Forschungsbereich einzugrenzen und zu erläutern. Dieses Kapitel führt daher in den Forschungsgegenstand *früher Zweitspracherwerb* ein und setzt sich mit zentralen Begrifflichkeiten wie *Zweitsprache* (Kap. 2.1.1), *Kinder* als Zweitsprachenlernende (Kap. 2.1.2) und *Kindergarten* als Bildungsinstitution und Ort des Zweitspracherwerbs (Kap. 2.1.3) auseinander.

2.1.1 Zweitsprache

In dieser Arbeit stütze ich mich auf die aktuelle Fachdiskussion und verstehe *den frühen Zweitspracherwerb* als Erwerb von einer weiteren Sprache im Alter zwischen drei und vier Jahren (vgl. Ahrenholz 2011, 22; Ahrenholz 2014³a, 5; Ahrenholz 2014³b, 64; Bickes/Pauli 2009, 94; Grimm/Schulz 2012, 195; Hufeisen/Riemer 2010, 738; Kniffka/Siebert-Ott 2012³, 37; Meisel 2008, 59; Rösch 2011, 11).

Der Begriff *Zweitsprache* beschreibt demnach, dass der Erstspracherwerb[8] in der familiären Umgebung bereits angefangen und in gewissem Maße stattgefunden hat und das

---

8   Die Diskussion darüber, ob der Prozess der Aneignung einer Sprache mit dem Terminus *Erwerben* oder *Lernen* am besten beschrieben werden kann, wurde in den 1980er Jahren heftig geführt und durch die Debatte über den frühen Zweitspracherwerb in den letzten Jahren wieder aufgegriffen (vgl. Ahrenholz 2010, 191). Dabei wurden die Vorschläge gemacht, die beiden Begriffe unter dem Oberbegriff *Entwicklung* oder dem neutraleren Begriff *Aneignung* zu subsumieren (vgl. Beiträge in Ehlich et al. 2008). Man spricht jedoch von *Zweitsprachenlernenden*, weil der deutsche Sprachgebrauch den Begriff *Erwerber* in diesem Kontext nicht kennt (vgl. Ahrenholz 2014³a, 10) (auch im Englischen wird von *second language acquisition*, jedoch von *second language learner* gesprochen). Redder schreibt: „Auch die Gegenüberstellung von Erwerben und Lernen oder, vom Verlauf und dessen Phänographie her gefasst, zwischen ‚ungesteuertem'/‚natürlichem' und ‚gesteuertem'/‚schulischem' Fremdspracherwerb [...] erweist sich als inadäquat, sobald allgemein

Kind zeitlich versetzt nun eine weitere Sprache[9] erwirbt. Es sei darauf hingewiesen, dass durch die Verwendung des Begriffs *Zweitsprache* im Rahmen dieser Arbeit weder eine Aussage über den Grad der Sprachbeherrschung gemacht noch eine identitätsbezogene Zuschreibung vorgenommen werden soll. Vielmehr wird damit der Tatsache Rechnung getragen, dass der regelmäßige und intensive Kontakt zur deutschen Sprache nach dem 3. Lebensjahr und im Alltag der Bildungsinstitution Kindergarten stattfindet.

2.1.2 Kinder, die Deutsch als Zweitsprache erwerben

Nachdem im Zuge des zunehmenden Familiennachzugs zu ausländischen Arbeitsmigrant*innen Ende der 1960er Jahre viele Kinder und Jugendliche nach Deutschland kamen, standen die deutschen Schulen vor der Herausforderung, den Unterricht mit den Kindern und Jugendlichen nicht-deutscher Erstsprachen durchzuführen (vgl. Reich 2010, 63). Während die bildungspolitische und wissenschaftliche Beschäftigung mit dem Erwerben und Unterrichten von Deutsch als Zweitsprache bei Erwachsenen (ausländischen Arbeitnehmer*innen) und Kindern und Jugendlichen im Schulalter und in der Berufsausbildung bereits Anfang der 1970er Jahre stattfand, blieben jüngere Kinder erst einmal außerhalb des Interesses (vgl. Ahrenholz 2011, 21; Chilla et al. 2010, 34f.; Reich 2010, 67; Rothweiler 2007, 104f.).

Wenn man sich die Bezeichnungen für die Kinder anschaut[10], die in mehrsprachigen Kontexten aufwachsen und deren Familien durch die Erfahrung einer Zuwanderung geprägt sind, so sieht man, dass sich längsschnittlich betrachtet in den bildungspolitischen und wissenschaftlichen Diskussionen verschiedene Begriffe finden. In den 1970er bis 1990er Jahren war von den *ausländischen Kindern*, *Ausländerkindern*, *Gastarbeiterkindern* oder *Migrantenkindern* die Rede (vgl. die Bezeichnungen in den Buchtiteln

---

akzeptiert ist, dass sich Spracherwerb generell im Wege der Interaktion vollzieht [...]" (Redder 2001b, 640). Die Diskussion über die Begriffe *Lernen* oder *Erwerb* verläuft somit zwischen der Gegenüberstellung der zwei Pole, dem Ausweichen auf andere Begriffe und völliger Infragestellung der Sinnhaftigkeit der Debatte. In der vorliegenden Arbeit werden sie synonym verwendet.

9   Aus der Perspektive der linguistischen Pragmatik und der Interaktionssoziologie definieren Hausendorf und Quasthoff *Sprache* wie folgt: „[...] Sprache stellt ein geordnetes, in einer Sprach- und Kulturgemeinschaft weitgehend geteiltes Reservoir von phonischen bzw. graphischen, morphologisch-syntaktischen und lexikalischen sowie suprasegmentalen Formen dar, das der Realisierung von jeweils einzelnen Handlungszügen zur Erfüllung im allgemeinen interaktiv begründeter Aufgaben gemäß konventioneller Muster dient" (Hausendorf/Quasthoff 1996, 2). Poststrukturalistische Ansätze verstehen *Sprache* „[...] not as a set of idealized forms independent of their speakers or their speaking but rather as situated utterances in which speakers, in dialogue with others, struggle to create meanings" (Toohey/Norton 2010[2], 179).

10 Für die Auseinandersetzung mit den Bezeichnungen für Jugendliche siehe Daase (2012, 115ff); für die funktional-semantische Analyse der Verwendung des Begriffs *Migrationshintergrund* in ausgewählten regionalen Zeitungen siehe Scarvaglieri/Zech (2013, 201ff.); für die Überlegungen zur Benennung der Fokusgruppe der Workshop-Reihe siehe Ahrenholz (2015, 11ff.).

„Ausländische Schüler" (Mahler/Kaiser 1985³), „Ausländerkinder" (Mahler/Steindl 1983), „Gastarbeiterkinder" (Reich 1994)).

Später hat sich die Bezeichnung *Kinder mit Migrationshintergrund* weitgehend durchgesetzt. In ihren funktional-semantischen Analysen des Begriffs *Migrationshintergrund* zeigen Scarvaglieri und Zech auf, wie erstmals im 10. Kinder- und Jugendbericht der Bundesregierung 1998 aus stilistischen Gründen als Synonym für „Ausländer" oder „ausländischer Herkunft" gebraucht, der Begriff weitere Bedeutungen angenommen hat. So erhielt der Begriff *mit Migrationshintergrund* neben seiner ursprünglichen Bedeutung „statistisch zu unterscheidende" Gruppe in seiner massenmedialen Verwendung weitere Konnotationen wie „fremd, anders, nichtdeutsch", „besser zu integrieren", „sozial schlechter gestellt", „förderbedürftig", „minderbemittelt", „benachteiligt", „kriminell", „bereichernd" oder „Klientel" (Scarvaglieri/Zech 2013, 213f.). Sie kommen zum Schluss, dass mit dem Begriff mit Migrationshintergrund folgende Assoziationen einhergehen: Die so bezeichneten Personen „sind anders bzw. fremd, sie müssen gefördert und integriert werden und sie stellen damit insgesamt ein Problem für die Mehrheitsgesellschaft dar" (ebd., 218). Außerdem weisen sie darauf hin, dass durch den Gebrauch des Begriffs ‚mit Migrationshintergrund' in den Bildungsstudien die sozioökonomischen Faktoren als wichtige Variable bei der Untersuchung vom Bildungserfolg überdeckt werden: „Indem ‚Migrationshintergrund' Herkunft und Kultur als entscheidende, soziale Unterschiede begründende Merkmale etabliert, ermöglicht er die Dethematisierung sozioökonomisch bedingter Ungleichheiten, die sich in der vergleichenden Analyse als diejenigen Faktoren herausstellen, die die soziale Stratifizierung im Wesen erklären" (ebd., 223).[11]

Laut der Definition des Statistischen Bundesamtes umfasst der Begriff *mit Migrationshintergrund* dabei folgende Personengruppen:

1. zugewanderte und nicht zugewanderte Ausländer

2. zugewanderte und nicht zugewanderte Eingebürgerte

3. (Spät-)Aussiedler

4. Personen, die die deutsche Staatsangehörigkeit durch Adoption durch einen deutschen Elternteil erhalten haben

5. mit deutscher Staatsangehörigkeit geborene Kinder der vier zuvor genannten Gruppen (Statistisches Bundesamt 2017, 4).[12]

---

11 Zur Kritik am Begriff siehe auch Akbaş (2018, 9ff.) und Epping (2016, 38ff.).
12 Dabei wird der Begriff Migrationshintergrund in der Forschung immer noch nicht einheitlich gebraucht, was eine Vergleichbarkeit der Forschungsdaten erschwert. So wird z.B. in der bundesweiten NUBBEK-Studie der Migrationshintergrund am Herkunftsland der Mutter operationalisiert und umfasst auch Kinder in der sog. vierten Generation: „Um der Tatsache Rechnung zu tragen, dass Familien teilweise bereits in der dritten Generation in Deutschland leben, werden auch Familien, in denen ein Großelternteil mütterlicherseits in Deutschland geboren wurde, aber türkischstämmig ist, den Familien mit türkischem Migrationshintergrund zugerechnet" (Tietze et al. 2013, 27). Nach der Definition des Statistischen Bundesamtes würden solche Kinder jedoch keinen Migrationshintergrund haben,

Man begegnet darüber hinaus den Bezeichnungen *Kinder mit Zuwanderungsgeschichte, Kinder nicht-deutscher Herkunft* und in der letzten Zeit *neu zugewanderte Kinder*[13].

Die Kriterien, die diesen Bezeichnungen zu Grunde liegen, sind:
- Staatsangehörigkeit: türkische Kinder, ausländische Kinder,
- Ethnisch-nationale Zugehörigkeit: arabische Kinder, Kinder nicht-deutscher Herkunft,
- Migrationserfahrung (eigene bzw. die der Eltern): neu zugewanderte Kinder, Kinder mit Migrationshintergrund, Kinder mit Zuwanderungsgeschichte, Kinder mit Zuwanderungserfahrung,
- Vorhandensein weiterer Sprachen im (Groß-)Elternhaus: arabischsprachige Kinder, Kinder mit Deutsch als Zweitsprache, Kinder nicht-deutscher Herkunftssprache, mehrsprachige Kinder, Kinder mit mehrsprachigem Hintergrund, Kinder mit linguistischem Migrationshintergrund.

Im alltäglichen Sprachgebrauch wird die Bezeichnung häufig nach den wahrgenommenen Kriterien gewählt, d.h., es wird nicht genau nach dem Vorhandensein oder Nicht-Vorhandensein eines Kriteriums geschaut. Dass durch die Verwendung von bestimmten Bezeichnungen – sowohl im gesellschaftspolitischen als auch wissenschaftlichen Diskurs – Zuordnungen, Zuschreibungen, Etikettierungen entstehen, wird verstärkt kritisiert (vgl. Busch 2013, 96ff.; Daase 2012, 115ff.; Herzog-Punzenberger/Hintermann 2018, 32f.). Der Migrationshintergrund und die (Sprach-)Defizite werden häufig in einem Zuge genannt, wie folgendes Beispiel zeigt:

> 74,2 Prozent der 1369 Kinder, die das Amt [Stadtgesundheitsamt der Stadt Offenbach, L. S.] seiner alljährlichen Schuleingangsuntersuchung unterzog, haben Migrationshintergrund. Von ihnen sprechen allerdings nur 28,4 Prozent gutes Deutsch – im Vorjahr waren es noch 32 Prozent (op-online.de).[14]

---

denn (vorausgesetzt deren Großeltern und Eltern besitzen die deutsche Staatsangehörigkeit): „Kinder von Eltern ohne Migrationshintergrund können keinen Migrationshintergrund haben" (Mikrozensus 2017, 4). D.h. wenn die Mutter keinen Migrationshintergrund hat, liegt auch beim Kind keiner vor. Tietze et al. begründen ihre Entscheidung wie folgt: „Die gewählten Definitionen [...] sind den Besonderheiten der beiden einbezogenen Migrantengruppen sowie dem Studiendesign angepasst" (Tietze et al. 2013, 27).

13 Massumi et al. definieren den Begriff wie folgt: „Die Bezeichnung *neu zugewanderte Kinder und Jugendliche ohne bzw. mit geringen Deutschkenntnissen in der Schule* erfasst die Kinder und Jugendlichen, die im schulpflichtigen Alter (sechs Jahre oder älter) nach Deutschland migrieren und zu diesem Zeitpunkt über keine oder nur geringe Deutschkenntnisse verfügen. Demnach trifft die Verwendung des Begriffs so lange auf Kinder und Jugendliche mit eigener Migrationserfahrung im schulpflichtigen Alter zu, wie ihre Deutschkenntnisse nicht als ausreichend angesehen werden, um erfolgreich am Unterricht in einer Regelklasse an einer deutschen Schule teilzunehmen" (Massumi et al. 2015, 13; Herv. im Orig.).

14 URL: https://www.op-online.de/offenbach/immer-weniger-koennen-deutsch-gesundheitsamt-attestiert-schulanfaengern-alarmierende-luecken-10179417.html, letzter Abruf am 07.10.2020.

Mittels solcher iterativen und tradierenden Narrationen kann eine spezifische Identität (*designed identity*) von Kindern mit Migrationshintergrund konstruiert werden. So unterscheiden Sfard und Prusak zwischen einer *actual* und einer *designed* Identität und definieren die erste als „consisting of stories about the actual state of affairs" und die letzte als „composed of narratives presenting a state of affairs which, for one reason or another, is *expected* to be the case, if not now then in the future" (Sfard/Prusak 2005a, 45; Herv. im Orig.; siehe auch Sfard/Prusak 2005b, 18). Die Erforschung von *designed identities* von mehrsprachigen Kindern, Kindern, die Deutsch als Zweitsprache erwerben, und Kindern mit Migrationshintergrund in deutschen bildungspolitischen, gesellschaftlichen und wissenschaftlichen Diskursen stellt vorerst ein Desiderat dar.

Somit steht die Zweitspracherwerbsforschung – die Mehrsprachigkeitsforschung scheint in diesem Sinne etwas weiter zu sein – vor der Herausforderung, ihre Zielgruppe genau zu definieren, ohne dabei auf festgelegte Etikettierungen zurückzugreifen oder neue Zuordnungen zu produzieren (vgl. Daase 2012, 117).[15]

Dirim weist in diesem Zusammenhang darauf hin, dass es stets zu überprüfen ist, ob und wann die Bezeichnung *Deutsch als Zweitsprache* notwendig ist:

> Da der Begriff „Deutsch als Zweitsprache" als Bezeichnung für den persönlichen Sprachbesitz inferiorisierende Effekte für als DaZ-SprecherInnen geltende Personen nach sich ziehen kann, ist er mit Bedacht zu verwenden. Jenseits didaktischer und methodischer Notwendigkeiten der Verwendung des Begriffs „Deutsch als Zweitsprache" ist Deutsch *Deutsch*, unabhängig davon, ob jemand diese Sprache als Erst- oder Zweitsprache verwendet und in jeglicher Perspektive gleichermaßen wertvoll (Dirim 2013; Herv. durch L. S.).

Für diese Arbeit ist es relevant, dass Kinder – laut der Aussagen der Eltern – zu Hause (überwiegend) andere Sprachen als Deutsch sprechen und Deutsch erst im Kindergarten lernen, was laut dem Mikrozensus 2017 9,1% der Haushalte betrifft (darunter in 49,7% der Haushalte, in denen alle Haushaltsmitglieder einen Migrationshintergrund haben) (Statistisches Bundesamt 2017, 484). Aus erwerbstheoretischer Perspektive durchlaufen die beobachteten Kinder zum Zeitpunkt der Untersuchung den frühen Zweitspracherwerb. Sicherlich handelt es sich dabei um eine Zuschreibung, die jedoch aus der spracherwerbstheoretischen Perspektive im Kontext der vorliegenden Arbeit relevant ist. Die ‚Zweitsprachlichkeit' kann sich mit der Lebens- und Erwerbszeit ändern und die Kinder, die an der Studie teilgenommen haben, können sich z.B. nicht als Zweitsprachenlernende bzw. -sprecher*innen sehen. Die Fokuskinder[16] werden im Kontext dieser Arbeit je nach Kontext als *mehrsprachige Kinder*, als *Zweitsprachenlernende* oder eben als *Kinder* bezeichnet.[17]

---

15 Vgl. auch Akbaş 2018, 11.
16 Zur Bezeichnung der Forschungsteilnehmenden in der qualitativen DaZ-Forschung siehe Gültekin-Karakoç et al. (2009, 141), Skintey (2015, 110, Fußnote 9). Die Bezeichnung *Fokuskinder* findet sich auch bei Schramm/Aguado (2009, 193) und Toohey (2000, 3).
17 Die Studie habe ich 2013 durchgeführt, d.h. vor der sog. Zuwanderungswelle von 2015. Da die beiden Fokuskinder, deren Interaktionsdaten in der vorliegenden Arbeit analysiert werden, keine eigene Fluchterfahrung haben, werden die Themenbereiche Flucht, Geflüchtete

2.1.3 Bildungsinstitution Kindergarten

Der Begriff *Elementarbereich* bezieht sich laut dem Deutschen Bildungsrat auf „die Einrichtungen familienergänzender Bildung und Erziehung für Kinder im vorschulischen Alter nach Vollendung des 3. Lebensjahres" (Deutscher Bildungsrat 1973, 102). Bereits seit den 1970er Jahren hat der Kindergarten einen eigenständigen Bildungsauftrag: „Der Elementarbereich wird als ein Teil des künftigen Bildungssystems verstanden" (ebd.). Seit jener Zeit und bis heute beschäftigen die deutsche Bildungspolitik und Gesellschaft zwei Themen: quantitativer Ausbau des Betreuungsangebots und Qualität der Bildung, Betreuung und Erziehung (vgl. Tietze et al. 2013, 13).[18]

Im Sozialgesetzbuch (SGB VIII) Kinder- und Jugendhilfe steht:

> Der Förderungsauftrag umfasst Erziehung, Bildung und Betreuung des Kindes und bezieht sich auf die soziale, emotionale, körperliche und geistige Entwicklung des Kindes. Er schließt die Vermittlung orientierender Werte und Regeln ein. Die Förderung soll sich am Alter und Entwicklungsstand, den sprachlichen und sonstigen Fähigkeiten, der Lebenssituation sowie den Interessen und Bedürfnissen des einzelnen Kindes orientieren und seine ethnische Herkunft berücksichtigen (SGB VII, § 22 (3)).[19]

Nach den psychologischen Reifungstheorien und den auf ‚Drilltrainings' basierenden funktionsorientierten Ansätzen hat sich ab Mitte der 1970er Jahre zunehmend der Situationsansatz etabliert, der „kindliche Lebenssituationen selbst und die zu ihrer Bewältigung erforderlichen Sozial- und Sachkompetenzen des Kindes in den Mittelpunkt der pädagogischen Arbeit" rückt (Tietze et al. 2013, 15.). Die aktuellen frühpädagogischen Ansätze gehen vom Verständnis kindlicher Lern- und Entwicklungsprozesse als *Ko-Konstruktion* aus: Bildung wird vor allem als sozialer Prozess angesehen, der in gemeinsamer Interaktion stattfindet, das Kind lernt durch soziale Interaktion mit Erwachsenen und anderen Kindern und gestaltet seine Bildungsprozesse aktiv mit (Der Bayerische Bildungs- und Erziehungsplan für Kinder in Tageseinrichtungen bis zur Einschulung[20] 2019[10], 20).

Diese Gedanken finden sich bereits im *Strukturplan für das Bildungswesen* (1973), in dem bezogen auf die sprachliche Entwicklung der Kinder steht:

> Das Sprechenlernen ist ein gutes Beispiel für das Ineinandergreifen von Reifungs- und Lernprozessen. Die höheren Sprachleistungen (Wortschatz, sprachliche Ausdrucksfähigkeit, komplizierter Satzbau) stammen aus der Anregungskraft der sozialen Umwelt. Der Sprach- und Denkerwerb ist von Beginn an eng mit sozialem Handeln verbunden. Es hängt

---

        und ‚Flüchtlingskrise' im Rahmen dieser Arbeit nicht thematisiert. Dazu möchte ich exemplarisch auf Baisch et al. (2017) und Textor (2016) verweisen.

18   Der quantitative (und entsprechend qualitative) Ausbau des Kindergarten- und Krippenbereichs entwickelten sich in der ehemaligen BRD und der DDR unterschiedlich: Während die vorschulische Betreuung in der DDR gut ausgebaut war, zeigte die BRD auch nach der Wende einen erheblichen Nachholbedarf, was die Anzahl der Betreuungsplätze anbetrifft (vgl. Tietze et al. 2013, 13f.).

19   URL: https://www.sozialgesetzbuch-sgb.de/sgbviii/22.html (letzter Abruf am 07.10.2020).

20   URL: https://www.ifp.bayern.de/imperia/md/content/stmas/ifp/baybep_10-auflage_2019_webversion.pdf, letzter Abruf am 20.09.2020).

mit von der Reichhaltigkeit, Differenziertheit und Sprachlichkeit der Umwelt ab, wie stark die sprachliche und intellektuelle Entwicklung gefördert wird. Ähnliches gilt für die sozialen Lernprozesse (Deutscher Bildungsrat 1973, 107f.).

Internationale Studien belegen die Rolle der Interaktionsqualität[21] für kindliches Lernen und Entwicklung (vgl. Pianta 2017; Sylva et al. 2017). Seit 1998 werden große bundesweite Studien zur pädagogischen Qualität in deutschen Kindergärten durchgeführt (vgl. Tietze et al. 2013, 15). Im Zuge der Diskussion um die Qualität der pädagogischen Arbeit in den vorschulischen Einrichtungen wurden einzelne Aspekte operationalisiert und als *Orientierungsqualität*[22], *Strukturqualität*[23], *Prozessqualität*[24] und *Qualität des Familienbezugs*[25] verstärkt in den Blick genommen (vgl. ebd., 22). Die bundesweite *Nationale Untersuchung zur Bildung, Betreuung und Erziehung in der frühen Kindheit* (NUBBEK) (2013) präsentiert folgende Ergebnisse:

– Die Kindertageseinrichtungen weisen im Hinblick auf die Struktur- und Orientierungsqualität eine große Heterogenität auf. Auch im Hinblick auf die Prozessqualität gibt es eine erhebliche Streuung, wobei die Durchschnittswerte im mittleren Bereich lagen und eine gute bis sehr gute Prozessqualität in weniger als 10% der Einrichtungen beobachtet wurde. Insbesondere in Gruppen mit einem hohen Anteil an Kindern mit Migrationshintergrund[26] wurde eine niedrigere Prozessqualität beobachtet.
– Als wichtige Variablen für die Prozessqualität stellten sich ein hoher Grad an Extraversion[27] der Erzieher*innen, geringe Anzahl an Kindern mit Migrationshintergrund in der Gruppe, keine Altersmischung und offene Gruppenarbeit heraus.
– Ein überraschender Befund war, dass trotz vieler in den letzten Jahren unternommener Bemühungen im Bereich der Bildungspolitik und Aus-, Fort- und Weiterbildung

---

21 Die Interaktionsqualität wird im Beobachtungsinstrument CLASS (Classroom Assessment Scoring System) operationalisiert durch 1. Emotionale Unterstützung (Positives Klima, Negatives Klima, Feinfühligkeit, Orientierung am Kind), 2. Organisation des Kita-Alltags (Verhaltensmanagement, Produktivität der Kinder, Lernarrangements), 3. Lernunterstützung (Kognitive Anregung, Feedbackqualität, Sprachbildung) (vgl. Weltzien et al. 2017, 17; Wirts et al. 2017, 60).

22 Unter der *Orientierungsqualität* werden „normative[...] Vorgaben und pädagogische[...] Bedingungen" wie „Einstellungen, Überzeugungen und Vorstellungen bezüglich kindlicher Entwicklung und Bildung" verstanden (Tietze et al. 2013, 23).

23 Unter dem Begriff *Strukturqualität* werden räumliche, personale und sozial-organisatorische Rahmenbedingungen zusammengefasst (vgl. Tietze et al. 2013, 23).

24 Unter *Prozessqualität* wird „die Gesamtheit pädagogischer Interaktionen" subsumiert (vgl. Tietze et al. 2013, 22).

25 Mit der *Qualität des Familienbezugs* wird „thematisiert, inwieweit die Betreuungsangebote zu den Bedürfnissen und Lebensrhythmen von Familien passen und welche Rückwirkungen sie auf diese haben" (Tietze et al. 2013, 23).

26 *Hoher Anteil* trifft dabei zu, wenn über 2/3 der betreuten Kinder dieses Merkmal aufweisen (vgl. Tietze et al. 2013, 144).

27 Unter der *Extraversion* versteht man in der Psychologie eine „seelische Einstellung, die durch Konzentration der Interessen auf äußere Objekte gekennzeichnet ist" (Duden Online-Wörterbuch).

sich die Prozessqualität im Vergleich zur ersten nationalen Erhebung (Kita-Jahr 1993/1994) nicht erhöht hat (ebd., 142ff.).

Das Thema Interaktionsqualität im Elementarbereich wird aktuell besonders rege diskutiert (vgl. die Beiträge in Wadepohl et al. 2017; Wertfein et al. 2017 oder aktuelle Tagungen[28]). So zeigen die Ergebnisse der BIKE-Studie (Bedingungsfaktoren für gelingende Interaktionen zwischen Erzieherinnen und Kindern), „dass insbesondere im Bereich der Lernunterstützung in deutschen Kitas noch deutlicher Optimierungsbedarf besteht" (Wirts et al. 2017, 59). Ein besonderer Stellenwert kommt in dieser Diskussion der sprachlichen Bildung zu, was im folgenden Kapitel ausführlicher dargelegt wird.

2.2 Bildungspolitische und fachwissenschaftliche Diskussion zur sprachlichen Bildung im Elementarbereich

Im Zuge der Diskussion um die Ergebnisse der PISA-Studie ist der Elementarbereich verstärkt ins öffentliche und bildungspolitische Interesse gerückt (vgl. Tietze et al. 2013, 15). Zwar wurden keine vergleichbaren Leistungsstudien im Elementarbereich durchgeführt, aber die Ursachen für das schlechte Abschneiden deutscher Schüler*innen wurden unter anderem in der unzureichenden sprachlichen Förderung gesehen. Somit rückte der Elementarbereich in die bildungspolitische und gesellschaftliche Diskussion und musste sich als Ort der Bildung[29] neu definieren: „Als Reaktion auf die PISA-Studien haben die Bundesländer den Bildungsauftrag der Kindertageseinrichtungen wieder entdeckt und Bildungspläne für Kindergärten verabschiedet, die durchaus 450 Seiten umfassen können" (Textor 2005, o. A.).[30]

Sprache und sprachliche Bildung[31] sind fester Bestandteil unter den im *Gemeinsamen Rahmen der Länder für die frühe Bildung in Kindestageseinrichtungen*[32] (2004) sowie in den Bildungs- und Entwicklungsplänen[33] der 16 Bundesländer festgehaltenen verschiedenen Bildungsbereichen. Es sind zahlreiche Projekte, Initiativen und Maßnahmen auf der kommunalen, Länder- und Bundesebene ins Leben gerufen worden, die vor allem die

---

28 Exemplarisch seien hier genannt die Fachtagung „Transfer in der frühkindlichen Bildung: Wissenschaft, Praxis und Bildungsadministration im Dialog" (23.11.2018, Berlin) und Bildungspolitisches Forum des Leibniz-Forschungsverbundes Bildungspotenziale „Potenziale früher Bildung: Früh übt sich ..." (25.09.2018, Berlin).

29 Diese Aussage gilt womöglich mehr für die alten Bundesländer, während in den neuen Bundesländern der Elementarbereich als Lern- und Bildungsort eine längere Tradition hat.

30 Weitere Reaktionen umfassen die Akademisierung der Ausbildung von pädagogischen Fachkräften und den Ausbau des U3-Bereichs (vgl. Weltzien et al. 2017, 2).

31 Einführungstexte mit kurzen historischen Exkursen zur Sprachförderung im Elementarbereich liefern Kammermeyer/Roux (2013, 515ff.); Lamparter-Posselt/Jeuk (2014^3, 149ff.), Leist (2006^2, 673ff.) und Lengyel (2018, 469ff.).

32 URL:https://www.kmk.org/fileadmin/veroeffentlichungen_beschluesse/2004/2004_06_03-Fruehe-Bildung-Kindertageseinrichtungen.pdf (letzter Abruf am 07.10.2020).

33 URL: https://www.bildungsserver.de/Bildungsplaene-der-Bundeslaender-fuer-die-fruehe-Bildung-in-Kindertageseinrichtungen-2027-de.html (letzter Abruf am 07.10.2020).

Sprachförderung der Kinder zum Ziel haben (als bundesweite Projekte sind hier „Offensive Frühe Chancen Schwerpunkt-Kitas Sprache und Integration"[34] oder „Bildung durch Sprache und Schrift"[35] zu nennen). Einige der Projekte wurden wissenschaftlich begleitet oder evaluiert, wobei die Beschaffung und Qualität der durchgeführten Maßnahmen sowie Effekte der Sprachförderung untersucht wurden. Die ersten Evaluationsergebnisse zu einzelnen Sprachfördermaßnahmen fielen ernüchternd aus (Gasteiger-Klicpera et al. 2010; Kammermeyer et al. 2013; Roos et al. 2010; vgl. auch Lisker 2011). Es zeigten sich kaum oder nur geringe Effekte im Hinblick auf die sprachliche Entwicklung der geförderten Kinder. Außerdem wurden Instrumente zur Sprachdiagnostik und Sprachförderung kritisch in den Blick genommen (vgl. z.B. die in BiSS entstandene Tool-Datenbank[36], Settinieri 2012). Immer deutlicher wurde die Frage nach den erforderlichen Kompetenzen aufseiten der pädagogischen Fachkräfte (Betz 2013; Fried/Briedigkeit 2008; Fröhlich-Gildhoff et al. 2014; Geist 2013; Hopp et al. 2010; Rothweiler et al. 2009). Eine Reihe von theoretisch und empirisch fundierten Ratgebern und Handreichungen zu spracherwerbstheoretischen, linguistischen und pädagogischen Aspekten der Sprachbildung und -förderung ist erschienen (Adler 2011; Albers 2011; Knapp et al. 2010; Reich 2008; Reichert-Garschhammer/Kieferle 2011; Ruberg/Rothweiler 2012; Titz et al. 2017; Titz et al. 2018; Tracy/Lemke 2009; Winner 2007). Es entstanden maßgeschneiderte Weiterbildungsangebote (z.B. die Plattform Weiterbildungsinitiative Frühpädagogische Fachkräfte (WIFF)). Die Frage „Was wirkt wie, wann und warum?" bleibt trotz der vielfältigen Bemühungen auf dem Gebiet sprachlicher Bildung im Elementarbereich erstmal offen.[37]

Tietze und al. weisen in diesem Zusammenhang auf folgendes Problem hin: Einerseits ist man sich einig, dass die zentrale Aufgabe der Bildungspolitik in der Chancengleichheit und Bildungsgerechtigkeit für alle Kinder besteht und dass insbesondere Kinder aus zugewanderten und bildungsfernen Familien, für die Deutsch eine Zweitsprache ist, eine Chance auf eine erfolgreiche Bildungslaufbahn bekommen sollen; andererseits zeigen die Ergebnisse der NUBBEK-Studie, dass sich ausgerechnet diejenigen Kindergartengruppen, die einen hohen Anteil an Kindern mit Migrationshintergrund[38] aufweisen, durch eine niedrigere Prozessqualität auszeichnen (vgl. Tietze et al. 2013, 153) und die Werte im Bereich der Wertschätzung (Dimension Aufmerksamkeit) in Fachkraft-Kind-Interaktionen geringer ausfallen (vgl. Wadepohl 2017, 188 und 191).

---

34 URL: https://www.fruehe-chancen.de.
35 URL: http://www.biss-sprachbildung.de.
36 URL: http://www.biss-sprachbildung.de/biss.html?seite=27 (letzter Abruf am 07.10.2020).
37 Interessante Evaluationsergebnisse zur Wirksamkeit von Maßnahmen und Konzepten zur sprachlichen Bildung in den Bundesländern lassen sich in der BiSS-Initiative erwarten.
38 Dabei sei darauf hingewiesen, dass bildungsferne Familien, Deutsch als Zweitsprache und Migrationshintergrund keine deckungsgleichen Konstrukte sind, sondern dass die Kinder, bei welchen diese Merkmale zusammenfallen, einen erschwerten Bildungsstart haben können. Eine Lösung sehen die NUBBEK-Autor*innen in den gut durchmischten und am inklusiven Denken orientierten Gruppenzusammensetzungen sowie in der hohen Prozessqualität, die durch eine entsprechende Qualifizierung der pädagogischen Fachkräfte und einen optimierten Personalschlüssel erreicht werden kann (vgl. Tietze et al. 2013, 154).

Wie eingangs bereits erwähnt, wurde die Zielgruppe Kinder, die Deutsch als Zweitsprache lernen, in der deutschen Bildungspolitik und Zweitspracherwerbsforschung relativ lange vernachlässigt. Die intensive und systematische Auseinandersetzung mit dem frühkindlichen Zweitspracherwerb fand erst ab Anfang 2000 statt. Einen wichtigen Platz in der neueren DaZ-Forschung nimmt der von Ahrenholz 2005 initiierte Workshop „Kinder mit Migrationshintergrund", der sich als ein Forum für Forschungsprojekte aus verschiedenen Disziplinen versteht, die sich mit dem DaZ-Erwerb und der Sprachförderung befassen (vgl. Ahrenholz 2015). Ein beachtlicher Teil der Publikationen in den aus der Workshop-Reihe herausgegangenen Sammelbänden bezieht sich auf den DaZ-Erwerb und die DaZ-Förderung bei Kindern im Vorschulalter (vgl. ebd., 17). Thematisch fokussieren die Beiträge auf Syntaxerwerb und den Erwerb von Genus- und Kasusmarkierungen, Präpositionen und Konnektoren, phonetische Fragen und Wortschatzerwerb, Literalität, mündliches Erzählen, Sprachdiagnostik und Sprachförderung (vgl. ebd.).

Es gibt bis dato nur wenige Studien, die sich mit dem Gebrauch und Erwerb des Deutschen als Zweitsprache in den alltäglichen Interaktionen im Kindergarten befassen (Albers 2009; Apeltauer 2010; Epping 2016; Lengyel 2009). Dies ist umso überraschender, wenn man bedenkt, dass den Kind-Erzieher*in- und Kind-Kind-Interaktionen im Kindergarten sowohl in der Entwicklungspsychologie als auch in der Bildungsforschung eine zentrale Bedeutung beigemessen wird.

König veranschaulicht den Zusammenhang zwischen der internationalen Bildungsdiskussion, die aktuell von der sozialkonstruktivistischen Bildungs- und Lerntheorie dominiert wird, und der internationalen Qualitätsdiskussion, die den hohen Stellenwert der Interaktion zwischen Erzieher*in und Kind beimisst, in folgender Abbildung:

Bildungsdiskussion	Qualitätsdiskussion
Orientierung an sozialkonstruktivistischen Lern- und Bildungstheorien	Orientierung an prozessualen Faktoren als wesentliches Kriterium für die Effektivität der Einrichtungen
Beide Theorienansätze schreiben der **Interaktion zwischen Erzieher*in und Kind** einen bedeutenden Einfluss auf die Lern- und Entwicklungsprozesse der Kinder zu.	

Abbildung 1: Zusammenhang zwischen Bildungs- und Qualitätsdiskussion (König 2007, 10; leicht modifiziert)

Dabei erkennt man, dass in der aktuellen Bildungsdiskussion im frühpädagogischen Bereich die Rolle der Interaktion zwischen pädagogischen Fachkräften und Kindern und der Einfluss der Interaktionsqualität auf die kindliche Entwicklung besonders hervorgehoben werden. Folgt man dieser Logik, wird man sich fragen, was für Konsequenzen diese Interaktionsfokussierung für die DaZ-Forschung hat. Mit der Herhorhebung der Rolle der Interaktion treten soziale Prozesse des frühen Zweitspracherwerbs in den Vordergrund. Eine Ergänzung der Tabelle könnte demnach wie folgt aussehen:

Bildungsdiskussion	Qualitätsdiskussion	Zweitspracherwerbsforschung
Orientierung an sozialkonstruktivistischen Lern- und Bildungstheorien	Orientierung an prozessualen Faktoren als wesentliches Kriterium für die Effektivität der Einrichtungen	Orientierung an soziokulturellen Prozessen von Interaktionen im Kindergarten als Ort des zweitsprachlichen Lernens

Abbildung 2: Interaktionen in der Bildungs- und Qualitätsdiskussion sowie der Zweitspracherwerbsforschung (in Anlehnung an König 2007, 10)

Somit schließt die vorliegende Arbeit an die aktuelle Interaktionsfokussierung in der Bildungsforschung an und ist an der Schnittstelle der Zweitspracherwerbs-/DaZ-Forschung und der frühpädagogischen Forschung angesiedelt. Ein Ziel ist es dabei, aufzuzeigen, welchen Beitrag eine (sozial orientierte) Zweitspracherwerbsforschung zum frühpädagogischen Verständnis von Interaktionen im Elementarbereich leisten kann.

2.3 Aktueller Forschungsstand

Im Folgenden wird der Stand der Forschung zu kommunikativem Verhalten der Kinder im frühen Zweitspracherwerb referiert. Bei dessen Darstellung beziehe ich mich sowohl auf kognitivistisch als auch sozial orientierte Studien zu Ressourcen (Kap. 2.3.1), Praktiken und Identitätskonstruktionen (Kap. 2.3.2) im frühen Zweitspracherwerb.

2.3.1 Sprachlich-kommunikative Strategien im frühen Zweitspracherwerb

Empirische Untersuchungen zum kindlichen Zweitspracherwerb belegen besondere sprachlich-kommunikative bzw. sprachlich-interaktive Verhaltensweisen, die im Folgenden unter dem Oberbegriff *Strategien*[39] referiert werden.

Eine bekannte Untersuchung sozialer und kognitiver Aspekte des sukzessiven Zweitspracherwerbs von Kindern stellt die empirische Studie von Fillmore dar, in welcher die Forscherin ein Jahr lang fünf fünf- bis siebenjährige Kinder mit der Erstsprache Spanisch und der Zweitsprache Englisch in natürlichen Interaktionen beobachtet hat (Fillmore 1976, 1979)[40]. Nach Fillmore stehen Kinder, die eine Zweitsprache erwerben, vor einer zweifachen Herausforderung: Einerseits benötigen sie, um eine Zweitsprache zu lernen,

---

39 Während nach der langjährigen Forschung zu Strategien eine allgemeingültige Definition immer noch ausbleibt (vgl. Dörnyei 2006, 57; Schramm 2014b, 95), zeigt sich eine weitgehende Übereinstimmung in Bezug auf prototypische Merkmale einer Sprachlernstrategie, die als „zielgerichtet, selbst-initiiert, bewusst [...] automatisiert [...] (metakognitiv) kontrolliert und bewertet [...]" beschrieben wird (Schramm 2014b, 97). Des Weiteren werden in der Sprachlehr- und -lernforschung vier Typen von Strategien unterschieden: kognitive, metakognitive, affektive und soziale Strategien (vgl. ebd., 97ff.).

40 Die vor kurzem aus Mexiko eingewanderten Kinder nahmen an einem bilingualen Programm statt, hatten jedoch zu Beginn der Studie keine Englischkenntnisse (vgl. Fillmore 1976, 12).

sinnvollen Input und dafür Teilnahme an den sozialen Beziehungen, die sie mit ihren (noch) geringen Kenntnissen der Zweitsprache verwalten müssen; andererseits müssen sie Zugang in die Struktur der zu erlernenden Sprache finden, diese zunächst verstehen und später flüssig verwenden (vgl. Fillmore 1979, 208).

Fillmore hebt neben kognitiven auch soziale Aspekte des Zweitsprachenlernens hervor:

> The social aspects of the language learning process, typically ignored in acquisition research, were found in this study to be intricately involved with the cognitive aspects. The success or failure of the learner's efforts was seen to depend in good part on his ability to establish and maintain social contact with the people who could give him the input and the contexts he needed for learning the new language. His success, in short, depended not on cognitive skills alone, but also on having the social skills that enabled him to participate in the situations in which the new language was used (Fillmore 1976, vii).

Vor diesem Hintergrund unterscheidet sie zwischen *kognitiven* und *sozialen Strategien* und betont dabei ihre besondere Rolle im Zweitspracherwerb (vgl. Fillmore 1979, 207f.). Um den strategischen Charakter beobachteter kindlicher Verhaltensweisen zu unterstreichen, beschreibt sie diese als Maximen, die Kinder möglicherweise für sich selbst formuliert haben (vgl. ebd., 208f.).

Social strategies	*Cognitive strategies*
1) Join a group and act as if you understand what's going on, even if you don't. 2) Give the impression – with a few well-chosen words – that you can speak the language. 3) Count on your friends for help.	1) Assume that what people are saying is directly relevant to the situation at hand, or to what they or you are experiencing. Metastrategy: Guess! 2) Get some expressions you understand, and start talking. 3) Look for recurring parts in the formulas[41] you know. 4) Make the most of what you've got. 5) Work on big things first; save the details for later.

Abbildung 3: Soziale und kognitive Strategien (Fillmore 1979, 209)

Die Variation von Lernerfolgen führt Fillmore jedoch auf individuelle Unterschiede wie Persönlichkeitsmerkmale, Interesse, Motivation und Bereitschaft, sich an sprachlichen Spielen zu beteiligen, zurück (vgl. Fillmore 1976, vii). Die sozialen Aspekte der zielsprachlichen Gemeinschaft werden lediglich auf Input und Hilfen durch Freunde reduziert[42] und nicht weiter herausgearbeitet.

Fillmore kommt in ihrer Studie zu folgendem Schluss:

---

41 Formeln bzw. *chunks* sind formelhafte Ausdrücke, die von L2-Lernenden als Ganzes gelernt werden.

42 Dies kann dem spezifischen Untersuchungsdesign geschuldet sein, in welchem die Zweitsprachenlerner mit je eine*er Freund*in (monolingual Englisch) gepaart wurden.

Before the learner could be in a position to exercise the cognitive strategies which would ultimately result in language learning, he needed to be in social contact with the speakers of the new language, but to do that, he needed some *very special social skills* (Fillmore 1979, 220; Herv. durch L. S.).

In seiner Untersuchung zum sukzessiven Deutscherwerb bei drei- bis vierjährigen Kindern mit der türkischen Erstsprache im Kindergarten beschreibt Jeuk „*besondere Verhaltensweisen, die Kinder zum Schließen semantischer Lücken einsetzen*" (Jeuk 2011², 131; Herv. im Orig.).[43] Die in der longitudinal angelegten Studie erhobenen freien Sprachproben[44] wertete er mittels eines deduktiv-induktiv entwickelten Kategorienrasters[45] aus und stellte dabei folgende Verhaltensweisen fest:

- Suchverhalten:
    - Gestik,
    - Pausenfüller,
    - Reduplikationen,
    - Lautmalereien,
    - *Ja* als Floskel,
- Deixis:
    - gestische Deixis,
    - sprachliche Deixis,
    - Aufmerksamkeitslenkung (*guck*),
- Imitation[46],
- Ersetzung:
    - Reduktion (*machen*),
    - Paraphrasie (Ersetzung),
    - Wortneuschöpfung,
- Fragen:
    - Fragen nach Wörtern,
    - Fragen nach Zusammenhängen,
- Korrektur:
    - Korrekturen,
    - metasprachliche Aspekte,
- Erstsprache:
    - türkisches Wort oder Satz und
    - weitere Sprachmischungen (vgl. Jeuk 2011², 271).

---

43 Diese Bezeichnung erläutert Jeuk wie folgt: „Die Erörterung der Frage, inwiefern kognitive Strategien dahinter stehen, ist nicht Gegenstand dieser Arbeit. Deshalb wähle ich den neutralen Begriff ‚Verhaltensweise'" (Jeuk 2011²; 149).

44 Es handelt sich hierbei um sprachliche Interaktionen mit dem Forscher (vgl. ebd., 141f.).

45 Dabei orientiert sich Jeuk u.a. auf die Ergebnisse der Studien zu Wortfindungsstörungen (vgl. ebd., 126ff.).

46 In Jeuks Abbildung wird Imitation unter der Deixis subsumiert, was anscheinend ein Formatierungsfehler war, da auf Seite 273 die Verhaltensweisen Deixis und Imitation in zwei verschiedenen Kapiteln dargestellt werden.

Mit einem „erfolgreicheren" Wortschatzerwerb korrespondieren laut Jeuk solche Verhaltensweisen wie *„Ersetzungen, Wortneuschöpfungen, Fragen, Korrekturen, metasprachliche Aspekte und der Einsatz der Erstsprache"* (ebd., 270; Herv. im Orig.).

Ähnlich nimmt Lengyel in ihrer als explorative ethnografische Studie angelegten Untersuchung zum „Zusammenspiel (zweit-)sprachlicher und kognitiver Entwicklung" kindliche Interaktionen[47] mit Peers[48] in den Blick (Lengyel 2009, 25). Ausgehend vom Entwicklungsverständnis des Ko-Konstruktivismus, der Entwicklungs- und Zeichentheorie von Vygotkij, der Zweifeldertheorie von Bühler und den Befunden der Zweitspracherwerbsforschung leitet sie Analysekategorien für beobachtete sprachlich-interaktionale Prozesse ab und betrachtet die Kommunikationsstrategien als durch Sprache vermittelte kognitive Aktivität: „Strategien zur Kommunikationsbewältigung bilden eine ‚Schnittstelle' von Sprache und Kognition" (ebd., 171). Dabei unterscheidet sie in Anlehnung an Jeuk zwischen *imitativen, problemlösenden* und *metasprachlichen* Strategien bei Kindern mit DaZ (vgl. ebd., 172ff).

- Imitative Strategien:
    o Imitation (Nachahmung von Wörtern oder Äußerungen),
    o Formeln (unanalysierte Äußerungen, ritualisierter Sprachgebrauch),
- Problemlösungsstrategien:
    o Reduktion (Ersetzung eines Wortes durch ein Passepartout-Wort),
    o Paraphrasie (Ersetzung durch ein Wort mit ähnlicher Bedeutung oder ähnlicher lautlicher Gestalt),
    o Wortneuschöpfung (Bildung eines neuen Wortes),
- Metasprachliche Strategien:
    o Fragen (nach einer Bezeichnung),
    o Selbstkorrekturen (Umformulierung oder Verbesserung der eigenen Äußerung),
    o Fremdkorrekturen (Verbesserung durch den Interaktionspartner),
    o Wort- und Sprachspiele (Spielen mit der Form, Bedeutung) und
    o Code-Switching (Wechseln zwischen den Sprachen) (Lengyel 2009, 172ff.).

Des Weiteren fokussiert Lengyel in ihrer Studie „das egozentrische Sprechen, das der Bewusstwerdung psychischer Funktionen dient" (ebd., 171) und unterscheidet dabei folgende Typen:

- ergebnisbezogenes egozentrisches Sprechen (Versprachlichung des Resultats einer Handlung),
- handlungsbegleitendes egozentrisches Sprechen (handlungsbegleitendes und -kommentierendes Sprechen) und

---

47 Unter *Interaktionen* werden im weiteren Sinne „konkrete unmittelbare Begegnungen zwischen zwei (oder mehreren) Menschen verstanden [...], welche direkt beobachtbar sind" (Weltzien et al. 2017, 9).

48 Zur Bedeutung von Peers in der frühen Kindheit siehe Wertfein/Reichert-Garschhammer (2017).

- planendes egozentrisches Sprechen (Sprechen zur Planung, Steuerung und Lenkung einer Handlung) (ebd., 177).

Gemeinsam ist den Studien von Jeuk und Lengyel, dass sie in ihrer Behandlung der kindlichen Strategien deduktiv-induktiv vorgehen: Aus der Theorie[49] abgeleitete Kategorien werden am Material zugeordnet, modifiziert und weiterentwickelt (vgl. Jeuk 2011², 147; Lengyel 2009, 167ff.).

Im qualitativen Teil seiner Untersuchung der sprachlichen und kommunikativen Kompetenzen von drei- bis sechsjährigen monolingualen und mehrsprachigen Kindergartenkindern stellt Albers unterschiedliche Strategien zur Gesprächsinteraktion und -aufrechterhaltung fest, die er als „Hinweis für sprachlich-kommunikative Kompetenzen" der Kinder auffasst (Albers 2009, 208).

So zeigen „sprachlich kompetente"[50] Kinder folgende sprachlich-kommunikative Strategien zur Gesprächsinitiierung:
- Fragen,
- Einladung zum gemeinsamen Spiel[51],
- Einsatz von Humor, Schilderung unrealistischer Sachverhalte,
- Provokation von Streit[52],
- wiederholte Aufforderung zu (sprachlicher) Handlung (ebd., 208).

Kinder mit diagnostiziertem Sprachförderbedarf[53] zeigen u.a. folgende Verhaltensweisen:
- Gesprächsinitiierung durch Fragen,
- responsives Verhalten (direkte Antworten auf Fragen, Widerspruch, Kommentare, Provokation, Interjektionen, Wiederholung von Äußerungen sowie inhaltszentralen Wörtern),
- Nutzung des Interaktionskontextes als Unterstützung (ebd., 213f.).

Kinder mit Therapiebedarf[54] zeigen u.a. folgende Verhaltensweisen:
- Fragen,
- direkte Aufforderungen,
- Schilderung unrealistischer Sachverhalte, Alberei, Spaß,
- Wiederholung inhaltszentraler Begriffe und Phrasen mit steigender Intonation,

---

49 Jeuk und Lengyel fokussieren auf die Kommunikationsbewältigung und das Schließen semantischer Lücken als Ziel des Strategieneinsatzes und heben somit jene Aspekte hervor, die auch für Kinder mit Wortfindungsstörungen in L1 typisch sind (vgl. z.B. Jeuk 2011², 100ff.).

50 Mono- und multilinguale Kinder, die im SSV keinen kritischen Wert unterschritten haben (vgl. Albers 2009, 134).

51 Zum Begriff *(Kinder-)Spiel* und zu Formen des Spiels siehe Komor (2010, 43ff.).

52 Zum Diskursmuster *Streit* und seiner Aneignung durch 5-bis 8jährige Kinder im frühen Zweitspracherwerb siehe Komor (2010, 86ff.).

53 Mono- und multilinguale Kinder, die im *Sprachscreening für das Vorschulalter* (SSV) (Grimm 2003) den kritischen Wert eines der beiden Subtests unterschritten haben (vgl. Albers 2009, 134).

54 Mono- und multilinguale Kinder, die im SSV die kritischen Werte beider Subtests unterschritten haben (vgl. ebd., 134).

- sprachliche Begleitung von Handlung (ebd., 221).

Zwar stellten mehrsprachige Kinder[55] keine gesonderte Gruppe dar und waren in allen drei Untersuchungskohorten repräsentiert, jedoch hebt Albers die Bedeutung der sprachlichen Entwicklung in der Erstsprache für das sprachlich-kommunikative Verhalten in der Zweitsprache hervor:

> Der Vergleich der Fallstudien belegt eindrucksvoll, dass die Kinder mit einer anderen Familiensprache als Deutsch trotz der geringen formalsprachlichen Flexibilität in der Umgebungssprache über vielfältige Strategien verfügen, mit denen sie Gespräche aufrecht erhalten und somit aktiv sprachliche Strukturen in der Umwelt evozieren, mit denen der Input zum ‚Intake' wird [...] (ebd., 260).

Albers kommt zur Erkenntnis, dass Kinder mit niedrigeren formalsprachlichen Kompetenzen über ein insgesamt geringeres Set an kommunikativen Strategien verfügen, d.h. es gibt einen Zusammenhang zwischen dem jeweiligen Sprachstand und der Art und Vielfalt eingesetzter Strategien (vgl. ebd., 257).[56]

Apeltauer geht aufgrund der Daten, die im Rahmen des Kieler Modells sprachlicher Frühförderung und im ersten Schuljahr der Kinder über einen Zeitraum von dreieinhalb Jahren erhoben wurden, der Frage nach, „wie Vor- und Grundschulkinder ihr Lernverhalten zu steuern versuchen" (Apeltauer 2010, 2). *Lernerselbststeuerung* definiert er dabei als „(beobachtbares) sprachliches Handeln [...], das vom Lerner ausgeht und auf eine aktive Auseinandersetzung mit der Zielsprache hindeutet und im Hinblick auf seine verbalen und nonverbalen Verhaltensweisen analysiert und untersucht werden kann" (ebd., 11).

Apeltauer spricht den Lernenden somit Eigeninitiative und Eigenaktivität zu und kommt zu dem Schluss, dass DaZ-Lernende „ihre Aneignungsprozesse selbst [steuern], indem sie Interaktionspartner/-innen anregen, so dass bestimmte Formulierungen geäußert oder wiederholt werden oder ihnen bei Reproduktionsversuchen (im Sinne des Scaffoldings) geholfen wird" (ebd., 8f.).

Zu den Phänomenen der Selbststeuerung zählen nach Apeltauer:
- Nachahmungen,
- Selbstkorrekturen (selbst initiiert, fremd initiiert und übernommen sowie lernerinitiierte Fremdkorrekturen),
- Präzisierungen des Ausdrucks,
- Nachfragen,
- spontane Meta-Kommentare,
- Selbstbewertungen,
- Hilfeanforderungen,
- Verweigerungen und Korrekturresistenz,

---

55 Albers macht dies an der erhobenen Familiensprache fest (vgl. ebd., 102).
56 Als kritisch ist anzumerken, dass der Autor zwar auf die Notwendigkeit einer differenzierten Betrachtung der Ergebnisse im Hinblick auf die Kontaktdauer bei Kindern mit DaZ hinweist, aber diese und die Variable Alter bleiben bei der qualitativen Analyse der Ergebnisse unbeachtet.

- spielerische Variationen und Abwandlungen von Wörtern,
- selbst entwickelte Lieder,
- Spiele mit Namen und Wörtern und
- Interaktionssteuerung (ebd., 17f.).

Dabei stellte Apeltauer Steuerungsphänomene auf allen sprachlichen Ebenen fest, d.h. auf der phonetischen, semantischen, morphosyntaktischen und pragmatischen (vgl. ebd., 18).

Der Forscher sieht in der Selbststeuerung ein Lernpotenzial[57], das didaktisch zu nutzen wäre und bemängelt, dass pädagogische Fachkräfte für solche Phänomene wenig sensibilisiert sind und die Zweitsprachlernenden in ihren Selbststeuerungsversuchen folglich nicht entsprechend unterstützen können (vgl. ebd., 2 und 34).

In ihrer Untersuchung „*Sprachliche Interaktion im multikulturellen Kindergarten*" entdeckte Epping (2016) durch die funktionalpragmatischen Analysen der Daten aus der Videografie, teilnehmenden Beobachtung und den Erzieher*inneninterviews eine Vielfalt an Mitteln[58] und Verhaltensweisen, die Kinder und Erzieher*innen nutzen, um Verständigung zu erreichen:

- Verbal:
  - Ansprechen mit Namen,
  - Ausruf, um Aufmerksamkeit zu wecken,
  - Äußerung zur Absprache/Planung gemeinsamer Handlungen,
  - Anweisungen an die/den Spielpartner*in,
  - Benennen eines Gegenstands,
  - Äußerungen zur Absprache, Anknüpfung an bereits eingeführte Motive, Ideen zustimmen und weiterentwickeln,
  - Metakommentare zum Spiel,
  - direkte Fragen und Aufforderungen,
  - verbale Übernahme einer Rolle,
  - Sprachmischungen,
  - Übersetzungen,
  - deiktische Äußerungen,
  - Umschreibungen,
  - Nachfragen,
  - Formeln und feststehende Äußerungen,
  - Äußerung zur eigenen Handlungsabsicht,
  - Äußerung, um fremde Handlung abzuweisen,
  - Zustimmen,
  - Übergang ins Selbstgespräch.

---

57   Z.B. Phänomene der Selbststeuerung können demnach Hinweise auf die „Zone der intensiven Beschäftigung" des Lerners/der Lernerin liefern (Apeltauer 2010, 34), die Apeltauer als Übergang zur Zone der nächsten Entwicklung versteht (ebd., 13).

58   Epping verwendet den Begriff „Mittel", wenn sie vom Fokus ihrer Arbeit spricht. So lautet ihre Forschungsfrage: „Mit welchen Mitteln stellen Kinder und Erzieherinnen im multikulturellen Kindergarten eine Basis für gemeinsames Handeln her und wie erhalten sie diese aufrecht?" (Epping 2016, 272).

- Nonverbal:
  - Zeigegesten,
  - Blickverhalten (Gegenstand, Spielpartner*in),
  - Körperkontakt,
  - Kontaktaufnahme über Gegenstände,
  - räumliche Nähe suchen,
  - Zuschauen,
  - Hantieren/Spielen mit Gegenständen,
  - Anlächeln,
  - Mimik,
  - Heranziehen von Übersetzer*innen und Vermittler*innen,
  - Ignorieren,
  - Abwenden des Körpers.
- Paraverbal:
  - Betonungen,
  - Verstellen der Stimme,
  - Geräusche,
  - gemeinsames Vokalisieren,
  - ausdrucksstarke Intonation,
  - Singen und Summen,
  - stimmliche Markierung und Übernahme von Rollen (vgl. Epping 2016, 258ff.).

Anders als Albers geht Epping davon aus, dass die Verwendung der Mittel nicht vom formalen Sprachstand im Deutschen, sondern mit dem Alter der Kinder (inklusive Spiel- und Kommunikationserfahrung) zusammenhängt (vgl. ebd., 263).[59] Dass frühere Spiel- und Interaktionserfahrungen dabei als Ressource dienen, heben beide Forscher*innen hervor. Außerdem beobachtete Epping, dass die Sympathie und Freundschaft zwischen den Interaktionspartner*innen eine wichtige Rolle bei der verbalen Beteiligung spielen und dass Kinder mit geringeren Deutschkenntnissen mehr auf nonverbale Mittel zurückgriffen (vgl. ebd., 263ff.).

Die Auswertung der Forschungsliteratur zu kindlichen Strategien im DaZ-Erwerb zeigt, dass sich zwar die beobachteten Phänomene auf der (wahrnehmbaren) Oberfläche sehr ähneln, sie aber unterschiedlich bezeichnet und definiert werden.[60] Auch über die

---

59 Epping führte im Gegensatz zu Albers jedoch keine Sprachstandserhebungen durch (vgl. Epping 2016, 265).

60 Auch im frühen Fremdsprachenlernen zeigen die Kinder „kommunikationsstrategische und sprachbewusste Verhaltensweisen" (vgl. Wörle 2013, 230). An Beispielen aus den Interaktionen mit den Kindern zeigt Wörle auf, wie wichtig ein sprachsensibles Verhalten der Interviewperson oder generell des Interaktionspartners ist: Wenn die Interaktionsperson die Kommunikationsstrategien der Kinder wahrnimmt und auf diese entsprechend reagiert, können die Kinder ihre Sprachkompetenz entfalten und die Interaktion aufrechterhalten (vgl. ebd., 231).

Genese der Strategien besteht kein Konsens: Von einigen Forscher*innen werden sie genuin als im Individuum angesiedelte Prozesse aufgefasst, während andere deren gemeinsame interaktive Hervorbringung betonen[61]. Man kann zusammenfassend festhalten, dass die Forscher*innen den theoretischen Rahmen für die Einordnung und Beschreibung der Phänomene aus drei Perspektiven schöpfen:
- Forschung zum Erstspracherwerb, insbesondere zu Wortfindungsstörung: Strategien werden als Verfahren zur Überwindung von Lücken konzipiert,
- Fremdsprachenforschung: Strategien werden als mentale Pläne konzipiert und
- Gesprächsforschung: Strategien werden als Verfahren zur Interaktionsinitiierung, -aufrechterhaltung und -beendigung sowie als Reparaturverfahren konzipiert.

Die referierten sozialen, sprachlich-kommunikativen und kognitiven Strategien werden im Folgenden aufgefasst als „Ressourcen, mit denen im Zweitspracherwerb umgegangen werden kann" (Lengyel 2009, 43). Durch die Verwendung des Begriffs *Ressourcen* wird im Rahmen dieser Arbeit der Tatsache Rechnung getragen, dass eine eindeutige methodische Bestimmung beobachteter Verhaltensweisen der Kinder kaum möglich ist. Ob ein bestimmtes sprachliches bzw. nicht-sprachliches Verhalten vom Kind als Eigeninitiative ausgeht oder eine gemeinsame interaktive Hervorbringung darstellt, ist – wenn überhaupt möglich – immer an der jeweiligen Interaktionssituation auszuweisen. Eine reine Auflistung bzw. Klassifikation der beobachteten Verhaltensweisen würde somit wenig Aufschluss darüber geben, wann (d.h. in welchen Situationen, mit welchen Interaktionspartner*innen) und wozu (mit welchem Zweck) die Kinder das eine oder das andere Verhalten zeigen bzw. eine Äußerung auf eine bestimmte Art und Weise produzieren.

---

61 Schramm betrachtet mündliche Kompensationsstrategien bei Erst- und Zweitklässler/innen in der DaZ-Fördergruppe sowohl aus kognitiver als auch aus soziokultureller Perspektive und argumentiert für die Erweiterung des „individualbezogene[n] Konstrukt[s] der Kompensationsstrategie" um die soziale Komponente (Schramm 2009, 140). So ordnet sie der kognitiven Perspektive solche Strategien wie Allzweckwörter, Hilfsappelle, Approximationen (Verwendung des Oberbegriffs), Lautmalerei, Umschreibungen oder Gebrauch der Erstsprache zu (vgl. ebd., 134f.). Aus der soziokulturellen Perspektive beobachtet sie „[i]nteraktionale Kompensation mündlicher Produktionsdefizite" (ebd., 136) wie „stellvertretende Äußerungen, inhaltliche Nachfragen, (sprach-)didaktische Fragen und Formulierungshilfen", die sie als „hörerseitige Handlungsschritte" versteht (ebd., 140). Die für die soziokulturell orientierte Forschung eher ungewöhnliche begriffliche Aufteilung Hörer/Sprecher wäre evtl. auf die Besonderheit der Erhebungssituation – von einer DaZ-Lehrkraft geleitete Erzählrunde – zurückzuführen. Schramm kommt zum Schluss, dass die Kombination der kognitiven und soziokulturellen Perspektiven didaktische Potenziale für die Strategienforschung und -vermittlung birgt (vgl. ebd., 140f.). Diese Befunde decken sich außerdem mit den in der Forschung zum Fremd- und Zweitspracherwerb bei Kindern, Jugendlichen und Erwachsenen beobachteten sog. (kompensatorischen) Produktionsstrategien wie Umschreibung, Annäherung (z.B. Oberbegriff), Allzweckwörter, Wortschöpfung, *chunks*, nonverbale Signale (Mimik, Gestik), Lautmalerei, wörtliche Übersetzungen aus der Erstsprache, *foreignizing* (L1-Lexem wird zielsprachlich ausgesprochen), *code-switching*, Zeitgewinnungsstrategien und Interaktionsstrategien wie Hilfsappelle (fragende Intonation, Pausen, Nachfragen), Bedeutungsaushandlungen oder Hypothesentesten (vgl. Schramm 2014b, 98f.).

Gleichzeitig wird im Rahmen dieser Arbeit davon ausgegangen, dass Kinder solche *Ressourcen* nicht primär nutzen, um Lücken bzw. Defizite im jeweiligen sprachlichen Bereich zu kompensieren oder um Deutsch zu lernen.[62] Vielmehr werden diese als *Ressourcen* genutzt, um an sozialen *Praktiken* des Kindergartens zu partizipieren. Anders als in den meisten bisherigen Studien werden solche Verhaltensweisen somit nicht genuin als individuell-kognitives Phänomen aufgefasst, sondern als „soziokulturell verankertes Konstrukt" (Schramm 2009, 132) verstanden, d.h. als eine gemeinsame Hervorbringung in Kind-Erzieher*in- und Kind-Kind-Interaktionen. Ressourcen sind somit nicht als Besitz der*des Lernenden, sondern als gemeinsame Hervorbringung in einer spezifischen Situation (die Teil einer alltäglichen Praktik ist) zu verstehen (vgl. Kap. 3.6).

Des Weiteren gilt ein besonderes Augenmerk der vorliegenden Arbeit den Aspekten, die in manchen oben dargelegten Studien zwar beiläufig angesprochen, jedoch nicht systematisch herausgearbeitet worden sind. So beschreibt Apeltauer in kindlichen Äußerungen Phänomene, die direkt auf soziale Interaktionen abzielten, wie Selbstbewertungen (*Lass mich, ich kann das schon*), metasprachliche Fragen (*Wie heißt das kreis?*), Verweigerungen (*Ich weiß, aber ich sag nicht*) oder Interaktionssteuerungen (*Anfangen! Sag noch mal; und noch weiter gucken*) (Apeltauer 2010, 18). Schramm berichtet aufgrund ihrer Datenanalysen vom „produktionssichernden Handeln", aber auch von herausforderndem Handeln oder gar Angriffen der an der Interaktion mit dem Fokuskind beteiligten Kinder (vgl. Schramm 2009, 139f.). Albers beobachtete in seiner Studie, dass während sprachkompetentere Kinder als Interaktionspartner*innen bevorzugt wurden, sprachlich weniger kompetente Kinder oft ignoriert oder abgelehnt wurden (vgl. Albers 2009, 206).

Solche Beobachtungen weisen einerseits darauf hin, dass ein erweiterter theoretischer und methodischer Rahmen für die Identifizierung und Beschreibung solcher Phänomene notwendig ist, die sonst in ihrer Bedeutung nicht hinreichend berücksichtigt werden. Es wird im Rahmen der Arbeit argumentiert, dass die Konzepte *Community of Practice* (vgl. Kap.3.2.2.1), *legitimate peripheral participation* (vgl. Kap. 3.2.2.3) und *Positionierung* (vgl. Kap. 3.4.2) den Erkenntnishorizont der DaZ-Forschung erweitern können.[63] Zudem stellt die Positionierungsanalyse (vgl. Kap. 4.4.2) ein hilfreiches analytisches Werkzeug dar, mit welchem (in der konkreten Interaktionssituation hervorgebrachten) Beziehungsaspekte zwischen den Interaktionsbeteiligten beschrieben werden können.

2.3.2 Identität, Beziehungen und Praktiken im frühen Zweitspracherwerb

Aus der Perspektive der Entwicklungspsychologie bestehen die Entwicklungsaufgaben drei- bis vierjähriger Kinder, die in eine Kita eintreten, im sozial-emotionalen Bereich darin, „Trennung von den Eltern auszuhalten, interaktiv zu spielen und mit anderen zu

---

62   Fragt man meinen vierjährigen Sohn, warum er in die Kita geht, antwortet er: um „mit der Eisenbahn zu spielen", mit „Simon, Tom und Annika zu spielen" oder „meine Autos zu zeigen", nicht aber, „um Deutsch zu lernen".

63   Im Bereich Deutsch als Zweitsprache ist mir nur die Studie von Schnitzer bekannt, die biographische Selbstpositionierungen jugendlicher Schüler*innen einer bilingualen Schulklasse in der Schweiz untersucht (vgl. Schnitzer 2015).

kooperieren, mit anderen teilen zu lernen, Konkurrenz auszuhalten und Regeln zu befolgen, Gefühle zu kommunizieren und auch mit anderen mitfühlend zu sein" (Mähler 2008, 209). Mit dem Kita-Eintritt lernen die Kinder, ihren Platz in der Gruppe auszuhandeln, sich zu behaupten, Freundschaften aufzubauen, mit Akzeptanz und Ablehnung sowie Dominanzhierarchien umzugehen (vgl. ebd., 214f.). Für die Forschung zum frühen Zweitspracherwerb stellt sich folglich die Herausforderung, neben der sprachlich-kognitiven Dimension des Zweitspracherwerbs auch die sozial-emotionale Dimension hinreichend zu berücksichtigen.

Ende der 1990er, Anfang der 2000er Jahre entstanden im Rahmen einer vierjährigen ethnografischen Studie[64] in Kanada mehrere Veröffentlichungen, die den Zweitspracherwerb des Englischen im Kindergarten und in der Grundschule aus der Perspektive des soziokulturellen Paradigmas beleuchteten (vgl. Day 1999; Day/Toohey 1999; Toohey 1996, 1998a, 1998b, 2000; Toohey/Day 1998, 1999, 2001; Toohey et al. 2007). Die soziokulturell orientierte Forschung zum Zweitspracherwerb bei Kindern widmet sich der Untersuchung von Beziehungen zwischen Lernenden und Lehrenden oder zwischen Lernenden und anderen Sprecher*innen, sozialer Organisation instruktionaler Praktiken, dem Zugang zu kulturellen, linguistischen und materiellen Ressourcen, der Identität des Lernenden sowie der Struktur von Praktiken im Gruppenraum und Klassenzimmer (vgl. Toohey et al. 2007, 626).

Toohey beobachtete über drei Jahre sechs[65] Kinder, die Englisch als Zweitsprache im Kindergarten und der Grundschule erlernten (Toohey 2000, 2). Dabei fokussierte sie „the classroom"[66] und konzipierte das Klassenzimmer in Anlehnung an soziokulturelle, poststrukturalistische und kritische Perspektiven als „a kind of bounded community, with specific practices" (ebd., 3). Ausgehend vom Verständnis von Identität als „the product of specific identity practices" (ebd., 125) arbeitet Toohey heraus, wie Fokuskinder durch spezifische Praktiken ihrer „classrooms" als Kinder mit einer Identität als „ESL lerners" produziert werden (ebd.). Solche identitären Praktiken stehen laut Toohey im Einklang mit den breiteren institutionellen und gesellschaftlichen Praktiken, die darauf abzielen, Kinder zu bewerten, zu rangieren und gegebenenfalls zu ‚normalisieren' (ebd.). Sie nimmt den Zugang zu sprachlichen Ressourcen der Kindergartengruppe in den Blick und kommt zum Schluss, dass „children had most opportunities for appropriating classroom language in situations when they could speak from desirable and powerful identity positions, when they had access to the expertise of their peers, and when they could 'play' in language" (ebd.).

Aufgrund dieser Beobachtungen hält Toohey fest:

> From a community of practice perspective, children in kindergartens are actively engaged in negotiating their identities and access to participation and resources in the variety of

---

64 Toohey und Day beobachteten in der ersten Kohorte sechs Kinder mit einer anderen Familiensprache als Englisch von ihrem letzten Kindergartenjahr bis zur zweiten Klasse und in der zweiten Kohorte fünf Kinder vom Kindergarten bis zur ersten Klasse (Toohey/Day 2001, 4).
65 Gegen Ende der Studie waren es vier Kinder (vgl. Toohey 2000, 136).
66 Das deutsche Äquivalent wären ‚die Kindergartengruppe' und ‚das Klassenzimmer'.

communities of practice operating there. Identity and access to participation and resources in these various communities are historical, dynamic and problematic for the children (Toohey 1996, 573).

In ihrer späteren Arbeit führt sie aus, warum die Identitätskonstruktion und der Zugang zur Partizipation an der Community und deren Ressourcen problematisch sein können:

> When children were legitimate peripheral participants in classroom activities, when the identities they occupied in those activities were desirable and powerful, and when they had access to their community's expertise, the children developed fuller roles in those activities. Sometimes children were prevented from full participation in these practices; the identities available to them were neither desirable nor powerful and their community's expertise was not available. Such situations correspondingly limited their opportunities for appropriation of school language as well as for appropriation of increasingly more active participation in other school activities (Toohey 2000, 126f.).

Eine wichtige Rolle wird dabei Positionierungen als Phänomen der Kind-Erzieher*in- und Kind-Kind-Interaktionen eingeräumt (vgl. ebd., 121).

Im Rahmen derselben Studie und vor dem gleichen theoretischen Hintergrund untersucht Day die Identitätskonstruktion eines Kindes (Hari, L1 Panjabi und L2 Englisch), indem sie auf soziale und politische Dimensionen seiner Beziehungen zu den Peers und der Klassenlehrerin und die damit zusammenhängenden Lerngelegenheiten fokussiert (vgl. Day 1999, iii). Sie kommt zum Schluss, dass Hari verschiedene Positionen („social value") in den Beziehungen zu den anderen Kindern hatte, die seine Identitäten, Positionierungen, den Zugang zu, Partizipation an und Gelegenheiten für das Lernen beeinflussten (ebd.). Des Weiteren zeigt Day, wie unbewusste emotionale und affektive Faktoren in Machtverhältnisse und Positionierungspraktiken in der Kindergartengruppe verwickelt sind und wie „subjectivities" in alltäglichen Praktiken konstruiert werden (ebd., iv).

Toohey und Day kommen in einem ihrer gemeinsamen Aufsätze zum Ergebnis, dass bestimmte Praktiken der CoP mehr Möglichkeiten für die Lernenden bieten, zu lernen, wie man sich als Mitglied der Community an deren Praktiken zu beteiligen hat (Toohey/Day 1999, 42). Ihre Analysen der audio- und videografierten Daten zeigen, dass vor allem Sprechen im Chor (choral speech), Lieder (choral singing) sowie Fantasiespiele (imaginative play) „facilitate opportunities for all the children to access words in the room and to practice with these words" (Toohey/Day 1999, 46; vgl. auch Toohey 2000, 127).[67] Im Gegensatz dazu können Frage-Antwort-Evaluation-Sequenzen (IRE) oft zur Verweigerung, einer gestörten oder minimalen Teilnahme führen; da in diesem Moment die/der Lernende von der Expertise der Lehrkraft oder anderer Kinder nicht profitieren kann (vgl.

---

67 Auch Epping beobachtete, dass „die Kinder das gemeinsame Singen, Summen und Variieren der Texte und Melodien zur Bildung von Gemeinsamkeit" nutzen und weist auf die Notwendigkeit weiterer Forschungen hierzu hin (Epping 2016, 265f.). Im Rahmen der vorliegenden Studie konnte ich nur zweimal am Morgenkreis teilnehmen, in dem im Chor gesprochen und gesungen wurde, sodass ich dazu keine Aussagen formulieren kann. Auch keine Phantasiespiele konnten beobachtet werden, was vermutlich am jungen Alter der Fokuskinder lag.

Toohey/Day 1999, 46f.).⁶⁸ Des Weiteren weisen die Autorinnen darauf hin, dass nicht jede Kleingruppen- oder Partnerarbeit *a priori* als förderlich gesehen werden kann (vgl. ebd., 49). Wenn Machtbeziehungen ausgehandelt werden, werden z.B. manche Äußerungen der*des Interaktionspartner*in ignoriert (vgl. ebd., 50).

In Schweden sind es Arbeiten von Cekaite (2007) und Björk-Willén (2008), die den Fragen der Partizipation, Identität und des Sprachlernens in Kindergarten und Grundschule nachgingen. Im Rahmen einer größeren Studie zu „multilingual preschool" in Schweden untersuchte Björk-Willén am Beispiel des Morgenkreises („sharing time") und der Sprachgruppe („Spanish group") alltägliche Praktiken⁶⁹ in einem trilingualen Kindergarten (Björk-Willén 2008). Sie betrachtet die Kindergartengruppe als CoP, in der erfahrenere Kinder *old-timers* und weniger erfahrene Kinder *new-comers* sind (vgl. ebd., 560). Björk-Willén hebt die Rolle von „the routine organization of interaction, which provides for the predictability of relevant next actions" (ebd., 573), indem sie mittels der konversationsanalytischen Datenauswertung aufzeigt, dass konversationelle Probleme nicht *a priori* auf die mangelnde Zweitsprachkompetenz der Kinder zurückzuführen sind, sondern dass Abweichungen von routinierten Praktiken und damit einhergehende nicht eingelöste Erwartungen der Kinder verantwortlich für die kindliche (Nicht-)Partizipation sein können (vgl. ebd.). Dabei wird „the predictability of expected action trajectories as a resource for the children's participation in educational practice" und folglich auch für den Zweitspracherwerb aufgefasst (ebd.): „[C]hildren monitor the unfolding activity for its routine features [and] they use the predictability of the routine to participate in the interaction" (ebd., 574).

Cekaite untersuchte die Entwicklung internationaler Kompetenz eines Mädchens (L1 Kurdisch) über ein Jahr in einer internationalen Klasse einer schwedischen Schule und kam anhand von Konversationsanalysen polylogischer Interaktionen im Klassenzimmer zu der Erkenntnis, dass „participation in classroom conversational activities is highly dependent on the L2 learner's mastery of the local institutional norms of interaction", wie

---

68   Toohey hinterfragt generell jene Praktiken der Bildungseinrichtungen, die auf „the search for differential performances" abzielen (Toohey 1998b, 13). Solche Praktiken, wie z.B. individuelles Abfragen der Kinder im Morgenkreis, so Toohey, haben zum Ziel, Kinder mit abweichender oder verzögerter Entwicklung zu identifizieren und grenzen ihre Möglichkeiten ab, von dem Wissen und den Ressourcen der Gemeinschaft zu profitieren, wie es z.B. bei choralen Praktiken der Fall ist (ebd.). Sie sieht darin Parallelen zur Normalisierungspraxis auf der breiteren gesellschaftlichen Ebene und plädiert für die Forschung, die die Zusammenhänge zwischen Normalisierungspraktiken auf der Mikro- bzw. Mesoebene (Kita-Praktiken) und der Makroebene (Gesellschaft) beleuchten würde. Kuhn und Diehm untersuchten Thematisierungsweisen von Mehrsprachigkeit im Elementarbereich und (re-)konstruierten in Erzieher*innen-Eltern-Gesprächen Normalisierungspraktiken der Erzieher*innen, „in denen die Sprachkompetenzen einzelner Kinder relational eingeordnet und klassifiziert werden" (Kuhn/Diehm 2015, 111).

69   Dabei versteht sie unter *Praktiken* rekurrierende und erkennbare Aktivitäten (vgl. Björk-Willén 2008, 557).

z.B. die Norm des angemessenen Sprecherwechsels bei sequenziell organisierten Aktivitäten (Cekaite 2007, 58). Linguistische und konversationelle Ressourcen, so Cekaite, helfen dem Kind, eine Mitgliedschaft in der Klassen-Community zu erlangen (vgl. ebd.).

In Bezug auf die Rolle der Sprachkenntnisse bei der Positionsaushandlung gibt es unterschiedliche Positionen: Während Albers in seiner Studie feststellt, dass sprachlich weniger kompetente Kinder „einen geringeren Status"[70] in der Gruppe haben und sprachlich kompetentere Kinder als Spielpartner*innen bevorzugt werden (vgl. Albers 2009, 206), kommen Day und Toohey zum Schluss, dass eine gestiegene L2-Kompetenz nicht zwangsläufig zur Konstruktion einer stärkeren Identität und einer erhöhten Partizipation an den Community-Praktiken und mehr Zugang zu Community-Ressourcen führen (vgl. Day 1999, 185; Toohey 1998b, 4). Demnach sind Sprachkenntnisse ein wichtiges, aber nicht der einzige Faktor bei der Aushandlung der gewünschten Position.

Wie Toohey et al. es für das Klassenzimmer postulieren, so lässt es sich auch in Bezug auf den Kindergarten formulieren: Kindergarten als Bildungsinstitution stellt ein komplexes System dar, das durch institutionelle Strukturen, soziale Praktiken und Beziehungen, verschiedene Rollen, kulturelle, linguistische und materielle Ressourcen, verschiedene Ziele und Erwartungen der Akteur*innen konstituiert wird (vgl. Toohey et al. 2007, 625).

Dies hat für das Verständnis vom frühen Zweitspracherwerb insofern eine wichtige Bedeutung, als

> [t]hrough participation in the social practices of the classroom, children develop a sense of the order of the academic world and their place within it, their status relative to teachers and peers, the nature of the tasks they face, and the relative legitimacy ascribed to their cultural and linguistic resources (ebd.).[71]

In der deutschen Forschung zum frühen Zweitspracherwerb wurden die oben referierten Arbeiten bis dato kaum rezipiert.[72] Dabei liefern ihre Veröffentlichungen - trotz einiger

---

70 Albers gebraucht den Begriff *Status*, der m.E. für die Beschreibung weniger geeignet ist, da er eine statische Konnotation hat. Die Begriffe *Position* und *Positionierung* scheinen dagegen besser geeignet zu sein, um das Dynamische und Widersprüchliche dabei einzufangen.

71 Auch wenn bezogen auf den deutschen Elementarbereich die Verbindung *der Kindergarten* und *die akademische Welt* zu pathetisch klingen, scheint es m.E. weniger an der Kita-Wirklichkeit selbst, vielmehr aber an der öffentlichen und (leider oft) wissenschaftlichen Wahrnehmung zu liegen. Der deutsche Kindergarten sollte in den nächsten Jahren ganz klar eine bildungspolitische und öffentliche Aufwertung erfahren.

72 Eine Ausnahme stellt die Arbeit von Lengyel (2009, 121f.) dar. Das Konzept *Community of Practice* und die Studie von Toohey werden zwar im theoretischen Teil referiert, im empirischen Teil leider nicht wieder aufgegriffen. Unter den Forschungsarbeiten zum DaZ-Erwerb im Kindergarten ragt die Arbeit von Demirkaya heraus, die in dem sozialökologischen Sozialisationskonzept von Bronfenbrenner (1981) „eine Forschungsperspektive" gefunden hat, „in der die kindliche Zweitsprachentwicklung nicht isoliert und auf den Zuwachs in der Zweitsprache Deutsch reduziert, sondern kontextuell eingebettet untersucht wird" (Demirkaya 2017, 2). So konzipiert sie in Anlehnung an Bronfenbrenner die additive Sprachfördermaßnahme als ein Mikrosystem, das auf der Mesoebene mit den Mikrosystemen Kita und Familie interagiert (vgl. ebd., 93).

offen gebliebener methodischer Fragen[73] – eine neue Perspektive auf die Konzeptualisierung des frühen Zweispracherwerbs als sozialen Prozess.

2.4 Forschungsgegenstand und -fragen

Sfard spricht von zwei Metaphern, mit denen man Lernen beschreiben kann: Einerseits wird Lernen als Erwerb aufgefasst, andererseits kann Lernen als Partizipation konzipiert werden (vgl. Sfard 1998, 5f.; vgl. auch Kap. 3.1.2). Man könnte etwas abstrahiert und überspitzt formulieren, dass die traditionelle Forschung zum frühen DaZ-Erwerb vor allem vom Verständnis des sprachlichen Lernens als Erwerb von phonetischen, lexikalischen, morphosyntaktischen und pragmatischen Kenntnissen ausgeht. In der soziokulturell orientierten Zweitspracherwerbsforschung wird eine alternative bzw. komplementäre Sichtweise auf den Zweitspracherwerb als Partizipation angeboten (vgl. Pavlenko/Lantolf 2000, 155), die in der deutschen Zweitspracherwerbsforschung bislang wenig bis gar nicht präsent ist. Dabei weisen Sfard (1998, 11) und Pavlenko/Lantolf (2000, 156) darauf hin, dass sich die beiden Perspektiven nicht ausschließen sollten, sondern als komplementäre Sichtweisen auf Lernen aufzufassen sind, deren Stärken eben in der Gegenüberstellung und Verbindung von jeweils fokussierten Aspekten liegen.

Sprachliche Kind-Kind- und Kind-Erzieher*in-Interaktionen[74] im Kindergarten stellen den Forschungsgegenstand der vorliegenden Studie dar und werden aus der Perspektive der sozial orientierten Ansätze der Zweitspracherwerbsforschung untersucht, d.h. vor der Hintergrundfolie Lernen als Partizipation.

Die frühpädagogische Forschung belegt, dass Kinder schon früh fähig sind, eine Community mitzugestalten:

> Offenbar entwickeln Kinder bereits in den ersten drei Lebensjahren untereinander gemeinsame Routinen und schaffen sich so eine eigene »Kultur«; wer daran teilnimmt, gehört dazu und hat Anteil am gemeinsamen Wir-Gefühl, das von gegenseitiger Wertschätzung und gemeinsamen Interessen geprägt ist (Schneider & Wüstenberg, 2014). So wird deutlich, wie grundlegend die soziale Teilhabe an Interaktionen mit anderen Kindern bereits in frühen Jahren ist, für den Erwerb von Wissen über sich selbst, über andere und über das, was gemeinsam erlebt, gedacht und geteilt wird (Viernickel, 2004) (Wertfein/Reichert-Garschhammer 2017, 155).

Noch deutlicher wird die Forschungslücke, wenn man sich die Bildungs- und Erziehungspläne der Länder anschaut, in denen an verschiedenen Stellen von Gemeinschaft gesprochen wird:

> In der Kindertagesstätte erleben sich viele Kinder zum ersten Mal in einer größeren Gemeinschaft unter Gleichen, die im Prinzip dieselben Rechte und Möglichkeiten haben. Das Leben in der Gruppe ermöglicht den Kindern soziale Erfahrungen, die sie so in ihrer Fami-

---

73 So werden in Tooheys Monografie (2000) zwar Beispiel-Interaktionen präsentiert, es fehlen jedoch Angaben zur Datenauswertung.
74 Es sind damit sowohl dyadische als auch polyadische Interaktionen gemeint.

lie nicht machen können: Die Kindergemeinschaft ist – wenn die individuelle Unterstützung und die Entwicklung sozialer Kompetenzen ernst genommen werden – ein Lernort für Demokratie und für die grundlegenden Werte und Normen des gesellschaftlichen Zusammenlebens (Niedersächsisches Kultusministerium 2018, 34).[75]

Gemeinschaftsfähig zu werden bedeutet, sich zugehörig fühlen zu können, bereit und imstande zu sein, das soziale Miteinander zu gestalten und Verantwortung zu übernehmen. Kinder entwickeln Interesse an anderen, bilden Freundschaften und wirken an Entscheidungen in der Gruppe mit. Sie lernen das Denken, Fühlen und Handeln anderer zu verstehen und zu respektieren (Baden-Württemberg Ministerium für Kultus, Jugend und Sport 2011, Teil A, Abschnitt 1).[76]

Die lernende Gemeinschaft von Kindern und Erwachsenen hat für nachhaltige Bildung einen besonderen Stellenwert (Bayerisches Staatsministerium für Arbeit und Sozialordnung, Familie und Frauen / Staatsinstitut für Frühpädagogik München 2016[7], XVII).[77]

Auch im *Hessischen Bildungs- und Erziehungsplan für Kinder von 0 bis 10 Jahren* wird in Bezug auf den Kindergarten von einer „lernenden Gemeinschaft" gesprochen, in der das Lernen „zu einer sozialen Erfahrung mit der Möglichkeit zur kooperativen Problemlösung" wird (Hessisches Ministerium für Soziales und Integration / Hessisches Kultusministerium 2019[9], 90). Im weiteren Textverlauf wird der Gedanke einer lernenden Gemeinschaft wie folgt expliziert:

> Die Bildung einer lernenden Gemeinschaft ist ein zeitaufwändiger und komplexer Prozess, der vor allem ein Gefühl der Zugehörigkeit und des kooperativen Lernens bei den Kindern stärkt.
>
> Mit der Bildung einer lernenden Gemeinschaft können pädagogische Bezugspersonen die Lernprozesse der Kinder auf vielerlei Weise unterstützen. Besonders das Gefühl der Zugehörigkeit kann bei Kindern Stress reduzieren und ihr Wohlbefinden fördern, ihre intrinsische Lernmotivation und ihr prosoziales Verhalten fördern, ihr Identitätsgefühl stärken, ihre Verhaltensregulation verbessern und ihr aktives Engagement und ihre Mitarbeit erhöhen.
>
> Für die Entwicklung eines Zugehörigkeitsgefühls brauchen Kinder Erwachsene, die auf ihre Interessen eingehen, sowie Gelegenheiten zum Spielen. Vor allem im Rollenspiel lernen Kinder Wesentliches über soziale Beziehungen, indem sie die Bedürfnisse, Rechte und Gefühle anderer kennen lernen. Durch die spielerische Erfahrung mit Regeln lernen Kinder Prinzipien einer demokratischen Gemeinschaft kennen. Sie lernen, ihre Rechte zu verteidigen und über Beziehungen zu verhandeln.
>
> Da die Entwicklung von prosozialem Verhalten bereits im ersten Jahr beginnt, können auch kleine Kinder in die Schaffung einer lernenden Gemeinschaft eingebunden werden. Im Schulalter können Kinder durch ihre stärker werdenden sprachlichen Kompetenzen auch

---

75   URL: https://www.bildungsserver.de/Bildungsplaene-der-Bundeslaender-fuer-die-fruehe-Bildung-in-Kindertageseinrichtungen-2027-de.html (letzter Abruf am 20.09.2020).

76   URL: http://kindergaerten-bw.de/,Lde/Startseite/Fruehe+Bildung/Material_Orientierungsplan, letzter Abruf am 07.10.2020.

77   URL: https://www.ifp.bayern.de/imperia/md/content/stmas/ifp/bildungsplan_7._auflage.pdf, letzter Abruf am 07.10.2020.

an komplexeren kooperativen Lernerfahrungen teilnehmen, wie z.B. ein Theaterstück inszenieren, gemeinsam Geschichten schreiben oder ein Puppenspiel gestalten (ebd.)[78].

Es gibt in der DaZ-Forschung (und auch in der deutschen frühpädagogischen Forschung) bislang keine Studien, die das sprachliche Lernen in der Kita aus der Perspektive des Konzeptes *Community of Practice* untersuchen. Folglich finden sich keine Empfehlungen zur Umsetzung der alltagsintegrierten Sprachbildung unter der Berücksichtigung der Konzepte *Community of Practice*, *legitimate peripheral participation*, *identity construction* oder *positionings*.[79]

Es gilt für die vorliegende Arbeit, den *Community*-Gedanken anhand Mikroanalysen alltäglicher Interaktionen zu (re-)konstruieren sowie seine Rolle bei der Untersuchung des frühen Zweitspracherwerbs zu beleuchten. Drei Gegenstandsaspekte treten dabei in den Vordergrund des Forschungsinteresses: Ressourcen, Praktiken und Positionierungen. Vor dem Hintergrund der Ansätze, die in Kapitel 3 ausführlicher vorgestellt werden, werden Interaktionen als Orte verstanden, in denen sprachlich-interaktionale Ressourcen eingesetzt und angeeignet, soziale Praktiken des Kindergartens ko-konstruiert sowie soziale Positionen in der Kindergartengemeinschaft ausgehandelt werden. Es gilt somit, diejenigen Aspekte von Interaktionen in den Blick zu nehmen, die in der bisherigen Forschung zum frühen Zweitspracherwerb bislang nicht systematisch aufgearbeitet worden sind bzw. in der aktuell vorherrschenden psycholinguistischen Perspektive wenig präsent sind.

Im Diskussionsteil ihres Artikels formuliert Toohey einige Fragen, die für die Beschreibung des Kindergartens aus der CoP-Perspektive hilfreich sein sind:

1. What kind of community is this kindergarten (or what kinds of communities operate within this kindergarten)?

2. What kinds of identities, social practices and resources are available in this community (or communities) for newcomers?

3. How is the social structure, its power relations and its conditions for legitimacy organized in this community (or communities), and how do these define possibilities for learning? (Toohey 1996, 566).

---

78 URL: https://bep.hessen.de/sites/bep.hessen.de/files/BEP_2019_Web_0.pdf, letzter Abruf am 07.10.2020.

79 Die Inhalte der gesichteten Veröffentlichungen zur Sprachbildung und -förderung im Elementarbereich sind Ziele und Inhalte der alltagsintegrierten Sprachförderung, Sprache als System, (psycholinguistische) Grundlagen des Erst-, Zweitspracherwerbs und der Mehrsprachigkeit, Sprachdiagnostik, Sprachlehrstrategien, Förderung der einzelnen Sprachfertigkeiten, Einbeziehung von Eltern, Kooperation und Vernetzung. Die Bedeutung der Peers und der Erzieher*innen wird zwar hervorgehoben (vgl. z.B. Albers 2011, 52ff.), aber ohne, dass der Gemeinschaftsgedanke dabei systematisch verfolgt wird. Die Ausführungen zur sprachlichen Bildung unter Berücksichtigung von Ko-Konstruktion, Partizipation und Inklusion finden sich in Reichert-Garschhammer (2011, 87ff.).

Anhand der empirischen Daten und in Orientierung an Toohey habe ich folgende Forschungsfragen für die vorliegende Arbeit entwickelt[80]:
- *Interaktionen:* Was tun die Fokuskinder und die Interaktionspartner*innen, wenn sie miteinander interagieren? Wie werden der soziale Sinn und die Verständigung hergestellt?
- *Ressourcen:* Auf welche sprachlich-interaktionalen Ressourcen greifen die Fokuskinder zurück? Wie werden Ressourcen in den Interaktionen angeeignet?
- *Praktiken:* Wie wird die Kita als Community von Kindern und Erzieher*innen ko-konstruiert? In welche Praktiken sind beobachtete Interaktionen eingebettet bzw. für diese konstitutiv? Wie gestaltet sich die Teilnahme der Fokuskinder an den Kita-Praktiken?
- *Positionierungen:* Welche sozialen Positionen beanspruchen die Fokuskinder für sich? Welche Positionen werden ihnen von ihren Interaktionspartner*innen zugewiesen? Welche Positionen weisen die Fokuskinder den anderen zu? Verändern sich die Positionierungsaktivitäten der Fokuskinder über die Beobachtungsdauer?

Daran lassen sich zwei Perspektiven erkennen: eine statische (Wie werden Ressourcen eingesetzt, Praktiken ko-konstruiert und Positionen ausgehandelt?) und eine dynamische (Wie werden Ressourcen und Praktiken gelernt? Wie entwickeln sich Ressourcen, Praktiken und Positionierungen?).

2.5   Zusammenfassung

Die aktuellen bildungspolitischen und fachwissenschaftlichen Debatten zeigen, dass früher Zweitspracherwerb ein relevantes Thema ist und – angesichts der aktuellen soziodemographischen Entwicklungen – auch in Zukunft bleiben wird. Andererseits scheinen trotz intensiver Bemühungen seitens der Politik, Praxis und Forschung wichtige Fragen wie z.B. die der Qualität und Wirksamkeit nach wie vor offen zu bleiben. Dies spricht m.E. dafür, dass die aktuelle DaZ-Forschung den frühen Zweitspracherwerb rekonzeptualisieren und ihren Blick mehr auf das derzeit in der Frühpädagogik vorherrschende Verständnis von kindlichen Lern- und Entwicklungsprozessen als Ko-Konstruktion in einer Gemeinschaft richten sollte. Eine solche Rekonzeptualisierung des frühen Zweitspracherwerbs als Partizipation und mit einer Fokussierung auf Ressourcen, Praktiken und Positionierungen in Kind-Kind- und Kind-Erzieher*in-Interaktionen kann interessante Einblicke in die Prozesse des zweitsprachlichen Lernens im Kindergarten liefern und somit die DaZ-Forschung der Beantwortung der Fragen nach dem „Wie?"[81] ein Stück näher bringen.

---

80   An dieser Stelle möchte ich darauf hinweisen, dass die Forschungsfragen in der hier präsentierten Form nicht zu Beginn der Studie feststanden, sondern sich erst im Verlauf des Forschungsprozesses herauskristallisiert haben (vgl. Kap. 4.4.3).

81   Wie lernen die Kinder, die eine andere Erst- und Familiensprache als Deutsch sprechen, im Kindergarten Deutsch als Zweitsprache?

3 Theoretischer Bezugsrahmen[82]

Da es keine Theorie des Zweitspracherwerbs oder des frühen Zweitspracherwerbs gibt (vgl. Ahrenholz 2014³b, 76; Ahrenholz 2010, 367; Klein 2001, 612) und es zurzeit nicht absehbar ist, ob eine solche Theorie erwünscht oder gar möglich ist[83], werden oft unterschiedliche Ansätze, Theorien und Perspektiven herangezogen, um den fokussierten Forschungsgegenstand zu beschreiben und zu analysieren.[84] Angesichts der Komplexität des Forschungsgegenstands *Kind-Erzieher*in- und Kind-Kind-Interaktionen* und seiner Aspekte *Ressourcen, Praktiken und Positionierungen* scheint es erforderlich zu sein, unterschiedliche Ansätze zu kombinieren, um die in Kapitel 2.4 skizzierten Forschungsfragen zu beantworten.

Für mein Verständnis des Forschungsgegenstandes sowie für die Wahl der Auswertungsmethode waren Prämissen und Konzepte jener Ansätze leitend, die in der Zweitspracherwerbsforschung als sog. „alternative" Ansätze (Atkinson 2011a) bekannt sind[85]:
- Soziokulturelle Theorie des Zweitspracherwerbs (Sociocultural Theory (*SCT*)) (Lantolf 2011; Lantolf et al. 2015; Lantolf/Thorne 2006; Lantolf/Thorne 2007),
- Praxistheorie: die Konzepte *situated learning, Community of Practice* (CoP) und *legitimate peripheral participation* (LPP) (Lave/Wenger 2011²⁴; Wenger 1998),
- Konversationsanalyse (Sacks 1995; Sacks 2003; Sacks et al. 1974),

---

82   Da ich die Konversationsanalyse und die Positionierungsanalyse nicht nur als analytisches Werkzeug nutze, sondern auch deren forschungsepistemologische Prämissen berücksichtige, tauchen die beiden Ansätze in der vorliegenden Arbeit an zwei Stellen auf: zum einen als theoretische Ansätze (Kap. 3.3 und 3.4.2) und zum anderen als analytische Methoden (Kap. 4.4.1 und 4.4.2).

83   Eine Theorie zum DaZ-Erwerb bzw. Zweitspracherwerb müsste nach Reich folgenden Anforderungen genügen: „Eine solche Theorie müsste allgemein genug sein, um die Vielzahl von Situationen zwischen den Polen ‚typisch fremdsprachlichen' und ‚typisch zweitsprachlichen' Erwerbs und Gebrauchs zu umfassen, und sie müsste präzise genug sein, um diese Situationen auch in ihrer Unterschiedlichkeit beschreiben und erklären zu können. Sie müsste drittens geeignete Verfahren vorschlagen, um empirische Analysen und normative didaktische Aussagen miteinander zu verbinden" (Reich 2010, 66).

84   Bereits vor 25 Jahren zählte die Zweitspracherwerbsforschung 40 bis 60 unterschiedliche theoretische Ansätze, Modelle, Hypothesen etc. (vgl. Long 1993, 225).

85   Im Sammelband von Atkinson (2011a) werden als alternative Ansätze der Zweitspracherwerbsforschung folgende sechs Ansätze präsentiert: *the sociocultural approach, a complexity theory approach, an identity approach, language socialization approaches, a conversation-analytic approach* und *a sociocognitive approach*. Es sei jedoch darauf hingewiesen, dass sich in der Literatur verschiedene Bezeichnungen und Zuordnungen der sozial orientierten SLA-Ansätze finden (vgl. Daase 2018, 84). So wurde die Positionierungstheorie im Identitätsansatz im Wesentlichen aufgenommen; im Rahmen dieser Arbeit wird sie jedoch extra behandelt, da sie eine notwendige Grundlage für das Verständnis der Positionierungsanalysen darstellt.

- Zweitspracherwerbsspezifische Konversationsanalyse[86] *(conversation analysis for second language acquisition (CA-SLA)* (Brouwer/Wagner 2004; Kasper/Wagner 2011; Markee 2000; Mondada/Pekarek Doehler 2004; Pekarek Doehler 2010; Schwab 2009),
- Identitätsansatz (*identity approach to second language acquisition*) (Norton/McKinney 2011),
- Positionierungstheorie (*positioning theory*) (Davies/Harré 1990; Harré/Van Langenhove 1991; Harré/Van Langenhove 1999).[87]

In folgender Abbildung wird in stark abstrahierter Form dargestellt, welcher Ansatz zur Analyse welches Gegenstandsaspektes nutzbar gemacht wird:

Gegenstandsaspekt	Ansatz
Ressourcen	*CA-SLA, SCT, Situated-Learning*-Ansatz
Praktiken	*Situated-Learning*-Ansatz, *SCT*
Positionierungen (Identität)	*identity approach, Situated-Learning*-Ansatz, *positioning theory*

Abbildung 4: Gegenstandsapekte und theoretische Ansätze zu deren Untersuchung.

Gemeinsam ist diesen Ansätzen, dass sie vor allem den sozialen und interaktionalen Dimensionen in der sprachlichen Entwicklung eine entscheidende Rolle einräumen und somit zur Rekonzeptualisierung der Zweitspracherwerbsforschung im Sinne von Firth und Wagner (1997) einen wesentlichen Beitrag geleistet haben und leisten.

In diesem Kapitel wird zunächst die kognitiv-soziale Debatte skizziert, die Ende der 1990er Jahre in der angelsächsischen Zweitspracherwerbsforschung lebhaft bis hitzig geführt wurde (Kap. 3.1.1). In Anlehnung an Sfard (1998) werden anschließend zwei Metaphern zum Lernen vorgestellt, die am präzisesten die Essenz der Debatte wiedergeben (Kap. 3.1.2). Darauf folgt die Darstellung einzelner theoretischer Ansätze, wobei zu-

---

86 Den *CA-SLA*-Ansatz übersetze ich ins Deutsche als *zweitspracherwerbsspezifische Konversationsanalyse*. Die Begriffsbildung findet in Anlehnung an Henrici und Albers statt, die von „der fremdsprachenerwerbsspezifischen Diskursanalyse" (Henrici 1995, 149) und der „spracherwerbsspezifische[n] Gesprächsanalyse" (Albers 2009, 112) sprechen. Ich gebrauche das Adjektiv *zweitspracherwerbsspezifisch*, obwohl es sicherlich auch mehrere Fremd- oder Zweitsprachen geben kann, die von einer*einem Lernenden zu einem bestimmten Zeitpunkt erworben oder gelernt werden, und zu deren Untersuchung der Ansatz genutzt werden kann. Dennoch scheint mir, dass einige Aspekte wie das Menschenbild und Machtverhältnisse besser mit dem Begriff *Zweitsprache* zu erfassen sind.

87 Bei der Bezeichnung der Ansätze habe ich mich zum Teil an der Darstellung in Atkinson (2011a) orientiert. Sicherlich wären auch andere Bezeichnungen bzw. Zuordnungen möglich. So verbinden Mondada und Pekarek Doehler die CoP-Perspektive mit der von CA und bezeichnen ihren Ansatz als „a strong socio-interactionist" (Mondada/Pekarek Doehler 2004, 502).

nächst die soziokulturellen Ansätze dargestellt werden (Kap. 3.2), da deren Grundannahmen und Konzepte für das Verständnis der konversationsanalytischen (Kap. 3.3) und poststrukturalistischen Ansätze der Zweitspracherwerbsforschung (Kap. 3.4) notwendig sind. Das Ziel dieses Kapitels ist es, eine Synopse theoretischer Ansätze und deren Konzepte zu entwickeln (Kap. 3.5), die als Basis für die Definition der zentralen Begriffe der Studie (Kap. 3.6) als auch für die Konzipierung des Vorgehens bei der Gegenstandsanalyse (Kap. 4) dient.

3.1 Debatte um die Rekonzeptualisierung des Zweitspracherwerbs

3.1.1 Kognitiv-soziale Debatte in der Zweitspracherwerbsforschung

Auch wenn die Diskussion zwischen kognitiv und sozial orientierten Lagern eine längere Tradition hat, wird der breit rezipierte Artikel von Firth und Wagner (1997) als wichtiger Impuls für die kognitiv-soziale Debatte in der angelsächsischen Zweitspracherwerbsforschung angesehen (vgl. Magnan 2007, 733).[88] In ihrem Artikel kritisierten die Forscher das Ungleichgewicht zwischen kognitivistischen und sozialorientierten Ansätzen in der Zweit- und Fremdspracherwerbsforschung und forderten eine Rekonzeptualisierung der traditionellen Forschung[89] durch „a significantly enhanced awareness of the contextual and interactional dimensions of language use, an increased ‚emic' (i.e., participant-relevant) sensitivity towards fundamental concepts, and the broadening of the traditional SLA data base" (Firth/Wagner 1997, 285). Ihre Kritik richteten sie insbesondere gegen die voreingenommene Perspektive der traditionellen Zweitspracherwerbsforschung auf die Kommunikation bzw. Interaktion in der Zweitsprache, die in und durch die Konzepte wie *Kommunikationsstrategien*, *Muttersprachler*in* bzw. *Nicht-Muttersprachler*in*, *Lernende* und *Interlanguage* vor allem problem- bzw. defizitorientierte Denkweise präsentiere und dabei andere – nicht weniger relevante – Aspekte wie soziale und diskursive Eigenschaften einer jeglichen Interaktion oder das Vorhandensein multipler Identitäten der Interaktionsteilnehmer*innen außer Acht lasse. Dem Verständnis vom Spracherwerb als ein im Kopf des Individuums ablaufender Prozess stellten sie dessen Verständnis als sozialen Prozess gegenüber und betonten die Potenziale einer solchen alternativen Perspektive für die SLA-Forschung:

---

88 Es gab sicherlich viele weitere wichtige Veröffentlichungen, die als Beitrag zur kognitiv-sozialen Debatte angesehen werden können. Um den Rahmen nicht zu sprengen, beschränke ich mich hier hauptsächlich auf das Referieren von den Beiträgen, die in den letzten zwei Dekaden im *The Modern Language Journal* erschienen sind.

89 Mit der „*traditionellen*" Forschung wird eine (stärker oder schwächer) ausgeprägte kognitivistisch orientierte Zweitspracherwerbsforschung gemeint. Einen interessanten (wenn auch kurzen) Exkurs in die Geschichte der kognitivistischen Zweitspracherwerbsforschung mit Belegen dafür, dass sie für sich die dominierende Position beansprucht, bietet Atkinson (2011b, 1ff.).

Researchers working with a reconceptualized SLA will be better able to understand and explicate how language is used *as it is being acquired through interaction*, and used resourcefully, contingently, and contextually. Language is not only a cognitive phenomenon, the product of the individual's brain; it is also fundamentally a social phenomenon, acquired and used interactively, in a variety of contexts for myriad practical purposes (ebd., 296; Herv. im Orig.).[90]

Der Artikel – wie auch der Vortrag auf der Konferenz der *International Applied Linguistics Assotiation* (AILA) ein Jahr zuvor – löste eine heiße Debatte aus: Während einige Forscher den von Firth und Wagner kritisierten Punkten zum größten Teil zustimmten (Hall 1997; Liddicoat 1997; Rampton 1997), verteidigten die anderen Debattierenden eifrig Konzepte und Erträge der kognitiv-orientierten Zweitspracherwerbsforschung (Long 1997; Poulisse 1997; Gass 1998 und zum Teil Kasper 1997)[91]. Übereinstimmend wird der Artikel von Firth und Wagner als Anstoß für die Entwicklung des Ansatzes *conversation analysis for second language acqusition* (*CA- SLA*) angesehen (vgl. Hellermann/Cole 2009, 186; Markee 2000, 30; Markee/Kasper 2004, 491; Pekarek Doehler 2010, 2), obwohl die Autoren selbst *conversation analysis* darin nicht explizit thematisiert haben (vgl. Firth/Wagner 2007, 804 und 814, Fußnote 8) (ausführlicher in Kapitel 3.3.2).

Zehn Jahre nach der Veröffentlichung ihres bahnbrechenden Artikels zogen Firth und Wagner in *Focus Issue des The Modern Language Journal* (2007) eine Bilanz. Sie fokussierten vor allem die Frage nach dem Lernen und unterschieden dabei zwischen „learning" (Fokus auf Evidenz fürs Lernen) und „doing learning" (Fokus auf den Prozess) (Firth/Wagner 2007, 810).[92] Studien, die Evidenz für das Lernen beschreiben wollen, benötigen, so die Forscher, vor allem ein longitudinales Design (Firth/Wagner 2007, 809; siehe auch Lafford 2007, 749). Sie formulierten vorsichtig: „Doing learning illustrates how participants foreground learning in an interactionally consequential way. […] But doing learning does not provide evidence that learning is actually happening in these activities." (Firth/Wagner 2007, 811).

---

90 Als Reaktion auf die Kritik seitens der psycholinguistischen Forschung – Firth und Wagner würden sich mit dem Sprach*gebrauch* und nicht mit dem Sprach*erwerb* befassen (vgl. Kasper 1997, 310) – hinterfragten sie eine solche Dichotomie und brachten ihre Position deutlich zum Ausdruck: „[A]cquisition will not occur without use" (Firth/Wagner 1998, 93).

91 Eine scharfe Kritik kam unter anderem von Doughty und Long, die schrieben: „There remain identifiable groups of scholars – socioculturalists, conversation analysts, and action theorists, for example – who persist in seeing external learner behavior, even group behavior, not mental states, as the proper domain of inquiry. More generally (and more vaguely) there are 'critical theorists' and an often overlapping group of self-professed epistemological relativists, who express general angst with SLA's cognitive orientation and/or its growing accountability to one or more theories and to empirical findings while offering no alternative but the abyss" (Doughty/Long 2003, 866; zit. n. Atkinson 2011b, 16). Einen guten tabellarischen Überblick über die theoretischen, konzeptualen und methodologischen Differenzen zwischen der kognitivistisch und der sozial orientierten Forschung bietet Larsen-Freeman an (Larsen-Freeman 2007, 780).

92 Das Konzept ‚doing learning' bezieht sich nicht auf kognitiv-psychologische Prozesse, sondern auf „practices that are recognizable for other participants" (Kasper/Wagner 2011, 127).

In den 12 Beiträgen des Heftes wurde der Einfluss des Artikels von Firth und Wagner (1997) unterschiedlich gewichtet: Während Gass et al. (2007) aufgrund der Auswertung von Veröffentlichungen in einschlägigen Fachzeitschriften zur Zweitsprach-erwerbsforschung zeigten, dass der Einfluss von Firth und Wagner auf die SLA-Forschung ziemlich gering war (vgl. ebd., 794f.) und einige anmerkten, dass deren Ideen nicht unbedingt neu und in der Forschung zum Zweit- und Fremdsprachenlernen eine Zeit davor bekannt waren (vgl. Swain/Deters 2007, 820f.), konstatierten die anderen den Aufstieg sozial orientierter Forschung (vgl. Block 2007, 863). Einig war man sich darüber, dass ein erweiterter Blick die Zweitspracherwerbsforschung bereichern würde (vgl. Lafford 2007, 746). Die Debatte zeigte die Notwendigkeit weiterer Forschungen zu sozialen Interaktionen in L2-Kontexten (vgl. Firth/Wagner 2007, 812).

2018 präsentierten vier Artikel des Spezialhefts von *The modern language journal* sowie auch die Einleitung von Eskildsen und Majlesi (2018) und der Kommentar von Kasper und Wagner (2018) konkrete Forschungsbereiche einer rekonzeptualisierten Zweitspracherwerbsforschung, indem sie ,bekannte' Konzepte der kognitivistisch orientierten Zweitspracherwerbsforschung wie korrektives Feedback und Erklärungen (Theodórsdóttir 2018) oder *focus on form* (Kunitz 2018) in den konversationsanalytisch orientierten Blick nahmen.[93]

Wichtig ist im Zusammenhang mit dem Aufstieg sozial orientierter Ansätze auch der Herausgeberband von Atkinson (2011a), in dem ,alternative' Ansätze der Zweitspracherwerbsforschung präsentiert und auf Gemeinsamkeiten und (vor allem durch die Aufnahme des Kommentars von Ortega) Unterschiede zur kognitivistischen Forschung diskutiert werden. Der *State-of-Art*-Artikel von *The Douglas Fir Group* (2016) lässt sich ebenfalls in diese Debatte einordnen, auch wenn er sich nicht unmittelbar als Antwort auf Firths und Wagners Artikel versteht. Insgesamt ist ein Anstieg an Arbeiten zu theoretischen, forschungsmethodologischen und praktischen Fragen sozial orientierter Zweitspracherwerbsforschung zu beobachten.

Und wie sieht es in Deutschland aus? Der Blick auf die Veröffentlichungen zur DaZ-/DaF-Aneignung in den letzten 15 Jahren zeigt ein deutliches Übergewicht an kognitivistisch orientierten Arbeiten.[94] Eine – auf fundamentale Konzepte und Methoden gerichtete – Diskussion hat meines Wissens in der deutschen Sprachlehr- und -lernforschung und Zweitspracherwerbsforschung bisher nicht stattgefunden. Dabei wäre eine solche Debatte m.E. aber dringend notwendig, um festgefahrene Denkweisen zu überwinden und neue Einsichten in Aspekte des sprachlichen Lernens zu bekommen. Die vorliegende Arbeit könnte einen Impuls für eine solche Diskussion geben, denn – um mit Firth und Wagner zu sprechen –:

---

93   Zur Erforschung von Wortfindungen aus der konversationsanalytischen Perspektive siehe Brouwer (2003).

94   Das gilt insbesondere für den frühen Zweitspracherwerb (siehe z.B. die thematische Ausrichtung der Beiträge in den Sammelbänden zu den Workshops „Kinder mit Migrationshintergrund" in Ahrenholz (2015)). Eine Ausnahme stellt der 2012 erschienene Band von Ohm und Bongartz dar, in dem neben psycholinguistischen auch soziokulturelle Untersuchungen zum Zweitspracherwerb präsentiert werden (Ohm/Bongartz 2012).

If this process is based on sound, creative scholarship, one that leads to advances in knowledge of the many and varied ways in which L2s are learned, acquired, and used (in mutually reinforcing and enlightening ways), then surely SLA will become a more theoretically and methodologically robust and encompassing enterprise (Firth/Wagner 2007, 813).

3.1.2 Erwerbsmetapher und Partizipationsmetapher des Lernens

In ihrem Aufsatz, der sich als Beitrag zur Diskussion über das Lernen versteht, betrachtet Sfard zwei Metaphern des Lernens: Die erste fasst das Lernen als Erwerb[95] von Kenntnissen und Konzepten auf (*acquisition metaphor*) (Sfard 1998, 5), und die zweite konzipiert das Lernen als „a process of becoming a member of a certain community[96]" (*participation metaphor*) (ebd., 6). Durch einen Vergleich verschiedener Aspekte des Lernens, die mit der Verwendung der jeweiligen Metapher bzw. mit deren Interpretationen einhergehen, macht Sfard die Besonderheiten der zwei Konzepte deutlich (vgl. ebd., 7).

Aspekte	Erwerbsmetapher	Partizipationsmetapher
Ziel des Lernens	Individuelle Bereicherung (*enrichment*)	Bilden einer Community
Lernen als Prozess	Erwerb von etwas	Mitglied (*participant*) werden
Lernende	Rezipient*in (Verbraucher*in), (Re-)Konstruktor*in	Teilnehmer*in an der Peripherie, Lehrling
Lehrende	Lieferant*in, Unterstützer*in, Vermittler*in	Expert*in (*expert participant*), Bewahrer*in der Praktik / des Diskurses
Wissen (*knowledge*), Konzept (als Entität)	Eigentum, Besitz, Ware (individuelle, öffentliche)	Aspekt der Praktik / des Diskurses / der Tätigkeit
Wissen (*knowing*) (als Prozess)	Haben, Besitzen	Dazugehören, Partizipieren, Kommunizieren

Abbildung 5: The Metaphorical Mappings (Sfard 1998, 7; übersetzt von L. S.)

Bezogen auf das Lernen einer Zweitsprache bedeutet die Erwerbsmetapher, dass Sprache als „a set of rules and facts to be acquired" betrachtet wird (Pavlenko/Lantolf 2000, 155), während die Partizipationsmetapher „language use in context" sowie „affiliation and belonging" fokussiert (ebd., 156). In den Fokus gerät hierbei „[the] shift from legitimate peripheral participation to full participation" (Wagner 2004, 615; vgl. auch Kap. 3.2.2.3). Durch die Verwendung der Partizipationsmetapher verschiebt sich der Fokus von Menschen an sich (*people ‚as such'*) auf Menschen in Aktion (*people in action*)[97] und vom

---

[95] So konstatieren Doughty und Long, dass: „[...] language learning, like any other learning, is ultimately a matter of change in an individual's internal mental state" (Doughty/Long 2003, 4; zit. n. Atkinson 2011b, 2).
[96] Das *Community*-Konzept wird in Kapitel 3.2.2 ausführlich dargestellt.
[97] Sfard unterstreicht: „Actions can be clever or unsuccessful, but these adjectives do not apply to the actors" (Sfard 1998, 8). Diese Differenzierung beinhaltet auch eine forschungsethische Konsequenz.

individuellen Besitz (*private possessions*) zu geteilten Aktivitäten (*shared activities*) (Sfard 1998, 8).

Dabei weist Sfard darauf hin, dass beide Metaphern ihre Stärken und Schwächen haben und somit nicht als sich ausschließende, sondern als komplementäre Auffassungen des Lernens zu verstehen sind (vgl. ebd., 11). Die jeweilige Perspektive auf das Lernen als Erwerb oder als Partizipation soll von Wissenschaftler*innen dem Forschungsinteresse entsprechend bewusst sowie reflektiert gewählt werden (ebd.).

Pavlenko und Lantolf bringen es auf den Punkt:

> [...] AM focuses on the individual mind and the internalization of knowledge, which is crucial for the study of the *what* in SLA, while PM stresses contextualization and engagement with others [...] in ist attempt to investigate the *how* (Pavlenko/Lantolf 2000, 156; Herv. im Orig.).

Vor diesem Hintergrund erscheint es vorteilhaft, nicht nur die Erwerbs-, sondern auch die Partizipationsmetapher zur Beschreibung der Prozesse des frühen Zweitspracherwerbs heranzuziehen. Die einzelnen theoretischen Ansätze, die der sozialen Dimension des sprachlichen Lernens Rechnung tragen, werden im Folgenden dargestellt und erläutert.

3.2 Soziokulturelle Ansätze

Soziokulturell orientierte Ansätze der Zweitspracherwerbsforschung verstehen

> [...] den Erwerb einer Zweitsprache als Sozialisationsprozess oder als fortschreitende Partizipation an der zielsprachlichen Gemeinschaft. Dies geschieht durch die Aneignung kultureller Erzeugnisse und Praktiken in sozialer Interaktion. Der Verlauf dieses Prozesses wird maßgeblich von den Zugriffsmöglichkeiten des Lerners auf zielsprachliche Ressourcen und dem Ausmaß an Handlungsinitiative, das ihm in der konkreten Situation zur Verfügung steht, bestimmt (Ohm 2007, 29f.).

Die grundlegenden Begriffe der Zweitspracherwerbsforschung wie *Sprache, Lerner*in* und *Erwerb* erfahren in soziokulturell orientierten Ansätzen eine neue Konzeptualisierung (vgl. ebd., 27ff.). Die Erstere wird dabei „als Werkzeug zur Selbst- und Fremdregulierung, als Werkzeug zur sozialen Konstruktion und Aneignung von Wissen, Identität und sozialen Praktiken" aufgefasst (ebd., 29). Gemeinsam ist den soziokulturell orientierten Ansätzen zudem, dass sie die Sprache nicht primär in ihrer Rolle als Input, sondern als Ressource für die Teilnahme an sozialer Praxis sehen und nicht zwischen dem Lernen und Anwenden trennen (vgl. Daase 2012, 124).[98]

In der vorliegenden Arbeit konzentriere ich mich auf zwei Ansätze, die im soziokulturell orientierten Paradigma angesiedelt sind: die Soziokulturelle Theorie (vgl. Kap. 3.2.1) und der Ansatz *Situated Learning* (vgl. Kap. 3.2.2).[99] Seit der Übertragung des

---

[98] Ein Überblick über Ansätze, die im soziokulturellen Paradigma angesiedelt sind, findet sich z.B. in Daase (2012, 123ff.).

[99] Die Zuordnung beider Ansätze zu den soziokulturellen Ansätzen wird in deren besonderen Hervorhebung der Rolle sozialer Prozesse beim Lernen begründet.

Ansatzes des situierten Lernens auf das Lehren und Lernen von Fremd- und Zweitsprachen wird sprachliches Lernen „als Sozialisationsprozess bzw. als Prozess der Partizipation an einer zielsprachlichen Gemeinschaft verstanden" (Ohm 2012, 261), in dem Aspekte wie der soziale Kontext, Zugang zu sozialen Praktiken, kulturellen und materiellen Ressourcen sowie Beziehungen einer Gemeinschaft in der Zielsprache eine beachtliche Rolle spielen (vgl. Daase 2012, 123; Ohm 2008, 24; Ohm 2012, 261).[100]

Zentrale Konzepte des soziokulturellen Ansatzes und des Ansatzes des situierten Lernens sollen in diesem Kapitel vorgestellt werden. Theoretische Konstrukte, die daraus hervorgegangen sind, bilden eine Grundlage für die Analysen der Daten. Es wird in der vorliegenden Arbeit auf eine umfassende Darstellung verzichtet, stattdessen sollen nur diejenigen Aspekte beleuchtet werden, auf die sich die Analysen des empirischen Teils beziehen werden.

3.2.1 Der soziokulturelle Ansatz oder die Soziokulturelle Theorie

Die Soziokulturelle Theorie (SCT)[101] in der Zweitspracherwerbsforschung geht auf die Arbeiten des sowjetischen Psychologen Lew Semjonowitsch Vygotskij zurück. Dabei ist es – wider begrifflichen Erwartungen – keine Theorie der sozialen oder kulturellen Kontexte des menschlichen Daseins, sondern „it is, rather, ... a theory of mind ... that recognizes the central role that social relationships and culturally constructed artifacts play in organizing uniquely human forms of thinking" (Lantolf 2004, 30-1; zit. n. Lantolf/Thorne 2006, 1).

Das Hauptmerkmal der SCT „is its focus on if and how learners develop the ability to use the new language to *mediate* (i. e., regulate or control) their mental and communicative activity" (Lantolf 2011, 24; Herv. im Orig.). Der SCT liegt die Annahme zugrunde, dass

> [...] developmental processes take place through participation in cultural, linguistic, and historically formed settings such as family life, peer group interaction, and institutional contexts like schooling, organized social activities, and workplaces [...] (Lantolf et al. 2015, 207).

---

100 Für die deutschsprachige Forschung hielt Redder vor 17 Jahren fest: „Die gängigen Lerntheorien sind zwischen den Extremen behavioristischer und kognitiver Konzeptionen angesiedelt. Kaum vorangetrieben werden die Forschungen, die auf den entwicklungspsychologischen Grundlagen von Vygotskij in der sowjetischen Lerntheorie durchgeführt wurden" (Redder 2001b, 641). Auch Aguado sah die Notwendigkeit einer Verbindung zwischen der kognitivistischen und der soziokulturellen L2-Interaktionsforschung (vgl. Aguado 2010a, 164; Aguado 2010b, 818). Trotzdem konstatieren Ohm und Bongartz „die immer noch geringe Rezeption der mittlerweile recht zahlreichen angloamerikanischen Forschungsarbeiten und Veröffentlichungen zur Soziokulturellen Theorie [...] in der deutschsprachigen Zweitspracherwerbsforschung" (Ohm/Bongartz 2012, 9).

101 Im Folgenden beziehe ich mich auf die Arbeiten von Vygotskij (1934, 1992) und – bezogen auf den Zweitspracherwerb – Lantolf (2011), Lantolf et al. (2015), Lantolf/Thorne (2006), Lantolf/Thorne (2007).

Höhere psychische Funktionen wie Problemlösung, gezieltes Gedächtnis, gezielte Aufmerksamkeit, logisches Denken u.a. entwickeln sich durch die Interaktion des Menschen mit seiner sozialen und materiellen Umgebung (vgl. ebd.). Dabei wird die Dichotomie zwischen internen und externen Faktoren aufgelöst: „SCT is grounded in a perspective that does not separate the individual from the social and in fact argues that the individual emerges from social interaction and as such is always fundamentally a social being" (ebd., 218).

Im soziokulturellen Ansatz wird davon ausgegangen, dass sprachliches Lernen in und durch die Partizipation an sozialen Praktiken stattfindet, wobei die Sprache als symbolisches Artefakt angesehen wird (vgl. Lantolf 2011, 25). Anders als in anderen Theorien wird in der SCT nicht der Input, sondern die Partizipation an kulturellen Tätigkeiten als notwendige Bedingung für das sprachliche Lernen (vgl. Lantolf et al. 2015, 218) und die Rolle der Mediation durch sich selbst oder andere (vgl. Lantolf 2011, 24) – inklusive die Mediation durch symbolische Artefakte (vgl. Lantolf et al. 2015, 210f.) – betont. Mediation und weitere zentrale Annahmen der SCT werden im Folgenden kurz vorgestellt. Doch bevor die einzelnen Konzepte erläutert werden, soll zunächst die Einführung in die genetische Methode als Grundlage des soziokulturellen Ansatzes erfolgen.

3.2.1.1 Die genetische Methode

Der Grundsatz der genetischen Methode besteht darin, dass ein zu untersuchendes Phänomen in seiner Entwicklung „in allen Phasen und Wandlungen" (Ohm/Bongartz 2012, 9) erfasst wird: „[O]ne understands development by examining individuals over time in their social contexts and by examining the tools they use in these contexts" (Toohey/Day 1998, 3). Vygotskij, der als Begründer der genetischen Methode gilt, analysiert in seinen Arbeiten die Entwicklung des menschlichen Denkens bzw. höherer psychischer Funktionen in der phylogenetischen (Parallelen zu anderen Spezies), ontogenetischen (menschliche Entwicklung) und mikrogenetischen (z.B. auf der Ebene einer Interaktion oder einer linguistischen Einheit) Perspektive (vgl. Vygotskij 1934). Dies führt zu einem spezifischen Verständnis von Evidenz in der SCT-Forschung: „Evidence must have a historical perspective" (Lantolf et al. 2015, 213). Dabei müssen jedoch nicht ausschließlich longitudinale Untersuchungen durchgeführt werden, sondern Lernen kann auch innerhalb einer einzelnen Interaktion stattfinden und folglich (re-)konstruiert werden (vgl. ebd.).[102]

3.2.1.2 Mediation

Mediation stellt ein zentrales Konzept der soziokulturellen Theorie dar. Es beruht auf der Annahme, dass Menschen nicht direkt auf ihre biologische und materielle Umwelt einwirken, sondern dass ihre Tätigkeit durch symbolische Artefakte (Sprache, Literacy[103],

---

102   Die Sicht, dass „development arises in the dialogic interaction among individuals" (Lantolf et al. 2015, 213), wird von CA-SLA-Forscher*innen für grundlegend gehalten.

103   Mit *Literacy* wird im weiteren Sinne die Fähigkeit bezeichnet, „die Symbole [...] einer Kultur verstehen und selbst anwenden zu können" (Kieferle 2011, 51). Konkret bezieht sich das Konzept auf „Vertrautheit mit Buch- und Schriftkultur, Interesse an Schreiben und Schrift, Dekontextualisierung von Sprache, Erzählkompetenz und -freude, Bewusstsein für

Numeralität, Konzepte und Formen der Logik und Rationalität etc.), materielle Artefakte (z.B. Werkzeuge) und Technologien (z.B. Internet) sowie soziale Beziehungen vermittelt (*mediated*) ist (vgl. Lantolf/Thorne 2006, 19; Lantolf et al. 2015, 221).[104] Dabei kommt der Sprache eine besondere Rolle zu: „Language in all its forms is the most pervasive and powerful cultural artifact that humans possess to mediate their connection to the world, to each other, and to themselves" (Lantolf et al. 2015, 210).

Als Ziel der kognitiven Entwicklung des Kindes wird die Selbstregulation, „the ability to accomplish activities with minimal or no external support" (Lantolf/Thorne 2007, 204), angesehen, die nach Lantolf und Thorne drei Stufen durchläuft:

1. Auf der Stufe der Objektregulierung (*object-regulation*) wird das Verhalten kleiner Kinder wesentlich durch Objekte in deren Umwelt, wie Spielzeuge, gesteuert.
2. Die Stufe der Fremdregulierung (*other-regulation*) umfasst „implicit and explicit mediation (involving varying levels of assistance, direction, and what is sometimes described as scaffolding) by parents, siblings, peers, coaches, teachers, and so on".
3. Mit der letzten Stufe der Selbstregulierung (*self-regulation*)[105] wird ausgedrückt, dass Sprache als soziokulturelles Artefakt zur Regulation der eigenen Tätigkeit eingesetzt wird (ebd.).

Die Entwicklung höherer psychischer Funktionen verläuft demnach vom Sozialen zum Individuellen, wobei manche Aktivitäten selten oder nicht komplett internal ausgeführt werden und der Rückgriff auf frühere Stufen möglich ist: So können Erwachsene bei komplexen Rechenaufgaben auf Papier und Stift als kulturelle Artefakte zurückgreifen (Objektsteuerung) oder L1-Sprecher*innen bei grammatikalischen Zweifelsfällen ein Wörterbuch (Objektsteuerung) oder eine andere Person (Fremdsteuerung) zu Rate ziehen (ebd.).

Aus dieser Perspektive kann der Zweitspracherwerb beschrieben werden als „a process of moving from other-regulation to self-regulation through a series of stages, each of which is characterized by differing abilities to notice and correct an error, and in the quantity and quality of assistance needed to do this" (ebd., 216; vgl. auch Thorne/Hellermann 2015, 284). Dabei wird die Entwicklung in der Ausführung der Aufgabe „in progressively less mediated ways" gesehen (ebd., 288).

---

      verschiedene Sprachstile und Textsorten, Kompetenzen und Interessen im Bereich von Laut- und Sprachspielen, Reimen und Gedichten" (ebd., 50).

104   Swain und Deters weisen auf die Wechselbeziehung zwischen Menschen einerseits und materiellen und symbolischen Artefakten andererseits hin: „Physical and semiotic tools enable individuals to change their physical and social environments, which in turn change the individuals and the way in which they relate to their physical and social environments" (Swain/Deters 2007, 821). Ein Beispiel hierfür wäre die Kultivierung des Weizens vom Menschen: Der Mensch hat den Weizen kultiviert und ist gleichzeitig von ihm in Abhängigkeit geraten, weil er sich wegen des Weizenanbaus sesshaft machen und hart arbeiten musste (vgl. Harari 2015, 104ff.). Auch ein Smartphone als vom Menschen erschaffenes *physical tool* hat unsere sozialen Praktiken wesentlich geändert.

105   Siehe auch „*self-mediation through private speech*" (Lantolf/Thorne 2006, 19) und „the I-Me conversation" (Lantolf 2011, 25f.).

3.2.1.3 Internalisierung und Externalisierung

Unter *Internalisierung* wird in der SCT der Prozess verstanden, „through which cultural artifacts, including language, take on a psychological function" (Lantolf et al. 2015, 211). Dieses Verständnis geht auf das von Vygotskij formulierte Gesetz der kulturellen Entwicklung zurück, das besagt:

> Jede Funktion tritt in der kulturellen Entwicklung des Kindes zweimal, nämlich auf zwei Ebenen, in Erscheinung – zunächst auf der gesellschaftlichen, dann auf der psychischen Ebene (also zunächst zwischenmenschlich als interpsychische, dann innerhalb des Kindes als intrapsychische Kategorie) (Vygotskij 1992, 236).

Bezogen auf die Sprache können die Interaktionen mit Erwachsenen oder kompetenteren Peers dazu dienen, dass sprachliche Formen und Bedeutungen im Prozess der Aushandlung, Anwendung in der Praxis etc. von Sprachlernenden internalisiert werden. Dabei spielt Imitation, welche als „goal directed cognitive activity that can result in transformations of the original model" aufgefasst wird, eine wichtige Rolle (Lantolf/Thorne 2007, 207). Kindliche Imitationen können sowohl unmittelbar als auch zeitlich versetzt erfolgen (vgl. ebd., 208).

Als eine Evidenz für Internalisierungsprozesse beim Sprachlernen wird in der SCT privates Sprechen angeführt, das Lantolf und Thorne durch die Bezeichnung „language-focused private speech" (Lantolf/Thorne 2006, 20) von dem selbstregulierenden privaten Sprechen („self-mediation through private speech") (ebd., 19) abgrenzen. Während die Funktion des Letzteren darin besteht, das eigene Handeln sprachlich zu regulieren (z.B. beim Puzzeln „das kommt hier, das kommt hier"), dient das Erstere dazu, sich sprachliche Formen und Bedeutungen anzueignen (z.B. an sich gerichtete Nachahmungen oder Sprachspiele).

Einige Wissenschaftler*innen kritisieren, dass die Internalisierung lediglich zur Absorbierung und Reproduktion von „the given" führen kann (Lave/Wenger 2011[24], 47). In diesem Zusammenhang weist Engeström darauf hin, dass in den Arbeiten von Vygotskij und seiner Kollegen auch der Prozess der Externalisierung und Kreation neuer Artefakte Beachtung findet (vgl. Engeström 1999, 26). Durch das Heranziehen der Externalisierungsprozesse zur Betrachtung des kindlichen Zweitspracherwerbs könnten z.B. Wortneuschöpfungen, Testen grammatischer Strukturen, Textproduktionen etc. als Prozesse angesehen werden, die vom Kognitiven zum Sozialen gehen.[106]

3.2.1.4 Zone der nächsten Entwicklung

Ein weiteres zentrales Konzept von Vygotskijs Arbeit, das in der pädagogischen Forschung und Praxis breit rezipiert wurde, stellt jenes der Zone der nächsten Entwicklung (ZdnE) dar. Vygotskij versteht Lernen als sozialen Prozess (s.o.): Ein Kind lernt in der Interaktion mit eine*r kompetenteren Partner*in. Die ZdnE wird dabei definiert als eine Differenz zwischen dem aktuellen Lernstand eines Kindes (kognitive Entwicklung; interne Faktoren) und dem Niveau, das ein Kind beim Lösen von Aufgaben in Kooperation

---

106 Zur weiteren Kritik am Konzept *Internalisierung* und Antworten darauf siehe Lantolf und Thorne (2006, 156ff.).

erreichen kann (sozialer Aspekt; externe Faktoren): „Das, was ein Kind heute in einer Kooperation schaffen kann, kann es morgen alleine schaffen" (Vygotskij 1934, 220; übersetzt von L. S.). Da es im Rahmen der beobachteten Interaktionen nicht um extra vorbereitete oder geplante Aktivitäten, sondern um spontane Interaktionen geht, ziehe ich im Rahmen der vorliegenden Arbeit dem Begriff *Zone der nächsten Entwicklung* den Begriff *Ko-Konstruktion* vor.

Vygotskij unterstreicht das pädagogische Potential seines Konzeptes: „Pädagogik soll sich nicht an dem gestrigen, sondern an dem morgigen Tag der kindlichen Entwicklung orientieren. Nur dann kann sie Lernprozesse in Gang setzen, die noch in der Zone der nächsten Entwicklung liegen" (ebd. 221; übersetzt von L. S.).[107]

3.2.2 Der *Situated-Learning*-Ansatz

Das Konzept des Lernens als situierte Praxis und als *legitimate peripheral participation in communities of practice* wurde von den soziokulturell orientierten amerikanischen Anthropolog*innen Jean Lave und Etienne Wenger entwickelt, um eine analytische Sichtweise auf das Lernen als situierte Tätigkeit und als integraler Teil sozialer Praxis anzubieten. Im Folgenden werden die wichtigsten Konzepte und Begriffe des Ansatzes vorgestellt, auf die in der Arbeit Bezug genommen wird.

3.2.2.1 *Community of Practice*
Lave und Wenger definieren *Communities of Practice* (CoP) als Systeme von Beziehungen zwischen Personen, die an der gemeinsamen Praxis teilnehmen:

> Activities, tasks, functions, and understandings do not exist in isolation; they are part of broader systems of relations in which they have meaning. These systems of relations arise out of and are reproduced and developed within social communities, which are in part systems of relations among persons (Lave/Wenger 2011[24], 53).

Teilnahme an einer CoP bedeutet nach Lave und Wenger „participation in an activity system about which participants share understandings concerning what they are doing and what that means in their lives and for their communities" (ebd., 98). Konkret wird unter einer CoP „a set of relations among persons, activity, and world, over time and in relation with other tangential and overlapping communities of practice" verstanden (ebd.).

In seiner späteren Arbeit definiert Wenger CoP anhand folgender drei Charakteristika:
– gemeinsames Engagement („mutual engagement": „doing things together, relationships, community"),

---

107 Die Idee der ZdnE wurde von Gibbons im Scaffolding-Konzept aufgegriffen und weiterentwickelt (vgl. Gibbons 2009, 106ff.). Mit *Scaffolding* wird dabei ein didaktisches Konzept bezeichnet, nach dem der*dem Lernenden von der*dem Expert*in verschiedene Unterstützungshilfen als Gerüst zur Verfügung gestellt werden, die der*dem Lernenden helfen, die Aufgabe zu bewältigen, und mit der Kompetenzsteigerung der/des Lernenden sukzessive abgebaut werden (vgl. Gibbons 2010, 30).

- gemeinsames Unternehmen („joint enterprise": „negotiated enterprise, mutual accountability, interpretations") und
- geteilte Ressourcen („shared repertoire": „stories, artifacts, styles, actions, tools, discourses") (Wenger 1998, 73).

Wenger schreibt: „The concept of practice connotes doing, but not just doing in and of itself. It is doing in a historical and social context that gives structure and meaning to what we do. In this sense, practice is always social practice." (ebd., 47). Der historische und soziale Kontext, seine strukturierende und sinngebende Funktion sind demnach bestimmend für eine soziale Praktik.

Nach Lave und Wenger verändern sich im Zuge von *situated learning* (vgl. Kap. 3.2.2.2) nicht nur die Lernenden, indem sie zu kompetenteren Persönlichkeiten und vollen Teilnehmer*innen werden, sondern auch die CoPs bilden keine statischen Entitäten, sondern unterliegen verschiedenen Veränderungen (vgl. Lave/Wenger 2011[24],116). Die Veränderung nimmt demnach eine wichtige Rolle in einer CoP ein: „Since activity and the participation of individuals involved in it [practice, L. S.], their knowledge, and their perspectives are mutually constitutive, *change* is a fundamental property of communities of practice and their activities" (ebd., 117; Herv. durch L. S.). D.h., sobald ein neues Mitglied in eine Gemeinschaft eintritt und an deren Praktiken, wenn auch nur an der Peripherie, teilnimmt (vgl. Kap. 3.2.2.3), verändern sich die Praktiken und die Community unweigerlich. Wenn man als Beispiel eine Familie als CoP nimmt, in die ein Kind hineingeboren wird, so verändern sich während der Sozialisation des Kindes nicht nur seine Fähigkeiten, Wissen und Identität, sondern auch Familie als Community sieht sich mit neuen Aufgaben, Rollen und Beziehungen konfrontiert und die üblichen Praktiken können verändert werden, neue Praktiken können entstehen (z.B. Kinderspielplatzbesuche) und alte wegfallen (z.B. Kinobesuche). Eine CoP besteht nach Lave und Wenger dank eines Zusammenspiels zwischen Kontinuität und Ablösung (vgl. ebd., 114).

Für die Noviz*innen bedeutet es Lave und Wenger zufolge ein Dilemma:

> On the one hand, they need to engage in the existing practice, which has developed over time: to understand it, to participate in it, and to become full members of the community in which it exists. On the other hand, they have a stake in its development as they begin to establish their own identity in its future (ebd., 115).

Auf die Frage, welche Konsequenzen diese Ideen für das Bildungssystem haben, wird in Kapitel 8.3 eingegangen.

3.2.2.2 Situiertes Lernen

Eine Besonderheit des Ansatzes besteht darin, dass sein analytischer Fokus weniger auf der*dem Lernenden als Individuum, sondern vielmehr auf dem Lernen als „participation in the social world" liegt, und somit nicht kognitive Prozesse des Wissenserwerbs, sondern soziale Prozesse der mit dem Wissenserwerb einhergehenden intensiveren und umfassenderen Teilnahme an der CoP in den Vordergrund rücken (ebd., 43). Die Situiertheit bedeutet nach Lave und Wenger nicht eine räumlich-zeitliche Einbettung in einen konkreten Kontext, sondern eine legitimierte periphere Teilnahme an der Tätigkeit der Gemeinschaft sowie an deren Beziehungen und Diskursen (vgl. ebd., 32ff.).

Wie in Kapitel 3.2.1.3 bereits erwähnt, distanzieren sich Lave und Wenger explizit von Vygotskys Auffassung des Lernens als Internalisierung und kritisieren darin vor allem die Reduzierung des Sozialen auf das Liefern des zu internalisierenden Inputs für die*den Lernenden: „[L]earning as internalization is too easily construed as an unproblematic process of absorbing the given, as a matter of transmission and assimilation" (ebd., 47).[108] Auch das vygotskijsche Konzept der ZdnE wird von Lave und Wenger hinterfragt:

> In these [...] interpretation[s] of the concept of the zone of proximal development, the social character of learning mostly consists in a small 'aura' of socialness that provides input for the process of internalization viewed as individualistic acquisition of the cultural given. There is no account of the place of learning in the broader context of the structure of the social world (ebd., 48f.).

Stattdessen argumentieren Lave und Wenger für die Auffassung des Lernens als Teilnahme an CoPs (vgl. ebd., 49). Dabei kann die Teilnahme „be neither fully internalized as knowledge structures nor fully externalized as instrumental artifacts or overarching activity structures. Participation is always based on situated negotiation and renegotiation of meaning in the world" (ebd., 51).

Umgekehrt stellt die Teilnahme an der sozialen Praxis eine fundamentale Form des Lernens dar (ebd., 54). Demnach verstehen Lave und Wenger das Lernen als „an integral and inseparable aspect of social practice." (ebd., 31). In Anlehnung daran hält Haneda fest: „[I]t [learning, L. S.] occur when people engage in joint activity in a CoP, with or without teaching" (Haneda 2006, 808). Somit tritt der Aspekt des Lehrens in den Hintergrund und der der gemeinsamen sozialen Praxis in den Vordergrund.

3.2.2.3 Legitimate peripheral participation

Mit *LPP* wird der Prozess bezeichnet, der nach Lave und Wenger ein zentrales Merkmal des Lernens als situierte Praxis darstellt. Die Autor*innen definieren LPP als „the process by which newcomers become part of a community of practice" oder „the process of becoming a full participant in a sociocultural practice" (Lave/Wenger 2011[24], 29). Demnach entwickelt sich die Beteiligung der Noviz*innen an der Community von der Teilnahme am Rande zur vollen Partizipation und von der Position als Noviz*innen zur Position als volle Mitglieder[109] der CoP: „[L]earners inevitably participate in communities of practitioners and [...] the mastery of knowledge and skill requires newcomers to move toward full participation in the sociocultural practices of a community" (ebd., 29).

Lave und Wenger weisen darauf hin, dass der Begriff LPP als Ganzes zu verstehen ist und nicht in seine einzelnen Bestandteile gegliedert durch das Heranziehen von gegensätzlichen Begriffen zu erklären ist wie legitimiert – illegetimiert, peripher – zentral und

---

108 Trotz dieser Kritik von Lave und Wenger an Vygotskijs Konzepten sehe ich die beiden Ansätze (also den soziokulturellen Ansatz, der eigentlich nach dem Erscheinen von Laves und Wagners Arbeit entwickelt wurde, und den Ansatz *situated learning*) nicht als inkompatibel, sondern als komplementär.

109 Lave und Wenger schreiben: „Becoming a full participant certainly includes engaging with the technologies of everyday practice, as well as participating in the social relations, production processes, and other activities of communities of practice" (ebd., 101).

Teilnahme – Nichtteilnahme (vgl. ebd., 35). Vielmehr bezieht sich die Legitimität der Teilnahme auf eine Zugehörigkeit zur CoP und stellt somit eine zentrale Bedingung für das Lernen dar, welches bei der Illegitimität gar nicht zustandekommen würde (vgl. ebd.). Mit dem Begriff der Peripherie wird zum Ausdruck gebracht, dass „there are multiple, varied, more- or less-engaged and -inclusive ways of being located in the fields of participation defined by a community" (ebd., 35f.). So gesehen gibt es in CoPs kein eindeutiges Zentrum, weshalb Lave und Wenger die Bezeichnung *volle Teilnahme* („full participation") wählen, um das Ziel des Lernens zu beschreiben (vgl. ebd., 36f.).

Des Weiteren weisen sie darauf hin, dass die Bezeichnung ‚periphere Teilnahme' fälschlicherweise als eine partielle und irrelevante Teilnahme wahrgenommen werden kann (vgl. Lave/Wenger 2011[24], 37). Sie sehen die Peripherie jedoch positiv an und verstehen darunter das Involviert-Sein in die Aktivitäten und Beziehungen einer CoP und das Zugang-Haben zu deren Ressourcen (vgl. ebd.). Dabei wird die legitimierte Peripherie keineswegs auf die Beobachtung und Imitation reduziert, sondern

> [i]t crucially involves *participation* as a way of learning – of both absorbing and being absorbed in – the "culture of practice". An extended period of legitimate peripherality provides learners with opportunities to make the culture of practice theirs (ebd., 95; Herv. im Orig.).

Gleichzeitig läuft die periphere Teilnahme nicht immer problemlos ab oder wird von den beiden Parteien gleichermaßen gewünscht; auch ein Verhindern oder Abhalten von der vollen Teilnahme können auftreten (vgl. ebd., 103f.). Zudem wird die Praxis nicht als statisch, sondern als dynamisch angesehen: „[T]he move of learners toward full participation in a community of practice does not take place in a static context. The practice itself is in motion." (ebd., 116; siehe auch Kap. 3.2.2.1).

Die Autor*innen betonen, dass LPP keine Bildungsform oder kein didaktisches Instrument ist, sondern eine analytische Sichtweise auf das Lernen präsentiert (Lave/Wenger 2011[24], 40). Das Konzept LPP bietet demnach den Rahmen, um über komplexe Beziehungen zwischen den Noviz*innen und Expert*innen, Noviz*innen und anderen Noviz*innen, der CoP und sozialer Welt sowie über Tätigkeiten (*activities*), Zugänge zu Ressourcen, Artefakte und Identitäten zu sprechen (vgl. ebd., 29). In seiner späteren Arbeit führt Wenger die Nicht-Teilnahme als einen möglichen Partizipationsmodus ein und beschreibt LPP als Form, in der die Teilnahme dominiert und Marginalisierung als Form, in der die Nicht-Teilnahme dominiert (Wenger 1998, 165f.). Er schreibt:

> Participation here refers not just to local events of engagement in certain activities with certain people, but to a more encompassing process of being active participants in the *practices* of social communities and constructing *identities* in relation to these communities (ebd., 4; Herv. im Orig.).

3.2.2.4 Identität

Im Unterschied zu anderen Lerntheoretiker*innen verstehen Lave und Wenger eine lernende Person nicht als ein kognitives Individuum, sondern als „person-in-the-world", als Mitglied einer soziokulturellen Gemeinschaft (Lave/Wenger 2011[24], 52): „As an aspect of social practice, learning involves the whole person; it implies not only a relation to specific activities, but a relation to social communities – it implies becoming a full-participant, a member, a kind of person" (ebd., 53).

In dieser Hinsicht umfasst das Lernen die Identitätskonstruktion (vgl. ebd.): „An apprentice's contributions to ongoing activity gain value in practice – a value which increases as the apprentice becomes more adept. […] [A] deeper sense of the value of participation to the community and the learner lies in *becoming* part of the community" (ebd., 111; Herv. im Orig.).

Unter *Identität* verstehen Lave/Wenger „long-term, living relations between persons and their place and participation in communities of practice" (ebd., 53).

Ferner definiert Wenger (1998, 149) Identität entlang folgender Charakteristika:
- Identität als ausgehandelte Erfahrung („negotiated experience"),
- Identität als Mitgliedschaft in einer Gemeinschaft („community membership"),
- als Lernlaufbahn („learning trajectory"),
- als Verbindungsglied zwischen multiplen Mitgliedschaften („nexus of multimembership"),
- als Beziehung zwischen dem Lokalen und dem Globalen („a relation between the local and the global").

Demnach spielen die Zugehörigkeit zu einer oder mehreren Communitys und die Praxis- und Lernerfahrungen darin eine zentrale Rolle bei der Identitätskonstruktion.

3.2.2.5 Sprache

Sprache und sprachliches Lernen stehen zwar nicht im Fokus der Konzepte *situated learning* und LPP, dennoch weisen Lave und Wenger auf ihre Bedeutsamkeit hin:

> The importance of language should not, however, be overlooked. Language is part of practice, and it is in practice that people learn. […] Whether activity or language is the central issue, the important point concerning learning is one of access to practice as resource for learning, rather than to instruction (Lave/Wenger 2011[24], 85).

Die Autor*innen vertreten die Auffassung, dass „learning to become a legitimate participant in a community involves learning how to talk (and be silent) in the manner of full participants" (ebd., 105). Somit stellt Sprache für sie mehr eine (zu erlernende) Praxis: „For newcomers then the purpose is not to learn *from* talk as a substitute for legitimate peripheral participation; it is to learn *to* talk as a key to legitimate peripheral participation" (ebd., 109; Herv. im Orig.).

Obwohl sprachliche Aspekte des Lernens von Lave und Wenger nur am Rande angerissen werden, wurde ihre Arbeit in der englischsprachigen Zweitspracherwerbsforschung breit rezipiert (Björk-Willén 2008; Cekaite 2007; Day 1999; Haneda 2006[110]; Hellermann/Cole 2009; Hunter 1997; Toohey 2000). Sprache (meist die Zweitsprache) wird dabei als gemeinschaftliche Ressource konzeptualisiert (vgl. Toohey/Day 1999, 40) und der Zweitspracherwerb wird als Partizipation konzeptualisiert: „[The] sociocultural

---

110 Siehe auch den Überblick in Haneda (2006, 809).

perspective encourages us to see learning a second language as increasing one's participation in a community that uses this particular linguistic means to mediate community activities" (Toohey/Day 1999, 41).[111] Dieser Gedanke ist auch für die vorliegende Arbeit untersuchungsleitend.

3.2.2.6 Ressourcen

Für Lave und Wenger stellt die*der Meister*in (Lehrer*in) nicht die zentrale Lernressource für die*den Lerner*innen dar, sondern fungiert als eine der Ressourcen der CoP. In diesem Sinne sprechen die Autor*innen von einer Dezentralisierung der Sichtweise auf die Meister*in-Lerner*in-Beziehung:

> To take a decentered view of master-apprentice relations lead to an understanding that mastery resides not in the master but in the organization of the community of practice of which the master is part: The master as the locus of authority (in several senses) is, after all, as much a product of the conventional, centered theory of learning as is the individual learner. Similarly, a decentered view of the master as pedagogue moves the focus of analysis away from teaching and onto the intricate structuring of a community's learning resources (Lave/Wenger 2011[24], 94).

In Bezug auf Ziele und Struktur des Lernens unterscheiden Lave und Wenger zwischen zwei Curricula: einem Lerncurriculum, das Lerngelegenheiten und Lernressourcen aus der Sicht der Lernenden bedeutet, und einem Lehrcurriculum, das instruktionale Lernarrangements und strukturierte Inhalte beinhaltet (vgl. ebd., 97). Gerade in einem Lerncurriculum sehen die Wissenschaftler*innen ein wichtiges Charakteristikum einer CoP (vgl. ebd.): „[...] rather than learning by replicating the performances of others or by acquiring knowledge transmitted in instruction, we suggest that learning occurs through centripetal participation in the learning curriculum of the ambient community" (ebd., 100).

Lave und Wenger definieren *Artefakte* als materielle, linguistische und symbolische Entitäten, die zusammen mit den sozialen Strukturen „constitute and reconstitute the practice over time" (ebd., 58). Dabei werden die Transparenz des Gebrauchs und der Signifikanz von Artefakten für Noviz*innen problematisiert (vgl. ebd., 102).

3.2.2.7 Zugang und Macht

Wie oben dargestellt, wird die Peripherie von Lave und Wenger zwar grundsätzlich positiv gedeutet, aber nicht völlig verharmlost. Sie weisen auf die Ambiguität der Peripherie hin, die mit den unterschiedlichen Machtverhältnissen einhergeht:

> [L]egitimate peripherality is a complex notion, implicated in a social structures involving relations of power. As a place in which one moves toward more-intensive participation, peripherality is an empowering position. As a place in which one is kept from participating more fully – often legitimately, from the broader perspective of society at large – it is a disempowering position (ebd., 36).

---

111 Toohey et al. verstehen den Zweitspracherwerb als „by-product[...] of the[...] participation" (Toohey et al. 2007, 636). Lernen wird demnach als „changing participation in a community which uses this particular linguistic means to mediate community activities" aufgefasst (Toohey/Day 1998, 5).

Der Zugang zu bestimmten Aktivitäten, Ressourcen und Beziehungen kann den Teilnehmer*innen an der LPP gewährt oder auch verweigert werden und somit deren Teilnahme an der CoP fördern oder behindern (vgl. ebd., 103). Toohey et al. betonen die Bedeutung des Zugangs zu legitimierten Formen der Teilnahme an den schulischen Aktivitäten und Praktiken, der von „inclusiveness of classroom social practices and the range of cultural tools deemed acceptable as resources for learning" abhängt (Toohey et al. 2007, 635).

3.2.2.8 Zur Kritik am *Situated-Learning*-Ansatz

Die Stärke des Ansatzes von Lave und Wenger wird darin gesehen, dass sie „a synthesis of the individual and the social" vorschlagen, um Lernen zu konzeptualisieren (Linehan/McCarthy 2000, 438): „Their person is not described in traditional cognitive or motivational terms, rather in terms of changing participation in a network of relations in the community" (ebd.).

Mit den Potentialen und Grenzen, die das Konzept CoP für die Erforschung des (institutionellen) Zweitspracherwerbs mit sich bringt, setzt sich Haneda (2006) auseinander. Ihre Kritik bezieht sich auf folgende Aspekte: Erstens wird der Bergiff CoP zu wenig expliziert (Wer sind die dazugehörigen Individuen? Was sind ihre Biographien in historischer Betrachtung?); zweitens sollten die Machtbeziehungen bei der Aushandlung von Status (LPP) und Identitäten besser beleuchtet werden; drittens wird eine analytische Unterscheidung zwischen „legitimate" und „peripheral" gefordert[112] und viertens sollte das Verhältnis zwischen Teilnahme und Lernen genauer herausgearbeitet werden, um präzisere Aussagen in Bezug darauf machen zu können, durch die Teilnahme an welchen Praktiken was gelernt wird (vgl. Haneda 2006, 815). Des Weiteren weist Toohey darauf hin, dass Lave und Wenger nur zwei Arten von Mitgliedern einer Gemeinschaft unterscheiden: Noviz*innen („newcomers") und Expert*innen („old-timers"), während andere mögliche Positionen nicht hinreichend herausgearbeitet wurden (vgl. Toohey 1998a, 63).

Linehan und McCarthy kritisieren darüber hinaus, dass Lave[113] vor allem die Stabilität der Gemeinschaften und die Anpassung von Noviz*innen fokussiert und dass dabei Aspekte wie Konflikte und Veränderungen zu kurz kommen (Linehan/McCarthy 2000, 449). Diese Kritik spricht dafür, im Rahmen der vorliegenden Arbeit weitere theoretische Ansätze heranzuziehen, um insbesondere die Aushandlung von Positionen und Identitäten in den – nicht völlig machtfreien – Kind-Erzieher*in- und Kind-Kind-Interaktionen mikroanalytisch herauszuarbeiten. Die Ansätze *CA-SLA*, *identity approach* und *positioning theory* haben sich dabei als besonders fruchtbar erwiesen und sollen daher in den folgenden Kapiteln vorgestellt werden.

---

112 Haneda schreibt: „[T]he institutional CoPs investigated in L2 classroom research tend to be both centered and hierarchical, such that not all peripheral participants may be judged to be legitimate and, conversely, some (legitimate) participants are more central and powerful than others" (Haneda 2006, 813).

113 Es ist höchstwahrscheinlich die Monografie von Lave und Wenger gemeint, auch wenn die Autoren an dieser Stelle von „Lave's work" sprechen (vgl. Linehan/McCarthy 2000, 449).

3.3 Konversationanalytische Ansätze[114]

3.3.1 Ethnomethodologische Konversationsanalyse (KA)

Die in der Ethnomethodologie verwurzelte, in den 1970er Jahren von Sacks, Schegloff und Jefferson entwickelte Methode *conversation analysis* (CA) ist „ein[...] Forschungsansatz, der sich auf einem strikt empirischen Weg der Untersuchung von sozialer Interaktion als einem fortwährenden Prozess der Hervorbringung und Absicherung sinnhafter sozialer Ordnung widmet" (Bergmann 2012, 525). Dabei ist das Ziel der KA[115] nicht, „interaktive Vorgänge unter externe, vorgegebene Kategorien zu subsumieren", sondern „soziale Formen und Prozesse in ihrer inneren Logik und Dynamik zu begreifen [...]" (ebd., 528f.).[116] Die klassische KA interessiert sich für allgemein gültige und möglichst kontextunabhängige Aspekte der Organisation von Gesprächen (*conversations*) (vgl. Sacks et al. 1974, 699). Die Konversationsanalytiker*innen gehen davon aus, dass die Handelnden die Situation und den Kontext ihres Handelns analysieren, die Äußerungen ihrer Interaktionspartner interpretieren und darauf bezogen eigene Äußerungen produzieren sowie das eigene Handeln mit dem Handeln der anderen koordinieren (Bergmann 2012, 525). Es gilt als primäres Ziel der KA, die Methoden aufzudecken, mit welchen die Interaktionsteilnehmenden ihre Interaktionen strukturieren:

> Thus is it not any particular conversation, as an object, that we are primarily interested in. Our aim is to get into a position to transform, in an almost literal, physical sense, our view of "what happened," from a matter of a particular interaction done by particular people, to a matter of interactions as products of a machinery (Sacks 2003, 26).

---

[114] Obwohl ich schon relativ früh im Forschungsprozess an der Konversationsanalyse als Auswertungsmethode interessiert war (vielen Dank an dieser Stelle an Arnulf Deppermann für seine Impulse in dem Workshop „Konversationsanalyse" im Rahmen des Berliner Methodentreffens, wo ich die Möglichkeit hatte, meine Daten zu präsentieren, insbesondere für seinen Hinweis auf die Arbeiten von Dausendschön-Gay), stellte es für mich eine Herausforderung dar, die Prinzipien und das Vorgehen der ethnologischen Konversationsanalyse (bzw. der ethnografischen Gesprächsanalyse) mit der soziokulturellen Theorie und dem Ansatz situiertes Lernen (CoP, LPP) zu verbinden. An dieser Stelle danke ich meinem Betreuer Udo Ohm für den wertvollen Hinweis auf die Arbeiten von Markee, die mich zur kognitiv-sozialen Debatte und folglich zur CA-SLA-Forschung geführt haben. Daraus könnte man den Schluss ziehen, dass – zumindest in meinem Forschungsprojekt – alle Wege zur CA-SLA führen.

[115] Die angloamerikanische CA und die deutsche soziologische KA werden hier als zwei Stränge eines Ansatzes präsentiert.

[116] Die Gesprächsanalyse „will wissen, wie Menschen Gespräche führen. Sie untersucht, nach welchen Prinzipien und mit welchen sprachlichen und anderen kommunikativen Ressourcen Menschen ihren Austausch gestalten und dabei die Wirklichkeit, in der sie leben, herstellen" (Deppermann 2008[4], 9). Ziel der Gesprächsanalyse bildet die sequenzanalytische Rekonstruktion von Problemen und Aufgaben, mit welchen sich die Gesprächsteilnehmenden beschäftigen: „Die sequentielle Ordnung des Gesprächs, das ,Wie' ist als Resultat des Einsatzes von Gesprächspraktiken verständlich zu machen, mit denen die Interaktanten pragmatische Probleme systematisch bearbeiten" (ebd., 81).

Im Folgenden werden zentrale methodologische Grundprinzipien der KA kurz skizziert:
- Die KA hat ein strenges Empirieverständnis und arbeitet nur mit authentischen Daten, d.h. Audio- oder Videoaufnahmen natürlicher Interaktionen. Außerdem werden die Daten nicht als einzelne lose Äußerungen, sondern „im textuellen Gesamtzusammenhang" analysiert (Kallmeyer/Schütze 176, 4).
- Den übergreifenden Untersuchungsgegenstand der CA-Forschung stellt *talk-in-interaction* dar (vgl. Seedhouse 2005, 166). Zentrale gesprächskonstituierende Einheiten[117] bilden Turns (Gesprächsbeiträge), die als „interaktiv hergestellte, flexible und lokal den Bedürfnissen der Interaktion anpaßbare Redebeiträge eines Sprechers bzw. einer Sprecherin" definiert werden (Selting 2001, 1063)[118].
- Die Grundannahme besagt, dass Gesprächsteilnehmende die Intersubjektivität herstellen, indem sie in ihren Beiträgen zeigen, „how [they, L. S.] analyse and interpret each others' actions and develop a shared understanding of the progress of the interaction" (Seedhouse 2005, 166). In der KA spricht man von *displays*: „It is a systematic consequence of the turn-taking organization of conversation that it obliges its participants to display to each other, in a turn's talk, their understanding of other turn's talk" (Sacks et al. 1974, 728). Des Weiteren wird davon ausgegangen, dass das gegenseitige Verständnis, das sich die Gesprächsteilnehmenden zeigen, genauso für Konversationsanalytiker*innen möglich ist (vgl. ebd., 729).[119]
- Die Turn-Organisation ist kontextfrei (das *Turn-Taking*-System funktioniert ungeachtet des größeren Kontexts, in den Interaktionen eingebettet sind) und kontextsensitiv (die Turns beziehen sich aufeinander (lokaler Kontext)) zugleich (vgl. ebd., 699f.).[120] Letzteres zeigt sich darin, dass sich jeder Turn sowohl auf den vorausgegangenen bezieht (*context-shaped*) als auch eine sequenzielle Umgebung für den nächsten Turn schafft (*context-renewing*) (vgl. Seedhouse 2005, 166).
- Konversationsanalytiker*innen gehen davon aus, dass alltägliche Gespräche, auch wenn diese scheinbar unwichtige Themen behandeln oder zufällig erscheinen, eine bestimmte Ordnung aufweisen (*order at all points*) (Sacks 2003, 22). Diese Analy-

---

117 *Sprachhandlung* und *Sprechhandlung* sind mit je einem Beitrag im *Fachlexikon Deutsch als Fremd- und Zweitsprache* (Barkowski/Krumm 2010) vertreten. Sprachhandlung ist Gegenstand der pragmalinguistischen Analyse und bezeichnet konkrete Sprachereignisse wie z.B. „X lädt Y gesprächsweise zum Geburtstag ein" (Barkowski 2010a, 302). Barkowski weist jedoch darauf hin, dass der aus der Pragmalinguistik stammende Terminus *Sprechhandlung* „uneinheitlich belegt[...]" ist und oft als Synonym zur *Sprachhandlung* verwendet wird (Barkowski 2010b, 317). Synonyme Verwendung der beiden Begriffe findet sich z.B. in Redder: „die sprachliche Handlung (Sprechhandlung)" (Redder 2001c, 748).
118 Weitere Analyseeinheiten sind turn-interne Einheiten und Äußerungen ohne Turnstatus (z.B. Rezeptions- bzw. Hörersignale) (vgl. Selting 2001, 1063).
119 Deppermann hinterfragt die jedoch bedingungslose Gültigkeit der *Display*-These: „Die *display*-Konzeption der Konversationsanalyse trägt Züge einer sensualistischen Epistemologie, die sowohl gegenstandsbezogen als auch methodologisch nicht haltbar ist [...]" (Deppermann 2000, 99; Herv. im Orig.).
120 Zur Kontextdebatte in der CA siehe Kunitz/Markee (2016).

seprämisse besagt, dass „jedes Detail als sinnvoll motiviert zu behandeln und aufzuweisen und kein Element von vornherein als zufällig oder unwichtig auszuschließen" ist (Deppermann 2008[4], 40; vgl. auch Bergmann 2012, 532, Deppermann 2010, 646; Seedhouse 2005, 166).

- Daraus folgt das Prinzip des analytischen Dreischritts: „They [turns, L. S.] regularly have a three-part structure: one which addresses the relation of a turn to a prior, one involved with what is occupying the turn, and one which addresses the relation of the turn to a succeeding one." (Sacks et al. 1974, 722). Nach Deppermann stellt „[d]ie detaillierte Sequenzanalyse einzelner Gesprächsausschnitte [...] das Herzstück der Gesprächsanalyse" dar (Deppermann 2008[4], 53).

Diese Prämissen der KA haben nach Deppermann folgende Konsequenzen:

> Erstens will sich die Konversationsanalyse auf das unmittelbar Beobachtbare beschränken und all ihre Aussagen *in den Daten* verankern. Zweitens stellt sie einen streng *rekonstruktiven Anspruch*: Es interessiert nicht, wie ein Analytiker Gesprächsaktivitäten aufgrund seiner Intuitionen oder theoretischen Ausrichtung versteht. Es geht vielmehr darum zu rekonstruieren, wie die Gesprächsteilnehmer selbst einander verstehen und an welchen Regeln oder Prinzipien sie sich dabei orientieren [Hervorhebungen. im Orig.] (Deppermann 2000, 98f.).

Konversationsanalytiker*innen betrachten jeden einzelnen Gesprächsbeitrag als interaktional konstruiert: „the turn as a unit is interactively determined" (Sacks et al. 1974, 727). Mit dem Konzept *recipient design*[121] wird darauf verwiesen, dass die Gesprächsteilnehmenden ihre Beiträge (Wortwahl, Themenwahl, Beitragslänge etc.) in Orientierung an die jeweiligen Interaktionspartner*innen konstruieren (vgl. ebd.). Die grundlegenden Phänomene der Interaktionsorganisation sind der Sprecherwechsel (*turn-taking*) inklusive *turn-constructional units*[122] (TCUs, deutsch „turn-interne[n] Einheiten" in Selting (2001, 1064)) und *transition relevance place* (TRP), Reparaturen (*repairs*[123]), Preferenzorganisation (*preference organization*), Nachbarschaftspaare (*adjacency pairs*) (vgl. Seedhouse 2005, 167f.).

In der deutschen konversationsanalytischen Forschung haben sich im Laufe der Zeit unterschiedliche Ansätze[124] etabliert: ethnomethodologische oder soziologische Konversationsanalyse (Bergmann 2012[9]), linguistische Konversationsanalyse (Kallmeyer/

---

121 Sacks et al. schreiben: „By 'recipient design' we refer to a multitude of respects in which the talk by a party in a conversation is constructed or designed in ways which display an orientation and sensitivity to the particular other(s) who are the co-participants" (Sacks et al. 1974, 727).

122 Unter *turn-constructional units* (turn-interne Einheit) versteht man in der Konversationsanalyse „units for constructing a turn: sentences, clauses, phrases, lexical items" (Clift 2016, 97).

123 Schegloff definiert *repairs* als „an organized set of practices by which parties to talk-in-interaction can address problems in speaking, hearing, and understanding the talk" (Schegloff 1991, 155).

124 Strübing weist darauf hin, dass es die Konversationsanalyse in zwei Ausprägungen gibt: die ethnomethodologische Konversationsanalyse (Sacks, Bergmann) und ein stärker linguistisch geprägtes konversationsanalytisches Verfahren (Kallmeyer/Schütze) (Strübing

Schütze 1976), linguistische Gesprächsanalyse (Brinker/Sager 2010⁵)[125], Gesprächsanalyse und ethnographische Gesprächsanalyse (Deppermann 2010)[126]. Neben den klassischen konversationsanalytischen Schriften (Sacks 1995; Sacks et al. 1974) orientierte ich mich bei den forschungsmethodischen Entscheidungen wesentlich am Vorgehen der Gesprächsanalyse (Deppermann 2008), der ethnographischen Gesprächsanalyse (Deppermann 2010) und der CA-SLA-Forschungsarbeiten (vgl. Kap. 3.3.1).

3.3.2 *Conversation analysis for second language acquisition* (CA-SLA[127])

In Deutschland hat Müller[128] als einer der Ersten Potenziale der Konversationsanalyse für die Erforschung des DaZ-Erwerbs bei Kindern und Jugendlichen erkannt und darauf hingewiesen, dass „deren Detailliertheit und Exaktheit sowohl in bezug auf die Beschreibung

---

2009¹², 494). Ein Überblick über konversationsanalytische Strömungen in Deutschland und deren Bezeichnungen (Konversationsanalyse, Gesprächsanalyse, Diskursanalyse, Dialoganalyse) findet sich in Deppermann (2010, 644) und Hee (2012, 8). Ein konversationsanalytisches Vorgehen liegt auch der Interaktionalen Linguistik und der Analyse kommunikativer Gattungen zugrunde (vgl. Heller/Morek 2016, 223). Die Besonderheit der linguistischen Gesprächsanalyse besteht darin, dass die Rolle der Sprechakttheorie „als theoretische und methodische Grundlagen für eine präzise Beschreibung des Handlungscharakters und der Handlungsstruktur von Gesprächen" bzw. Gesprächssequenzen besonders hervorgehoben wird (Brinker/Sager 2010, 18).

125 In der deutschen konversationsanalytischen Forschung kam es zur Erweiterung der Gegenstandsbereiche; dies führte auch zur Ersetzung des Begriffs *Konversation* durch *Gespräch* (Ehlich 2010, 170). Auch wenn in der deutschen Gesprächsforschung die Begriffe *konversationsanalytisch* und *gesprächsanalytisch* synonym verwendet werden, bevorzuge ich in dieser Studie den Begriff *konversationsanalytisch*, da er einerseits als Methode und forschungsmethodologische Tradition genutzt wird und es andererseits weniger um Gespräche als Gattung im Kindergarten geht.

126 „,Ethnographische Gesprächsanalyse' meint dabei nicht eine Kombination von Ethnographie und Konversationsanalyse im Sinne eines bloß additiven Nebeneinanders oder eines sequenziellen Nacheinanders zweier Methoden. Vielmehr soll die Spezifikation ,ethnographisch' darauf hinweisen, dass ethnographisches Arbeiten hier in den Dienst der Gesprächsanalyse gestellt wird. Nach dieser Konzeption wird also Ethnographie nicht um ihrer selbst willen betrieben, sondern als methodisches Hilfsmittel für die Gesprächsanalyse eingesetzt. Dieses instrumentelle Verhältnis spiegelt sich unter anderem darin wider, dass die Untersuchungsfragestellungen Gespräche betreffen und dass Gesprächsdaten der primäre materiale Bezugspunkt von Aussagen sind, auf die diese auch *idealiter* stets zurückzubeziehen sein sollten. ,Ethnographische Gesprächsanalyse' bedeutet umgekehrt, dass das klassische konversationsanalytische Vorgehen zu Teilen epistemologisch neu fundiert und um neue, vornehmlich inhaltlichere Fragestellungen erweitert wird" (Deppermann 2000, 104f.; Herv. im Orig.).

127 Es waren Markee und Kasper (2004), die den Terminus *CA-for-SLA* bzw. *CA-SLA* eingeführt und geprägt haben (vgl. Markee/Kasper 2004, 491; vgl. auch Markee/Kunitz 2015, 425).

128 Er und seine Kolleg*innen haben im Saarbrücker Projekt „Gastarbeiterkommunikation" Sprachproduktionen von Zweitsprachenlernenden untersucht (Rath 1983, 7ff.).

von Konstitution und Verlauf von Interaktionen als auch für den kognitive Fragestellungen streifenden Bereich der Bedeutungsvermittlung und Verständigung zum gegenwärtigen Zeitpunkt unüberboten ist" (Müller 1983, 81f.).[129] Auch Henrici hob die Relevanz diskursanalytischer Ansätze für die Fremdsprachenforschung und Unterrichtspraxis hervor (Henrici 1995, 153f.).

Dieses Interesse an der Nutzung der konversations- und diskursanalytischen Ansätze in der deutschsprachigen Fremd- und Zweitspracherwerbsforschung hat jedoch ab den 1990er Jahren allmählich nachgelassen (vgl. Schwab 2009, 92).[130] Im Gegensatz dazu entwickelte sich, wie in Kapitel 3.1.1 dargestellt wurde, in dieser Zeit im angelsächsischen Raum eine rege Debatte, die wesentlich zur allmählichen Etablierung der konversationsanalytischen Ansätze in der SLA-Forschung beigetragen hat und noch heute wirkt.

Die von Firth und Wagner 1997 angestoßene Debatte über die Notwendigkeit der Rekonzeptualisierung der Zweitspracherwerbsforschung in Richtung sozialer und interaktionaler Kontexte hat Weichen für die Entwicklung der *Conversational Analysis for Second Language Acquisition* (*CA-for-SLA oder CA-SLA*) gestellt (vgl. Pekarek Doehler 2013, 1).[131] Die von Firth/Wagner (1997, 289ff.) gewählte konversationsanalytisch orientierte methodische Vorgehensweise bei den Re-Analysen des Transkripts einer – für einen der Interaktionspartner*innen in der Zweitsprache ablaufenden – Interaktion geriet dabei verstärkt in den Blick der Diskussion. Das Potenzial der CA für die Zweitspracherwerbsforschung wurde dabei unterschiedlich gewichtet: Die Reaktionen reichten von der Ansicht „The paper […] has in fact very little to say about L2 *acquisition*" (Kasper 1997, 310; Herv. im Orig.) und es sollten daher Überlegungen angestellt werden, wie man Diskurs- oder Konversationsanalysen mit Zweitspracherwerbstheorien[132] kombinieren könnte (vgl. ebd., 310f.)[133] bis hin zur expliziten Forderung: „The level of study on interaction

---

[129] Im deutschsprachigen Raum wurden im Rahmen des Saarbrücker Projekts Gastarbeiterkommunikation erstmalig die Verstehens- und Sprachproduktions- sowie Interaktionsstrategien bei neun- bis elfjährigen Kindern mit DaZ im Schulkontext untersucht. Die konversationsanalytische Auswertung authentischer Sprachdaten hat gezeigt, dass sich in Interaktionen zwischen Kindern und ihren InteraktionspartnerInnen bestimmte Kommunikations- und Interaktionsstrategien beobachten lassen, „die einen reziproken, d.h. einander wechselseitig bedingten Charakter haben" (Müller 1983, 58).

[130] Hinweise auf die Arbeiten der deutschen konversations- und diskursanalytischen DaF-/DaZ-Forschung finden sich in Henrici (1995, 34ff.) und Schwab (2009, 92f.).

[131] Schwab schreibt: „In der Verbindung zwischen einer konversationsanalytischen Methodologie und einer theoretischen Fundierung innerhalb der soziokulturellen Theorie Wygotskis entwickelte sich mit *CA for SLA* ein Ansatz, der genau diesen, von Firth und Wagner (1997) aufgeworfenen Anregungen zur Untersuchung von fremdsprachlichen Unterrichtsdiskursen […] gerecht wird" (Schwab 2009, 94; Herv. im Orig.).

[132] Long wies außerdem auf methodische Probleme beim konversationsanalytischen Vorgehen hin, nämlich „[…] the representativeness, verifiability, and relevance to theory of cited examples and of analyses, however detailed and careful, of isolated, 'local', 'particular' events" (Long 1997, 322).

[133] Kasper merkte kritisch an, dass „noncognitivist discipline that has learning as its central research object is a contradiction in terms" (Kasper 1997, 310). Sie schlug daher die

in SLA needs to be micro not macro as the macro level is not sensitive enough to the social character of talk as it emerges between participants" (Liddicoat 1997, 316).

Einer der zentralen Unterschiede zwischen der traditionellen SLA-Forschung und der KA wird darin gesehen, dass während die Erstere die Sprache in den dichotomen Begriffen *Input-Output* versteht, geht die Letztere von Sprache als Ressource für die Herstellung der intersubjektiven Bedeutung (*intersubjective meaning*) aus (vgl. Brouwer/Wagner 2004, 31; Pekarek Doehler 2010, 12).[134]

Markee hat diese Ideen konsequent in seiner 2000 erschienenen Arbeit umgesetzt und aufgezeigt, wie man mittels CA Interaktionen analysieren kann, in denen kurzfristiges und langfristiges sprachliches Lernen beobachtet und nicht beobachtet werden kann. Auf der Grundlage seiner Studie formuliert er folgende Merkmale konversationsanalytischer Forschung in Lernkontexten (CA-SLA): Sie basiert auf der empirisch gestützten Perspektive auf interaktionale Kompetenzen der Interaktionsteilnehmer*innen; arbeitet mit Kollektionen relevanter Daten, die aus Transkripten interaktionaler Events stammen; ist fähig, das analytische Potenzial feingliedriger Transkriptionen auszuschöpfen; kann erfolgreiches und nicht erfolgreiches Lernverhalten (zumindest in kurzfristiger Perspektive) identifizieren und aufzeigen, dass die Bedeutung „as a socially distributed phenomenon" ko-konstruiert wird (Markee 2000, 119; vgl. Kap. 3.3.3.1).[135]

Zentral ist dabei die Idee, dass „CA represents one way of demonstrating how micromoments of *socially distributed cognition* instantiated in conversational behavior contribute to observable changes in participants' states of knowing and using new language"

Sprachsozialisationstheorie (vgl. Duff/Thalmy 2011) als möglichen theoretischen Hintergrund für CA-SLA-Studien vor: „[…] [I]f the excellent microanalytic tools of CA were incorporated into a language socialization approach to SLA, we might be able to reconstruct links between L2 discourse and the acquisition of different aspects of communicative competence that have been largely obscure thus far" (Kasper 1997, 311).

134 Auch Eskildsen merkt kritisch an: „[I]nput and output may have relevance in computer science, but in research that investigates the relation between talk in interaction and L2 learning they contribute to obscurantism while also representing a simplification because input is external to the learner, output something that belongs to the learner, or is under his/her control, and because interaction is reduced to a context for providing learners with feedback. And although providing learners with feedback on their language production (output) might be the raison d'être of traditional classroom language teaching, it is not among the major points of everyday interaction. Instead, everyday interaction is a different matter, a complex interplay of practices and actions that the L2 learner must discover and learn while engaging in them. This entails learning the nuts and bolts of the language and appropriating their meaningful uses but it also entails collaboratively achieving intersubjectivity as epistemic imbalances are constantly negotiated and adjusted for equilibrium" (Eskildsen 2018, 59).

135 Eine zentrale Annahme ist: „Communicative meaning is created incrementally; it is locally situated and emerges between partcipants" (Firth/Wagner 1998, 93). Dies gilt auch für das Verständnis des Lernens in der CA-SLA.

(ebd., 3f.; Herv. durch L. S.).[136] Es geht demnach nicht wie in der klassischen KA nur um die Herstellung von Verständnis, worum sich die Interaktionspartner*innen bemühen, sondern auch um die Herstellung von Lernen.

In einem Spezialheft *The Modern Language Journals* zum Thema *Classroom talks* wurden 2004 sechs Arbeiten veröffentlicht, die sich im unterschiedlichsten Maße die Methodologie von CA-SLA zu Nutzen machten. Vor allem der Ertrag der Konversationsanalyse für die Zweitspracherwerbsforschung stand im Fokus der Diskussionen, der von den Autor*innen und den Kommentierenden unterschiedlich eingeschätzt wurde. Während Mondada und Pekarek Doehler als Vertreterinnen der Perspektive, die sie als „strong socio-interactionist" bezeichnen (Mondada/Pekarek Doehler 2004, 502), darlegten, dass Methoden und Prozeduren, die in der Ethnomethodologie und CA herausgearbeitet wurden, eine zentrale Rolle im situierten Lernen spielen (vgl. ebd., 503), deklarierte He: „CA is not a learning theory and thus is not designed to document language acquisition […]" (He 2004, 579).

Hall, eine der vier Kommentator*innen der Artikel im Heft, sah den größten Beitrag der konversationsanalytisch basierten Arbeiten (Heft 88) in deren detailliertem Blick auf die Interaktion im Klassenzimmer, insbesondere in „making visible the systematic nature of interaction and the myriad ways in which individual actors make use of its resources" (Hall 2004, 608). Sie bemängelte jedoch die Ambiguität der Arbeiten bei der Behandlung der Frage, welchen konkreten Mehrwert CA als Ansatz zur Erforschung des Zweit- oder Fremdsprachenlernens habe (vgl. ebd.). Kritisiert wurde vor allem, dass *CA-SLA*-Studien – die eine durchaus überzeugende theoretische Basis wählten (wie Mondada/Pekarek Doehler 2004) – keine empirische Evidenz für die Rolle der Interaktion im Sprachlernen lieferten (vgl. ebd., 609). Die Stärke der *CA-SLA*-Studien sah Hall in „demonstrating the utility of the analytic lens of CA for documenting changes in the use of particular interactional tools associated with an important learning activity" (ebd.). Vor diesem Hintergrund formulierte Hall die Frage nach dem theoretischen Mehrwert der CA für die SLA-Forschung: „Can there really be more of a role for CA in SLA beyond that of providing a powerful analytic lens with which to view classroom interaction?" (ebd.).

Auch Wagner kritisierte, dass die KA auf ihr methodisches Vorgehen reduziert wird, während ihre theoretische Prämisse – „the understanding of the exquisiteness of human interaction as co-constructed sense-making" – oft in den Hintergrund gerät (Wagner 2004, 613; vgl. auch Brouwer/Wagner 2004, 30; Hall 2004, 609).

Gass kam zum Schluss, dass die Artikel im Heft – mit Ausnahme von dem von Mondada und Pekarek Doehler – „are generally careful in not ascribing or documenting learning and refer, rather, to potential or conductive learning environments or to facilitating SLA" (Gass 2004, 599).

Als große Herausforderungen, die sich nicht nur für die konversationsanalytisch, sondern auch für die kognitivistisch orientierte Zweitspracherwerbsforschung ergeben, sind nach Larsen-Freeman folgende Fragen zu nennen:

---

136 Mit dem Verständnis von Kognition als „socially distributed" versucht Markee unter Berufung auf Vygotskij eine Verbindung zur kognitivistisch orientierten SLA-Forschung herzustellen.

- Wurde etwas gelernt?
- Was wurde gelernt?
- Aus welchem Grund wurde etwas gelernt? (vgl. Larsen-Freeman 2004, 606).

Ein Konsens schien jedoch darüber zu herrschen, dass es notwendig ist, sprachliches Lernen zu definieren: „As long as learning is understood as an inner state, CA studies might never be able to show more than incidental learning" (Wagner 2004, 615; vgl. auch Hall 2004, 608).

Ähnlich formuliert Pekarek Doehler:

> Learning a language is not the mere internalization of linguistic knowledge that can then be simply put to use, rather it consists of the continuous adaption of linguistic and other semiotic resources in response to locally emergent communicative needs. It involves the routinisation of patterns of language-use-for-action through repeated participation in social activities (Pekarek Doehler 2010, 2).

Die Behauptung, dass die KA einen Beitrag zur Erforschung des Lernkontexts, aber nicht des Lernens an sich leisten kann, führte Wagner auf ein psycholinguistisch geprägtes Verständnis von Lernen als Erwerb des sprachlichen Systems zurück (Wagner 2004, 614). Dem stellte er das Verständnis von Lernen als „empowerment of social participation" gegenüber, welches „strong empirical support in a CA-based analysis of second language talk" mit sich bringen kann (ebd.). Er sah das besondere Potenzial der KA darin, „as method to describe participation in action" genutzt zu werden (ebd., 615): „[T]he understanding language learning as increasing participation opens new doors for SLA research" (ebd., 614).[137]

Die Stärke der Methode wird darin gesehen, dass weder die idealisierte Zielsprache als System noch der idealisierte Zweitspracherwerb als Maßstab für Analysen und Interpretationen herangezogen wird (vgl. Hellermann/Lee 2014, 55; Pekarek Doehler 2010, 21). Vielmehr werden Rekonstruktionen dessen angestrebt, wie die Interaktionenteilnehmenden die Äußerungen voneinander interpretieren und welche Methoden sie dabei einsetzen (vgl. Hellermann/Lee 2014, 55).

Zusammenfassend halten Hellermann und Cole (2009) in Bezug auf die Rolle von CA in der SLA-Forschung fest: „CA methods allow the analyst to uncover the socio-interactive indicators [...] of language use and change in learners' participation in the language practices" (Hellermann/Cole 2009, 191).[138] Für Ortega liegt die wichtigste Erkenntnis, die CA-SLA-Forschung empirisch und theoretisch etabliert hat, darin, dass Zweitspra-

---

[137] Kasper und Wagner schreiben: „From EM-CA perspectives, language acquisition can be understood as learning to participate in mundane as well as institutional everyday social environments" (Kasper/Wagner 2011, 117). Pekarek Doehler sieht den Ertrag von CA in „documenting how language development, as part of interactional development, is inscribed in the micro-details of communicative practice" (Pekarek Doehler 2010, 2).

[138] Vgl. auch Thorne und Helermann (2015, 288), die (Re-)Konstruktion von „sequential practices for microgenetic development of language learners" als Ziel von CA-SLA in Unterrichtskontexten definieren.

chenlernende keine mangelhaften Sprecher*innen sind (vgl. Ortega 2011, 171): „No phenomenon and no deficit category (e.g., 'nativeness,' 'error') have any reality or content in CA-SLA unless co-oriented to by interactants" (ebd.).

In der letzten Dekade ist eine Reihe von Arbeiten erschienen, die sich in die CA-SLA-Tradition einordnen und ihren Fokus auf soziale Aspekte des Sprachlernens legen (Björk-Willén 2008; Cekaite 2007; Eskildsen 2018; Hellermann 2007; Hellermann/Cole 2009; Hellermann/Lee 2014; Kunitz 2018; Kunitz/Markee 2016; Majlesi 2018; Pekarek Doehler 2010; Pekarek Doehler/Fasel Lauzon 2015; Theodórsdóttir 2018 und die Beiträge in Pallotti/Wagner 2011).[139] Es werden in der CA-SLA-Forschung in Bezug auf den Umgang mit exogenen Theorien zwei Richtungen identifiziert: 1. CA-SLA-Studien, die Sprachlernen als soziale Praxis (Partizipation) untersuchen (innerhalb und außerhalb institutioneller Lernkontexte) und dabei auf exogene Theorien zurückgreifen (*developmental* CA[140]); 2. CA-SLA-Studien, die die Entwicklung der beobachtbaren sprachlichen und interaktionalen Kompetenz in kurz- oder langfristiger Perspektive untersuchen und dabei auf *A-priori*-Theorien verzichten (*purist* CA) (vgl. Kasper/Wagner 2011, 126f.; Markee/Kunitz 2015, 430; Pallotti/Wagner 2011, 4; Pekarek Doehler 2010, 17, Schwab 2009, 108).[141] Pekarek Doehler und Fasel Lauzon argumentieren für die Kombination der beiden Arten der CA-SLA-Forschung (vgl. Pekarek Doehler/Fasel Lauzon 2015, 411), was schließlich in dieser Arbeit umgesetzt wird (vgl. Kap. 4.4.5). Markee und Kunitz halten fest, dass sich der CA-SLA-Ansatz in der angelsächsischen SLA-Forschung als „a major player" etabliert hat und aktuell vor der Konsolidierung und Formalisierung seiner Erträge steht (vgl. Markee/Kunitz 2015, 434).

Im Vergleich dazu ist die CA-SLA-Forschung im deutschsprachigen Raum ganz anders aufgestellt. Redder hält für die Entwicklung der deutschen Diskursanalyse in der Spracherwerbsforschung fest:

> Nach einer regelrechten ‚Konjunktur' der Auffassung, dass Erst- und Zweitspracherwerb sich in der komplexen, empirisch zu analysierenden sozialen Interaktion vollzieht und selbst eine interaktive Qualität hat [...], diversifizierte sich dieser pragmatische Zugriff auf

---

139 Bilanzierung der Erträge der CA-SLA-Forschung und Überlegungen zu deren Zukunft finden sich in Hellermann/Lee 2014, Kasper/Wagner 2018, Kunitz/Markee 2016, Markee/Kunitz 2015, Pekarek Doehler 2010, Seedhouse 2005 und Thorne/Hellermann 2015.

140 Die Bezeichnungen „developmental CA perspective" und „purist CA perspective" finden sich bei Markee/Kunitz 2015, 430. Dagegen unterscheidet Seedhouse drei CA-Ansätze im Kontext sprachlichen Lernens: 1) the ethnomethodological CA approach, 2) the sociocultural theory approach to CA und 3) the linguistic CA approach (vgl. Seedhouse 2005, 175f.).

141 Für einen Überblick über die Themenbereiche der CA-SLA-orientierten Unterrichtsforschung siehe Schwab (2009, 95ff.). Für Hinweise auf die CA-SLA-Arbeiten, die sich dem Sprachlernen in gesteuerten und ungesteuerten Kontexten widmen, siehe Eskildsen/Majlesi (2018, 5f.), Hellermann/Lee (2014, 55), Pekarek Doehler/Fasel Lauzon (2015, 409f.), Thorne/Hellermann (2015, 288).

Formen der Sprachentwicklung überwiegend wieder in strukturalistische Teilbetrachtungen (Redder 2001c, 743).

Auch nach fast 17 Jahren lässt sich diese Beobachtung für die aktuelle DaZ-Forschung bestätigen. Die in Kapitel 3.1.1 vorgestellte, auf den Impuls von Firth und Wagner (1997) zurückgehende Methode der CA-SLA befindet sich in der deutschsprachigen Fremd- und Zweitsprachenforschung noch in den Kinderschuhen.[142] Es gibt bis dato keine Arbeit, die den frühen DaZ-Erwerb mit der CA-SLA-Methode untersucht. Quasthoff führt die Gründe für die Vorbehalte der Spracherwerbsforschung gegenüber der KA auf das ihr zugrunde liegende Verständnis vom Spracherwerb als „[den] Erwerb der strukturellen Eigenschaften des Systems Sprache [...], der nicht unmittelbar beobachtbar ist, sondern erschlossen werden muss", zurück (Quasthoff 2006[2], 113). Dieses steht, so Quasthoff, im Widerspruch zur konversationsanalytischen Annahme, dass

> [...] jeder einzelne (Rede-)Zug in der Sequentialität einer Interaktion eine gemeinsame Leistung (*joint achievement*) beider Interaktionspartner ist [...]. Das bedeutet, dass er ausgelöst, nahegelegt, unterstützt, ermöglicht wurde vom Vorgängerzug (oder den Vorgängerzügen) und seinerseits wiederum in dieser Weise die Anschluss-Züge steuert (ebd., 114; Herv. im Orig.).

Demnach ist es für die „an der jeweiligen ‚Eigenleistung' des Kindes und damit gerade nicht an den gemeinsamen Hervorbringungen des Interaktions-Teams – interessiert[e]" Spracherwerbsforschung eine methodische Herausforderung, „[d]ie Anteile des erwachsenen Gesprächspartners an der kindlichen Sprachleistung jeweils herauszudestillieren" (ebd.).

Auf diese und andere Herausforderungen soll im Folgenden eingegangen werden, denn „[s]oll mit der Konversationsanalyse eine bleibende Forschungsrichtung innerhalb der Angewandten Linguistik etabliert werden, so müssen auch hier überzeugende Antworten gefunden werden" (Schwab 2009, 95).

3.3.3 Herausforderungen der CA-SLA

3.3.3.1 Verhältnis zwischen dem Interaktionalen und dem Kognitiven

Wie im vorigen Kapitel bereits angerissen, steht die CA-SLA vor der Herausforderung herauszuarbeiten, ob und wie die Kognition sich in der Interaktion niederschlägt. Redder merkt diesbezüglich kritisch an, dass das in der konversationsanalytischen Theorie und Forschung „systematisch ausgeblendete Mentale [...] akzidentiell [...] durch Konzepte wie das Erfahrungswissen um Standardformen oder Routinen sowie das ‚kognitive' Konzept der ‚Strategie' [eingeholt wird]" (Redder 2001b, 642). Es stellt sich nun die Frage, ob und inwiefern man anhand von Analysen sozialer Interaktionen Aussagen über die kognitive Dimension des Sprachgebrauchs machen kann.

---

142 Für die Nutzung von CA-SLA zur Erforschung von Interaktionen im Englischunterricht siehe Schwab (2009). Albers bezeichnet sein Verfahren, mit dem er die Interaktionen ein- und mehrsprachiger Kinder untersucht, als „spracherwerbsspezifische Gesprächsanalyse" (Albers 2009, 112).

Die CA-SLA-Forschung versucht dieses Problem zu lösen, indem sie die Kognition als „socially distributed" konzipiert (Markee 2000, 3 und 31; vgl. auch Eskildsen/Majlesi 2018, 5; Kunitz 2018, 77; Pekarek Doehler[143] 2010, 4ff.; vgl. auch Kap. 3.5.4). Vor diesem Hintergrund verstehen CA-SLA-Forscher*innen die Kognition und folglich das sprachliche Lernen als grundsätzlich beobachtbar: „They [CA-SLA researchers, L.S.] do not argue that cognition is not important; instead, they show that the cognitive processes involved in learning can be understood and investigated empirically as people's visible conduct" (Eskildsen/Majlesi 2018, 6; vgl. auch Kasper/Wagner 2011, 120; Markee/Kunitz 2015, 429).

Das Verständnis von Kognition als sozial geteilt ermöglicht die Untersuchung von Interaktionen nicht nur im Hinblick auf die dort ablaufenden Kommunikationsprozesse, sondern auch im Hinblick auf Lernprozesse: „Since socially shared cognition and learning are publicly displayed in interaction, they become available to researchers for analysis, obviating the need to construe hidden internal processes behind observable behavior" (Kasper/Wagner 2011, 121).

3.3.3.2 Analyse kindlicher Gespräche

Bereits vor fast 40 Jahren hat Ochs auf das Problem hingewiesen, das sich vor Konversationsanalytiker*innen stellt, wenn sie kindliche Äußerungen aus Sicht von Erwachsenen analysieren:

> When we examine the verbal und nonverbal behavior of young children, important differences emerge with respect to adult communicative norms. In particular, the expectation that a speaker usually makes utterances contingent on prior talk does not match that for adult speakers. This is particularly the case in interactive situations involving a child and one or more conversational partners. Young children frequently 'tune out' the utterances of their partner, because they are otherwise absorbed or because their attention span has been exhausted, or because they are bored, confused, or uncooperative (Ochs 1979, 46).

Sie gibt zu bedenken, dass der kindliche Gesprächsbeitrag durch das vorherige verbale oder nonverbale Verhalten der/des Interaktionspartner*in, durch beides oder durch keines davon bedingt (*contingent*) sein kann (vgl. ebd., 48). Insbesondere die Untersuchung der sprachlichen Leistung des Kindes für die an der kindlichen Sprachentwicklung interessierte Forschung stellt ein methodisches Problem dar, da Sprecherbeiträge als kontextsensitive interaktive Hervorbringungen verstanden werden (vgl. Quasthoff 2006, 113f.).

Ein weiterer zu beachtender Punkt ist, dass kindliche Interaktionen vor dem entwicklungspsychologischen Hintergrund zu interpretieren sind. Dass sich die Fokuskinder z.B. an den Symbol- oder Rollenspielen mit einzelnen Äußerungen beteiligen, steht im Einklang mit der entwicklungspsychologischen Forschung, die belegt, dass dreijährige Kinder überwiegend „kurze zeitliche Sequenzen oder einzelne Aktionen" spielen (Mähler

---

143 Pekarek Doehler bringt es auf den Punkt: „[C]ognition is not tucked away in a black box, but is deployed and made publicly available in interaction" (Pekarek Doehler 2010, 4).

2008, 201). Das beobachtete verbale Verhalten der Fokuskinder müsste also nicht zwingend an dem Entwicklungsstand in der Zweitsprache Deutsch liegen, sondern könnte eine altersangemessene Entwicklung darstellen.

Darüber hinaus kann sich die Wirklichkeit der Kinder von der Wirklichkeit der Erwachsenen unterscheiden (vgl. Brinker/Sager 2010^5, 124) und deren angemessene Interpretation eine besondere Herausforderung für die Forscher*innen bedeuten: „Als zentrales Problem qualitativer Zugänge erweist sich, dass die Methoden des Verstehens [auch die Konversationsanalysen, L.S.] bei der Untersuchung von Erwachseneninteraktion entwickelt wurden" (Heinzel 2010^3, 712)[144]. Vor diesem Hintergrund heben Beck und Scholz die Frage, „welche Rolle die Forscher in der Perspektive der Kinder einnehmen", als zentral für die Interpretation der Beobachtungen hervor und weisen darauf hin, dass es sich dabei „nur um Annäherungen handeln kann" (Beck/Scholz 2000, 160). Gleichzeitig geben die Wissenschaftler*innen zu bedenken, dass „[d]ie Interpretationen der Kinderhandlungen als ‚Perspektive der Kinder' [...] zweifelsohne theoretische Konstruktionen von erwachsenen Wissenschaftlern" sind (ebd., 167). Mit diesen und ähnlichen Problemen wurde ich im Forschungsprozess konfrontiert; meine Reflexionen dazu werden in Kapitel 7 präsentiert.

3.3.3.3 Konversationsanalyse zur Untersuchung des (Zweit-)Spracherwerbs

Wie in Kapitel 3.3.2 bereits ausgeführt wurde, wird die Frage nach der Eignung der KA zur Untersuchung des Spracherwerbs besonders heiß diskutiert. Die Konzipierung, Identifizierung und Dokumentation von Lernen stellen eine der zentralen Herausforderungen für die CA-SLA-Forschung dar (vgl. Pekarek Doehler 2010, 16f.). Der wichtigste Grund hierfür wird darin gesehen, dass „CA investigations of language focus on the co-constructed nature of language use rather than an individual's language production" (Thorne/Hellermann 2015, 287). Während das konversationsanalytische Konzept *recipient design* besagt, dass die Gesprächsbeiträge in der Terminierung, Position und Konstruktion auf die jeweiligen Gesprächspartner*innen zugeschnitten sind (vgl. Sacks et al.

---

144 Die Erziehungswissenschaftlerin Heinzel schreibt: „Aus der theoretischen Perspektive von Ethnomethodologie und Konstruktivismus heraus werden Aufzeichnungen von Interaktionen mit Hilfe von Konversationsanalysen, Diskursanalysen, Gattungsanalysen und Dokumentarischer Interpretation interpretiert oder es wird ethnographisch gearbeitet. Alle diese Verfahren zielen auf die Beschreibung der Herstellung sozialer Situationen und sinnhafter Ordnungen durch Kinder. Das Ziel besteht in der Rekonstruktion ihrer Kommunikation und Diskursorganisation oder der Analyse über Orientierungsmuster und Handlungspraxis. Eine besondere Schwierigkeit besteht darin, dass sich die Diskurse der Kinder und Erwachsenen überlagern. Hinzu kommt, dass die Deutungen der Forscher/innen in der Generationendifferenz kulturell verankert sind. Nicht zuletzt orientieren sich diese Methoden an den Kommunikationszügen und der Diskursorganisation und Kultur von Erwachsenen und müssten differenziert werden hinsichtlich des kollektiven, spielerischen, szenischen, körperlichen und sinnlich-symbolischen Erzählens von Kindern und ihren ritualisierten Formen der Spiel- und Sprachpraxis. Die ‚Erwachsenenzentrierung' kann jedoch als empirisches Phänomen (re-)konstruiert werden (vgl. Hausendorf/Quasthoff 2005, 600f.)" (Heinzel 2010^3, 713).

1974, 727), geht die traditionelle Zweitspracherwerbsforschung davon aus, dass die Gesprächsbeiträge sprachlich-kognitive Leistungen der Zweitsprachlernenden widerspiegeln: D.h., das Erscheinen oder Nichterscheinen eines lexikalischen, grammatisch-syntaktischen oder pragmatischen Phänomens wird als die auf dem jeweiligen Sprachstand mögliche Leistung der Zweitsprachenlernenden und nicht als gemeinsame Hervorbringung angesichts der kontextuellen Gegebenheiten angesehen. Eine Herausforderung für Forschende besteht folglich darin, immer zunächst darauf zu achten, wie die Interaktion, inklusive einzelner Turns, von den Interaktionsteilnehmenden gemeinsam ko-konstruiert wird, anstatt die kindlichen Äußerungen anhand der von vornherein herangezogenen gesprächsexternen Kategorien zu beschreiben bzw. zu ‚messen' (vgl. Deppermann 2008[4], 79f.).[145]

Eine andere Herausforderung besteht darin, aufzuzeigen, ob und wie es für die KA möglich ist, den Spracherwerb in und durch Interaktionen zu belegen. Markee selbst räumt ein: „[...] [F]inding evidence for behavior that demonstrates learning in data that are transcribed from a single lesson is difficult because learning is not necessarily always public and usually occurs over extended periods of time" (Markee 2000, 129). Auch Brouwer weist in ihrer Untersuchung zu Wortsuchsequenzen darauf hin, dass es schwierig ist, anhand einer einzelnen Interaktion zu erkennen, wie das gesuchte Wort in den früheren und in den späteren Interaktionen realisiert wurde/wird und ob das Lernen an einem konkreten Fall oder in abstrakter Form (durch z.B. die Regelableitung) stattfindet (vgl. Brouwer 2003, 543). Dies geschieht auch vor dem Hintergrund, dass man definieren soll, nach welchen Kriterien man bestimmt, wann etwas als erworben angesehen werden kann (Henrici 1995, 151). Henrici, der Metaanalysen konversations- bzw. diskursanalytischer Studien im Bereich Fremdsprachenerwerb durchgeführt hat, schreibt hierzu:

> In einer Reihe von Beispielanalysen kann kurzzeitiger punktueller lexikalischer Erwerb mit Hilfe diskursanalytischer Verfahren aufgezeigt werden. In anderen Beispielanalysen gelingt dies nur unter Verwendung retrospektiver Daten[146]. In weiteren Analysen gelingt der Nachweis gar nicht (ebd., 150).

Hellermann versteht „language development as the change in the use of resources and strategies for engaging in a particular aspect of social interaction" (Hellermann 2007, 91). Aufgrund dieses Verständnisses vom Spracherwerb formuliert er ganz klar, dass die KA einen Beitrag zur Zweitspracherwerbsforschung leisten kann, wenn die Teilnahme

---

[145] Dausendschön-Gay et al. (2007) konstatierten bereits vor 10 Jahren die Tendenz der linguistischen Forschung, sich mit authentischen Daten auseinanderzusetzen: „Die Sprachproduktionsforschung gewinnt so eine neue, sozialwissenschaftlich fundierte Variante, die das gängige Forschungsparadigma mit Hilfe der Instrumentarien der Konversationsanalyse sozusagen vom Kopf auf die Füße stellt: Beabsichtigt wird die Rekonstruktion der on-line-Prozesse auf der Grundlage der sprachlichen und nicht-sprachlichen Oberfläche authentischer Gesprächsdaten; und Äußerungen werden als Ergebnis einer gemeinsamen Formulierungsleistung der beteiligten Interaktanten beschrieben" (Dausendschön-Gay et al. 2007, 181).

[146] Leider waren Retrospektionen angesichts des jungen Alters der Lernenden in der vorliegenden Studie nicht möglich.

der*des Lernenden an der sich wiederholenden Praktik mit denselben Interaktionspartner*innen über die Zeit hinweg untersucht wird (ebd.). In der vorliegenden Arbeit wurde dies mittels kontrastiver Vergleiche möglichst ähnlicher Interaktionen realisiert (vgl. Kap. 4.4.5).

3.3.3.4 Verallgemeinerung

Das Problem der Generalisierbarkeit, d.h. die Antwort auf die Fragen „Für welche Bereiche gelten die aus der Untersuchung gewonnenen Aussagen? Auf welche Sprecherpopulationen, Situationen, kulturelle Gemeinschaften etc. können sie übertragen bzw. verallgemeinert werden?" (Deppermann 2008⁴, 108f.), ist in der KA „noch nicht befriedigend gelöst" (ebd., 11).[147]

Einerseits war die KA schon sehr früh daran interessiert, allgemeingültige Mechanismen der Herstellung von Ordnung wie Sprecherwechsel oder Reparaturverfahren zu rekonstruieren. Andererseits wurden durch die Untersuchung von Gesprächen in bestimmten institutionellen oder kulturellen Kontexten wie Polizeivernehmungen oder Elternsprechtage Ergebnisse geliefert, die vor allem für diese speziellen Kontexte gültig sind. Überlegungen zur Verallgemeinerung der Ergebnisse der vorliegenden Studie werden in Kap. 7 angestellt.

Vor dem Hintergrund der in diesem Kapitel skizzierten Herausforderungen, die sich der Zweitspracherwerbsforschung stellen, wenn sie die KA als analytisches Instrument nutzen will, formuliert Mori: „Whether or not CA and SLA can achieve a happy marriage seems to depend on whether or not both parties can find something in common and appreciate their differences" (Mori 2007, 857). Dass die Zahl der CA-SLA-Arbeiten – vor allem im angelsächsischen Raum – weiterhin steigt, kann als Beweis dafür angesehen werden, dass die KA und die SLA-Forschung trotz einiger Unterschiede ein ziemlich glückliches Eheleben führen.

3.4 Poststrukturalistische Ansätze

Die poststrukturalistischen Ansätze der Zweitspracherwerbsforschung befassen sich vor allem mit Fragen von Identität, Aushandlung von Differenzen, Ambivalenz, Struktur und *agency*[148], kulturellem Kapital, Zugehörigkeit zu reellen und imaginären Communitys, Positionierungen in den durch Machtbeziehungen geprägten sozialen Interaktionen der

---

147 Deppermann merkt an: „Die Konversationsanalyse strebt zwar in der Regel keine Häufigkeits- und Verteilungsaussagen an. Doch wird bei genauerem Nachdenken schnell klar, dass mit Aussagen über den Geltungsbereich von Aussagen (wie ‚in Gesprächen', ‚in der Kommunikation vor Gericht', ‚unter Jugendlichen'), [...] eine implizite, zumeist intuitive Statistik angenommen und unweigerlich Induktionsschlüsse vollzogen werden" (Deppermann 2000, 112f.). Für Diskussion der Gütekriterien in der CA siehe auch Seedhouse (2005, 179f).

148 Unter *agency* wird in der SLA-Forschung die anzuerkennende Fähigkeit des Individuums verstanden, sich an die Praktiken der anderen anzupassen, diesen zu widerstehen oder diese zu ändern (vgl. Duff/Talmy 2011, 97; Kasper/Wagner 2011, 121).

Ziel-Community sowie Investitionen in das Lernen und Sprechen der Zweitsprache und Gelegenheiten, an den Praktiken der Ziel-Community zu partizipieren (vgl. Block 2007, 866f.).

Das den traditionellen Ansätzen der Zweitspracherwerbsforschung zugrunde liegende Menschenbild wird in den poststrukturalistischen Ansätzen hinterfragt:

> Identity theorists [...] question the view that learners can be defined in binary terms as motivated or unmotivated, introverted or extroverted, inhibited or uninhibited, without considering that such affective factors are frequently socially constructed in inequitable relations of power, changing over time and space, and possibly coexisting in contradictory ways within a single individual (Norton/McKinney 2011, 73).

Der Fokus auf Macht und Ungleichheit wird dabei als zentral und somit als von anderen Ansätzen unterscheidend angesehen (vgl. ebd., 87). Eine neue facettenreiche Identität der*des Zweitsprachenlernenden wird proklamiert: „[T]he individual language learner is not ahistorical and unidimensional but has a complex and sometimes contradictory social identity, changing across time and space" (Norton Peirce 1995, 25f.).

Im Folgenden werden *identity approach* und *positioning theory* näher vorgestellt.

3.4.1 Der Identitätsansatz

In der Konversationsanalyse wird Identität als *membership category* konzipiert (vgl. Sacks 1995, 306ff.) und *membership categorization device* (ebd., 40ff.) wird als „the apparatus" definiert, „by which we organize knowledge of categories and generate social inferences about them" (Clift 2016, 185).[149] Demnach zeigen sich Interaktionspartner*innen gegenseitig, dass sie sich in der Interaktion an bestimmten Kategorien wie „the familiar demographic categories of occupations, ethnicity, family status, nationality and residence" orientieren (ebd., 186). Durch explizite oder implizite (z.B. durch die Wortwahl oder grammatische Ressourcen) Bezüge referieren die Interaktionspartner*innen auf solche Kategorien, wobei die Orientierung an Wissen und Autorität dabei eine wichtige Rolle spielt (vgl. ebd., 196).

Die klassische KA ging jedoch davon aus, dass die Interaktionspartner*innen einen gemeinsamen (wenn auch nicht unbedingt machtfreien) kulturellen Rahmen teilen[150], was im Kontext des Zweitspracherwerbs nicht als gegeben angesehen werden kann. So kann es erstens kulturelle Unterschiede geben, ob und wie auf *Membership*-Orientierungen verwiesen wird. Und zweitens erscheint das *membership categorization conzept* zu reduktionistisch, um vielfältige, dynamische und widersprüchliche Identitäten einzufangen.[151] Von daher erscheinen poststrukturalistische Ansätze, die vor allem für Fragen

---

149 Clift schreibt: „Sacks's membership categorisation device [...] consists of collections of categories and a set of rules of application" (Clift 2016, 189).
150 Das gilt genauso für die Konversationsanalytiker*innen: „The analyst must share the participants' cultural knowledge as relevant for the research purpose" (Kasper/Wagner 2011, 124).
151 Siehe jedoch Hellermann und Lee (2014, 59), die von ‚membershipping' sprechen, um deren „fluid and situated nature" zu unterstreichen. Sie weisen zudem darauf hin, dass die in

multipler Identitäten und der Machtverhältnisse in den Zweitspracherwerbs- und -gebrauchskontexten besonders sensibel sind, hier einen geeigneten theoretischen Rahmen zu bieten.[152]

In poststrukturalistischen Ansätzen wird Identität als „the view that individuals have of themselves and of their relationship to the social world" definiert (Toohey et al. 2007, 626). Damit wird angenommen, dass „identity work is always mediated by the immediate and broader environments of the communities of practice in which individuals participate" (Block 2007, 869).

In ihrer bekannten Studie mit erwachsenen Migrantinnen untersucht Norton Peirce Kontexte, in welchen Zweitsprachlernende verschiedene Möglichkeiten, die Zweitsprache zu sprechen, schaffen und nutzen oder diese ablehnen (vgl. Norton Peirce 1995, 9). Sie kommt zu dem Schluss, dass Zweitsprachenlernende mehrere, über Zeit und Raum veränderbare und oft widersprüchliche (*a site of struggle*) soziale Identitäten entwickeln (vgl. ebd. 1995, 20ff.; Norton/McKinney 2011, 74). Als integralen Teil der kommunikativen Kompetenz betrachtet Norton Peirce die Fähigkeit, „to claim the right to speak", welche die Zweitsprachenlernenden brauchen, um die durch Machtbeziehungen geprägten sozialen Strukturen ihrer Umgebung verstehen und Gelegenheiten für den Zweitsprachgebrauch nutzen und schaffen zu können (vgl. Norton Peirce 1995, 23ff.). Block würdigt den Ertrag der Arbeit von Norton, kritisiert jedoch, dass Norton keine Daten aus alltäglichen Interaktionen liefert, die ihre – auf den Narrationen der Lernenden basierenden – Interpretationen von der Identität als Ort des Kampfes (*site of struggle*) bekräftigen könnten (Block 2007, 868).

Toohey et al. fassen die Erkenntnisse zur sozialen Identität von Zweitsprachenlernenden aus soziokultureller und poststrukturalistischer Forschung zu fünf Schlüsselaspekten zusammen (Toohey et al. 2007, 626f.):

1. Identitäten sind sozial konstruiert,
2. Identitäten sind multipel, dynamisch und widersprüchlich,
3. Identitäten sind Orte des Kampfes (verwickelt in Machtbeziehungen),
4. Identitätskonstruktionen sind eingeschränkt durch Diskurse (Überzeugungen, Ideen, Kategorien etc.), die in einem sozialen Milieu kursieren, und
5. Identitäten entstehen durch die Teilnahme an sozialen Praktiken.

In ihrem *State-of-Art*-Artikel ergänzen Norton und Toohey ihre Ausführungen durch folgende Punkte:

---

der Zweitspracherwerbsforschung üblichen Kategorisierungen Muttersprachler*in/Nichtmuttersprachler*in oder Expert*in/Noviz*in nicht *a priori* an die Daten herangetragen werden sollten, sondern es soll anhand der Daten aufgezeigt werden, welche *memberships* für die Interaktionsteilnehmenden in der gegebenen Interaktion relevant sind und wie sie dies einander zeigen (vgl. Hellermann/Lee 2014, 59; vgl. auch Firth/Wagner 1997, 291f.).[151]

152 Zur Kombination von Konversationsanalyse und Positionierungsanalyse in der Gesprächsanalyse siehe Ackermann (2014) und Mundwiler (2017).

6. Während einige Identitätspositionen/-positionierungen Möglichkeiten für die Lernenden einschränken, das Hören, Sprechen, Lesen oder Schreiben in der Zweitsprache zu praktizieren, können andere Identitätspositionen diese Möglichkeiten verbessern.
7. Machtbeziehungen beeinflussen den Zugang zu der zielsprachlichen Gemeinschaft, in formellen und informellen Lernkontexten.
8. Identität, Praktiken und Ressourcen sind miteinander verknüpft und konstituieren einander.
9. Das Zweitsprachenlernen ist nicht völlig durch soziale Strukturen und Kontexte determiniert, sondern der Lerner kann diese verändern, indem er sich z.B. durch die Entwicklung einer machtvolleren Identität einen besseren Zugang zu den Praktiken und Ressourcen einer Gemeinschaft verschafft.
10. Imaginäre Gemeinschaften („imagined communities"), und somit imaginäre Identitäten („imagined identities"), im Sinne der gewünschten Gemeinschaft, deren Mitglied die/der L2-Sprechende in der Zukunft werden will[153], sind integraler Teil der Identität der Zweitsprachenlernenden (Norton/Toohey 2011, 414f.).

Insbesondere die Wechselbeziehung und gegenseitige Konstituierung von Identität, Praktiken und Ressourcen (ebd., 414) stellt sowohl das konzeptuelle Grundgerüst der vorliegenden Arbeit für die Erforschung des frühen Zweitspracherwerbs als auch die wichtigste Erkenntnis der Studie dar (vgl. Kap. 5.5).

Die zentralen Konzepte des Identitätsansatzes sind neben der Identität auch: *investment*, das von Norton Peirce (1995) in Anlehnung an Bordieus Konstrukt kulturelles Kapital (vgl. Bourdieu 1983, 184ff.). entwickelt wurde und – als poststrukturalistische Alternative zum traditionellen im Individuum verankerten Konzept der Motivation – „the socially and historically constructed relationship of learners to the target language, and their often ambivalent desire to learn and practice it" hervorhebt (Norton/McKinney 2011, 75), und *imagined communities*, die „refer to groups of people, not immediately tangible and accessible, with whom we connect through the power of the imagination" (ebd., 76). Es wird davon ausgegangen, dass *imagined communities* „are not less real than the ones in which learners have daily engagement and might even have a stronger impact on their identities and investments" (ebd.).

Für Block ist die Identitätskonstruktion eine ‚Zweibahnstraße': Sie wird beeinflusst und beeinflusst selbst soziale Interaktionen und soziale Strukturen (vgl. Block 2007, 865f.). Demnach wird Identität weder von innen nach außen entwickelt oder von außen nach innen konstruiert, sondern das aktive Subjekt überwindet und verändert einschränkende soziale Strukturen (vgl. ebd., 866).

Für Vertreter*innen des Identitätsansatzes ist der Zweitspracherwerb „not a gradual individual process of internalizing a neutral set of rules, structures, and vocabulary of a standard language" (Norton/McKinney 2011, 81). Es wurde vielmehr anhand empirischer Studien aufgezeigt, dass „language learners need to struggle to appropriate the voices of

---

[153] Daneben gibt es noch das Konzept *designed identity* (Sfard/Prusak 2005a, 45ff.; 2005b, 18ff.).

others; they need to learn to command the attention of their listeners; and they need to negotiate language as a system and as a social practice" (ebd.)[154]. Diesem Verständnis liegen Bachtins Ausführungen zur „Aneignung fremder Wörter" zu Grunde:

> Die Ausbildung und Entwicklung der individuellen Sprecherfahrung eines jeden Menschen erfolgt somit in der ununterbrochenen Wechselwirkung mit fremden individuellen Äußerungen. Mit gewissem Vorbehalt kann diese Erfahrung als ein mehr oder weniger schöpferischer Prozess der *Aneignung fremder* Wörter (nicht von Wörtern des Sprachsystems) bezeichnet werden. [...] Diese fremden Wörter bringen auch ihre eigene Expression, ihren spezifisch wertenden Ton mit, der von uns aufgenommen, umgestaltet und umakzentuiert wird (Bachtin 2017, 45; Herv. im Orig.).

Aus der Perspektive des Identitätsansatzes wird argumentiert, dass „failing to consider the centrality of learners' identities, as well as issues of power and inequality in the language learning process, will produce an inadequate understanding of SLA" (Norton/McKinney 2011, 86f.).

In der soziokulturellen Zweitspracherwerbsforschung werden institutionelle Lernkontexte als Set an sozialen Praktiken angesehen, durch deren Teilnahme die Kinder ihre Identitäten konstruieren, die wiederum den Zweitspracherwerb beeinflussen bzw. vermitteln (mediate) (vgl. Toohey et al. 2007, 627). Toohey et al. gehen davon aus, dass „children are active agents who invest strategically in learning [the second language, L. S.] in specific social settings. These investments occur at the intersection of the identities children acquire through life in their families, communities, and peer groups and the identity positions made available to them by classroom practices" (ebd., 628).

Dabei zeigt Cekaite in ihrer Studie, dass kindliche Identitätskonstruktion keineswegs als „unilinear" angesehen werden kann, und fordert daher:

> Rather than studying the learner identity of L2 novices as fixed entities, dissociated from their participation in classroom activities, we need to conduct more longitudinal work on the social dimension of participation and L2 learning in multiparty classroom settings (Cekaite 2007, 59).

Block betrachtet poststrukturalistische Ansätze als „a move away from framing learners as having just one identity, that of language learner" (Block 2007, 867).

Die Relevanz alltäglicher Interaktionen für die Identitätskonstruktion wird zwar anerkannt: „[E]very time learners speak, they are negotiating and renegotiating a sence of self in relation to the larger social world, and reorganizing that relationship in multiple dimensions of their lives" (Norton/McKinney 2011, 73). Es werden jedoch überwiegend narrative Texte als methodischer Zugang zur Erforschung der Identität gewählt (vgl. ebd., 82f.). Diese Lücke kann die Positionierungstheorie mit ihrem analytischen Werkzeug der Positionierungsanalysen schließen. Des Weiteren gehe ich von einer psychoanalytischen Komponente bzw. psychoanalytischen Prozessen in der Identitätskonstruktion (vgl. auch Block 2007, 873) aus, weswegen ich im Rahmen meiner Dissertation von Positionierungen der Fokuskinder und ihrer Interaktionspartner*innen und nicht von deren Identitäten

---

154 Siehe Konzept „das *fremde* Wort anderer Menschen" bei dem sowjetischen Literaturwissenschaftler Bachtin (2017, 44; Herv. im Orig.).

spreche. So sind es Positionierungen durch besonders relevante Personen, die eine hohe Auswirkung auf die eigene Identitätskonstruktion haben: „*Significant narrators*, the owners of the most influential voices, are carriers of those cultural messages that will have the greatest impact on one's actions" (vgl. Sfard/Prusak 2005b, 18; Herv. im Orig.).

3.4.2 Die Positionierungstheorie[155]

Die Psycholog*innen Davies und Harré fanden in ihrer Untersuchung sozialer Interaktionen das Konzept *Rolle* unzureichend, um eine linguistisch orientierte Analyse durchzuführen. Dem statischen Konzept *Rolle* setzten sie das Konzept *Positionierung* entgegen, das dynamische Aspekte der Entwicklung und Aushandlung des Selbstbildes in diskursiven Praktiken[156] betont (vgl. Davies/Harré 1990, 43). Unter *position* verstehen sie „what is created in and through talk as the speakers and hearers take themselves up as persons" (ebd., 62) und mit *positioning* wird „the discursive process whereby selves are located in conversations as observably and subjectively coherent participants in jointly produced story lines" bezeichnet (ebd., 48). Dabei unterscheiden Davies und Harré zwischen interaktiver Positionierung (*interactive positioning*), „in which what one person says positions another", und reflexiver Positionierung (*reflexive positioning*), „in which one positions oneself" (ebd.). Die Interaktant*innen können sich demnach in Gesprächen selbst positionieren („position oneself as"), andere positionieren („position others as") oder durch

---

155   Die Positionierungstheorie wird eigentlich zum Identitätsansatz gezählt (vgl. Block 2007, 866). Ich führe sie hier jedoch separat auf, da meines Erachtens weitere theoretische Überlegungen notwendig sind, die beobachtbaren Positionierungsaktivitäten mit den (nicht oder weniger beobachtbaren) psychoanalytischen Prozessen der Identitätskonstruktion zu verbinden (wie Block dies auch vorschlägt (vgl. ebd., 873)). Meine Annahme ist: Jede Interaktion ist Ort für Selbst- und Fremdpositionierungen, jede Äußerung hat Positionierungspotenzial (vgl. Harré/van Langenhove 1991, 405; Lucius-Hoene/Deppermann 2004, 171), es sind aber individuelle Prozesse daran beteiligt, was wahrgenommen, ausgewählt und für die Konstruktion der Identität genutzt wird. Aus meiner eigenen Erfahrung als L2-Sprecherin kann ich berichten, dass es mehrere Faktoren sein können, die sich auf die Wahrnehmung und folglich die Akzeptanz oder die Zurückweisung einer Fremdpositionierung auswirken können. So sagte einmal eine Bäckerei-Mitarbeiterin zu mir, als meine Kinder etwas lauter wurden: „Das ist hier kein Kinderspielplatz" (davor habe ich mit den Kindern Ukrainisch gesprochen). Früher (in meiner Studienzeit und vor der Auseinandersetzung mit der Positionierungstheorie) hätte ich einen solchen Kommentar zwar wahrgenommen, aber nicht weiter beachtet. Doch dieses Mal habe ich mich mit dem herablassenden Kommentar und dem Ton der Bäckerei-Mitarbeiterin weiter beschäftigt und habe ein paar Tage später die Mitarbeiterin darauf angesprochen. Dadurch habe ich die Fremdpositionierung als weniger kompetentes und somit belehrbares Community-Mitglied zurückgewiesen und mich als gleichberechtigtes Mitglied der Deutschen-Bäckerei-Kunden-Community positioniert. Diese (erfolgreiche, da sich die Mitarbeiterin bei mir für ihren Ton und Kommentar entschuldigt hat) Selbstpositionierung hat m.E. einige Spuren in meiner fortlaufenden Identitätskonstruktion hinterlassen. Es ist aber offen, welche Faktoren dafür verantwortlich sind.

156   Davies und Harré verstehen unter *diskursiven Praktiken* „all the ways in which people actively produce social and psychological realities" und definieren *Diskurs* als „an institutionalised use of language and language-like sign systems" (Davies/Harré 1990, 45).

andere positioniert werden („be positioned as") (vgl. Harré/van Langenhove 1991, 394f.) In der deutschsprachigen gesprächsanalytischen Forschung haben sich die Begriffe Selbst- und Fremdpositionierung[157] durchgesetzt:

> ‚Positionierung' beschreibt, wie sich ein Sprecher in der Interaktion mit sprachlichen Handlungen zu einer sozial bestimmbaren Person macht, eben eine „Position" für sich herstellt und beansprucht und dem Interaktionspartner damit zu verstehen gibt, wie er gesehen werden möchte (Selbstpositionierung). Ebenso weist er mit seinen sprachlichen Handlungen dem Interaktionspartner eine soziale Position zu und gibt ihm damit zu verstehen, wie er ihn sieht (Fremdpositionierung) (Lucius-Hoene/Deppermann 2002, 62).

Davies und Harré schreiben: „An individual emerges through the processes of social interaction, not as a relatively fixed end product but as one who is constituted through the various discursive practices in which they participate" (Davies/Harré 1990, 46). Dabei können die Interaktionspartner*innen nicht nur in verschiedenen Diskursen unterschiedliche Positionierungen vornehmen, sondern auch im Rahmen einer Konversation mehrfache und widersprüchliche Positionierungen erfahren und durchführen:

> If we are to come close to understanding how it is that people actualy interact in everyday life we need the metaphor of an unfolding narrative, in which we are constituted in one position or another within the course of one story, or even come to stand in multiple or contradictory positions, or to negotiate a new position by 'refusing' the position that the opening rounds of a conversation have made available to us (ebd., 53).

In ihren späteren Arbeiten entwickelten Harré und van Langenhove die Positionierungstheorie weiter. Sie präzisieren den Positionierungsbegriff wie folgt:

> [...] [P]ositioning can be understood as the discursive construction of personal stories that make a person's actions intelligible and relatively determinate as social acts and within which the members of the conversation have specific locations (Harré/van Langenhove 1991, 395).

Die zentralen Aspekte der Positionierungstheorie nach Harré und van Langenhove sind folgende:
1. Alle Gespräche enthalten eine Art von Positionierung (vgl. ebd., 405).[158]
2. Die Struktur von Gesprächen umfasst Positionierungen, Handlungslinien (storylines) und Sprechakte, die miteinander verwoben sind (vgl. ebd., 396).

---

[157] In der soziologischen Forschung wird von *Positionierungspraktiken* gesprochen (z.B. „eine Praktik der Selbstpositionierung als der Mehrheitskultur zugehörig" in Machold 2015, 44), während die Gesprächsanalytiker*innen den Begriff *Positionierungsaktivitäten* gebrauchen (z.B. Lucius-Hoene/Deppermann 2002, 2004). Harré und van Langenhove sprechen darüber hinaus von Positionierungsakten („act of positioning") (Harré/van Langenhove 1999, 17). Ich ziehe in der vorliegenden Arbeit den Begriff *Aktivitäten* vor.

[158] Nach Deppermann und Hoene hat jede Positionierung „sowohl einen selbstbezüglichen als auch einen auf den Interaktionspartner gerichteten Aspekt" (Lucius-Hoene/Deppermann 2002, 196).

3. In jeder diskursiven Praxis werden das Selbstbild und die Anderen auf eine bestimmte Weise konstruiert, wobei eine Selbstpositionierung immer eine Fremdpositionierung des Gegenübers impliziert und umgekehrt (vgl. ebd., 398).
4. Positionierungsmöglichkeiten sind durch eine bestimmte moralische Ordnung („the moral order") eingeschränkt: [...] [T]he rights for self-positioning and other-positioning are unequally distributed and not all situations allow for or call for an intentional positioning of the participants" (Harré/van Langenhove 1999, 23).[159]

Die von Harré und van Langenhove entwickelte Taxonomie von Positionierungen umfasst folgende Kategorien:
- Positionierungen ersten Grades (*first order positioning*): „First order positioning refers to the way persons locate themselves and others within an essentially moral space by using several categories and story-lines" (Harré/van Langenhove 1991, 396).
- Positionierungen zweiten Grades (*second order positioning*): „[...] [S]econd order positioning occurs when the first order positioning is not taken for granted by one of the persons involved in the discussion" (ebd.; vgl. auch Linehan/MaCarthy 2000, 444).
- Positionierungen dritten Grades (*third order positioning*): Diese finden außerhalb des ursprünglichen Gesprächs statt, mit anderen oder denselben Personen („talk about talk") (Harré/van Langenhove 1991, 397).

Während der erste Positionierungstyp als *performative positioning* charakterisiert wird, stellen die Letzteren *accountive positioning* dar (vgl. ebd.).

Harré und van Langenhove unterscheiden darüber hinaus zwei Ebenen von Positionierungen: „Human beings must display both a personal identity (appear as singularities) and a social identity (appear as instances of types)" (ebd., 400). So kann man sich als eine konkrete Erzieher*in mit ihren individuellen Einstellungen und Handelsweisen positionieren bzw. so positioniert werden oder die*der konkrete Erzieher*in kann sich als die*den typische*n Vertreter*in der deutschen pädagogischen Fachkräfte selbst positionieren oder fremdpositioniert werden.

Die interindividuelle Variation von Positionierungsaktivitäten erklären die Autor*innen durch folgende Variablen:
- Sprachkompetenz („mastery of the techniques so to speak"): D.h. man ist sprachlich imstande, eigene Fremdpositionierungen durch andere zu erkennen und Selbst- sowie Fremdpositionierungen vorzunehmen;
- Bereitschaft oder Absicht: Man will (bewusst) bestimmte Positionierungen vorzunehmen und

---

159 Die Positionierungstheorie, wie sie von Davies und Harré (1990) sowie Harré und van Langenhove (1991, 1999) entwickelt wurde, konzentriert sich vor allem auf *displays*, also beobachtbare Aspekte von Positionierungsaktivitäten in diskursiven Praktiken sowie die Beschreibung ihrer Variationen. Aspekte wie die Genese von Positionierungen oder ihre Rolle in Prozessen von Identitätskonstruktionen sind (zumindest in der ursprünglichen Version) nicht ausreichend herausgearbeitet worden.

- Macht: Man verfügt über oder nimmt sich die Macht, bestimmte Positionierungen vorzunehmen (vgl. ebd., 406).

Linehan und McCarthy sehen im Konzept der Positionierungen ein analytisches Potenzial, um institutionelle Handlungen bzw. Erwartungen und individuelle Reaktionen zu rekonstruieren:

> Positioning thus is useful as a means of understanding the ongoing co-construction, through compliance with or resistance to, organisational storylines. It offers the possibility of framing agentive responses through actions like second order positioning (Linehan/McCarthy 2000, 448).

In poststrukturalistischen Ansätzen der Zweitspracherwerbsforschung geht man davon aus, dass das Konzept der identitären Position (Identität) in einem andauernden Prozess der (Selbst- und Fremd-)Positionierungen innerhalb einer Gemeinschaft entsteht[160]: „Through what we say and do, we place ourselves and are placed by others in positions that influence our *identities* (the ways we view ourselves and our relationship to the world)" (Toohey et al. 2007, 627). Dabei können Positionierungen, genauso wie Praktiken und Ressourcen, sowohl reproduziert als auch produziert werden (vgl. Norton/Toohey 2011, 415; Herv. im Orig.).

3.5 Synopse der fünf Ansätze

In diesem Kapitel werden zunächst die Gemeinsamkeiten und Unterschiede der oben dargestellten Ansätze aufgezeigt sowie Grenzen und Potenziale ihrer Kombination herausgearbeitet. Die Synopse, d.h. die vergleichende Gegenüberstellung, der soziokulturellen, konversationsanalytischen und poststrukturellen Ansätze stellt eine forschungsmethodologische Grundlage für die Untersuchung des frühen Zweitspracherwerbs im Kindergarten als CoP dar. Dafür werden die Konzepte und Prämissen der zuvor vorgestellten fünf theoretischen Ansätze miteinander in Verbindung gebracht.

3.5.1 Der *Situated-Learning*-Ansatz und die Positionierungstheorie

Wie Linehan und McCarthy in ihrem Aufsatz argumentieren, ergänzen sich praxisbezogene und diskursbezogene Ansätze, die verschiedene Aspekte der Partizipation an sozialen Praktiken beleuchten, im Hinblick auf die Konzeptualisierung ihres Gegenstandes

---

[160] Norton und Toohey unterstreichen, dass Identität als Prozess und nicht als Zustand zu verstehen ist: „In theorizing cultural identity, Hall focuced on identity as in process, 'becoming', and stresses that identity is 'not an essence, but a positioning' (1997: 226) in particular historical and cultural environments" (Norton/Toohey 2011, 418). Sie schreiben ferner: „[I]t was Davies & Harré (1990: 7) who explicitly used POSITION as 'the central organizing concept for analyzing how it is that people do being a person'. They and other poststructuralist theorists have reminded us that identities are contingent, shifting and context-dependent, and that while identities or positions are often given by social structures or ascribed by others, they can also be negotiated by agents who wish to position themselves" (ebd.; Herv. im Orig.).

„individual-in-community" (Linehan/McCarthy 2000, 440). Demnach stellt das Positionierungskonzept ein nützliches analytisches Werkzeug dar, durch das die analytische Perspektive des LPP-Konzeptes erweitert werden kann (vgl. ebd., 441). Denn Lave und Wenger behandeln in ihrer Arbeit hauptsächlich nur zwei Positionen, die in einer CoP zur Verfügung stehen: Noviz*innen („newcomers") und Expert*innen („old-timers"); auf andere Positionen, die sich zwischen den beiden Polen Lernende und Meister bewegen, wird nur kurz hingewiesen (vgl. Lave/Wenger 2011^{24}, 56f.). Sowohl diese Dichotomie als auch die Determiniertheit möglicher Positionen werden grundsätzlich hinterfragt (vgl. Linehan/McCarthy 2000, 441):

> Participants position themselves in relation to one another by drawing on the possibilities available within a community of practice. These possibilities stem from previous experience, history in the setting, and understanding of the possibilities. However this is not to say that the self which is enacted in particular circumstances is in any sense determined by the practices of a community (ebd., 442).

Stattdessen argumentieren Linehan und McCarthy, dass Positionen durch die konkreten Teilnehmenden an einer konkreten Praktik ausgehandelt werden und dass die Positionsaushandlungen zwischen der eigenen *agency* und den institutionellen, kulturellen etc. Erwartungen stattfinden (vgl. ebd.).[161] Dabei bemängeln sie, dass in einigen soziokulturellen Arbeiten das Individuum als eines dargestellt wird, das sich an die Praktiken einer CoP anpasst, ohne dass sein Veränderungspotential (im Sinne von *agency*) gleichermaßen herausgearbeitet wird (vgl. ebd.). Vielmehr zeigen die Analysen von Interaktionen im Klassenzimmer, dass „both individual and community can be seen as co-created in an ongoing process of dialogues" (ebd., 449).

Die Positionierungstheorie bietet somit ein dynamisches Modell der Identitätskonstruktion eines Individuums, das an diskursiven und sozialen Praktiken einer CoP teilnimmt; während das CoP-Konzept eine Perspektive liefert, vor deren Hintergrund man sich mit konkreten Praktiken, deren kulturellem und historischem Kontext sowie deren einschränkender und erleichternder Wirkung auf die Identitätskonstruktion eines Individuums auseinandersetzen kann (vgl. ebd., 449f.).

---

161 Um soziale Erwartungen zu bestimmen, greifen Linehan und McCarthy den Begriff *storylines* auf: „[...] [P]articipants seem to share a sense of what they 'ought' to do, developed through their experience with and ongoing participation in community practices" (Linehan/McCarthy 2000, 448). Das heißt, durch Erfahrungen während der Teilnahme an den Praktiken einer Praxisgemeinschaft entwickeln die Mitglieder sogenannte *storylines*, Handlungen bzw. Storys. Ferner richten sie ihre Handlungen entsprechend diesen *storylines* aus und positionieren sich bzw. positionieren andere entsprechend diesen in den Interaktionen mit den anderen. Nach Linehan und McCarthy spiegeln Positionierungen sowohl (wahrgenommene) soziale Erwartungen als auch individuelle Reaktionen auf diese Erwartungen wider: „The concept of 'positioning' encompasses both a sense of 'oughtness' in joint action (through familiarity with community storylines) and the possibility of responsivity to those storylines through agentive positionings in practices" (ebd., 448). Es fällt auf, dass *storylines* dabei als wichtiges Kettenglied zwischen Positionierungen und Praxisgemeinschaft konzeptualisiert werden.

3.5.2 Der *Situated-Learning*-Ansatz und die KA

Die Verbindung des CoP-Konzepts, insbesondere des LPP-Konzepts, und der KA wird in der Zweitspracherwerbsforschung als besonders fruchtbar erachtet: „The concept of legitimate peripheral participation as an alternative to more conventional theories of learning offers a possibility at least initially to analyze language learning as a social process" (Brouwer/Wagner 2004, 45). Dabei versteht die Forschung, die die Kombination von CoP und CA nutzt, Lernen als „a process that takes place in the micromoments of social interaction in communities of practice" (Firth/Wagner 2007, 807). Die einzelnen Aspekte der Partizipation an einer CoP lassen sich dabei konversationsanalytisch rekonstruieren:

> [T]he characteristics [of CoP: joint enterprise, mutual engagement, and shared repertoire, L. S.] are fluid, emergent, and co-constructed which make the theory particularly consonant with the theoretical background of and empirical motivations for CA (Hellermann/Cole 2009, 190).[162]

Bei der Kombination des CoP-Konzeptes und der KA sind zwei Aspekte zu beachten. Erstens sollte die KA nicht auf ihre Bedeutung als analytisches Werkzeug reduziert werden, das im Interesse des *Situated-Learning*-Ansatzes genutzt wird (vgl. Mondada/Pekarek Doehler 2004, 540; auch Brouwer/Wagner 2004, 30; Pekarek Doehler 2013, 3). Zweitens sollte immer die Priorität der empirischen Daten angestrebt werden, bevor man die Konzepte CoP und LPP (oder andere exogene Theorien) zur Interpretation der Daten heranzieht (vgl. Hauser 2011, 351). Aus diesen Überlegungen wurde die KA in der vorliegenden Arbeit sowohl als Forschungsmethodologie (vgl. Kap. 3.3) als auch Analysemethode (vgl. Kap. 4.4.1) vorgestellt. Außerdem wird anhand der konversationsanalytischen Auswertungen der empirischen Daten aufgezeigt, dass sich Kinder und Erzieher*innen im begleiteten Kindergarten als eine bzw. mehrere CoP(s) verstehen (vgl. Kap. 5.1).

3.5.3 Die SCT und der Identitätsansatz

Ähnlich wie in der SCT werden Zweitsprachenlernende im Identitätsansatz als „historically and socially situated agents" angesehen und das sprachliche Lernen wird wie in der CoP-Perspektive als „not just the acquisition of linguistic forms but as growing participation in a community of practice" angesehen (Norton/McKinney 2011, 87). Die Differenzen zwischen den beiden Ansätzen werden darin gesehen, dass sich die SCT – in der in Kap. 3.2.1 vorgestellten Form – auch mit kognitiven Prozessen des Zweitspracherwerbs beschäftigt (siehe z.B. Konzepte *private speech*, Internalisierung, Selbstregulierung etc.), während sich der Identitätsansatz fast ausschließlich auf soziale Prozesse des zweitsprachlichen Lernens als „growing participation in a community of practice" konzentriert (vgl. ebd.).

---

[162] Hellermann und Cole kommen in ihrer Studie zu dem Schluss, dass „CA methods can show change from peripheral to core participation in the social practices of a community of practice, a change that [...] is the goal for many language learners and their teachers" (ebd., 210f.).

3.5.4 Die KA und die SCT

In der ersten Dekade der Nutzung der KA in den Disziplinen, die sich mit dem sprachlichen Lernen und Lehren beschäftigen, spricht Seedhouse sogar von einem speziellen Ansatz, den er als „the Sociocultural Theory approach to CA" bezeichnet (Seedhouse 2005, 175). Die Forscher*innen, die sich diesem Ansatz verpflichtet fühlen, versuchen, so Seedhouse, „to link a sociocultural view of development with a CA perspective on interaction" (ebd.). Auch wenn heute die Kombination von SCT und KA weniger als ein eigener Ansatz, vielmehr jedoch als eine der mehreren Perspektiven in der CA-SLA-Forschung angesehen wird, wird sie als besonders fruchtbar betrachtet (vgl. Pekarek Doehler/Fasel Lauzon 2015, 411).[163]

Vor dem Hintergrund, dass soziokulturelle Ansätze die Stabilität von Kontexten, Individuen und Communitys grundsätzlich in Frage stellen, wird die Verbindung von SCT mit sequenzanalytischen Methoden zur Erforschung von Interaktionen in Sprachlernkontexten als besonders gewinnbringend hervorgehoben (vgl. Thorne/Hellermann 2015, 292):

> The syncretism of applied CA and sociocultural theory illustrates an evolving hybrid framework that will potentially increase the explanatory power of both mediated cognition and talk-in-interaction that can continue to be applied to analyzing expert-novice interactions in language learning situations (ebd., 290).

Die wichtigste Grundlage und gleichzeitig das wichtigste Produkt dieser Verbindung stellt m.E. das Verständnis von Kognition als „socially shared" (Markee 2000, 31) dar, die Auffassung, die Markee aufgrund der Ausführungen von Schegloff (1991) über „socially shared cognition" und Vygotskijs Ideen über „rein soziale[...] Natur von Prozessen der Entwicklung höherer psychischer Funktionen [...], die der kulturellen Entwicklung des Kindes entstammen, die auf Zusammenarbeit und Lernen beruht", entwickelt hat (Vygotskij 1934, 223; übersetzt von L. S.) (vgl. Markee 2000, 31).[164] Dieses Verständnis beruht auf Vygotkijs sowohl theoretischen als auch empirischen Untersuchungen zur Genese des kindlichen Denkens entwickelten Ideen, die besagen: „Die wirkliche Bewegung des Prozesses der Entwicklung des kindlichen Denkens verläuft nicht vom Individuellen zum Sozialisierten, sondern vom Sozialen zum Individuellen" (Vygotskij 1934, 47; übersetzt von L. S.). Die Auffassung von Kognition als sozial geteilt macht die Erforschung beobachtbarer Lern- und Entwicklungsprozesse in und durch Interaktionen überhaupt erst möglich.

---

163 Für Hinweise auf weitere Studien, die KA mit SCT kombinieren, siehe Pekarek Doehler/Fasel Lauzon (2015, 411).

164 Der Sprache bzw. *languaging* wird in der SCT eine wichtige Rolle beigemessen: „Through *languaging*, defined as the use of speaking and writing to mediate cognitively complex activities, an individual develops cognitively, and [...] affectively" (Swain/Deters 2007, 822; Herv. im Orig.).

3.5.5 Die KA und der Identitätsansatz

Während das Potenzial einer Kombination soziokultureller und konversationsanalytischer sowie soziokultureller und identitärer Ansätze in der Forschung bereits herausgearbeitet wurde (vgl. Kap. 3.5.1.-3.5.4.), stehen solche Verbindungen zwischen identitären und konversationsanalytischen Ansätzen noch in den Anfängen. Zwar werden die gemeinsamen theoretischen Prämissen anerkannt (z.B. das Interesse an sozialen Prozessen), das unterschiedliche Auffassen der Art und des Werts generierter Daten stellt momentan aber eine Herausforderung dar (vgl. Norton/McKinney 2011, 87). Norton und McKinney weisen darauf hin, dass im Gegensatz zum Identitätsansatz, der vor allem die emische Perspektive aus narrativen Daten rekonstruiert, die KA „focuses exclusively on naturally occuring conversation and is not necessarily concerned with issues of power" (ebd.). Diese Sichtweise erscheint aus zwei Gründen fraglich: Erstens zeigte die KA schon ganz früh Interesse an der Frage nach Machtverhältnissen, z.B. im Sinne von *membership categorization device* bei Sacks (1995, 40ff.), mit welchem die Aspekte Identität und Autorität angesprochen wurden (Clift 2016, 185ff.); zweitens fehlt dem Identitätsansatz ein analytisches Werkzeug, um Mikromomente der Identitätskonstruktion in den alltäglichen Interaktionen zu rekonstruieren. Diese mangelnde Berücksichtigung der Rolle alltäglicher Interaktionen für die Identitätskonstruktion wird besonders deutlich von Block (2007) kritisiert. Block hebt den Erkenntnisgewinn von Nortons Studie (2000) durch die Konzipierung des Zweitspracherwerbs als „site of struggle" hervor, bemängelt jedoch, dass die Forscherin

> provided no examples of recorded conversations in which her informants participated. Her cases were, therefore, constructed stories of L2 learning and use. They are powerful and compelling stories, to be sure, but they lack the extra perspective that examples of interactions would have provided (Block 2007, 868).

Auch Kasper und Wagner merken kritisch an, dass:

> [...] despite its appeal to identity as 'performed', 'co-constructed', and 'situated', poststructuralist identity research does not ground its analytical claims in the details of participants' observable social practices [...] CA-SLA, in contrast, demonstrates the nexus of (transportable and situated) identities and L2 learning in specific interactional activities [...] (Kasper/Wagner 2011, 122).

Grundsätzlich scheint jedoch ein Konsens über Potenziale der KA als methodologisches Instrument für den Identitätsansatz zu herrschen (vgl. Wagner 2004, 614; Block 2007, 868f.; Norton/McKinney 2011, 88).

Meines Erachtens sind Positionierungsanalysen, die ein sequenzielles Vorgehen mit der KA teilen, sogar besser geeignet, um solche Aspekte wie Selbst-/Fremdpositionierungen und deren Akzeptanz und Zurückweisung in den Interaktionen zu rekonstruieren (vgl. dazu Kap. 4.4.2).

3.5.6 Der Identitätsansatz, der *Situated-Learning*-Ansatz und die Positionierungstheorie

Block weist in Anlehnung an Wenger (1998) auf die Verbindung von Identität, die in der Beziehung zu CoPs konstruiert wird, und Positionierungen hin: „Communities of practice correspond to the different subject positions adopted on a moment-to-moment and day-to-day basis" (Block 2007, 865). Er selbst benutzt die Begriffe *identity*, *positioning* und *subject positions*[165] als Synonyme (vgl. ebd., 866). Wie in Kapitel 3.4.1 bereits angemerkt, vermute ich eine psychoanalytische Komponente bzw. psychoanalytische Prozesse in der Identitätskonstruktion (vgl. auch ebd., 873), weshalb ich das Phänomen (und den Begriff) Positionierungen bevorzuge. Ich habe mich im Rahmen des Forschungsprozesses außerdem dafür entschieden, die Positionierungstheorie separat aufzugreifen, da ich erstens Positionierungen als einen (diskursiv hergestellten) Teil der Identität verstehe und nicht davon ausgehe, dass die Begriffe Positionierung und Identität deckungsgleich sind. Und zweitens wird die Positionierungsanalyse als analytisches Werkzeug in der Arbeit genutzt (vgl. Kap. 4.4.2).

Insgesamt sprechen die oben herausgearbeiteten Verbindungen dafür, dass die Kombination soziokultureller, poststrukturalistischer und konversationsanalytischer Ansätze produktiv und vielversprechend für die Zweitspracherwerbsforschung ist (vgl. auch *Douglas Fir Group* 2016, 20; Norton/Toohey 2011, 429).

3.6 Definition zentraler Begriffe der Studie

In diesem Kapitel geht es darum, die in den Forschungsfragen fokussierten Gegenstandsaspekte *Ressourcen*, *Praktiken* und *Positionierungen* vor der Folie der vorgestellten theoretischen Ansätze zu definieren.

3.6.1 Ressourcen

Aus der soziokulturellen Perspektive werden unter *Ressourcen* im Rahmen dieser Arbeit im weiteren Sinne alle symbolischen (Sprache, Beziehungen etc.) und materiellen (Bücher, Spiel- und Malsachen etc.) Artefakte verstanden, die im Kindergarten als CoP geteilt werden und in der kognitiven, sozialen, emotionalen Entwicklung des Kindes eine wichtige Rolle spielen[166]. Im engeren Sinne verstehe ich unter *Ressourcen* aus konversationsanalytischer Perspektive sprachliche und interaktionale Formen und Verfahren, mit denen soziale Interaktionen ko-konstruiert werden.[167] So gesehen kann unterschieden

---

165 Weitere Bezeichnungen für das Identitätskonstrukt, die sich in der Literatur finden, sind *identification* und *subjectivities* (vgl. Block 2007, 866).

166 Dieses Verständnis beruht auf Wengers Definition von *repertoire* als „routines, words, tools, ways of doing things, stories, gestures, symbols, genres, actions, or concepts that the community has produced or adopted in the course of its existence, and which have become part of its practice" (Wenger 1998, 83).

167 In Bezug auf den Gebrauch des Begriffs in der Konversationsanalyse und Interaktionalen Linguistik spricht Selting von verbalen, vokalen sowie visuellen Ressourcen und ihrem

werden zwischen den Ressourcen, die Kinder in die Kita mitbringen; gemeint sind damit sprachlich-kommunikative Ressourcen, Spiel- und Literacy-Erfahrungen in allen Sprachen (kindliche Ressourcen), und den Ressourcen, die der Kindergarten als CoP den Kindern zur Verfügung stellt, z.B. sprachlich-kommunikatives Handeln der Erzieherinnen, Spiel- und Literacy-Möglichkeiten und Beziehungen. Der Begriff *Ressourcen* wird dem Begriff der traditionellen Zweitspracherwerbsforschung *Strategien* (vgl. Kapitel 2.3.1) vorgezogen, um die Interaktivität und Kontextsensitivität kindlicher Gesprächsbeiträge zu unterstreichen.

Im Rahmen der vorliegenden Arbeit werden unter *sprachlich-interaktionalen Ressourcen*[168] demnach verbale, vokale, visuelle Formen und Formate verstanden, die in der sozialen Interaktion verwendet werden bzw. mit denen diese hergestellt wird (vgl. Selting 2016, 27ff.)[169]

3.6.2 Praktiken

Die Annäherung an den Begriff *Praktik* erfolgt im Rahmen dieser Arbeit im Sinne des Konzeptes *Community of Practice,* in dem gemeinsame soziale Praxis das Hauptmerkmal einer CoP darstellt (vgl. Kapitel 3.2.2.1). Wenger betont die Rolle des historischen und sozialen Kontextes für die Konstituierung von Praktiken: „The concept of practice connotes doing, but not just doing in and of itself. It is doing in a historical and social context that gives structure and meaning to what we do" (Wenger 1998, 47; vgl. auch Lave/Wenger 2011[24], 53).

Bezogen auf den Kindergartenkontext sind unter Praktiken Aktivitäten zu verstehen, die historisch (wiederholend, routiniert) bedeutungsvoll für die Gemeinschaftsmitglieder und konstitutiv für eine Kitagemeinschaft sind. Die pädagogische Gestaltung spielt hier keine Rolle: Es können sowohl (arrangierte) Bildungsangebote[170] wie Dialogisches Vorlesen, Morgenkreis oder angeleitetes Basteln als auch offene Angebote wie Freispiel, Rollenspiel, Malen etc. sein. Praktiken im Kindergarten konstituieren den Kita-Alltag und werden konstituiert aus der soziokulturellen Perspektive in den strukturierten wiederkehrenden Kind-Erzieher*in- und Kind-Kind-Interaktionen; sie schaffen Möglichkeiten für

---

Zusammenspiel in der Herstellung sozialer Interaktion (vgl. Selting 2016, 27f.). Pekarek Doehler weist darauf hin, dass es sich in der CA-SCLA-Forschung weniger um linguistische Formen, sondern mehr um „patterns of language use [that] serve to accomplish social interactions" geht (Pekarek Doehler 2013, 2).

168 In ihrem Aufsatz zur interaktionalen Linguistik schreiben Selting und Couper-Kuhlen: „Sprachstrukturen einzelner Sprachen werden auf allen deskriptiven Ebenen als *interaktionale Ressourcen* untersucht, die die Gesprächsteilnehmenden in der sozialen Interaktion verwenden" (Selting/Couper-Kuhlen 2000, 78; Herv. durch L. S.).

169 Markee spricht in diesem Zusammenhang von „the range of liguistic resources and communicative strategies that members deploy" (Markee 2000, 163).

170 Zumwald und Schönfelder unterscheiden in Bezug auf die Gestaltung des Kita-Alltags zwischen *strukturierten Angeboten* und *offenen Aktivitäten* (vgl. Zumwald/Schönfelder 2015, 11).

Kinder, die Zweitsprache zu erwerben; diese Praktiken sind historisch kulturell und sozial konstituiert (vgl. Toohey et al. 2007, 628).

Toohey weist auf die wechselseitige Beziehung von Ressourcen und Praktiken im Kindergarten hin:

> Practices and resources are clearly linked, as the activities in which participants in a classroom engage are mediated by resources such as toys, materials, books and so on. In addition, of course, the children are resources to one another, as they provide possibilities for one another to engage in dramatic play (Toohey 1996, 572).

Mit dem Begriff *Praktiken* referiere ich auf sich wiederholende, historisch und kulturell verankerte Aktivitäten, die für eine CoP bedeutungsvoll und konstitutiv sind (vgl. Wenger 1998, 47).

3.6.3 Positionierungen

Mit dem Begriff *Positionierungen* beschränke ich mich auf diejenigen Konzepte der Identitätskonstruktion, die sich mit der Positionierungsanalyse erforschen lassen. Aus dem poststrukturalistischen Blick werden Interaktionen im Kindergarten als Orte angesehen, wo durch Positionierungen Identitäten ko-konstruiert werden, die sich auf das Sprachenlernen auswirken (vgl. Toohey 2000, 126).

Positionierungen werden als die diskursive Herstellung von Selbst und Anderen aufgefasst (vgl. Davies/Harré 1990, 48).

3.7 Einordnung des Forschungsgegenstandes in das Mehrebenenmodell des L2-Lernens und -Lehrens

Die in den Kapiteln 3.2, 3.3 und 3.4 dargestellten theoretischen Ansätze lenken die Aufmerksamkeit der Zweitspracherwerbsforschung auf jene Phänomene und Prozesse hin, die über die Rezeption und Produktion von linguistischen Strukturen weit hinausgehen (vgl. Toohey 1996, 571). Vor allem das Bild der*des Zweitsprachenlernenden erfährt demnach eine Rekonzeptualisierung: „[T]he second language learner is seen not as internalizing the second language, but rather as a newcomer beginning to participate in the practices of a particular community." (ebd., 553)

Mit der Fokussierung auf die sprachlich-interaktionalen Ressourcen, sozialen Praktiken und Positionierungen innerhalb der Kindergarten-Community werden im Rahmen der Arbeit mehrere Ebenen des frühen Zweitspracherwerbs in den Blick genommen. Dass die Erforschung des Zweitspracherwerbs in der multilingualen Welt einen interdisziplinären Rahmen erfordert, hat die *Douglas Fir Group*[171] in ihrem *State-of-Art*-Artikel (2016) deutlich gemacht. In Anlehnung an das ökologische Modell der menschlichen Entwicklung von Bronfenbrenner (1981) präsentiert die Gruppe ein Mehrebenenmodell des

---

171 Zur *Douglas Fir Group* haben sich 15 amerikanische und kanadische Zweitsprachwerwerbsforscher*innen zusammengeschlossen.

Sprachlernens und -lehrens, das den Erkenntnissen der neuesten Forschung zum Zweitspracherwerb Rechnung trägt (*Douglas Fir Group* 2016, 25). Darin werden folgende drei Ebenen unterschieden: *microlevel of social activity, mesolevel of sociocultural institutions and communities* und *macrolevel of ideological structures* (vgl. Abb. 6).

Nimmt man das Mehrebenenmodell des sprachlichen Lernens und Lehrens der *Douglas Fir Group* als Orientierungsrahmen, so werden sich die in dieser Arbeit verfolgten Forschungsfragen auf der Mikro- und Mesoebene der Institution und CoP Kindergarten verorten lassen.[172]

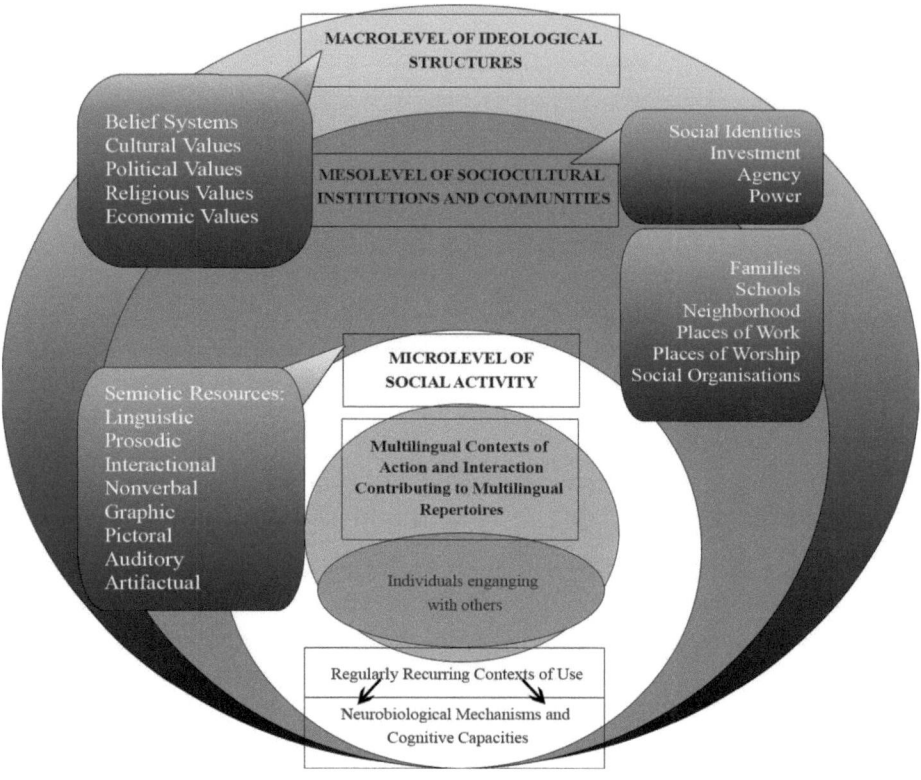

Abbildung 6: The multifaceted nature of language learning and teaching (Douglas Fir Group 2016, 25)

Im Zentrum stehen die Kinder als die mit anderen Community-Mitgliedern interagierenden Individuen, die auf der Mikroebene der sozialen Interaktion verschiedene semiotische

---

[172] Vgl. dazu Demirkaya, die den Kindergarten in Anlehnung an das sozialökologische Mehrebenenmodell von Bronfenbrenner (1981, 23f.) als eines der Mikrosysteme konzipiert, in die die kindliche Entwicklung eingebettet ist (Demirkaya 2017, 163ff.).

Ressourcen einsetzen und sich aneignen. Auf der Mesoebene werden in den Kind-Erzieherin- und Kind-Kind-Interaktionen, die sich innerhalb der sozialen Praktiken des Kindergartens als CoP abspielen, soziale Identitäten der Kinder ko-konstruiert, wobei *investment* (Investion), *agency* (Handlungsfähigkeit) und *power* (Macht) in Form von Selbst- und Fremdpositionierungen ausgehandelt werden. Die Makroebene der ideologischen Strukturen wird in der vorliegenden Arbeit zwar berücksichtigt (vgl. Kap. 2.2), aber nicht weiter empirisch untersucht.

3.8 Zusammenfassung

Die oben referierten soziokulturellen, konversationsanalytischen und poststrukturalistischen Ansätze liefern wertvolle Erkenntnisse und Konzepte, die einen Beitrag zu einem besseren Verständnis der komplexen Prozesse des frühen Zweitspracherwerbs im Kindergarten leisten können. Ausgehend von den Annahmen dieser Ansätze wird der Kindergarten im Rahmen der vorliegenden Arbeit als eine CoP verstanden, an deren alltäglichen Praktiken das Kind teilnimmt und dabei seine (zweit-)sprachlichen Ressourcen einsetzt und ausbaut sowie in und durch Positionierungen seine soziale Identität konstruiert. Eine solche Perspektive ermöglicht das Verständnis kindlicher Äußerungen nicht als Produkt der Sprachkompetenz, sondern als gemeinsame Hervorbringungen, den Kontext nicht als einmalige Situationen, sondern als rekurrierende und bedeutsame Praktiken, und Identitäten nicht als DaZ-Lernende, sondern als multiple, dynamische und widersprüchliche Positionierungen in sozialen Interaktionen. Das kindliche Lernen wird vor diesem Hintergrund als sozialer Prozess verstanden, der sich von der Fremd- und Objektregulierung hin zu der Selbstregulierung und von der LPP hin zu einer vollen Partizipation am Alltag des Kindergartens als CoP vollzieht.

4 Methodisches Vorgehen

Nachdem im vorangegangenen Kapitel die theoretische Verortung der Studie in den soziokulturellen, konversationsanalytischen und poststrukturalistischen Ansätzen der Zweitspracherwerbsforschung erfolgt ist, wird in diesem Kapitel die forschungsmethodologische Verortung expliziert und begründet. Meine forschungsmethodologischen Überlegungen und Entscheidungen vor, während und nach der Durchführung der empirischen Studie basieren auf den Grundannahmen und Prinzipien qualitativer Sozialforschung, qualitativer Kindheitsforschung und sozial orientierter Zweitspracherwerbsforschung. In der Orientierung an der epistemologischen und forschungsmethodologischen Tradition dieser Forschungstraditionen sowie ausgehend von den Spezifika von *Kind-Kind-* und *Kind-Erzieher*in-Interaktionen* als Untersuchungsgegenstand sowie den in Kapitel 2.4 vorgestellten Forschungsfragen wurde zum Ziel der Datengenerierung[173] der Forschungsansatz der ethnografischen Feldforschung gewählt, da er unterschiedliche methodische Zugänge zum Untersuchungsgegenstand ermöglicht. Um eine hohe Transparenz in Bezug auf methodisches Vorgehen zu gewährleisten, werden im Folgenden einzelne Schritte des Prozesses der Generierung (Kap. 4.1), Aufbereitung (Kap. 4.3) und Auswertung der Daten (Kap. 4.4) beschrieben und die ihnen zu Grunde liegenden Entscheidungen offengelegt. Ein besonderer Stellenwert kommt dabei Kapitel 4.2 zu, in dem forschungsethische Prinzipien der DaZ-Forschung mit Kindern dargestellt und reflektiert werden.

4.1 Ethnografische Feldforschung

Das Wirklichkeitsverständnis und das Menschenbild, die dieser Arbeit zu Grunde liegen, entstammen dem interpretativ-qualitativen Paradigma der Sozialforschung und motivieren die Wahl des methodischen Vorgehens. Die in der Arbeit verfolgten und in Kapitel 2.4 vorgestellten Forschungsfragen erforderten ein offenes und flexibles Forschungsdesign, das den Spezifika des Forschungsfeldes *Kindergarten* und dessen Akteur*innen Rechnung trägt. Aus diesen Gründen erschien es angemessen, sich bei der Erforschung sprachlicher Interaktionen im Rahmen der qualitativen Forschung zu bewegen und eine explorativ-qualitative Studie zu konzipieren. Bei der Planung der empirischen Studie orientierte ich mich an den Richtlinien für die methodische Umsetzung qualitativer Sozialforschung, in welchen vor allem Offenheit, Kommunikation, Prozessualität, Reflexivität, Explikation und Flexibilität als deren Prämissen hervorgehoben werden (vgl. Lamnek 2010^5, 19ff.; vgl. auch Flick 2009, 271ff.; Flick et al. 2012^9, 22; Lueger 2010, 24; Mayring 2002^5, 38f.; Richter 1997, 76f.; Steinke 1999, 205ff.; Strübing 2009^{12}, 103ff.). Diese Prinzipien gehen auf ein bestimmtes Menschenbild zurück, das im qualitativen Paradigma vertreten wird:

---

[173] Mit dem Begriff *Generierung* wird ausgedrückt, dass „die Daten nicht einfach in der Realität gesammelt, sondern interaktiv hervorgebracht oder ‚gewonnen' werden" (Strübing 2009^{12}, 244).

[...] ein Bild des selbstbestimmten, sinnvoll handelnden Menschen [...], dessen Erleben und Verhalten man nicht durch Benennen äußerer, objektiv beobachtbarer Wirkfaktoren ‚erklären', sondern nur durch kommunikatives Nachvollziehen der subjektiven Weltsicht und inneren Gründe der Akteure ‚verstehen' könne (Bortz/Döring 2006^4, 301).

Die empirische Studie führte ich in Orientierung am Forschungsansatz *der ethnografischen Feldforschung*[174] durch, der verschiedene methodische Zugänge nutzt und einen längeren Aufenthalt in dem zu untersuchenden Feld voraussieht (vgl. Friebertshäuser/Panagiotopoulou 2010^3, 301 und 308).[175] Längerfristige Teilnahme an dem Alltagsleben und seine Beobachtung zwecks der Forschung ist im deutschsprachigen Raum lange Zeit als *teilnehmende Beobachtung* beschrieben worden, erst in jüngerer Zeit beginnt sich der Begriff *Ethnografie* durchzusetzen (Lüders 2012^9, 384f.). Strübing fasst den Unterschied zwischen *teilnehmender Beobachtung* und *Ethnografie* wie folgt zusammen:

> Während die Methode der Beobachtung, gleichviel ob standardisiert oder qualitativ-offen, sich auf die Wahrnehmung von Interaktionen und Handlungsverläufen beschränkt und andere Informationsquellen nicht berücksichtigt, versteht sich die Ethnographie als umfassender und aktiver Prozess der Datengewinnung (Strübing 2009^{12}, 391).

Somit liegt die Besonderheit der ethnografischen Feldforschung darin, dass in deren Rahmen je nach dem Forschungsinteresse und je nach den Feldspezifika unterschiedliche methodische Zugänge flexibel genutzt werden können (vgl. Lüders 2012^9, 393). Eine ethnografische Arbeit kann neben den Beobachtungsnotizen noch andere Datenarten wie Interviewaufzeichnungen, Gesprächsprotokolle, Dokumente etc. umfassen (vgl. Knoblauch 2001, 131). Dabei gehen qualitativ-interpretative Methodologien davon aus, dass es keine universell existierende Realität gibt und dass die Daten *generiert* werden, weil „Forscher [...] in die Konstitution ihrer Realität permanent involviert [sind]" (Strübing 2009^{12}, 243).

Die Ethnografie geht auf die ethnologische und kulturanthropologische Forschung zurück (vgl. ebd., 389). Je nachdem, ob die Forschung im fremden oder im eigenen Kulturraum durchgeführt wird, unterscheidet man zwischen der ethnologischen und der soziologischen Ethnografie (vgl. Knoblauch 2001, 124). Des Weiteren kann der in der vorliegenden Arbeit eingesetzte Forschungsansatz als *fokussierte Ethnografie*[176] (ebd.) bezeichnet werden, da ich mich während der teilnehmenden Beobachtung nicht auf alle Aspekte des Feldes, sondern primär auf sprachliche Kind-Kind- und Kind-Erzieher*in-Interaktionen konzentriert habe, an denen die Fokuskinder beteiligt waren.

---

[174] Deppermann weist darauf hin, dass ethnografisches Wissen auch bei der Durchführung primär konversationsanalytischer Untersuchungen erforderlich ist und kritisiert, dass die klassische KA sich nicht hinreichend mit den Fragen der Gewinnung und dem Umgang mit dem ethnografischen Wissen beschäftigt hat (vgl. Deppermann 2000, 105). Zur teilnehmenden Beobachtung in der Gesprächsanalyse siehe Spranz-Fogasy/Deppermann (2001).

[175] Wagner argumentiert, dass „language acquisition as participation cannot be described, if the researchers do not have thick longitudinal data" (Wagner 2004, 614).

[176] Mit dem Begriff der *fokussierten Ethnografie* wird „eine besondere Form der ethnographischen Praxis" bezeichnet, die sich „auf bestimmte Aspekte von Feldern" konzentriert (Knoblauch 2001, 125f.).

Insbesondere für die Forschung mit Kindern wird die ethnografische Feldforschung als eine gut geeignete Forschungsperspektive angesehen:

> Ethnographische Ansätze beanspruchen, an den lebensweltlichen Bedeutungen der Kinder selbst anzuknüpfen und verstehen die Kinder als Akteure, die ihre Wirklichkeit in Interaktionen konstruieren. Ihr Anliegen ist es, Kinder im Kontext ihrer sozialhistorischen Umwelt zu betrachten, Wandlungsprozesse zu erfassen und den Wissensbeständen, Interaktionen und kulturellen Praktiken von Kindern mehr Gewicht zu verleihen (Heinzel 2010³, 708).

Zu den zentralen sozialen Praktiken zur Datengewinnung in der Feldforschung zählen das Teilnehmen, Beobachten, Gesprächeführen und Dokumentieren (vgl. Breidenstein et al. 2015², 85).

Im Folgenden werden zunächst die teilnehmende Beobachtung (Kap. 4.1.1) und anschließend das Gesprächeführen und Dokumentieren (Kap. 4.1.2) vorgestellt.

4.1.1 Teilnehmende Beobachtung

Unter *Beobachtung* wird „*das systematische Erfassen, Festhalten und Deuten sinnlich wahrnehmbaren Verhaltens zum Zeitpunkt seines Geschehens*" verstanden (Atteslander 2010¹³, 73; Herv. im Orig.). Für die vorliegende Studie wurde die Methode[177] der teilnehmenden Beobachtung gewählt, deren Stärke darin liegt, „[…] dass der Beobachter tatsächlich im Geschehen ist und aus seiner Teilnahme Einblicke in die Innenperspektive des Settings, der Szene gewinnt" (Flick 2009, 221).[178] Zwei weitere Gründe waren für die Wahl der teilnehmenden Beobachtung als Methode der Datengenerierung entscheidend. Erstens stellt die teilnehmende Beobachtung eine übliche Praxis im Untersuchungsfeld dar: In der pädagogischen Praxis bilden Beobachtungen „eine Grundlage für erzieherisches Handeln" (Strätz/Demandewitz 2000⁴, 123). Zweitens gehen bei reinen Audioaufnahmen und wenn keine Videoaufnahmen möglich sind, viele Informationen verloren, die als Kontext für sprachliche Interaktionen dienen oder für diese konstitutiv sind (wie nonverbales Verhalten).[179] Beobachtungen und Feldnotizen helfen, den Informationsverlust zumindest zum Teil zu reduzieren.

Es wird in der – insbesondere quantitativen – Sozialforschung oft davon ausgegangen, dass die teilnehmende Beobachtung den Einfluss auf das Untersuchungsfeld minimal hält

---

[177] Im Rahmen der vorliegenden Arbeit wird der Begriff *teilnehmende Beobachtung* im engeren Sinne, d.h. als Methode verwendet; während der Begriff *ethnografische Feldforschung* gebraucht wird, um auf die allgemeine Forschungsstrategie zu verweisen (vgl. Spranz-Fogasy/Deppermann 2001, 1008).

[178] Dies erweist sich besonders dann als vorteilhaft, wenn die Daten konversationsanalytisch ausgewertet werden, denn die KA geht davon aus, dass Konversationsanalytiker*innen und Forschungspartner*innen einen gemeinsamen soziokulturellen Wissensbestand haben (vgl. *Display*-Prinzip bei Sacks et al. 1974, 728f.), der zum angemessenen Beschreiben und Interpretieren der Interaktionsdaten notwendig ist.

[179] Heinzel gibt zu bedenken: „Wenn Kinder andere als verbale Symbolisierungen benutzen, wie z. B. Gesten, Zeichnungen oder Spiele, fällt es den auf Sprache fixierten ForscherInnen oft sehr schwer, diese wissenschaftlich zu erfassen und richtig zu interpretieren" (Heinzel 2000, 26).

und dass sich die Forschungspartner*innen relativ schnell an die Forschenden gewöhnen (vgl. Atteslander 2010[13], 91).

Beer weist jedoch darauf hin, dass eine lange Anwesenheit und Teilnahme der/des Forscher*in die beobachtete Gruppe verändern können (vgl. Beer 2008[2], 170). Aber auch bei kürzeren Feldaufenthalten kann es zu invasiven Einflüssen[180] kommen, wie Maak/Ricart Brede es anhand von Videoaufnahmen nachweisen konnten (vgl. Maak/Ricart Brede 2014, 151). Besonders bei den Beobachtungen von Kindern geben Strätz/Demandewitz zu bedenken, dass das Beobachten „keine Einbahnstraße" ist:

> Die Kinder selbst sind aufmerksame Beobachter und ‚kompetente Deuter' ihrer Situation. Insofern stellt sich Beobachtung als wechselseitiger, kommunikativer Prozess dar, an dem beide Seiten mit jeweils spezifischen Fähigkeiten und Blick-Richtungen aktiv beteiligt sind (Strätz/Demandewitz 2000[4], 35).

Daraus ergibt sich der Schluss für die Feldforschenden, die Beziehungen zu den Forschungsteilnehmenden nicht zu meiden oder zu leugnen, sondern bewusst und reflektiert zu gestalten.[181]

Als Grenzen der teilnehmenden Beobachtung werden die mangelnde Überprüfbarkeit der Daten, die Einzigartigkeit und damit schlechte Vergleichbarkeit der Beobachtungssituation und damit auch die Schwierigkeit, sie zu wiederholen, die Selektivität der Zuwendung, der Wahrnehmung, der Protokollierung und der Behaltens- und Interpretationsprozesse sowie die Tatsache, dass nicht alle Phänomene beobachtbar sind, diskutiert (vgl. Beer 2008[2], 186; Flick 2010[3], 295; Lueger 2010, 42ff.).[182]

Auf ein zentrales Dilemma, das mit der teilnehmenden Beobachtung einhergeht, weist Hauser-Schläblin hin: „Teilnahme bedeutet Nähe, Beobachten Distanz [...]" (Hauser-Schäublin 2008[2], 42). Während sich *beobachten* primär auf das Wahrnehmen bezieht, kann *teilnehmen* unterschiedliche Grade der Involviertheit umfassen: „Teilnahme kann anfänglich nur Anwesenheit und später weitgehende Integration bedeuten [...]" (Beer 2008[2], 169; vgl. auch Jahoda et al. 1972[7], 82). Der Grad der Involviertheit und der Distanz kann dabei je nach der Beobachtungssituation variieren (vgl. Brougère 2007, 217). Vor diesem Hintergrund werden in der ethnografischen Forschung sowohl das Beobachten als auch die Teilnahme als aktive Prozesse sozialen Handelns verstanden (vgl. Beck/Scholz 2000, 154; Lueger 2010, 86). Brougère weist darauf hin, „dass die Möglichkeiten der Teilnahme an einer Situation extrem vielfältig sind und dass die Situation eben gerade das Produkt der Kooperation von Akteuren ist, deren Teilnahme sehr unterschiedliche Modalitäten kennt" (Brougère 2007, 214).

Einen interessanten Weg, die Situation der Teilnahme zu analysieren, schlagen unabhängig voneinander Toohey (1996) und Brougère (2007) vor. Sie übertragen das von

---

180 Für „das Problem der Reaktanz" siehe Knoblauch (2001, 134).
181 Meine Erfahrungen und Reflexionen zu diesem Aspekt werden in Kap. 4.2.1 dargestellt.
182 Zu Problemen bei der Datenerhebung siehe Klann-Delius (1996, 19ff.), zur Beobachtung von Kindern Strätz/Demandewitz (2000[4], 22ff.) und zu Beobachterfehlern Huber (1993[3], 139f.).

Lave und Wenger (1991[24]) entwickelte Konzept der legitimen peripheren Teilnahme (vgl. Kap. 3.2.2.3) auf die Situation der*des teilnehmenden Beobachter*in (vgl. Brougère 2007, 214f.; Toohey 1996, 554). Demnach wird die Position am Rande als „Ort des Lernens" (Brougère 2007, 215) aufgefasst, von dem aus die*der Beobachter*in den Zugang zu Praktiken und Wissen einer CoP erlangen kann. Der Vorteil dieser Auffassung liegt darin, dass das Problem des Beobachter-Paradox dadurch gelöst wird, dass sich die Beobachter*innen nicht als störendes Element, das möglichst unbemerkbar sein sollte, sondern als die Teilnehmer*innen an der legitimierten Peripherie begreifen. Ihre Präsenz und Teilnahme an der Praxis der CoP ist legitimiert und in einen Lernprozess eingebunden. Ein weiterer Aspekt, der mit der Einnahme dieser Perspektive einhergeht und sich eher einschränkend auf die teilnehmende Beobachtung auswirkt, ist der, dass die Beobachter*innen aufgrund ihrer peripheren Teilnahme nicht an dem vollen Spektrum der Praktiken einer Gemeinschaft teilnehmen können wie z.B. volle Mitglieder. Entsprechend können ihre Beobachtungen nur einen Teil der Wirklichkeit erfassen (vgl. Toohey 1996, 555).

Die Auffassung bzw. Konzeptualisierung der beobachtenden Person als Lernende*r an der Peripherie ist jedoch nicht unproblematisch. Zwar wird damit deutlich, dass es in der Gruppe vorgesehene legitime Positionen am Rande gibt, mit der auch die Teilnahme der*des Beobachter*in in gewissem Maße legitimiert werden kann, es wird aber mit dem Innehaben dieser Position eine Bewegung aus der Peripherie hin zur vollen Teilnahme impliziert, zum vollwertigen Mitglied, was bei der*dem Beobachter*in nicht der Fall ist; es sei denn, es ist eines der Ziele der teilnehmenden Beobachtung. In der ethnologischen Ethnografie spricht man im letzten Fall von *going native*[183] und steht dem Phänomen kritisch gegenüber: „Ziel ist nicht völlige Integration (going native), sondern eine für alle Beteiligten akzeptable Rollendefinition des Beobachters" (Illius 2012[7], 82). Auf der anderen Seite sollte die*der Beobachter*in nicht „die Rolle des distanzierten, scheinbar neutralen Beobachters", sondern „entwickelte, vertrauensvolle Beziehungen und gelebte Teilnahme" anstreben (Lüders 2012[9], 392). Deswegen kann festgehalten werden, dass es sich bei der teilnehmenden Beobachtung um „einen spezifischen Teilnahmemodus" handelt, der je nach der Situation unterschiedlich ausfallen kann (Brougère 2007, 219).

Komponenten einer wissenschaftlichen Beobachtung sind nach Atteslander Beobachtungsfeld, Beobachtungseinheiten, Beobachtende und Beobachtete (vgl. Atteslander 2010[13], 80). Die folgende Darstellung der durchgeführten teilnehmenden Beobachtung orientiert sich an diesen vier Komponenten.

4.1.1.1 Kindergarten als Untersuchungsfeld

Unter *Untersuchungsfeld* wird in der Sozialforschung sowohl der räumliche als auch der soziale Bereich verstanden, in dem die Forschung durchgeführt wird und der nicht extra für Forschungszwecke arrangiert wurde (vgl. Lamnek 2010[5], 531; Wolff 2012[9], 335). Die

---

183 Darunter wird in der Ethnografie „[der] Prozess der weitgehenden Sozialisation in das zu untersuchende soziale Feld" verstanden (Lamnek 2010[5], 525), mit dem „[d]er Verlust d[er] kritischen Außenperspektive und die unhinterfragte Übernahme der im beobachteten Feld geteilten Sichtweisen" einhergehen (Flick 2010[3], 291).

Erfahrungen mit dem und Vorkenntnisse der Forschenden über das Forschungsfeld werden dabei als relevant angesehen, wobei eine besonders wichtige Rolle dem Feldzugang beigemessen wird (vgl. Atteslander 2010[13], 81; Lueger 2010, 30).

4.1.1.1.1 Feldzugang

Bei der teilnehmenden Beobachtung sieht sich die*der Feldforscher*in häufig mit dem Problem konfrontiert, Zugang zum Untersuchungsfeld zu erhalten (vgl. Mayring 2002[5], 82; Spranz-Fogasy/Deppermann 2001, 1008). Der Zugang zum Untersuchungsfeld Kindergarten weist seine Spezifika auf, was zum Teil durch das Zusammenspiel verschiedener Akteur*innen und deren verschiedener Interessen im Elementarbereich erklärbar ist. So weist Richter darauf hin, dass der Feldzugang zu den Kindern sowohl mit Institutionen als auch mit relevanten Akteur*innen ausgehandelt werden muss (Richter 1997, 80).

Meine Entscheidung bei der Wahl des Zugangs zum Untersuchungsfeld fiel auf den Zugang durch *Gatekeeper*. *Gatekeeper* oder *Torhüter* „sind Einzelpersonen, die zum Feld gehören und sich bereit erklären, das Forschungsprojekt zu unterstützen, indem sie den Forscher mit Informationen versorgen und seine Integration ins Feld unterstützen" (Bortz/Döring 2006[4], 339). Meistens sind es Personen, die eine wichtige Position im Feld haben und somit über die Entscheidungsmacht über den Feldzugang verfügen.

Es hat insgesamt fast fünf Monate gedauert, bis ich in E-Mails, Telefongesprächen und persönlichen Treffen die Stadt, die Kitaleitung, das Erzieher*innenteam, den Elternbeitrat und die Eltern der ausgewählten Kinder von meiner Studie überzeugen konnte. Der Vorteil dieses formellen Wegs ins Feld gegenüber dem informellen, etwa durch private Kontakte oder Gespräche[184], liegt darin, ich das Ziel meines Feldaufenthalts und meine Rolle von vornherein transparent machen und offen als Forscherin agieren konnte (vgl. auch ebd.).

Nach Lapassade bedeutet das Aushandeln des Zugangs im Feld zwei unterschiedliche Aktivitäten: Einerseits muss man die formale Genehmigung aushandeln, andererseits ist man bemüht, das Vertrauen der Beforschten zu gewinnen (Lapassade 2007, 43). Dieser zweite Zugang zum Feld, nämlich das Vertrauen der Kinder zu gewinnen, ist in seiner Bedeutung für einen gelungenen Zugang nicht zu unterschätzen (ausführlicher dazu in Kapitel 4.2.1).

Der Feldzugang in der vorliegenden Studie umfasste folgende Akteur*innen (von oben nach unten in zeitlicher Reihenfolge):
- das für den Elementarbereich zuständige städtische Amt,
- Kita-Leitung,
- Kita-Team,
- Eltern,
- Elternbeirat,

---

184 Der informelle Weg bedeutet, dass die*der Forscher*in einen eigenen persönlichen oder beruflichen Zugang zum Feld hat oder Personen aus dem Verwandten- bzw. Freundeskreis kennt, die die Gatekeeper-Funktion übernehmen und ihr*ihm den Zugang ermöglichen können.

- Eltern der Fokuskinder,
- Kinder.

Dass die Kinder oft das letzte Mitglied in dieser Kette sind, mag dazu verleiten, dass sie als Forschungspartner*innen leicht aus dem Blick geraten und ihre Einwilligung als selbstverständlich wahrgenommen wird. Aus forschungsethischen Gründen ist jedoch zu fragen, welche Möglichkeiten einer informierten Einwilligung für welche Altersgruppe angemessen sind, damit die kindlichen Rechte und Interessen berücksichtigt werden können (vgl. dazu Kapitel 4.2.1.1 und 4.2.1.2).

4.1.1.1.2 Feld

Nach dem erfolgreich ausgehandelten Zugang wurde eine Kindertagesstätte, die in der Trägerschaft der Stadt steht, zum Untersuchungsort meiner Studie. Das in einem sogenannten ‚sozialen Brennpunkt' liegende Kinderzentrum bestand aus drei Kindergartengruppen und einem offenen Hort, wo insgesamt 105 Kinder im Alter von 3 bis 12 Jahren von acht pädagogischen Fachkräften betreut wurden. Die Betreuung im Kindergarten war halbtags (07:30–12:00 Uhr), zu zwei Dritteln (07:30–14:30 Uhr) und ganztags (07:30–17:00 Uhr) möglich. Der Kindergarten arbeitete nach dem „halboffenen" Konzept: d.h., es gab zwar gruppenübergreifende Angebote, aber zu festen Zeiten wurden die Kinder in ihren Stammgruppen betreut. Die Schwerpunkte der pädagogischen Arbeit lagen hierbei im kreativen, sportlichen und sprachlichen Bereich. Für die Vorschulkinder gab es einmal in der Woche ein spezielles Bildungsangebot, das auch die sprachliche Förderung miteinschloss.

Da das Kita-Team zum Untersuchungszeitpunkt erst seit ein paar Jahren in seiner Besetzung zusammenarbeitete, befand sich eine pädagogische Konzeption noch in der Entwicklung und ein Konzept für sprachliche Förderung war auch noch in Planung. Eine Erzieherin (Erzieherin 3[185]) war mit der Funktion einer Sprachbeauftragten betraut und wurde in diesem Bereich weitergebildet.

Was die soziokulturellen Hintergründe der Kinder anbetrifft, so hatten laut Schätzung der Kitaleitung ca. 90 % aller Kinder einen sogenannten ‚Migrationshintergrund', wobei mir die genauen statistischen Angaben zu den Geburtsorten der Eltern, Staatsangehörigkeiten der Kinder oder deren Mehrsprachigkeit nicht vorliegen. Laut der Fragebogenangaben waren in jeder der zwei begleiteten Gruppen (20 und 21 Kinder) 15 verschiedene „Nationen"[186] bzw. „Herkunftssprachen"[187] vertreten; darunter „Polnisch, afghanische Amtssprachen, Arabisch, Berberisch, Pular[188], Französisch, Türkisch, Deutsch, Persisch, Russisch, indische Amtssprachen, Englisch, Thailändisch, Serbisch" (Fragebogen „Käfergruppe").

---

185 Ferner werden die Erzieher*innen in Klammern mit einem Kürzel gekennzeichnet, damit eine Zuordnung möglich ist.
186 Sprache des Feldes.
187 Sprache des Feldes.
188 Pular oder Pulaar ist eine Sprache, die in Senegal, Mauritania, Gambia, Guinea-Bissau und Mali gesprochen wird.

Die teilnehmende Beobachtung fand vom 20.03.2013 bis zum 07.07.2013 statt (Audioaufnahmen entstammen dem Zeitraum vom 10.04.2013 bis zum 07.07.2013). Zweimal pro Woche war ich für drei Stunden vormittags in der Einrichtung anwesend, beobachtete die ausgewählten Kinder und fertigte Audioaufnahmen sowie Beobachtungsnotizen an. Eltern- und Erzieher*innen-Interviews wurden im Rahmen der Beobachtungszeit oder zu extra vereinbarten Terminen durchgeführt.

4.1.1.1.3 Feldausstieg

In der forschungsmethodologischen Literatur wird darauf hingewiesen, dass der geordnete Ausstieg aus dem Forschungsfeld schon zu Beginn einer Studie mitbedacht sein sollte (vgl. Lueger 2010, 86). Gemeint ist damit, dass Forschende die Beziehung zu Forschungsteilnehmenden beenden oder weiterhin pflegen, wobei diese im Fall einer ‚weiteren Pflege' weniger intensiv werden oder eine andere Form annehmen kann (vgl. ebd.).

Der Feldausstieg meiner Studie fiel mit dem Beginn der Sommerferien zusammen, weswegen man vermuten könnte, dass meine Abwesenheit den Kindern im neuen Kindergartenjahr nicht besonders auffiel. Mit den Erzieher*innen fand vor den Sommerferien eine Datensitzung statt, auf der gemeinsam an der Analyse eines Gesprächstranskriptes gearbeitet und anschließend über die Sprachentwicklung mehrsprachiger Kinder, Elternarbeit und Sprachlehrstrategien diskutiert wurde. Außerdem wurde nach dem Abschluss des Forschungsaufenthalts eine Spende[189] zur Anschaffung von Bilderbüchern an die Kita übergeben.

4.1.1.2 Beobachtungssituationen

Die im Rahmen des Dissertationsprojektes entstandenen Daten (Interaktionsaufnahmen und Feldgespräche) wurden in authentischen, nicht eigens für Forschungszwecke arrangierten Interaktionen erhoben, was „die ökologische Validität" der Daten erhöht (Aguado 2010b, 822). Lediglich die Interviews wurden in speziell für die Forschung arrangierten Settings generiert. Bei den beobachteten Situationen handelt es sich um typische[190] Kindergartenpraktiken wie Frühstück, An- und Ausziehen, Aufräumen, Malen, Vorlesen, Basteln, Bewegungsangebote, Freispiel in den Gruppenräumen oder auf dem Gelände, Morgenkreis usw. Es sei jedoch darauf hingewiesen, dass die beobachteten Situationen nicht das ganze Spektrum der Kita-Situationen widerspiegeln, da die teilnehmende Beobachtung nur an bestimmten Wochentagen und vormittags stattfand und dementsprechend nur jene Situationen umfasste, die in diesem Zeitraum abliefen.

Aus der ethnomethodologischen Perspektive sind alltägliche Situationen besonders wichtig, „denn in ihnen aktualisieren sich die Regeln und Strukturen der betreffenden Gesellschaft" (Girtler 1988², 136). Demnach können sprachliche Interaktionen im Kindergarten als Prozesse angesehen werden, in denen und durch die sich Praktiken, Wissen, Orientierungen, Regeln und Strukturen einer Kita-Gemeinschaft manifestieren. Dabei weist Heinzel darauf hin, dass „es für Kinder keine quasi naturbelassenen Räume gibt,

---

189 Dies wurde dank der DGGF-Förderung möglich.
190 Die Bezeichnung *typisch* bezieht sich hierbei nicht auf statistische Angaben, sondern auf eigene Arbeitserfahrungen in drei Kindertageseinrichtungen.

die nicht durch die kulturelle Verfaßtheit ihrer Umwelt oder durch pädagogische Interventionen vorstrukturiert sind" (Heinzel 2000, 29). Für die vorliegende Studie erscheint die analytische Trennung zwischen der reinen Kinderkultur und der Einrichtungskultur nicht relevant, da ihr primärer Fokus auf das *Wie* und nicht auf das *Warum* gerichtet ist.[191]

4.1.1.3 Die Rolle der*des Beobachter*in

Im Untersuchungsfeld Kindergarten gibt es verschiedene Rollen bzw. Positionen, aus denen heraus beobachtet werden kann: neue Erzieher*in, Praktikant*in, Auszubildende, ein hospitierendes Elternteil, Fachaufsicht, Forscher*in etc. Demnach bieten sich der/dem Forscher*in theoretisch verschiedene Rollen an.[192] Je nachdem, welche Rolle die/der Forscher*in einerseits selbst einnimmt und andererseits wie sie von Feldteilnehmenden wahrgenommen wird, „werden sich ihre Teilnahme an und ihr Involviertsein in die Situationen je nach Beobachtungskontext erheblich unterscheiden" (Rosenthal 2011³, 105).[193] Die bewusste oder unbewusste Einnahme einer falschen Rolle kann dabei negative Folgen für die teilnehmende Beobachtung haben:

> Mögliche intersubjektive Fehlerquellen können daraus abgeleitet werden, dass es dem Beobachter nicht gelingt, im sozialen Kontext seines Beobachtungsfeldes eine Rolle einzunehmen, die es ihm möglich macht, sowohl Informationen zu erlangen als auch einen möglichst geringen Einfluss auf die ablaufenden Interaktionen zu nehmen (Schnell et al. 2011⁹, 393).

Dabei scheint insbesondere in der Forschung mit Kindern die explizite verbale (häufig einmalige) Erläuterung der eigenen Rolle im Feld für die Kinder nicht die einzige Informationsquelle zu sein. Vielmehr können die impliziten visuellen, körperlichen, kinästhetischen Merkmale der*des Beobachter*in aufseiten der Kinder Interpretationen und Deutungen generieren in Bezug darauf, wer die Person ist und was sie hier macht. Als wichtige Artefakte treten solche typischen Attribute der*des Beobachter*in wie ein Notizblock und ein Stift in den Vordergrund, die eine zwiespältige Funktion haben. Auf der einen Seite markieren sie die besondere Position der*des Beobachter*in: „Mein Status wird durchaus wahrgenommen als der eines Beobachters, als Status, der geprägt ist durch die Tatsache, dass ich ständig ein Heft und einen Stift bei der Hand habe und viele Notizen mache, was eine sichtbare Distanz schafft" (Brougère 2007, 221). Auf der anderen Seite reduzieren sie die Möglichkeit der Interaktion mit den Forschungspartner*innen: „Writing down jottings not only reminds ethnographers of their marginal social standing in settings but creates it as well, increasing immediate feelings of isolation and alienation"

---

[191] Es interessiert mich z.B. die Frage „Wie zeigen sich die Interaktionspartner*innen, dass sie sich als eine CoP verstehen?" und nicht die Frage „Warum verstehen sie sich als eine CoP?"

[192] Hätte ich die teilnehmende Beobachtung in der Kita durchgeführt, in der ich gearbeitet habe, hätte ich aus der Rolle der pädagogischen Fachkraft beobachtet; hätte ich die Kita meines Sohnes genommen, wäre die Rolle der hospitierenden Mutter dominierend gewesen.

[193] Ein Beispiel dafür, wie unterschiedlich die eigene Rolle in zwei Einrichtungen ausgehandelt wird und wie sich dies auf den Forschungsaufenthalt im Feld auswirkt, findet sich in Epping (2016, 267ff.).

(Emerson et al. 1995, 37). Aber auch die Kita-Artefakte haben eine Bedeutung in der Community und aus deren Nutzung bzw. Nicht-Nutzung durch die*den Beobachter*in können die Kinder entsprechende Schlüsse ziehen, wie folgendes Beispiel aus meinen Beobachtungsnotizen zeigt:

> [Die Gruppenerzieherin] hat mir den Erzieherinnenstuhl (SdF[194]?) empfohlen. Der ist tatsächlich bequemer und beweglicher, aber eben ein Symbol der Macht, die eine Erzieherin hat, weil sich nur Erzieherinnen darauf setzen dürfen. Als ich dann von einigen Mädchen wegen eines Problems angesprochen wurde, beschloss ich mich wieder auf den normalen Stuhl zu setzen (Beobachtungsprotokoll N_2 vom 18.04.2013).

Meine persönlichen Erfahrungen als teilnehmende Beobachterin waren durch meine vorherige Berufserfahrung gekennzeichnet. Aufgrund meiner eigenen Erfahrungen als Sprachförderkraft in einem städtischen Sprachförderprojekt und als Fachkraft für Sprache und Integration im Rahmen der Bundesinitiative *Frühe Chancen* konnte ich einerseits mein Vorwissen über das Feld nutzen, um mich auf bestimmte Situationen, Abläufe und Phänomene zu konzentrieren[195], andererseits war es manchmal schwierig, nicht in die Erzieher*innenrolle zu schlüpfen[196]. Die anfängliche Entscheidung, mit den Kindern im Feld nicht zu interagieren, hat sich als nicht umsetzbar erwiesen, weshalb ich beschloss, je nach Situation flexibel zu entscheiden, wo und wann Interaktionen möglich sind[197]. Dieses Vorgehen wird auch in der Forschungsliteratur aufgegriffen: Jahoda et al. weisen darauf hin, dass die*der Beobachter*in nicht immer über den Grad ihrer*seiner Teilnahme selbst entscheiden kann, sondern diese von den anderen Feldteilnehmenden und den Feldgegebenheiten abhängig ist (vgl. Jahoda et al. 1972[7], 90). So habe ich versucht, offen und flexibel zu reagieren, wenn die Kinder oder die Erzieher*innen Interaktionen mit mir initiierten.

Meine Daten zeigen, dass die Erzieher*innen mich zu Beginn der Feldforschung als Beobachterin sehr wohl wahrgenommen und Interaktionen mit mir begonnen haben, indem sie z.B. das Alltagsgeschehen spontan kommentierten (Transkript N13 vom 11. April, Erzieherin 3 (Erz)):

---

194 Hier Abkürzung für Sprache des Feldes.
195 Lamnek schreibt: „Allgemein wird angenommen, dass ein geteilter Hintergrund der am Forschungsprozess Beteiligten den Feldzugang erleichtert und die Teilnahmebereitschaft erhöht. Ebenso wirkt sich die Kongruenz von Interviewer und Befragtem auch in einem Zugewinn an Thematisierungsbereitschaft aus, da bei einem geteilten Erfahrungshintergrund Befragte eher bereit sind, ‚Insider'-Aspekte zu thematisieren, die sie Fremden gegenüber in der Regel nicht ansprechen. Auf der anderen Seite beinhaltet dies jedoch auch einen Verlust an Explikation. Daneben besteht die Gefahr, dass eigene Wünsche und Ängste auf die andere Person übertragen werden (sowohl von Seiten des Forschers als auch von Seiten des Beforschten) und dass die andere Person zum Vergleichsmaßstab wird, wenn eine zu große Nähe zwischen den Beteiligten herrscht" (Lamnek 2010[5], 654f.).
196 Im Sinne von *going native* (vgl. Kap. 4.1.1).
197 So hat Ercan (Transkript E28 „Memory I") zunächst mit mir angefangen, Memory zu spielen. Ich konnte nicht Nein sagen und habe mitgespielt. Eine Erzieherin hat meine Verwirrung wahrgenommen, die Rolle der Spielpartnerin übernommen und mich abgelöst.

```
021   Erz  ja;=die haben sich noch nicht an die FRÜHstückszeiten ge-
           wöhnt dann ist das okay (zwischendurch).
```

Und ferner:

```
200   Erz  ich bin ich bin diese stille hier drin SELBST nicht gewohnt
           ((lacht)).
201   F[198] a SCHÖN.
202   Erz  es ist so SELten.
```

Auch die Kinder nahmen mich als Beobachterin wahr und zeigten Interesse an meiner Person. Sie fragten, was ich im Kindergarten mache, wie das Transkript E6 vom 18. April zeigt:

```
108   K2   wasch MACHST du?
109        (1.05)
110   F    ich schaue was ihr MACHT.
111   F    also welche SPIEle ihr spielt was ihr so schönes macht im
           kindergarten.
112   F    und was machst DU?
113        (0.53)
114   F    was wolltest du MAchen?
115   K2   MÄDchen.
116        (0.79)
117   F    a oKAY ((lacht)).
```

Außerdem zeigten sie explizites Interesse am Aufnahmegerät und fragten z.B., ob es mein Handy ist; oder schauten mir beim Schreiben zu, wie das Transkript E35 vom 16. Mai illustriert:

```
092        ((Auslassung 6.22 Sek: Ercan kommt zu mir und zeigt auf die
           Beobachtungsnotizen))
093   F    das sind BUCHstaben.
094   F    (und) hier STEHT was geschrieben.
095   E    ja.
096   F    hier ist alles LEER und hier schreibe ICH.
```

---

198   Um bei der Transkription und der Datenauswertung eine gewisse Distanz bzw. *Befremdung* (vgl. Amann/Hirschauer 1997) zu erreichen, habe ich auf mich in der dritten Person referiert. Amann und Hirschauer schreiben: „Das weitgehend Vertraute wird dann betrachtet *als sei es fremd*, es wird nicht nachvollziehend verstanden, sondern methodisch ‚befremdet': es wird auf Distanz zum Beobachter gebracht" (Amann/Hirschauer 1997, 12; Herv. im Orig.). Bei der Verschriftlichung dieser Arbeit habe ich mich um die Darstellung in der Ich-Form bemüht.

```
097 E    und und HIER bis hier?
098 F    und hier schreibe ich die ZAHlen.
099 E    und bis HIER;
100 F    und hier schreibe ich auch WÖRter.
101      (0.51)
102 F    genau HIER gibts noch platz und HIER gibts noch platz.
```

Hier zeigte Ercan zunächst nonverbal sein Interesse an meinen Notizen (Z. 92), fragte aber dann explizit nach, wo (in welcher Spalte des Beobachtungsprotokolls) ich schreibe (Z. 97 und 99).

Gegen Ende des Forschungsaufenthalts (nach ca. drei Monaten) schien ich von einigen Kindern als Mitglied der Kita-Gemeinschaft angesehen zu werden, wie folgender Interaktionsausschnitt zeigt (Transkript E26 vom 26. Juni):

```
029   K2    alle gehen ALle kinder gehen raus.
030   K1    [ALle kinder gehen raus.]
031   F     [ALle kinder.]
032   K1    auch ein BÄR auch ein KÄfer.
033   F     aber ich bin kein KÄfer.
034   K1    doch du bist ein KÄfer.
035   F     okay gut dann gehe ich AUCH raus ((lacht)).
```

Als dass Kind sagt, dass die Kinder der Bären- und der Käfergruppe rausgehen (Z. 32), sage ich, dass ich nicht zur Käfergruppe gehöre (Z. 33). Darauf erwidert das Kind, dass ich doch zur Käfergruppe gehöre (Z. 34).

Ein weiterer Aspekt, der mir meinen „spezifischen Teilnahmemodus" (Brougère 2007, 219) bzw. das Besondere meiner Rolle als Beobachter*in klarmachte, war die Wahrnehmung meiner Person als eine zur Gruppe der Erzieher*innen gehörenden ‚Autoritätsperson'. So wurden die Kinder von mir oft während des Spiels in der Puppenecke beobachtet, die eigentlich ein erzieher*innenfreier Ort war.[199] Ich war dort also die einzige Erwachsene. Als Ercan am ersten Beobachtungstag auf den Tisch in der Puppenecke kletterte, schaute ich zunächst nur zu, bis mich ein anderes Kind auf Ercans Verstoß gegen die Kita-Regel hinwies:

Ein Mädchen: „Er klettert. Klettern darf man nicht"

Ich: „Sagst du es bitte zu ihm"

Das Mädchen guckt mich an.

Ich: „Kannst du es bitte noch mal zu ihm sagen" (Beobachtungsprotokoll E_1 vom 10.04.2013).

Aufgrund meiner eigenen Berufserfahrungen im Kindergarten schätzte ich die Situation als eine solche ein, in der der Eingriff einer pädagogischen Fachkraft notwendig war.

---

199   Siehe Transkripte E11, E13, E15, E30, E34, E35 und E38 im Anhang, online verfügbar unter www.waxmann.com/buch4120.

Gleichzeitig wollte ich aber aufgrund meiner Aufgabe als Forscher*in eine direkte Interaktion vermeiden. Daher beschloss ich, mich nicht direkt, sondern durch das Mädchen vermittelt einzumischen. Ercan kletterte dann runter und setze sich zu mir.

Eine ähnliche Situation in der Puppenecke, in der Ercan und ein anderes Kind einen Stuhl auf den Tisch gestellt haben und darauf geklettert sind (Transkript E34), stellte mich vor das Handlungsdilemma. Die Kinder schauten mich während des Kletterns immer wieder an, als warteten sie darauf, welche Reaktion ich zeige: Werde ich sie dazu auffordern, vom Tisch herunterzuklettern und gebe mich dadurch als eine Erzieherin aus oder lasse ich sie gewähren und stelle mich als Nicht-Erzieherin dar? Meine Reaktion und deren Interpretation durch die Kinder hätte eine Auswirkung auf den weiteren Situationsablauf gehabt: Im ersten Fall wären die Kinder vermutlich vom Tisch heruntergeklettert und hätten so ihr Spiel unterbrochen, im zweiten Fall hätten sie weiter auf dem Tisch gespielt.[200] Da ich Angst hatte, dass die Kinder vom Tisch herunterfallen können, habe ich sie aufgefordert, herunterzuklettern. Die Kinder nahmen mich also scheinbar als Erzieher*in wahr und sahen damit einen Sinn in meiner Anwesenheit, ungeachtet davon, ob ich als ein Störfaktor oder kein Störfaktor wahrgenommen wurde. Es wäre auch möglich gewesen, dass die Kinder nur deshalb auf den Tisch geklettert sind, um herauszufinden, ob ich eine Erzieherin bin.[201] Diese kindliche Wahrnehmung verlangte mir häufig Handlungsentscheidungen ab, in denen ich dazu gezwungen wurde, meine Rolle als Forscher*in und Beobachter*in immer wieder zu reflektieren und ggf. zu verlassen (vgl. auch Kap. 4.2.1.3).

Ein − nicht nur methodisches, sondern in gewisser Hinsicht auch forschungsethisches − Dilemma in Bezug auf Verhaltensweisen der Beobachterin zwischen reiner Beobachtung einerseits und Teilnahme andererseits zeigt folgender Auszug aus meinen Beobachtungsnotizen:

> N[ias] und zwei Jungs sitzen vorm Regal mit dem Spielzeug (Sandformen, Schaufeln etc.). N[ias] holt sich immer wieder etwas und die Jungs nehmen es weg und schieben das ganze Spielzeug zu sich. N[ias sagt]: Nein, ich (er schaut mich an, ich verspür[e] den Druck [,] eingreifen zu müssen und rufe [die Gruppenerzieherin, LS] zu Hilfe, sie greift ein). Ich konnte nicht selbst eingreifen, aber so zu tun, als würde ich nicht sehen, wäre nicht angemessen, so dass ich [die Erzieherin] gerufen habe (Beobachtungsprotokoll N_3 vom 24.04.2013).

Diese und ähnliche Situationen zeigen, dass die*der Beobachter*in im Kindergarten immer einen Einfluss auf das Geschehen hat. In der forschungsmethodischen Literatur wird jedoch davor gewarnt, in der teilnehmenden Beobachtung mit Kindern „[…] die disziplinäre Rolle des Erwachsenen einzunehmen" (Brougère 2007, 223)[202].

---

200   Bereits Jahoda et al. weisen auf dieses Phänomen hin: „Es gibt viele Situationen, in denen der Beobachter als störender Fremder empfunden würde, wenn er nicht eine Funktion ausübte, die den Mitgliedern der Gemeinde sinnvoll erschiene […]" (Jahoda et al. 1972[7], 89).

201   Goffman spricht in diesem Zusammenhang von Tests, „ob man in eine Gruppe hineingekommen ist" (Goffman 1996, 266).

202   Brougère vertritt die Ansicht, dass man als Beobachter*in nur intervenieren sollte, „wenn ein physisches Risiko für ein Kind vorliegt" (Brougère 2007, 223).

Zusammenfassend lässt sich festhalten, dass in der ethnografischen Feldforschung mit Kindern nicht die Nicht-Beeinflussung des Feldes, sondern immer die Akzeptanz im Feld anzustreben ist (vgl. Girtler 1988², 79; Lamnek 2010⁵, 542) und dass die Persönlichkeit der*des Forscher*in dabei eine wichtige Rolle spielt (vgl. Beck/Scholz 2000, 153). Ausführlicher soll das Thema Beziehungsaufbau zu den Forschungsteilnehmenden in Kap. 4.2.1.3 behandelt werden.

4.1.1.4 Fokuskinder

Kinder, die im Fokus der teilnehmenden Beobachtung standen, werden im Rahmen der Arbeit als *Fokuskinder* bezeichnet (vgl. Kap. 2.1.2). Die Auswahl der Kinder erfolgte im Sinne eines zielgerichteten, *selektiven Samplings*, das eine Auswahlstrategie darstellt, „bei der relevante Untersuchungssituationen, Zeitpunkte, Untersuchungsorte und Personen – z.B. mittels soziodemografischer Merkmale wie Geschlecht, Beruf, Alter, Bildungsabschluss oder Schichtzugehörigkeit, die als Indikatoren für bedeutsame Struktureinflüsse gelten – vor der Feldphase festgelegt werden" (Lamnek 2010⁵, 171).

Für die Auswahl der Kinder waren folgende Kriterien wichtig:
- Alter zwischen drei und vier Jahren,
- erstes Kindergartenjahr,
- Deutsch als Zweitsprache[203], d.h. das Kind spricht eine Erstsprache, die nicht Deutsch ist, und ist erst im Kindergarten regelmäßig in Kontakt mit der deutschen Sprache gekommen,
- keine spezifische Sprachentwicklungsstörung.[204]

Nach diesen Kriterien wurden für die Studie insgesamt fünf Kinder ausgewählt. Folgende Tabelle illustriert die Profile der Fokuskinder:

Kind	Geschlecht	Alter zu Beginn der Studie	Erstsprache(n)	In der Kita seit … Monaten	Alter beim Kita-Eintritt	Kita-Platz	Geschwister
Nias	m	3;7	Iranisches Persisch	4	3;3	1/2; später 2/3	keine

---

203 Die Kategorien ‚Migrationshintergrund' und ‚Mehrsprachigkeit' sind nicht deckungsgleich, wie die Ergebnisse der Erhebung von Migrationshintergrund und Mehrsprachigkeit bei Schüler*innen nichtdeutscher Herkunftssprache in Thüringen zeigen (Ahrenholz/Maak 2013, 31).

204 Eine Definition von spezifischen Entwicklungsstörungen findet sich bei Schulz und Grimm: „Eine Spezifische Sprachentwicklungsstörung (SSES) ist eine gravierende Störung des Spracherwerbs, die nicht durch eine Primärbeeinträchtigung anderer Organe oder Funktionen verursacht wurde. […] Die Störung des Spracherwerbs drückt sich in einem späten Sprechbeginn, gefolgt von Verzögerungen und quantitativen und qualitativen Defiziten im Spracherwerb aus. Eine SSES äußert sich in allen Sprachen, die ein Kind erwirbt" (Schulz/Grimm 2012, 167).

Mostafa	m	3;2	Gujarati, Türkisch, Deutsch, Englisch	2	2;11	1/2	keine
Ercan	m	3;7	Türkisch	6	3;00	1/2; später 2/3	2 ältere
Selma	w	3;11	Afghanisches Persisch	7	3;4	2/3; später ganztags	2 ältere
Wateya	w	3;5	Kurdisch	6	2;11	1/2	1 älteres

Abbildung 7: Profile der Fokuskinder

Im Folgenden werden die Kinder kurz vorgestellt, damit nachvollziehbar wird, wer hinter den Kürzeln E, N, W, S und M in den Transkripten steht.

4.1.1.4.1 Ercan

Zu Beginn der Studie ist Ercan 3;7 Jahre alt und seit sechs Monaten im Kindergarten. Er hat noch zwei ältere Geschwister: Seine Schwester geht in die Grundschule und der Bruder wird im selben Kindergarten, jedoch in der anderen Gruppe betreut. Der Vater von Ercan wurde in der Türkei geboren und kam als kleines Kind nach Deutschland. Die Eltern gaben an, zu Hause Türkisch zu sprechen, die älteren Geschwister sprechen manchmal Deutsch miteinander. Außerdem wird Türkisch als Muttersprache (Erstsprache) des Kindes angegeben. Im ersten Elterngespräch erzählt der Vater, dass Ercan noch nicht viel in der Muttersprache spricht und erst anfängt, auf Deutsch nachzusprechen. In einem Interview zwei Monate später gibt die Mutter des Kindes an, dass Ercan in der türkischen Sprache keine Schwierigkeiten hat[205].

Laut der Gruppenerzieherin (Erzieherin 1 (Erz)) gestaltete sich Ercans Eingewöhnung am Anfang „ein bisschen trubelig". Ercan war „sehr unruhig", hat viel geweint, „konnte kein Deutsch" und hat sich überwiegend „mit Händen und Füßen" verständigt. Auch seine Muttersprache klang für die Erzieher*innen etwas „verwaschen". Die Erzieherin erzählte, dass sie am Tonverlauf von Ercans Äußerungen und Klang der Wörter erkennen kann, ob Ercan traurig, wütend oder glücklich ist. Über das Memory-Spiel hat die Erzieherin schließlich einen Draht zu Ercan gefunden (vgl. Kap. 5.3.4.1.1.1). Ercan ist ein sehr offenes und kommunikatives Kind, begrüßt alle und verabschiedet sich „ganz herzlich". Mit den Erzieher*innen spricht er Deutsch, manchmal Türkisch. Die Erzieherin findet, dass Ercan, seitdem er auch nachmittags im Kindergarten betreut wird, viel ruhiger und ausgeglichener geworden ist.

---

205   Toohey und Day zeigen in ihrer Studie, dass sich Identitätskonstruktionen (Wahrnehmung und Einschätzung kognitiver, sozialer und sprachlicher Fähigkeiten) eines Kindes von den Eltern und den Lehrpersonen unterscheiden können (Toohey/Day 2001, 5ff.). Es wäre denkbar, dass auch die Elternteile den Sprachstand ihres Kindes unterschiedlich einschätzen können.

Sechs Monate nach dem Beginn des Kindergartenbesuchs hebt die Gruppenerzieherin in einem Feldgespräch Ercans Fortschritte beim Deutscherwerb hervor (Transkript E27, Erzieherin 1 (Erz)):

```
002    Erz    er ehm redet jetzt VIEL mehr.
003    Erz    SAGT jetzt zum beispiel auch-
004    Erz    ähm maria wir RAUS?
005    Erz    also wenn wir wenn ja also nicht RICHtig raus also ne
              bist du vielleicht sagt es nachher auch mal.
006    F      aha.
007    Erz    und ähm-
008           (1.13)
009    Erz    KOMmuniziert mehr (.) jetzt auch so.
```

Besonders gerne spielt Ercan mit einigen Jungen und Mädchen aus seiner Gruppe sowie mit seinem Bruder.

4.1.1.4.2 Nias

Zu Beginn der Studie ist Nias 3;7 Jahre alt und seit vier Monaten im Kindergarten, wobei er in den ersten zwei Monaten oft fehlte. Nias ist ein Einzelkind. Seine beiden Eltern wurden im Iran geboren, der Vater kam vor 22 Jahren und die Mutter vor 17 Jahren nach Deutschland. Laut Angaben der Eltern ist Persisch Familiensprache und Erstsprache des Kindes. Die beiden Eltern sprechen nur Persisch mit dem Kind. Die Mutter erzählte im ersten Elterngespräch und im Interview, dass Nias Persisch sehr gut spricht und sogar schon die lateinischen Buchstaben kennt. Die Eingewöhnung des Kindes verlief schwierig (über zwei Monate): Nias hat viel geweint, sich sogar deswegen übergeben und war anschließend mehrere Tage krank, als hätte sich sein Körper gegen diese Trennung gewehrt. Die Gruppenerzieherin (Erzieherin 4 (Erz)) führt dies einerseits auf die „innige Mutter-Kind-Beziehung" und andererseits auf die „Sprachbarriere" zurück. Sie erzählte, dass Nias anfangs kein Interesse an den anderen Kindern und Spielen hatte. Nach ca. zwei Monaten hat Nias aber Freunde gefunden und kommt gerne in den Kindergarten. Aber er ist immer noch auf zwei Gruppenerzieherinnen „fixiert" und wenn die beiden nicht da sind, will er nicht im Kindergarten bleiben. Die Erzieherin erzählte, dass Nias zunächst „kein Wort Deutsch" sprach und keine Orientierung im Kindergarten hatte. Dass man ihn nicht verstand, machte ihn wütend. Die Kommunikation verlief anfangs über die Körpersprache und Gestik, was dem Kind dann allmählich mehr Sicherheit gegeben hat. Nias hat ganz schnell den wichtigen Wortschatz gelernt, viele Wörter, „auch für sich", wiederholt, und beginnt, die Drei-Wort-Sätze zu bilden. Die Erzieherin hebt die kognitive Entwicklung hervor und weist auf die Auffälligkeiten in der motorischen Entwicklung hin: beim Radfahren, Rutschen und Ball werfen zeigte Nias noch Unsicherheiten. Laut der Erzieherin spricht Nias im Kindergarten kein Persisch („dem rutscht nicht einmal ein Wort raus"), obwohl es andere persischsprachige Kinder im Kindergarten gibt. Nias spielt gerne mit den Jungen aus seiner Gruppe, die in seinem Alter sind.

Auch die andere Gruppenerzieherin (Erzieherin 3 (Erz)) hebt in einem Feldgespräch die Selbstständigkeit und den Wissensdrang[206] des Kindes hervor (Transkript N5 „Beim Malen"):

```
378  Erz  das ist das ist so SELber und perfekt machen und das hat
          ihn auch genervt dass sie gesagt haben das ist nicht
          richtig.
379  F    ja-
380  Erz  da habe ich schon gedacht was jetzt wohl PASsiert;=ne?
```

Ferner erzählt die Erzieherin, dass sich Nias nicht nur beim Malen, sondern in anderen Bereichen – besonders in den kognitiven Bereichen – als kompetenter (Z. 383), interessierter (Z. 387) und bemühter (Z. 390) Lerner zeigt.

```
383  Erz  es kommt schon von VORher (.) er kennt da das ganze al-
          phaBET (.) u:::nd ehm ne?
384  F    (und toll war es) <<lauter> am EINundzwanzigsten > habe
          ich geburtstag.
385  Erz  ((unverständlich))
386  F    sagt man im SOMmer oder im winter oder-
387  Erz  die ELtern machen also er hat von sich aus halt das in-
          teresse an den wochentagen (im jahr) ne?
388  Erz  und wenn WIEdererkennung das ist halt so::: ähm gerade
          das (kognitive)((unverständlich)) ist ihm wichtig.
389  F    hm.
390  Erz  alleine machen also kann ich kommen und zeigen ne (.)
          und dann soll er AUSprobieren ne wie er am besten zu-
          recht kommt.
```

Im Eltern-Interview spricht die Mutter die hohen kognitiven Fähigkeiten ihres Kindes an: Nias kennt die lateinischen Buchstaben und Zahlen.

4.1.1.4.3 Wateya, Selma, Mostafa

Wateya ist zu Beginn der teilnehmenden Beobachtung 3;5 Jahre alt und seit sechs Monaten im Kindergarten und wird halbtags in der Einrichtung betreut. Sie hat eine ältere Schwester, die auf ein Gymnasium geht. Die Erst- und Familiensprache ist laut der Eltern Kurdisch. Von Wateya berichteten die Gruppenerzieherinnen, dass sie wenig spricht. Wateya kann als ein schüchternes Mädchen beschrieben werden. Sie scheint Interaktionen mit den Erzieher*innen zu meiden und Interaktionen mit den Peers zu bevorzugen. Sie hat einen besten Spielfreund, mit dem sie die meiste Zeit spielt. In den Spielaktivitäten

---

206 Vgl. auch die Beharrlichkeit von Nias beim Herausfinden-Wollen, warum sein Freund an einem Tag nicht im Kindergarten erschienen ist in Skintey (2014).

mit anderen Kindern nimmt sie meist eine Beobachter*in-Rolle ein. Dementsprechend schwierig gestalteten sich die Beobachtungen und die Audioaufnahmen. Dadurch, dass Wateya selbst viel beobachtete, merkte sie meinen Blick und ich hatte oft das Gefühl, dass sie sich dadurch gestört fühlte. Es war außerdem schwierig, die Interaktionen mit dem Spielfreund aufzunehmen, ohne beide Kinder beim Spielen zu stören.

Selma ist die älteste unter den Fokuskindern: Sie ist 3;11 und seit sieben Monaten in der Kindertageseinrichtung. Sie hat zwei ältere Schwestern und gegen Ende der Studie einen jüngeren Bruder bekommen. Die Familiensprache ist afghanisches Persisch.

Mostafa ist das jüngste Fokuskind: Er ist 3;2 zu Beginn der Studie und seit zwei Monaten im Kindergarten. Er hat keine Geschwister. Der Vater erzählte im Elterngespräch, dass Mostafa in einer mehrsprachigen Familie aufwächst: Die Mutter spricht Türkisch, der Vater spricht Gujarati (eine Sprache in Indien), untereinander sprechen die Eltern Deutsch, der Vater und die Oma sprechen zusätzlich Englisch mit dem Kind. Da Mostafa in der zweiten Hälfte der Studie längere Zeit im Urlaub war, liegen von ihm die wenigsten Daten vor.

4.1.1.4.4 Begründung der Auswahl der Kinder für die Datenauswertung

Angesichts des Umfangs der generierten Daten (fast 40 Stunden Audioaufnahmen natürlicher Interaktionen) und eines hohen Zeit- und Arbeitsaufwandes, den die Transkription und Auswertung des kompletten Datenkorpus verlangt hätte, schien es erforderlich, eine Datenauswahl zu treffen, damit die beabsichtigte Auswertung der Daten nach der Vorgehensweise der Konversations- und Positionierungsanalyse (vgl. Kap. 4.4.1 und Kap. 4.4.2) auf einem entsprechenden Niveau und in einem angemessenen zeitlichen Raum realisiert werden konnte.

So wurden für die Analysen die Daten (Audioaufnahmen und Beobachtungsprotokolle) von zwei Kindern gewählt: Ercan und Nias. Für die Wahl der zu transkribierenden Daten waren drei Gründe relevant. Das entscheidende Kriterium war die Gestaltung der Beziehung zum Kind: Sowohl mit Nias als auch mit Ercan gelang es mir, eine Vertrauensbasis aufzubauen, sodass – so meine Wahrnehmung – sich die Kinder durch meine Präsenz nicht gestört fühlten und sogar Interaktionen mit mir initiierten. Außerdem war es, wie oben erwähnt, wegen der Fehlzeiten oder Besonderheiten des Interaktionsverhaltens der Kinder nicht möglich, von allen Kindern gleich viele Daten zu erheben: Von Ercan und Nias liegen die meisten Daten vor. Drittens waren die beiden Kinder im gleichen Alter und zum Untersuchungszeitpunkt ungefähr gleich lange im Kindergarten. Dabei sind die ausgewählten Kinder keineswegs als Kontrastfälle zu verstehen, im Sinne von mehr bzw. weniger erfolgreichem Sprachenlerner. Vielmehr sind sie als Kinder aufzufassen, die vor der gleichen Aufgabe stehen, sich in der Kita-Gemeinschaft, die sich hauptsächlich des Mediums der deutschen Sprache bedient, zurechtzufinden und an deren Praktiken zu partizipieren.

4.1.2 Audioaufnahmen und Feldnotizen

In der qualitativen Forschung wird die*der Forscher*in selbst als das wichtigste Erhebungsinstrument angesehen, da sie*er entscheidet, was aufgezeichnet und was schriftlich festgehalten werden soll (vgl. Atteslander 2010^{13}, 99). Lueger unterscheidet dabei zwei Grundtypen von Aufzeichnungen: Aufzeichnungen mittels technischer Hilfsmittel und von Beobachter*innen erstellte Protokolle (vgl. Lueger 2010, 60).

Dabei werden im Rahmen der Studie sowohl die Beobachtungsnotizen als auch die Audioaufnahmen als selektiv, perspektivistisch und nicht interpretationsfrei angesehen (vgl. Beck/Scholz 2000, 167; Fischer 2008^2, 296; Knoblauch 2001, 130f.; Rosenthal 2011^3, 109).[207]

4.1.2.1 Audioaufnahmen

Für die Untersuchung sprachlicher und sozialer Interaktionen, an denen Kinder beteiligt sind, würde sich die Videographie[208] besonders gut eignen. Jedoch war es im Rahmen der Studie aus forschungsethischen und technischen Gründen nicht möglich, Videoaufnahmen anzufertigen. Für die Erstellung der Audioaufnahmen wurden zwei Diktiergeräte von Olympus eingesetzt, für den Fall, dass eines der Geräte nicht funktioniert. Bei der teilnehmenden Beobachtung setzte und stellte ich mich zu den Fokuskindern und ließ die Geräte laufen. Das eine Gerät schaltete ich zur Aufnahme konkreter Interaktionssituationen, an denen die Fokuskinder beteiligt waren, ein; das zweite Gerät war während der gesamten teilnehmenden Beobachtung an einem Tag (ca. drei Stunden) aktiv. Gelegentlich wurde ich von den Kindern gefragt, ob es mein Handy sei, worauf ich antwortete, dass es ein Diktiergerät ist und einmal sogar ein Kind aufnahm und ihm die Aufnahme vorspielte. Insgesamt wurden im Rahmen der teilnehmenden Beobachtung 2358 Minuten Audioaufnahmen natürlicher Kind-Kind- und Kind-Erzieher*in-Interaktionen erstellt.

4.1.2.2 Beobachtungsprotokolle

Lueger definiert Beobachtungsprotokolle als „reduzierte, ergänzte und veränderte Aufzeichnungen von Ereignissen oder Prozessen [...], die BeobachterInnen im Rahmen ihrer Beobachtungsschemata, der eventuell eingesetzten Aufzeichnungstechnik und der für sie relevanten Sinnhorizonte erfasst und verarbeitet haben" (Lueger 2010, 41). Deppermann hebt die grundlegende Rolle der intensiven Feldkenntnis und der Kenntnis der „emischen,

---

207 Sager weist auf „das grundlegende technisch-methodische Dilemma" hin: „Je mehr Technik eingesetzt wird, umso besser ist die hergestellte Aufnahme, aber umso größer der Einfluss auf das aufgenommene Geschehen und umso geringer die Authentizität. Je weniger Technik eingesetzt wird, umso schlechter ist die Aufnahme, aber umso weniger der Einfluss auf das Gesprächsgeschehen und umso höher die Authentizität" (Sager 2001a, 1025). Somit ist die Entscheidung „stets ein Kompromiss zwischen Aufnahmequalität und der Aufnahmeauthentizität" (ebd.).

208 Zur Videografie in der DaZ-/DaF-Forschung siehe Schramm (2014a), Schramm und Aguado (2009).

d.h. kultureigenen Bezeichnungen"[209] und Konzepte für die Gegenstandskonstitution und die darauf aufbauende Datenauswertung hervor (Deppermann 2008[4], 22).

Brüsemeister unterscheidet folgende Typen der Protokolle: Beobachtungsnotizen (möglichst neutrale und deskriptive Beschreibungen), theoretische Notizen (mögliche theoretische Hypothesen zum Beobachteten) und methodische Notizen (Reflexionen über die Beobachtungsmethode selbst) (vgl. Brüsemeister 2008[2], 81ff.). Diese Aufteilung habe ich für die Erstellung von Beobachtungsprotokollen übernommen und in Anlehnung an Brüsemeister (ebd., 82ff.) und Topsch (2004[2], 54f.) eine Vorlage dafür entwickelt[210] (siehe Anhang 1). Die optische Trennung der Ebenen Beschreibung, Theorie und Methode bei der Anfertigung von Beobachtungsnotizen hatte zum Ziel, das zu frühe Vermischen von theoretisierenden Konzepten und dem Beobachteten zu vermeiden. Emerson merkt jedoch kritisch an, dass „[w]hether carefully or haphazardly written, every fieldnote mirrors an author's choices [...]" (Emerson et al. 1995, 106). Aus diesem Grund werden im Rahmen der Studie die Audioaufnahmen als Kerndaten behandelt und die Beobachtungsprotokolle als ergänzende Daten genutzt.

Eine wichtige Bedeutung beim Erfassen von Beobachtungsnotizen kommt in der Ethnografie auch der sogenannten *Sprache des Feldes*[211] zu. Es empfiehlt sich, die Beobachtungsnotizen zunächst in der Sprache des Feldes zu verfassen und erst am Ende wissenschaftliche Beschreibungen (Fachtermini) heranzuziehen (vgl. Lueger 2010, 67; Strübing 2009[12], 159f.).

Besonders zu Beginn meines Feldaufenthaltes musste ich die Kinder und die Erzieher*innen oft fragen, wie Orte und Gegenstände von ihnen bezeichnet werden, wie folgende Beobachtungsnotizen exemplarisch zeigen:

> Ich habe [Name des Mädchens] gefragt, wie der Ort heißt, sie meinte „Puppenecke". Dann später ging sie zu einer Tür und sagte: „Guck mal, hier drin ist ein Bauraum".

> Die [Erzieherin], die in der Gruppe war und am Maltisch saß und etwas schrieb, stand auf und schaute nach N. Ich fragte sie: „Wie heißt dieses Spiel?".

> [Die Erzieherin] antwortete: „Das ist so 'ne Motorikschleife" (Beobachtungsprotokoll N_2 vom 18.04.2013).

4.1.2.3 Weitere Daten

Neben den Audioaufnahmen und Beobachtungsnotizen wurden zusätzlich weitere Daten generiert. So haben während der teilnehmenden Beobachtung einige Feldgespräche mit der Kita-Leitung, den Erzieher*innen und Eltern stattgefunden. Bortz und Döring führen

---

209 Diese werden in der Ethnologie auch als *Sprache des Feldes* bezeichnet.
210 Detaillierte Anleitung zur Erstellung von Feldnotizen findet man bei Emerson et al. (1995); siehe auch Beer (2008[2], 178) und Flick (2010[3], 290).
211 Mit der Bezeichnung *Sprache des Feldes* beziehe ich mich auf „verbales Material, das nicht vom Beobachter, sondern von den Untersuchten produziert wird", wobei der Fokus „auf den situativen Gebrauch solcher Kategorien in Redewendungen, die unter spezifischen Kontextbedingungen verwendet oder nicht verwendet werden" gelegt wird (Breidenstein et al. 2015[2], 89).

Feldgespräch oder *ethnografisches Interview* als eine Art des Interviews an und definieren dieses als „Befragung im Kontext der Feldforschung, oft informell und handlungsbegleitend im Alltag" (Bortz/Döring 2006⁴, 315). Spranz-Fogasy und Deppermann schreiben:

> In *informellen Gesprächen* fallen nicht nur linguistisch Eigenarten auf, sondern sie sorgen v. a. auch für Hintergrundwissen: viele spontane Informationen treten zutage, nach denen nicht systematisch hätte gefragt werden können, die aber für das Verständnis, das Aufsuchen von anderen Fällen etc. wichtig sind (Spranz-Fogasy/Deppermann 2001, 1009; Herv. im Orig.).

In diesem Sinne besteht die erste Funktion von Feldgesprächen darin, dass sie zusätzliches ethnografisches Material liefern. Während meiner Feldforschung stellten sich Feldgespräche außerdem als wichtiger Aspekt der Beziehungsarbeit im Feld dar. Die Feldgespräche wurden zum Teil von den Forschungspartner*innen und zum Teil von mir initiiert. Die Themen waren konkret beobachtete Ereignisse, Hintergrundinformationen zum Kita-Alltag oder zu den einzelnen Kindern, aber auch zu den Zielen und dem Stand meines Forschungsprojektes. Feldgespräche, die während der unmittelbaren Beobachtung stattgefunden haben, sind mit aufgezeichnet worden.[212] Feldgespräche, die vor oder nach der eigentlichen Beobachtung stattgefunden haben, wurden nicht eigens aufgezeichnet, sondern nur ansatzweise im Feldtagebuch festgehalten.

In der zweiten Untersuchungshälfte wurden darüber hinaus Leitfadeninterviews mit den Eltern und den Erzieher*innen durchgeführt, die zum Ziel hatten, zusätzliche Kontextinformationen zu gewinnen und Perspektiven der Befragten zu erfragen.[213] Für das Leitfadeninterview wurde eine Reihe von Fragen vorbereitet, die das thematisch relevante Spektrum des Interviews und seines Gegenstandes abdecken sollten (vgl. Flick 2009, 113). Insgesamt fanden vier Elterninterviews[214] und fünf Erzieherinnen-Interviews[215] statt. Die Fragen der Elterninterviews bezogen sich auf die sprachliche Situation in der Familie, Relevanz der Mehrsprachigkeit und Interessen des Kindes (vgl. Anhang 2). Die Fragen der Erzieher*inneninterviews bezogen sich auf die Eingewöhnung und Sprachentwicklung der Kinder, den Umgang mit der Mehrsprachigkeit sowie die persönliche

---

212 Siehe z.B. Transkript E32 (Zeilen 8–35) oder N5 (Z. 378–393).
213 Auch Spranz-Fogasy und Deppermann empfehlen: „Interviews sollen erst dann geplant und geführt werden, wenn der Untersucher mit Feldgegebenheiten gut vertraut ist, eine stabile Beziehung zu den Untersuchten aufgebaut hat, über beträchtliche (meta-)kommunikative Kompetenzen in der untersuchten Kultur verfügt und wenn die pragmatischen Aspekte der Interviewkommunikation selbst mitanalysiert werden" (Spranz-Fogasy/Deppermann 2001, 1009).
214 Die Eltern von einem Kind konnten nicht interviewt werden, da das Kind häufig fehlte oder im Urlaub war.
215 Es wurden drei Erzieherinnen befragt, die die fünf Fokuskinder eingewöhnt haben.

Einstellung zur Mehrsprachigkeit (vgl. Anhang 3). Zur Begrenzung der Datenmenge wurde auf eine vollständige Transkription der Leitfadeninterviews verzichtet.[216]

Es wurden außerdem Eltern- und Erzieher*innen-Kurzfragebögen eingesetzt. In Anlehnung an die Fragebögen von Jeuk (2011[2], 138), SISMIK[217], SELDAK[218] sowie den Elternfragebogen aus dem MIKI-Projekt[219] wurde ein Elternfragebogen entwickelt (vgl. Anhang 4). Der Erzieher*innenfragebogen wurde aus dem MIKI-Projekt übernommen (vgl. Anhang 5)[220].

Darüber hinaus wurden während der teilnehmenden Beobachtung eigene Gedanken und Reflexionen in einem Forschertagebuch[221] festgehalten, z.B. die Reflexionen über die eigene Rolle, Vorgehensweise und Teilnahme (vgl. Riemer 2010, 82). In der Sozialforschung wird ein Forschungstagebuch „als Gedächtnisstütze und Verständnishilfe" genutzt (Lamnek 2010[5], 560). Darin können „Bestandteile eines Forschungsprozesses, zum Beispiel Erhebungspläne, Ideen, theoretische Zwischenhypothesen, Methodenreflexionen, Gedanken und Empfindungen aus Erhebungssituationen" eingetragen werden (Brüsemeister 2008[2], 81). Reichertz fordert, dieses Wissen als „sozialwissenschaftliches Datum" zu nutzen (Reichertz 1989, 92), was dem Prinzip der Transparenz qualitativer Forschung entspricht (vgl. Riemer 2014, 27). Auch in der vorliegenden Arbeit werden die Einträge im Feldtagebuch als Datengrundlage angesehen und an einigen Stellen zitiert.

Mit den verschiedenen Arten von Daten sind im Rahmen der Studie „rich data" generiert worden, die helfen sollen, „to understand the learners and their classroom language learning as socially, historically, and politically constructed" (Norton/McKinney 2011, 83), auch wenn der primäre Fokus der Untersuchung auf den Mikroanalysen authentischer Interaktionen liegt.

---

216 Die Interviews wurden zum Zwecke der Gewinnung des ethnografischen Wissens von dem Spracherkennungsprogramm Dragon in die schriftliche Form überführt. Eine spätere Transkription und Auswertung sind geplant.

217 Sprachverhalten und Interesse an Sprache bei Migrantenkindern in Kindertageseinrichtungen (Ulich/Mayr 2006).

218 Sprachentwicklung und Literacy bei deutschsprachig aufwachsenden Kindern (Ulich/Mayr 2007).

219 Es handelt sich dabei um die *Begleitstudie der Bielefelder vorschulischen Sprachfördermaßnahme für Kinder mit Migrationshintergrund* (URL: http://www.uni-bielefeld.de/lili/studium/faecher/daf/miki/Abschlussbericht.pdf, letzter Abruf am 07.10.2020).

220 An dieser Stelle bedanke ich mich bei Dr. Sevilen Demirkaya für die freundliche Zurverfügungstellung des Fragebogens.

221 Ein Forschertagebuch in diesem Sinne ist ein anderes Medium als ein Feldtagebuch, z.B. bei Epping, das sowohl neben den persönlichen Eindrücken und Fragen auch die Niederschrift von Daten zu den Einrichtungen, den Notizen zu den Gesprächen mit den Erzieher*innen sowie den Beobachtungen und Beschreibungen von Interaktionssituationen enthält (vgl. Epping 2016, 113).

4.2 Forschungsethik[222]

In diesem Kapitel werden neben allgemeinen forschungsethischen Prinzipien vor allem Überlegungen fokussiert, die für den Forschungsprozess mit den Kindern, die Deutsch als Zweitsprache erwerben, besonders relevant sind. Interesseleitend ist dabei die Frage: Welche forschungsethischen Fragen stellen sich bei der teilnehmenden Beobachtung im Kindergarten mit den „Kindern, die in multilingualen und multikulturellen Kontexten lernen und leben"? (Maguire 2005, Abschnitt 1; Übers. L. S.).

Unter der *Forschungsethik* werden „all jene ethischen Prinzipien und Regeln" verstanden, die bestimmen, wie die Beziehungen zwischen Forschenden und Beforschten zu gestalten sind (Hopf 2012[9], 589f.). Dabei können forschungsethische Fragen in einem Forschungsprojekt auf drei Ebenen auftauchen und betreffen dabei „den *Forschungsprozess* selbst, die *Zwecke* der Forschung und durch die Forschung hervorgerufene *Konsequenzen*" (vgl. Atteslander 2010[13], 103; Herv. im Orig.).

Während die Disziplinen wie Medizin, Soziologie, Psychologie und Erziehungswissenschaften auf eine längere forschungsethische Tradition zurückblicken können[223], hat man in der deutschsprachigen Fremd- und Zweitspracherwerbsforschung erst in den letzten Jahren angefangen, sich systematischer mit der Forschungsethik auseinanderzusetzen (vgl. Bach/Viebrock 2012; Grotjahn 2000; Legutke/Schramm 2016; Riemer 2014; Settinieri 2014; Viebrock 2007, 2009, 2015 und die Beiträge in Bausch et al. 2011).

Auf die Relevanz forschungsethischer Überlegungen für die DaF-/DaZ-Forschung weist Riemer hin:

> Da empirische Forschung in DaF/DaZ stets mit Personen zu tun hat, muss sich jede(r) Forschende fragen, welche Rahmenbedingungen durch das Forschungsprojekt geschaffen oder verändert werden, welche Konsequenzen sich ggfs. für die Forschungsteilnehmer(innen) ergeben könnten – und welche Spielregeln einzuhalten sind [...] (Riemer 2014, 25).

Da es keinen Ethik-Kodex der DaZ-/DaF-Forschung bzw. -Praxis gibt, der als Norm eine systematische Auseinandersetzung mit den ethischen Fragen normativ fordern würde, werden oft nur einzelne Aspekte wie das Menschenbild, die Integrität des Menschen, die Datengenerierung, der Nutzen für alle Beteiligten, die Notwendigkeit eines Regelkatalogs, der Umgang mit fremdem Gedankengut und die Verantwortung der Forschenden diskutiert (vgl. z.B. Hu 2011, Hufeisen 2011, Portmann-Tselikas 2011, Riemer 2011, Schmelter 2011). Die erste systematische Aufbereitung forschungsethischer Aspekte aus der Perspektive der empirischen Fremdsprachenforschung inklusive eines Rekurses auf die epistemologischen Ursprünge der ethischen Prinzipien bietet Viebrock (2015). Das anzustrebende Ziel einer ethisch verantwortbaren Forschung stellt für sie eine reflektierte und wohlwollende Haltung dar, „die fürsorglich, aber nicht bevormundend ist und die

---

222 Dieses Kapitel basiert zum größten Teil auf dem Vortrag *Forschungsethische Aspekte bei der teilnehmenden Beobachtung von Kindern, die Deutsch als Zweitsprache erwerben*, der im Rahmen der Tagung *Normative Grundlagen und reflexive Verortungen im Feld DaF/DaZ* am 11.09.2015 an der Universität Wien gehalten wurde.

223 Vgl. Medizin, Soziologie, Psychologie, Erziehungswissenschaften.

Bedürfnisse aller Beteiligten ernst nimmt und gegebenenfalls situativ immer wieder neu reflektiert und verhandelt" (Viebrock 2015, 83).

Für die Zweitspracherwerbsforschung im Kindergarten ergeben sich m.E. folgende forschungsethische Herausforderungen, die hier zunächst stichwortartig aufgelistet werden:
- Die wichtigsten Forschungsteilnehmenden sind Kinder,
- in einer Studie zum Zweitspracherwerb sind immer mindestens zwei Linguakulturen[224] im Spiel,
- verschiedene Forschungsteilnehmende (Einrichtungsleitung, Erzieherinnen, Eltern, Kinder, Forschende) können unterschiedliche Perspektiven und Erwartungen in Bezug auf die Studie haben.

In Kapiteln 4.2.1 bis 4.2.3 werden diese Herausforderungen näher erläutert und es werden Ansätze zum ethisch verantwortbaren Umgang damit reflektiert und diskutiert. Dabei basieren die folgenden Ausführungen zu forschungsethischen Aspekten der DaZ-Forschung mit Kindern sowohl auf meinen Erfahrungen als Feldforscherin als auch auf den durch die Auseinandersetzung mit den in der oben angeführten Literatur angeregten Reflexionen.

4.2.1 Kinder als Forschungsteilnehmende

Die qualitative Forschung geht besonders sensibel mit den Beforschten um, die sie in erster Linie als Forschungspartner*innen versteht. Doch besondere Anforderungen „sowohl aus methodologischen als auch forschungsethischen Gesichtspunkten" werden an Forschende gestellt, die ihre Untersuchungen mit Kindern durchführen (Richter 1997, 95). Für Richter ist die Forschung mit Kindern vergleichbar mit der in einer Fremdkultur:

> Faßt man Kindheit als eine eigene Subkultur auf, mit eigenen Codes und Wertstrukturen, so bietet sich eine qualitative Vorgehensweise geradezu an, da die Rolle des Forschers vergleichbar ist mit der Rolle des Anthropologen, der fremde Kulturen untersucht. Das Diktum des ‚Fremden in der eigenen Gesellschaft' (Honer 1989) erlangt hier besondere Gültigkeit' (ebd., 74).

Es gilt demnach, die Forschungsinstrumente und -methoden auf ihre Eignung für die Forschung mit Kindern zu überprüfen. Die einzusetzenden Methoden sollen „dem Entwicklungsstand und der Alltagswelt der Kinder angepaßt" sein (ebd., 75).[225]

---

224 Mit dem Begriff *Linguakultur* weist Demirkaya in Anlehnung an Koller (2003) darauf hin, dass die Sprache nicht nur in ihrer kommunikativen Funktion, sondern auch in ihrer individuellen und sozialen Bedeutung erfasst wird (vgl. Demirkaya 2017, 232, Fußnote 287).

225 Die Erziehungswissenschaftlerin Friederike Heinzel fragt, ob Erwachsene überhaupt in der Lage sind, die Perspektive von Kindern einzunehmen (Heinzel 2000, 31): „Die Frage, wie Kinder in Forschungssituationen gebührend zu Wort kommen und ob ihre Sichtweisen von den erwachsenen Forscherinnen und Forschern angemessen verstanden werden, sind zentrale Probleme einer Forschung ‚aus der Perspektive von Kindern'" (Heinzel 2010³, 707). Als grundsätzliche Probleme in der Kindheitsforschung werden von Heinzel die „Macht

Qualitative Untersuchungen in der Kinderforschung sollten sich nach Richter um Folgendes bemühen: die Neutralisierung des Autoritätsverhältnisses zwischen der/dem Forscher*in und dem Kind, die Kombination von nonverbalen und verbalen Verfahren, das Erheben von Hintergrunddaten, vollständiges Transkribieren von verbalen Daten und die Bereitstellung von „Belohnungen" für das Kind (vgl. ebd., 91).

Dabei sind kindliche Handlungen nicht nur aus der Entwicklungs- bzw. Erziehungsperspektive, sondern als sinnvolle Praktiken einer Kinderkultur (vgl. Beck/Scholz 2000, 160; Heinzel 2010³, 715)[226] nicht nur reproduktiv, sondern auch produktiv (Heinzel 2000, 26)[227] zu verstehen. Welche konkreten forschungsethischen Entscheidungen sich in verschiedenen Phasen meines Forschungsprojektes stellten, wird im Folgenden vorgestellt.

4.2.1.1 Informierte Einwilligung[228]

Im Ethik-Kodex der deutschen Gesellschaft für Erziehungswissenschaft steht:

> Die Einbeziehung von Probandinnen und Probanden in empirische Untersuchungen setzt prinzipiell deren Einwilligung voraus und erfolgt auf der Grundlage einer im Rahmen des Untersuchungsdesigns möglichst ausführlichen Information über Ziele und Methoden des Forschungsvorhabens. Besondere Anstrengungen zur Gewährleistung einer angemessenen

---

der Erziehungssituation im Kinderleben", Interpretation „kindtypische[r] Ausdrucksformen" sowie „die Erwachsenenzentriertheit von Forschung und Forschenden" angesehen (ebd., 25).

226 Beck und Scholz schreiben: „Beobachtbare Situationen in einer Schulklasse lassen sich grundsätzlich an zwei Dimensionen auflösen: Sie lassen sich verstehen als Ausschnitt aus einem Entwicklungsproze, der zugleich ein Erziehungsproze ist und sie lassen sich verstehen als Ausschnitt der Kinderkultur. [...] Grundsätzlich läßt sich eine erwachsenenorientierte Perspektive einnehmen oder eine an der Lebenssituation der Kinder orientierte Perspektive. Man kann z. B. die Als-ob-Spiele einer Kindergruppe als Teil der sozialen Lernprozesse begreifen oder als ein Spiel, in dem bestimmte Beziehungsprobleme unter den Kindern geklärt werden. Die eine Perspektive schließt die andere nicht aus, aber es kennzeichnet den Fortschritt der aktuellen Kindheitsforschung, mehrere Perspektiven zu berücksichtigen und damit auch auf die Lebenssituation der Kinder aufmerksam zu machen" (Beck/Scholz 2000, 160). Ähnlich formuliert Heinzel: „Ethnographische Ansätze beanspruchen, an den lebensweltlichen Bedeutungen der Kinder selbst anzuknüpfen und verstehen die Kinder als Akteure, die ihre Wirklichkeit in Interaktionen konstruieren. Ihr Anliegen ist es, Kinder im Kontext ihrer soziohistorischen Umwelt zu betrachten, Wandlungsprozesse zu erfassen und den Wissensbeständen, Interaktionen und kulturellen Praktiken von Kindern mehr Gewicht zu verleihen" (Heinzel 2010³, 708).

227 Heinzel hält fest: „Da Kinder den Regeln von Institutionen ausgesetzt sind, können Beobachtungen in Institutionen nicht einfach als Ergebnisse von Kinderkultur gedeutet werden [...]. Andererseits werden die Interaktionen von Kindern im Rahmen der Institution nicht nur von deren Regeln bestimmt [...]" (Heinzel 2000, 26). Deswegen fordert sie bei den Datenanalysen zu berücksichtigen, dass „Kindheit sich in sozialisierenden Umwelten vollzieht und daß Kinder die Regeln dieser sozialen Welten in ihrem Verhalten sowohl übernehmen als auch neu gestalten" (ebd.).

228 Das Prinzip der informierten Einwilligung besagt, dass „[p]ersonenbezogene Daten [...] in der Sozialforschung nur mit Einwilligung der Betroffenen erhoben werden, die über den Zweck der Erhebung informiert werden müssen" (Hopf 2012⁹, 591).

Information sind erforderlich, wenn davon auszugehen ist, dass die in die Untersuchung einbezogenen Personen aufgrund ihres Bildungskapitals, ihrer Milieu- oder Schichtzugehörigkeit, ihrer sozialen Lage oder ihrer Sprachkompetenzen nicht ohne spezifische Informationen die Intentionen und Modalitäten des Forschungsvorhabens durchdringen können (Ethik-Kodex der Deutschen Gesellschaft für Erziehungswissenschaft (DGfE), §4 (2)).[229]

Kinder werden hiermit als besonders zu schützende (vulnerable[230]) Gruppe aufgefasst. Für die Forschung mit Kindern ist eine Einwilligung von Eltern oder Erziehungsberechtigten notwendig (vgl. Lamnek 2010[5], 648), bei deren Einholung man die Sprachkompetenzen der angefragten Personen berücksichtigen sollte. So fordert Miethe:

> Personen, die aufgrund ihrer Sprachkompetenz oder verbalen Fähigkeiten kaum in der Lage sind, die Folgen von Untersuchungen einzuschätzen, müssen diese entsprechend detaillierter dargelegt werden, da die Zustimmung sonst leicht Gefahr läuft, pro forma zwar vorzuliegen, de facto aber weit entfernt von einem informed consent zu sein (Miethe 2010[3], 929).

In dieser Hinsicht würde es sich anbieten, die Informationen zur Studie und das Einwilligungsschreiben in die jeweiligen Erstsprachen zu übersetzen. Ich habe die Eltern auf einem persönlichen Treffen über die Ziele der Studie informiert und deren Fragen dazu beantwortet.

Des Weiteren weist Richter darauf hin, dass unabhängig davon auch Kinder zu informieren und um die Einwilligung zu bitten sind: „Selbstverständlich müssen dann auch die Kinder um ihr Einverständnis gebeten werden, (da) die Kinder ein Recht auf Schutz ihrer Privatsphäre haben und nicht ohne weiteres befragt und untersucht werden dürfen" (Richter 1997, 78; zit. n. Lamnek 2010[5], 648).

Doch schon bevor man an die Verantwortlichen und Eltern herantritt, sollte man sich als Forschende über die Formulierung des Forschungsinteresses und Kriterien für die Auswahl der Kinder für die teilnehmende Beobachtung Gedanken machen: Welche Folgen könnte es für die Kitaleitung, pädagogischen Fachkräfte, Eltern und Kinder geben, wenn man die Fokuskinder als ‚Kinder mit Deutsch als Zweitsprache', ‚mehrsprachige Kinder', ‚Kinder mit Sprachförderbedarf', ‚Kinder mit mangelnden Deutschkenntnissen' oder ‚Kinder mit Sprachdefiziten' bezeichnet? Und umgekehrt: Welche Folgen können auftreten, wenn man bestimmte Kinder nicht als ‚mehrsprachig' ansieht. So fragt Riemer auf der einen Seite:

> Schädigt man „Versuchskinder" mit der Zuordnung in eine spezifische Fördermaßnahme vielleicht sogar, weil sie z.B. im DaZ-Kontext dann im jeweiligen Bildungskontext sichtbar (und sei es nur in der Eigenwahrnehmung) als „Förderbedürftige" markiert sind (Riemer 2011, 198)?

---

229 URL: www.dgfe.de/fileadmin/OrdnerRedakteure/Satzung_etc/Ethikkodex_2010.pdf, letzter Abruf am 07.10.2020.

230 Der Begriff *vulnerabel* bedeutet laut Duden-Online *verwundbar, verletzlich*. In der medizinischen Forschung spricht man in diesem Kontext von „vulnerablen" Gruppen, zu denen insbesondere Kinder oder ältere Menschen zählen (vgl. auch von Unger 2014, 28).

Auf der anderen Seite gibt Maguire zu bedenken, dass die Nicht-Auswahl von Kindern für eine Studie zur Mehrsprachigkeit bei diesen auch Fragen erwecken kann: „What if you talked to me? I could be interesting!" (Maguire 2005, Abschnitt 3).

Krumm warnt in diesem Zusammenhang vor dem Paternalismus:

> Gerade im Bereich des Deutschen als Zweitsprache ist eine Veränderung des Verhältnisses von Wissenschaftlern und den „Beforschten" dringend geboten, ist die Gefahr des Paternalismus hier doch besonders groß: Es ist unsere Gesellschaft, die ‚Fremde' fremd macht und diskriminiert [...] und die dann zugleich meint, über das pädagogische und sprachdidaktische Instrumentarium zu verfügen, welches diese Diskriminierungen und Benachteiligungen wieder aufheben kann (Krumm 2011, 129f.).

Folgende zwei Beispiele aus meiner Studie illustrieren, wie die Kinder über den Zweck des Forschungsprojektes im Kindergarten informiert werden können.

Das erste Beispiel zeigt eine Situation, in der ein Kind die Gruppenerzieherin (Erzieherin 1 (Erz)) nach meiner Person fragt (Aufnahme S_25042013, 30:32)[231].

```
001    K      was MACHT die da?
002           (3 Sek)
003    K      was MACHT die da (unverständlich)?
004    Erz    du MEINST die::: eh::
005    F      HAllo.
006    Erz    sie schreibt was AUF und beobachtet und hört zu,
007    F      ja welche SPIEle ihr spielt-
008    Erz    ja.
009    F      und was ihr MACHT denn ich schreibe ein BUCH über die
              kinder,
010    Erz    ja, das ist nämlich ganz SPANnend ja weil ihr ganz
              TOLle sachen macht ganz viele viele schöne sachen (3
              Sek) und da können die erwachsenen davon LERnen.
```

Zunächst beantwortet die Erzieherin allgemein die Frage, indem sie sagt, dass ich „was" aufschreibe, beobachte und zuhöre (Z. 6). Ich versuche dann, dem Kind anschaulicher zu erklären, was das Ziel meiner Beobachtung ist (Z. 7 und 9). Die Erzieherin bewertet anschließend das Handeln der Kinder als spannend und lernwürdig (Z. 10).

Das andere Beispiel (Transkript N8) zeigt das Interesse von Nias an dem, was ich mache. Als Nias sich ein Buch in der Leseecke anschaut und ich mich zu ihm setze, initiiert er ein Gespräch mit mir.

```
001    N      was MACHST du?
002    N      ich schreibe mir SPIEle auf die ihr hier im kindergar-
              ten habt.
003           (4.62)
004    N      (was SCHREIBST du a)?
005    F      also ich schreibe ein BUCH über kinder;
```

---

231 Diese Sequenz entstammt einer nicht vollständig transkribierten Audioaufnahme.

```
006            (1.32)
007   N    was?
008   F    ich schreibe ein BUCH.
009   N    (WAS schreibst du)?
010   F    ein buch über KINder über den kindergarten über kinder;
011            (3.36)
012   N    DAS (.) da buch ist- ((zeigt auf ein Buch im Regal))
```

Aus den mehrfachen Nachfragen von Nias (Z. 1, 4, 7 und 9) kann man schließen, dass es Nias daran liegt, herauszufinden, was ich da mache und was genau ich schreibe. Mit seinem verbalen und nonverbalen Hinweis auf ein Buch im Regal (Z. 12) zeigt er mir, dass er verstanden hat, dass es um ein Buch geht.

4.2.1.2 Freiwilligkeit der Teilnahme

Miethe weist darauf hin, dass „sich die Wahrung der Persönlichkeitsrechte von Kindern schwieriger gestaltet als bei Erwachsenen" (Miethe 2010[3], 931). Strätz und Demandewitz formulieren konkrete Hinweise, wie die Wahrung der Rechte von Kindern gewährleistet werden kann:

> Zu einer ethisch vertretbaren Beobachtungshaltung gehören vor allem Achtung und Wertschätzung kindlicher Persönlichkeit, die sich in der Berücksichtigung folgender Aspekte ausdrücken:
> - Schaffen einer vertrauensvollen Beziehung,
> - Erklärungen für Kinder, was und warum beobachtet wird,
> - Besprechen der Ergebnisse der Beobachtung mit den Kindern,
> - Einräumen des Rechts, nicht beobachtet zu werden (vgl. Strätz/Demandewitz 2000[4], 35f.).[232]

In meiner Feldforschung gab es einige Situationen, in denen ich das Gefühl hatte, dass meine Anwesenheit den Kita-Regeln nicht entspricht. Das war besonders dann der Fall, wenn ich nicht im Gruppenraum, sondern in der Puppenecke beobachtete. Nachdem ich die Regel „Fragen, ob man in die Puppenecke darf", kennengelernt hatte, fragte ich zunächst die Erzieherin (Erzieherin 1 (Erz)) (Z. 49) und dann die Kinder (Z. 52), ob ich auch mit in die Puppenecke dürfe (Transkript E36)[233]:

```
049 F     ((zur Erz)) ((unverständlich)) HINsetzen?
050 Erz   ja.
051 D     ((unverständlich))
```

---

[232] Diese Überlegungen gelten im gleichen Maße auch für die pädagogische Praxis, wie Strätz und Demandewitz anmerken: Die Erzieherin mag sich fragen, ob sie nicht Grenzen kindlicher Privatsphäre überschreitet und verletzt, wenn sie Kinder aus pädagogischen Überlegungen beobachtet. [...] Beobachtung bedarf also offenbar nicht nur einer fachlichen Legitimation, sondern auch eines ethischen Rahmens, der sicherstellt, dass Kinder nicht zu ‚Beobachtungsobjekten' degradiert werden und ihre Würde gewahrt bleibt (Strätz/Demandewitz 2000[4], 34f.).

[233] Vgl. auch Transkript E34, Z. 1–13.

052 F   Ich wollte fragen darf ich auch mit REIN?
053 F   ich setze mich HIER in die ecke.

Folgende Auszüge aus dem Forschungstagebuch illustrieren meine Beobachtungen und Überlegungen zur Frage, ob die Kinder (immer) beobachtet werden wollen:

> Soraya und Hakan gingen in die Puppenecke, ich fragte, ob ich rein kann u. setzte mich auf den Boden. Ich meinte, ich würde gerne sehen, was für Spiele es hier gibt. Hakan fing an mir einige zu zeigen. Als ich rausging, machten sie die Tür hinter mir zu.
>
> Bei Wateya und Dennis ging es nicht mit ner Beobachtung, sie versteckten sich im Zelt[234] u. kicherten. Ich bin dann sofort rausgegangen. [...] Die Puppenecke ist ein Ort, wo Kinder ohne Aufsicht spielen dürfen bzw. können, es ist aber kein Entzugsort, wo die PFKs keinen Zutritt haben. Nur ich sah, dass diese Kinder lieber alleine gewesen wären und ließ sie alleine. Auf diese Weise könnte man ihren Willen respektieren und akzeptieren. Das wäre ein kleiner [sic!] Pendant zur informierten Einwilligung. Ich frage nicht grundsätzlich nach ihrem Willen zur Teilnahme im Forschungsprojekt, sondern in der jeweiligen Situation, ob ich dabei sein darf, mich dazu setzen, stellen darf. Dies bezieht sich vor allem auf solche Situationen, die sich in ‚ruhigeren' Orten vollziehen, wo ich sehr auffalle (Feldtagebucheintrag vom 17.04.2013).

Miethe weist darauf hin, dass „immer wieder im Einzelfall ethisch verantwortliche Entscheidungen getroffen werden müssen" (Miethe 2010³, 933). Auch die vorausgegangenen Beispiele aus den Transkripten und Tagebucheinträgen zeigen, dass die Einwilligung nicht nur einmal zu Beginn der Studie erfolgte, sondern fast täglich neu ausgehandelt werden musste. In dieser Hinsicht erscheint es sinnvoll, die informierte Einwilligung „als Prozess, nicht als einmalige[n] Akt zu Beginn eines Forschungsvorhabens" zu verstehen (Narimani 2014, 41).

4.2.1.3   Beziehungsaufbau

Nach Lapassade erfolgt der Feldzugang auf zwei Ebenen: Zum einen soll eine formale Genehmigung zur Durchführung der Forschung ausgehandelt werden, zum anderen soll das Vertrauen der Beforschten gewonnen werden (vgl. Lapassade 2007, 43). Diese zweite Aktivität gestaltet sich schwieriger.

Es ist unter Forschenden die Meinung verbreitet: Kinder gewöhnen sich schnell an Beobachter und bemerken diese nach einiger Zeit nicht mehr (vgl. z.B. Bortz/Döring 2006⁴, 339; Schwab/Schramm 2016, 282)[235]. Maak/Ricart Brede liefern jedoch empirische Beweise dafür, dass Beobachtete durch die Beobachtung beeinflusst werden (vgl.

---

234   „Ruhezelt" heißt das Zelt in der Sprache des Feldes.
235   So schreiben Bortz et al.: „Manche Autoren befürchten, dass der Forscher in der Beobachterrolle als ‚Fremdkörper' das natürliche Verhalten der Feldsubjekte beeinträchtigt und somit invalide Informationen bekommt. Bei längeren Feldaufenthalten wird die Beobachter-Rolle jedoch weitgehend ‚neutralisiert', weil sich das Feld an die Präsenz des Feldforschers gewöhnt und er dadurch ebenso ‚unsichtbar' wird wie ein Forscher, der ganz in die Rolle des ‚normalen' Feldteilnehmers schlüpft" (Bortz/Döring 2006⁴, 339).

Maak/Ricart Brede 2014, 151). Auch Fine/Glassner finden die Vorstellung, die beobachteten Kinder würden sich an die Beobachtung schnell gewöhnen, utopisch:

> Like the white researcher in black society, the male researcher studying women (or vice versa), or the ethnologist observing a distant tribal culture, there is no way in which the adult participant observer who attempts to understand a children's culture can pass unnoticed as a member of that group (Fine/Glassner 1979, 153).

Emerson et al. leiten aus dieser Einsicht folgende Konsequenz für die teilnehmende Beobachtung ab, die sie besonders pointiert formulieren: „[T]he fieldworker cannot and should not attempt to be a fly on the wall" (Emerson et al. 1995, 3).

Dies alles spricht für eine bewusste und reflektierte Gestaltung der Beziehungen im Feld: „Der Interaktionseffekt von Forschenden und Beforschten wird, anders als in der quantitativen Forschung, nicht als Störfaktor angesehen, sondern als expliziter Bestandteil der Erkenntnis [...]" (Schirmer 2009, 54). Daraus ergibt sich, dass die Entscheidungen im Feld stets auf ihre mögliche Wirkung auf die Beziehungsgestaltung zu überprüfen sind, wie die in Kapitel 4.1.1.3 aufgeführten Beispiele mit dem Erzieher*innenstuhl und dem Klettern auf den Tisch in der Puppenecke zeigen.

Die beiden nachstehenden Beispiele[236] aus meinem Forschungstagebuch zeigen darüber hinaus, dass Kinder und Erzieher*innen im Feld auch an dem Beziehungsaufbau interessiert sind und eigene Fragen an die Forscherin stellen, die sich nicht nur auf das Forschungsprojekt beziehen, sondern auch persönlicher Natur sein können:

> [Sorayas Schwester] fragte mich, ob ich Kinder habe, mit wem ich wohne. Als ich sagte, dass meine Eltern in der Ukraine sind, fragte sie, ob es ein schönes Land ist. Ich meinte, ja. Ich fand die Frage sehr süß. Dann wollte sie wissen, wo das Land ist. [...] (Feldtagebucheintrag vom 25.04.2013).

> Sie [die interviewte Erzieherin] schien sehr interessiert zu sein, ich antwortete gerne und ausgiebig, aber fragte mich, warum sie vor ihrem Interview dieses kleine [persönliche] Interview mit mir durchführt (Feldtagebucheintrag vom 12.06.2013).

Vor diesem Hintergrund fragt Girtler: „Warum soll nur ich in deren Lebenswelt eindringen, an der sie mich bereitwillig teilnehmen ließen, ist es nicht fairer, sie auch an meinem sozialen Bereich partizipieren zu lassen?" (Girtler 1988², 57).

Dennoch stellt sich diesbezüglich auch die Frage, ob eine vertraute Beziehung zwischen den Forschungspartner*innen und ein Dialog auf Augenhöhe überhaupt möglich sind oder es eine Art (Selbst-)Täuschung darstellt. So spricht Viebrock in Anlehnung an Redwood (2008) von *symbolischer Gewalt*[237], vor deren Hintergrund die Beziehung zwischen Fremdsprachenforschenden und ihren Forschungspartner*innen beschrieben werden könnte (vgl. Viebrock 2009, 42).

---

236 Ein weiteres Beispiel für Beziehungsaufbau mit den Kindern findet man im Transkript E35, Zeilen 21–120.

237 Für Redwood sind jegliche Sozialforschung sowie die Forschung an sich gewaltsam: „I suggest that metaphysical violence works through our attempts to reduce the other to a ‚thinkable thing', to an instance of a category, an abstraction, or construction in thought. The other is seen as something which can be made subject to instrumental manipulation

Richter weist darüber hinaus auf das Autoritätsproblem hin:

> Der Forscher ist nicht nur physisch deutlich von den Kindern unterschieden, er gehört auch gleichsam zu einem anderen Kulturkreis, nämlich dem der Erwachsenen. Nirgends ist die Rolle des Forschers mehr die des ‚Fremden in der eigenen Gesellschaft' (Honer 1989), als wenn er Kinder, womöglich noch aus anderen Ethnien, untersucht (Richter 1997, 78).

Auch Desgrandes sieht die soziale Interaktion zwischen Erwachsenen und Kindern und Kindern unter sich als „prinzipiell anders" und weist darauf hin, dass „zwischen Kindern nicht der gewaltige Abstand hinsichtlich Macht (Machtgefälle), Wissen (Wissensgefälle) und Aufgabenbereich (gesellschaftliche Funktion) besteht wie zwischen Kindern und Erwachsenen" (Desgrandes 1985, 53). In der DaZ-/DaF-Forschung könnte man darüber hinaus vom Sprachgefälle sprechen, mit dem man auf die ungleichen Stellungen bzw. Prestiges von Erst- und Zweitsprachen verweisen könnte.

4.2.2 Deutschzentriertheit

Krumm kritisiert, dass sich die Bildungspraxis fast ausschließlich auf die deutsche Sprache konzentriert:

> […] Kinder mit Migrationshintergrund [werden] in der Bildungspraxis vielfach auf ihre Deutschkenntnisse reduziert […]: Die meisten der für ihre Sprachstandsdiagnosen verwendeten Instrumente z.B. berücksichtigen die Familiensprachen dieser Kinder nicht, stufen sie also als ‚schwach' (=unzureichende Deutschkenntnisse) ein, statt sie als ExpertInnen für Mehrsprachigkeit einzubeziehen (Krumm 2011, 129).

Auch Reich bemängelt in seiner Arbeit die unzureichende konzeptionelle Berücksichtigung von Erstsprachen in der Zweisprachigkeitsforschung und fragt, ob es forschungsethisch vertretbar ist, „von den Sprachen zwei- oder mehrsprachiger Kinder nur eine zu ihrem Gegenstand zu machen" und die anderen auszublenden (Reich 2009, 10). Die Schwierigkeit der praktischen Umsetzung darf, so Reich, „nicht als Argument dafür akzeptiert werden, das dennoch Mögliche unversucht zu lassen" (ebd.).

Es ist demnach erforderlich, in der Forschung zum DaZ-Erwerb alle Sprachen der Kinder anerkennend zu berücksichtigen. Im Rahmen der vorliegenden Arbeit wurde diese Forderung so eingelöst, dass die Erstsprachen und Mehrsprachigkeit in den Eltern- und Erzieher*inneninterviews sowie -fragebögen thematisiert und erstsprachliche Hilfskräfte in die Transkription einbezogen wurden. Die Mehrsprachigkeit wurde bei der Datenauswertung berücksichtigt, auch wenn sie nicht den primären Fokus der Studie darstellte.

---

and then dissolved into items in our consciousness, in our plans and in our projects. Pushing this idea a little further, the project of research could also be understood as violence insofar as it grasps hold of the other and manoeuvres it in a particular ways in order to satisfy a desire for knowledge. The strange is made to appear familiar thereby forcing the otherness of the other into some kind of order, and transforming the unknown into the knowable" (Redwood 2008, Abschnitt 3).

4.2.3 Perspektiven und Erwartungen von Forschungsteilnehmenden

Als eine der Herausforderungen hat sich die Notwendigkeit herausgestellt, in den Gesprächen mit den Eltern zu verdeutlichen, dass die teilnehmende Beobachtung keine Fördermaßnahme darstellt. Dass die Eltern hierauf andere Perspektiven haben können, illustriert folgender Auszug aus dem Forschungstagebuch:

> Interesse/Frage des Vaters von Erkan, was die Kinder davon haben? Ich antwortete, eher Sensibilisierung der Eltern und Erzieherinnen, aber keine Sprachfördermaßnahme. Daraufhin fasste er zusammen: wenn er richtig verstanden hat, werden später andere Kinder von den Erkenntnissen profitieren und ihre Kinder sind ‚Versuchskaninchen'. Ich sprach davon, dass es keine Laboruntersuchung ist, sondern eine teilnehmende Beobachtung in natürlichen Situationen, die auch ohne mich so ablaufen würden (Feldtagebucheintrag, 28.02.2013).

Damit geht die Frage nach dem Nutzen für die Forschungsteilnehmenden einher. Denn während die*der Forscher*in sich „personal and professional benefit from the study" verspricht (Day 1999, 48), bleibt oft unklar, welchen Nutzen die Forschungsteilnehmenden von der Studie haben. Wie dieser Nutzen aussehen kann, wird von den Forschenden unterschiedlich eingeschätzt. Als Mindestanforderung sieht Lueger das Informieren über die Forschungsergebnisse (Lueger 2010, 35). Schmelter weist darauf hin, dass „[d]ie Verantwortung des Forschers für die durch ihn hervorgebrachten Erkenntnisse [...] nicht mit dem Zeitpunkt der Publikation auf[hört]", sondern weiterhin besteht (Schmelter 2011, 203). Auf der anderen Seite spricht Miethe vom „Verletzungsrisiko" (Miethe 2010³, 933), das entstehen kann, wenn man die Forschungsteilnehmenden mit den Forschungsergebnissen konfrontiert.[238] Wolff vertritt die Position, dass die*der Forscher*in dem Feld nichts bieten kann und ein versprochenes Austauschmodell eine Form der „Hochstapelei" darstellt (Wolff 2012⁹, 348).

Im Rahmen meiner Studie habe ich eine Datensitzung mit den Erzieher*innen durchgeführt. Da sich die Datenauswertung verzögert hat, konnten dem Erzieher*innenteam leider keine Forschungsergebnisse präsentiert werden. Als kleine Entschädigung wurde der Kita eine Spende für den Erwerb von Bilderbüchern überreicht.

4.3 Aufbereitung und Transkription der Daten

4.3.1 Selektion

Angesichts des umfangreichen Gesprächskorpus, der bei der Datengewinnung entstanden ist und dessen vollständige Transkription im Rahmen dieser Arbeit weder möglich noch sinnvoll gewesen wäre, musste eine dem Analysezweck angemessene Auswahl der zu analysierenden Daten vorgenommen werden. Wie in Kapitel 4.1.1.4.4 dargestellt, wurden für die Analysen die Audioaufnahmen von Nias und Ercan gewählt.

---

238 Ein Beispiel dafür liefert Viebrock, die berichtet, dass eine ihrer Forschungspartner*innen die kommunikative Validierung als „schmerzhaft" erlebt hat (vgl. Viebrock 2009, 41f.).

Die Selektion der für die Analyse relevanten Gespräche und Gesprächssequenzen erfolgte nach folgenden Kriterien:
- akustische Qualität der Aufnahme,
- möglichst erkennbarer Anfang und erkennbares Ende des Gesprächs,
- ein breites Spektrum an Interaktionssituationen,
- Initiierung der Interaktion durch bzw. sprachliche Aktivität der Fokuskinder sowie
- Vorkommen der interessierenden Phänomene.[239]

Diese inhaltlich wie pragmatisch motivierten Kriterien machen deutlich, dass die Auswahl der zu transkribierenden Interaktionen und Interaktionssequenzen selektiv erfolgte und keinen (statistisch gesicherten) Anspruch auf Repräsentativität erheben kann.

Jedoch ist es die Stärke der teilnehmenden Beobachtung und der damit einhergehenden Feldkenntnis, die es der/dem Feldforscher*in ermöglicht, „die Relevanz und Repräsentativität einzelner Ereignisse abzuschätzen, sowie die Auswahl und Elizitierung von relevanten Daten (z.B. Schlüsselsituationen) vorzunehmen" (Spranz-Fogasy/Deppermann 2001, 1009). Zwar stehe ich der Elizitierung von Daten im Rahmen der teilnehmenden Beobachtung kritisch gegenüber, stimme jedoch der Position der Autoren in Bezug auf die Rolle des ethnografischen Wissens bei der Auswahl der relevanten oder typischen Interaktionen zu.

Eine schwierige Frage ist die Frage der Identifikation von Anfang und Ende einer Sequenz. Da kindliche Gespräche nicht immer eine deutlich identifizierbare Eröffnung und einen Abschluss aufweisen, wurden überwiegend thematische Aspekte als Grenzen für Sequenzen genutzt.[240] Die Selektion fand zum Teil parallel zur Datenauswertung statt, indem ich gezielt nach weiteren Vorkommen der fokussierten Phänomene suchte (vgl. Deppermann 2008[4], 95). Da im Rahmen der Arbeit Beobachtungsprotokolle angefertigt wurden, die für jede Aufnahme wichtige Informationen enthalten, wie Datum, Ort und Länge der Aufnahme, beteiligte Personen und Situation und kommunikative Ereignisse, wurde auf eine eigene Dokumentation des Korpus[241] verzichtet. Zum Schluss wurden die Beobachtungsprotokolle mit der Signatur der Aufnahme und den Zeitangaben versehen,

---

239 Es können auf keinen Fall alle Gespräche gleichmäßig intensiv ausgewertet werden (vgl. Deppermann 2008[4], 37). Aus diesem Grunde schlägt Deppermann vor, folgende Sequenzen für eine Transkription und Auswertung auszuwählen: Sequenzen, 1) „die in *direktem Bezug zu den primären Untersuchungsfragen* stehen"; 2) die „thematisch bzw. handlungslogisch abgeschlossene Einheiten" darstellen; 3) Initialsequenzen (Gesprächsbeginn) (ebd., 36f.; Herv. im Orig.). Wichtig dabei ist, dass das Auswahlverfahren „*keine einmalige Prozedur*" ist (Deppermann 2008[4], 37; Herv. im Orig.), sondern nach ersten Auswertungen sich wiederholen kann.

240 Außerdem soll wenigstens ein Sprecherwechsel vorkommen (vgl. Brinker/Sager 2010[5], 9). Für die vorliegende Studie wurden auch Sequenzen ausgewählt, in denen kein Sprecherwechsel stattgefunden hat, z.B. als Kinder alleine gespielt haben und dabei zu sich gesprochen haben. Solche *Private-Speech*-Phänomene sind für die Zweitspracherwerbsforschung besonders interessant. Aus der Perspektive der SCT können sie auch als I-Me-Interaktionen verstanden werden (Lantolf 2011, 25f.).

241 Zur Katalogisierung der Daten siehe Deppermann (2008[4], 32ff.), Langer (2010[3], 518), Sager (2001a, 1032).

sodass eine Zuordnung der Sequenzen zur entsprechenden Stelle im Beobachtungsprotokoll möglich wurde.

4.3.2 Transkription

Unter Transkription versteht man die graphisch-schriftliche Darstellung ausgewählter Aspekte von Interaktionen, die aufgrund von Audio- oder Videodaten und nach festgelegten Notationsregeln erfolgt (vgl. Brinker/Sager 2010⁵, 38; Deppermann 2008⁴, 39; Kowal/O'Connell 2012⁹, 438).

In Hinblick auf Gespräche bzw. sprachliche Interaktionen sind dabei neben verbalen Aspekten auch prosodische, paralinguistische und nonverbale Parameter[242] von interaktionaler Relevanz:

> In jeder Interaktion werden verbale, paraverbale und non-verbale Signalisierungsmittel eng miteinander verwoben. Die Entscheidung darüber, welche Art von Signalisierungsmittel mit welchem Detailliertheitsgrad[243] transkribiert werden soll, muß je nach den Zielen einer Untersuchung getroffen werden (Selting 2001, 1059)[244].

Demnach ist Transkription immer selektiv, interpretativ und theoriegeleitet (vgl. Deppermann 2008⁴, 41; Hepburn/Bolden 2013, 57; Kowal/O'Connell 2012⁹, 439f.; Langer 2010³, 515f.; Ochs 1979, 44; Schramm/Aguado 2009, 194; Seedhouse 2005, 166; Selting 2001, 1060). Transkripte werden zudem als Tertiärdaten[245] angesehen (vgl. Brinker/Sager 2010⁵, 39).

Die Basis für die Analysen bilden 73 Gespräche und Gesprächssequenzen, deren Länge zwischen 19 Min 30 Sek und 10 Sek variiert. Die Transkription der ausgewählten Daten erfolgte als Basistranskript nach der Transkriptionskonvention GAT-2 (Selting et

---

242 In der Transkription der gesprochenen Sprache werden verschiedene Parameter unterschieden: 1) verbale Parameter, 2) prosodische Parameter (Betonungen, Dehnungen, Tonhöhe, Lautstärke), 3) parasprachliche bzw. paraverbale Parameter (Lachen, Hüsteln, Stöhnen, Räuspern) und 4) nicht-sprachliche bzw. nonverbale Parameter (Gestik, Mimik, Blickverhalten, Körperhaltung) (vgl. Kowal/O'Connell 2012⁹, 439; Langer 2010³, 519; Schramm/Aguado 2009, 195).

243 In Bezug auf den Detailliertheitsgrad schreibt Sager: „Je genauer also ein kommunikatives Geschehen dokumentiert wird, umso größer ist der technische Aufwand und umso größer ist damit auch der verändernde Einfluss auf die zu dokumentierende Kommunikation und umso mehr wird sie zu etwas anderem als das, was ursprünglich zu dokumentieren beabsichtigt war" (Sager 2001a, 1024).

244 Zum Problem der Transkription von verbalen, paraverbalen und paralinguistischen Kategorien siehe Selting (2001, 1060).

245 In der Gesprächsanalyse spricht man je nach Grad der Authentizität von verschiedenen Arten von Daten: Natürliche Gespräche sind Primärdaten, deren Ton- oder Videoaufzeichnungen sind Sekundärdaten, die Transkripte sind Tertiärdaten, für bestimmte Zwecke vereinfachte Transkripte sind Quatiärdaten (vgl. Brinker/Sager 2010⁵, 39; Sager 2001a, 1028f.).

al. 2009)[246] (Anhang 6) mithilfe des Transkriptionseditors FOLKER (Version 1.2.)[247]. Die Interaktionssequenzen wurden in literarischer Umschrift[248] transkribiert, Abweichungen von der standardsprachlichen Realisierung der Gesprochenen-Sprache-Norm[249] wurden notiert (vgl. ebd., 360).[250] Zentral für GAT-2 ist die Gliederung der Sprecher*innenbeiträge in Intonationsphrasen, die als prosodische Einheiten definiert werden (vgl. ebd., 370). Wichtige Informationen zur Interaktion und zum Transkript werden im Transkriptkopf notiert (vgl. Kap. 4.4.4; vgl. auch Brinker/Sager 2010[5], 44f.; Langer 2010[3], 521; Ricart Brede 2014, 18).

Selting schreibt:

> So mühsam und zeitaufwendig die Arbeit des Transkribierens sein mag[251], das eigene Transkribieren ist die Zeit im Forschungsprozeß, in der sich die Forschenden am intensivsten mit dem Material beschäftigen und häufig schon die meisten Ideen und Hypothesen für die spätere Analyse sammeln (Selting 2001, 1067).

Beim Transkribieren der sprachlichen Daten von den Kindern, die den frühen Zweitspracherwerb durchlaufen, sollen angesichts der Spezifika zusätzlich die drei folgenden Aspekte mitbedacht werden. Bei deren Darstellung beziehe ich mich im Wesentlichen auf Ochs (1979), die sich als eine der Ersten systematisch mit den Fragen der Transkription von Kindergesprächen auseinandergesetzt hat.

1) Kinder als Interaktionsteilnehmende

Ochs zufolge sollte die Transkription aktuelle Erkenntnisse über das kindliche kommunikative Verhalten, d.h. über kindliche kognitive, sprachliche und soziale Entwicklung widerspiegeln (vgl. ebd., 44). So kann sich z.B. die Einschätzung, was eine angemessene Pause ist, von der Kommunikation der Erwachsenen unterscheiden (vgl. ebd., 70). Dabei wird Pausen in der sprachlichen Entwicklung eine wichtige Rolle beigemessen: „Pauses and hesitations in the course of an utterance are rich resources for an analysis of developing linguistic competence" (ebd., 71). Sie können z.B. als Platzhalter angesehen werden (vgl. ebd., 71). Ochs hebt die Rolle des nonverbalen Verhaltens[252] hervor: „[…] nonverbal behavior may be an **alternative** rather than an accompaniment to verbal behavior. Children are able to employ gesture, body orientation, and eye gaze to perform a variety of

---

246 Zur Diskussion verschiedener Aspekte der Transkriptionssysteme HIAT und GAT siehe Redder (2001a), Ricart Brede (2011, 141ff.), Selting (2001); einen Überblick über gängige Transkriptionssysteme gibt Langer (2010[3], 520).

247 Zur Einführung in die Arbeit mit FOLKER habe ich am 18.11.2013 am FOLKER-Workshop teilgenommen, der von Dr. Wilfried Schütte und Jenny Winterscheid durchgeführt wurde.

248 Literarische Umschrift, d.h. Orientierung an der Standardorthographie und Notation von umgangssprachlichen und dialektalen Abweichungen (vgl. Selting 2001, 1062).

249 Zur Gesprochenen-Sprache-Norm siehe Fiehler (2009[8], 1165ff.).

250 Da die Transkription nonvokaler Phänomene sehr aufwendig und kompliziert ist, können sie, wenn sie nicht im Fokus der Untersuchung stehen, „sehr selektiv notiert werden" (Deppermann 2008[4], 45).

251 Zur Komplexität des Transkriptionsgegenstandes siehe Redder (2001a, 1039f.).

252 Zu Problemen der Transkription nonverbalen Verhaltens siehe Sager (2001a und 2001b).

communicative acts [...]" (ebd., 52; Herv. im Orig.). Daher fordert Ochs: „[...] nonverbal dimensions of a speech situation should play a far greater role in transcriptions of children's conversational interactions than in transcriptions of adult-adult conversation" (ebd., 52f.). Ochs weist darauf hin, dass nonverbales Verhalten vor, nach, parallel/begleitend oder zwischenzeitlich verlaufen kann (vgl. ebd., 59). Sie gibt zu bedenken: „In many cases, it is impossible to know exactly what the child is talking about without taking into consideration eye gaze patterns, pointing, touching, and other such behaviors of the child" (ebd., 56). Dies wäre ein Argument für die Videografie, die im vorliegenden Forschungsprojekt leider nicht umgesetzt werden konnte.

2) Frage: Wer wird als Initiator einer Interaktion angesehen?
Ochs weist auf die Relevanz dieser – auf den ersten Blick – trivialen methodischen Entscheidung hin:

> [...] [W]ho is selected as an international initiator may affect the frame of reference for assessing control among conversational partners. If the child rather than the adult were to be selected as the interactional initiator, then other questions would be relevant. The child's behavior would be seen as constraining the subsequent behaviors of the adult to varying extents. Adult behavior would be treated as to varying degrees contingent upon and attentive to previous moves of the child. This type of contingency is known to be relevant in early child-caretaker interactions (Ochs 1979, 50).

Die Tendenz, den Erwachsenen als „a point of orientation" zu wählen, hat laut Ochs dazu geführt, dass „studies of adult speech interaction with children are seen as studies of adult speech **to** children, of **input**" (ebd., 51; Herv. im Orig.). Dabei hat es wichtige Konsequenzen für die Erstellung von Transkripten, ob die für die KA der Erwachsenen entwickelte GAT-2-Konvention in ausreichendem Maße diese Besonderheiten abdeckt oder ob zusätzliche Aspekte herangezogen werden müssen, z.B. aus dem CHAT?[253]

3) Transkription sprachlicher Interaktionen im Kontext von Mehrsprachigkeit
Die Verschriftlichung von Interaktionen, an denen mehrsprachige Teilnehmende beteiligt sind, stellt in zweifacher Hinsicht eine Herausforderung dar: Erstens besteht die Schwierigkeit darin, in den Sprecherbeiträgen mehrsprachige Elemente zu identifizieren (insbesondere, wenn man als Forscher*in selbst der jeweiligen Sprache nicht mächtig ist), zweitens ist zu klären, ob und wie es sich im bestimmten Transkriptionsprogramm technisch realisieren lässt.

Die erste Herausforderung wurde im Rahmen der Arbeit so gelöst, dass erstsprachliche Hilfskräfte die Transkripte mit den Audioaufnahmen abgeglichen haben und dabei

---

253 CHAT (Codes for the Human Analysis of Transcripts) ist eine Transkriptionskonvention, die für die Erforschung des Spracherwerbs bei Kindern (CHILDES (Child Language Data Exchange System)) entwickelt wurde (vgl. Lee et al. 2016, 1). Im Hinblick auf das Problem der Bestimmung von Intonationsphrasen schlägt Selting vor, im ersten Schritt syntaktisch mögliche Einheiten zu identifizieren und diese im zweiten Schritt durch Tonhöhenbewegungen voneinander abzugrenzen (vgl. Selting 2001, 1064). Angesichts der Tatsache, dass sich die Morphosyntax bei Kindern noch in Entwicklung befindet, scheint ein umgekehrtes Vorgehen geeigneter zu sein, um Intonationsphrasen in kindlichen Interaktionen zu identifizieren.

insbesondere auf türkisch- bzw. persischsprachige Phänomene geachtet haben: Eine persische Muttersprachlerin übernahm das Gegenlesen der 32 Transkripte der Gespräche von Nias und drei türkischsprachige Muttersprachler übernahmen die Korrektur der 41 Transkripte von Ercan.[254]

Für das Transkribieren von Stellen in den Erstsprachen der Kinder wird in der Forschung häufig eine *Drei-Linien-Transkription*[255] genutzt (vgl. Hepburn/Bolden 2013, 69). Leider war es im FOLKER nicht möglich, die Drei-Linien-Transkription umzusetzen. Darüber hinaus ist im Folker nicht die Möglichkeit gegeben, die Sprecherbeiträge in der türkischen oder persischen Schrift zu verschriftlichen. Aus diesen Gründen erscheinen die als mehrsprachig identifizierten Turns, turn-interne Einheiten oder Phänomene auf der prosodischen Ebene in der lateinischen Umschrift und die Übersetzung in den Doppelklammern als Kommentar.

4.4 Datenauswertung

Die Wahl der Auswertungsmethoden wird durch die Besonderheiten des Untersuchungsgegenstandes Kind-Kind- und Kind-Erzieher*in-Interaktionen motiviert. In Bezug auf die Erforschung von sprachlichen Interaktionen in der Sprachlehr- und -lernforschung schreibt Henrici:

> Hinsichtlich der beiden zentralen Komponenten ‚Interaktion' und ‚Kognition' sind dem Gegenstand angemessene methodologische Vorgehensweisen und adäquate methodische Untersuchungsverfahren zu wählen. Das heißt: Für die Teilkomponente ‚Interaktion' erscheinen nur solche Verfahren als angemessen, die den Prozesscharakter von Interaktion, den wechselseitigen Verstehens- und Produktionsprozess der an der Interaktion Beteiligten sensibel rekonstruieren (Henrici 2001, 739).

Auf der anderen Seite ist für die Analyse der sprachlich-interaktionalen Daten der kindlichen Zweitsprachlernenden ein methodischer Zugang notwendig, der „a deficitfree description of the interactional features in the data" (Firth/Wagner 1998, 93) ermöglicht.

Aus diesen Überlegungen heraus wurde das methodische Vorgehen der ethnomethodologischen Konversationsanalyse zur Auswertung von Aufnahmen und Transkripten sprachlicher Interaktionen im Kindergarten gewählt, denn ohne ihr Verständnis von Grundprinzipien sprachlicher Interaktion (vgl. Kap. 3.3.1) wäre eine adäquate Analyse des Forschungsgegenstandes nicht möglich.

Ausgehend von der Annahme, dass „sprachliches Handeln und Lernprozesse gleichermaßen in sozialen Interaktionen sichtbar werden", sprechen Schwab und Schramm von „zweifach[er] Orientierung" bei der Analyse von Interaktionen: „Zum einen werden die sprachlichen Handlungen *en detail* beschrieben und interpretiert; zum anderen wird

---

254 Die finanzielle Unterstützung dabei verdanke ich der DGFF-Förderung.
255 Die Drei-Linien-Transkription enthält: 1. Linie: die originale Äußerung in der Transliteration, 2. Linie: Morphem-für-Morphem-Übersetzung und Abkürzungen grammatischer Informationen, 3. Linie: idiomatische deutsche Übersetzung (vgl. Hepburn/Bolden 2013, 69).

versucht, das Lernen selbst in seiner interaktionalen Verortung zu beschreiben und hieraus Schlüsse für den Spracherwerb zu ziehen" (Schwab/Schramm 2016, 282). In der vorliegenden Arbeit werden zwei Perspektiven auf (zweit-)sprachliche Interaktionen aufeinander bezogen: Zum einen werden kindliche Interaktionen als soziales Handeln verstanden, zum anderen werden sprachliche Interaktionen als Lern- bzw. Erwerbsort für Deutsch als Zweitsprache aufgefasst.[256]

Vor dem Hintergrund der doppelten Orientierung sind folgende Fragen interesseleitend:
- Was passiert in den Daten? Wie werden sprachliche Interaktionen von den Gesprächspartner*innen hervorgebracht? Welche Phänomene und Verfahren können rekonstruiert werden? (Interaktionen als soziale Praxis; Fokus auf der Sinn-/Bedeutungskonstruktion bzw. Verständigung),
- Wie können beobachtete und rekonstruierte Aspekte der Interaktionsgestaltung vor einem weiteren zweitspracherwerbstheoretischen Hintergrund beschrieben und interpretiert werden? Welche theoretischen Konzepte scheinen hierfür besonders fruchtbar zu sein? (Interaktionen als Erwerbsort; Fokus auf Lernen).[257]

Bei der Datenauswertung habe ich mich an dem Vorgehen der Konversationsanalyse und der Positionierungsanalyse orientiert. Die Kombination der beiden Methoden sowie das systematische Heranziehen von Konzepten der soziokulturellen und der poststrukturellen Ansätze der Zweitspracherwerbsforschung erscheint vielversprechend, um sprachliche Interaktionen im Kontext des frühen Zweitspracherwerbs im Kindergarten zu untersuchen. Die in Kapiteln 3.3.1, 3.3.2 und 3.4.2 vorgestellten epistemologischen und forschungsmethodologischen Grundlagen der Konversationsanalyse, CA-SLA und Positionierungsanalyse werden im Folgenden aufgegriffen und das analytische Vorgehen der Datenauswertung wird vorgestellt.

4.4.1 Zweitspracherwerbsspezifische Konversationsanalyse (CA-SLA)

Da die forschungsmethodologischen Prämissen der Ansätze KA und CA-SLA sowie ihre Einschränkungen in Bezug auf die Erforschung des frühen Zweitspracherwerbs bereits in Kapitel 3.3 dargestellt wurden, sollen an dieser Stelle vor allem das methodische Vorgehen erläutert und die konkreten methodischen Entscheidungen im Rahmen der vorliegenden Arbeit begründet werden.

---

256 Für die „erwerbs- bzw. kompetenzbezogene[...] Perspektive" in einer gesprächsanalytischen Untersuchung in Bildungs- und Lernzusammenhängen (deutschdidaktische Unterrichtsforschung) siehe Heller/Morek (2016, 240f.). Hervorzuheben ist die in der Beispielanalyse einer Unterrichtssequenz durchgeführte Trennung der Analyseperspektiven: Nach einer gesprächsstrukturellen Auswertung von Interaktion (mit Fokus auf Aufgaben) erfolgt eine erwerbsbezogene (mit Fokus auf schülerseitige Fähigkeiten und lehrerseitige Unterstützung), die in einem nächsten Schritt durch die Analyse eines Phänomens bzw. einer Fähigkeit im Längsschnitt ergänzt werden soll.

257 Markee spricht von *understanding* und *learning*, wenn er in seiner Arbeit zeigt, „how CA methodology can be used to show whether, when, how, and why understanding and learning occur as conversational behavior" (vgl. Markee 2000, 165).

Nach Kasper und Wagner stehen für die Lösung des Problems „Wie geht man mit fremden Theorien um?" in der CA-SLA-Forschung zwei Vorgehen zur Verfügung: 1) Preanalytische Betrachtungen (z.B. bei der motivierten Auswahl von Sequenzen) und anschließende KA-Analysen oder 2) KA-Analysen und anschließende postanalytische Verbindungen zu Theorien (vgl. Kasper/Wagner 2011, 125). Sie weisen darauf hin, dass ungeachtet davon, für welche Vorgehensweise sich die CA-SLA-Forscher*innen entscheiden, *Turn-by-Turn*-Sequenzanalysen zentral bleiben (vgl. ebd.).

Im Rahmen der vorliegenden Arbeit habe ich mich für die zweite Vorgehensweise entschieden. Der erste analytische Zugang zu den Daten erfolgte nach dem Verfahren der Konversationsanalyse; das bedeutet, dass an die Daten offen herangetreten wird und das Analysevorgehen induktiv und materialgestützt erfolgt. Ethnografisches Wissen und theoretische Konzepte werden nicht *a priori* und auch nicht in einem Zug mit der konversationsanalytischen Auswertung zur Datenanalyse genutzt, sondern nachdem im ersten Schritt aus den Daten heraus beschrieben wird, wie die Interaktion gemeinsam hergestellt wird. Dabei orientiere ich mich an Kunitz und Markee, die fordern, „to exhaust all of the possibilities of sequential purism before any recourse is made to ethnographic data" (Kunitz/Markee 2016, 9). Bei dem Aufbau des methodischen Vorgehens der Datenauswertung orientiere ich mich am Vorgehen der entwicklungsbezogenen CA-SLA-Forschung (vgl. vor allem Brouwer/Wagner 2004, Cekaite 2007; Hellermann/Cole 2009; Pekarek Doehler 2010). Nach der Transkription wurden alle Transkripte gesichtet und konversationsanalytisch ausgewertet. Da es kein „Rezept" für ein konversationsanalytisches Vorgehen gibt und es mehr um „eine spezifische Analysehaltung geht" (Heller/Morek 2016, 231; vgl. auch Seedhouse 2005, 166), ging es bei der *Turn-by-Turn*-Auswertung der Transkripte vor allem darum, die sequenzielle und interaktive Hervorbringung des Kita-Alltags durch die Fokuskinder und deren Interaktionspartner*innen zu rekonstruieren. Dabei war das Prinzip *next turn proof procedure*[258] (vgl. Sacks et al. 1974, 729) interpretationsleitend und die Beschreibungskategorien der KA (vgl. Kap. 3.3.1) wurden zur Beschreibung der Nutzung sprachlich-interaktionaler Ressourcen und gemeinsamer Hervorbringung sozialer Praktiken herangezogen. Nach der Auseinandersetzung mit der soziokulturell und poststrukturell orientierten Literatur und dem zweiten Analysedurchgang wurde anhand kontrastiver Vergleiche den Veränderungen im Gebrauch sprachlich-interaktionaler Ressourcen und im Partizipationsverhalten der Fokuskinder nachgegangen (vgl. dazu Kap. 4.4.5).

Schwab und Schramm konstatieren, dass ein rein konversationsanalytisches Vorgehen „besonders dann schwierig [wird], wenn über die Gesprächsstruktur hinaus auch spracherwerbsspezifische Prozesse untersucht werden sollen" (Schwab/Schramm 2016, 284). Hier bietet es sich an, Konversationsanalysen mit anderen Daten, Methoden und Perspektiven zu kombinieren. Deppermann schlägt vor, die Generalisierung der Ergebnisse durch systematische Fallvergleiche, Häufigkeitsverteilungen und Signifikanztests,

---

258   Sacks et al. schreiben: „The display of those understandings in the talk of subsequent turns affords both a resource for the analysis of prior turns and a proof procedure for professional analyses of prior turns – resources intrinsic to the data themselves" (Sacks et al. 1974, 729).

den Einbezug vorliegender Forschungsbefunde, die Darstellung des Korpus und der Gesprächskontexte sowie theoretische und logische Argumentationen zu stützen (vgl. Deppermann 2008⁴, 109). Auch Henrici schlägt das Heranziehen von „Sekundärdaten" (wie Beobachtungsnotizen, Intro- oder Retrospektionen) vor (vgl. Henrici 1995, 153). Ortega weist darauf hin, dass die Ansätze SCT und CA-SLA „do appear to hold that generalizations can be built on the shoulders of highly contextualized and situated evidence" (Ortega 2011, 173).

4.4.2 Positionierungsanalyse

Das Konzept *Positionierung* (*positioning*) wurde ursprünglich für die Analyse alltäglicher Gespräche entwickelt (vgl. Kap. 3.4.2) und später für die Analyse narrativer Texte weiterentwickelt und genutzt (vgl. Lucius-Hoene/Deppermann 2002, 2004). Die Grundlage für die Analysen von Positionierungsaktivitäten der Fokuskinder bietet das Vorgehen in Anlehnung an die *Positioning*-Analysen von Davies und Harré (1990), Harré und van Langenhove (1991, 1999) sowie Lucius-Hoene und Deppermann (2002). Da dieser Ansatz in der DaZ-Forschung relativ neu ist, soll er im Folgenden ausführlicher vorgestellt werden.

Die Begründer*innen der Positionierungstheorie Davies/Harré demonstrieren das analytische Potential des Positionierungskonzeptes anhand eines Gesprächs zwischen einem Konferenzteilnehmer (Sano) und einer Konferenzteilnehmerin (Enfermada), die an einem windigen Wintertag nach einer Apotheke suchen, um ein Medikament für Enfermada zu kaufen (vgl. Davies/Harré 1990, 55):

Sano: „I'm sorry to have dragged you all this way when you're not well".
Enfermada: „You didn't drag me. I chose to come".

In einer stark abstrahierten Form kann diese Interaktion wie folgt skizziert werden:
- Storyline[259] wahrgenommen von Sano (A) als medizinische Versorgung: Assoziierte Position von sich selbst: Pfleger, assoziierte Position von Enfermada (B): Patientin, Äußerung von A als Sprechakt[260]: Bemitleidung.
- A-Storyline wahrgenommen von Enfermada (B) als Paternalismus: wahrgenommene Selbstpositionierung von A als unabhängiger machtvoller Mann, wahrgenommene Fremdpositionierung von B als abhängige hilflose Frau, Wahrnehmung der Äußerung von A als Herablassung.
- Storyline wahrgenommen von B als gemeinsames Unternehmen: Assoziierte Position von sich selbst und B als Reisende in dem fremden Land.

---

[259] *Storyline* „incorporates a particular interpretation of cultural stereotypes" (vgl. Davies/Harré 1990, 50).

[260] Davies und Harré (1990) gebrauchen bei der Demonstration ihres analytischen Vorgehens die Konzepte *speech acts*, *illocutionary force* und *moral orders*, die im Rahmen dieser Arbeit nicht weiter verfolgt werden, da sie nicht zum Beschreibungsinventar des konversationsanalytischen Vorgehens gehören und mit diesem auch nicht (oder nur zum Teil) (re-)konstruiert werden können.

- B-Storyline wahrgenommen von A als feministischer Protest: wahrgenommene Selbstpositionierung von B als Frauenrechtlerin, wahrgenommene Fremdpositionierung von A als ‚chauvinistisches Schwein', Wahrnehmung der Äußerung von B als Sprechakt Klage bzw. Rüge (vgl. Davies/Harré 1990, 57).

In Anlehnung an dieses Vorgehen entwerfen Lucius-Hoene und Deppermann (2002) ein Analysemodell, in dem Positionierungen in und durch sprachliche(n) Äußerungen wie folgt dargestellt werden.

Anders als bei Davies und Harré (1990) wird bei diesem Vorgehen auf Interpretationen der jeweiligen Situationswahrnehmung (*storyline*) von Interaktant*innen verzichtet, zumindest wird diese nicht explizit erwähnt. Da im Zentrum der Analysen sprachliche Äußerungen und Reaktionen darauf stehen, lassen sich Positionierungsanalysen mit dem methodischen Vorgehen der KA gut kombinieren.[261] Lucius-Hoene und Deppermann schreiben: „Jede Positionierungsaktivität beeinflusst die folgenden Handlungsmöglichkeiten im Gespräch, und viele Positionierungsaktivitäten sind nur verständlich als Reaktionen auf vorangehende Positionierungen". Dieses Vorgehen entspricht dem analytischen Dreischritt, der der konversationsanalytischen Auswertung zugrunde liegt.

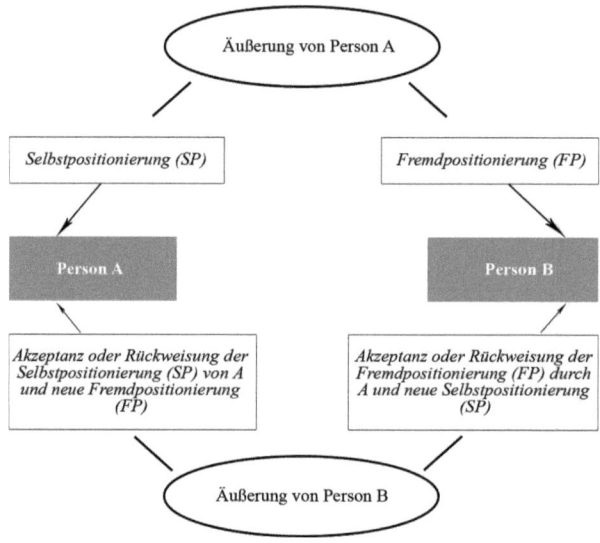

Abbildung 8: Positionierung (Lucius-Hoene/Deppermann 2002, 198; leicht modifiziert)

In Bezug auf die Untersuchung der Hervorbringung von Positionierungen in der Interaktion, d.h.,

---

261 Für die Kombination der Gesprächsanalyse und Positionierungsanalysen zur Erforschung von Elternsprechstunden und Beurteilungsgesprächen in der Schule siehe entsprechend Ackermann (2014) und Mundwiler (2017).

1) die Beanspruchung einer Position (SP) von A, die Zuweisung einer Position (FP) zu B,

2) deren Akzeptanz bzw. Zurückweisung (SP) durch B, die Neupositionierung (FP) von A,

3) deren Akzeptanz bzw. Zurückweisung (SP) durch A (SP), die Neupositionierung (FP) von B etc.,

scheint demnach das sequenzielle Vorgehen der KA besonders geeignet zu sein, um Positionierungsaktivitäten der Fokuskinder zu untersuchen.[262]

Laut Lucius-Hoene und Deppermann kann „[j]ede sprachliche Handlung [...] mehr oder weniger positionierungsrelevant sein bzw. mehr oder weniger positionierungsrelevante Anteile besitzen" (2004, 171). Dabei können Positionierungen „direkt und explizit oder indirekt und implizit" vorgenommen sowie mit unterschiedlichsten sprachlichen Handlungen und Formen realisiert werden (vgl. Lucius-Hoene/Deppermann 2002, 199). Eine explizite Positionierung als ein literacy-erfahrenes Kind kann z.B. erfolgen durch die Äußerung „Ich kann schon meinen Namen selbst schreiben" oder den Aufmerksamkeitsappell „Guck" und eine nonverbale Handlung (Zeigen des Blattes mit dem geschriebenen Namen). In der Positionierungsanalyse, wie auch in der Konversationsanalyse, spielt die Wahl der sprachlichen Mittel eine wichtige Rolle: „The choice of vocabulary, pronouns and so on are crucial elements in the way the effect is achieved" (Harré/van Langenhove 1999, 19).

Wenn ich die methodologischen Prinzipien der Positionierungsanalyse auf meinen Untersuchungsgegenstand beziehe, ist es wichtig, folgende Aspekte zu beachten:

1) Es sollten keine Positionen *a priori* zugeschrieben werden. D.h., es geht nicht darum, herauszufinden, wie die Kinder sich als DaZ-Lernende positionieren und wie sie als DaZ-Lernende positioniert werden. Vielmehr geht es um alle Positionierungen, die in den Interaktionen, an denen die Kinder teilnehmen, vorgenommen werden. Bezogen auf Interaktionen in institutionellen Kontexten können die Teilnehmenden entweder als „a generalized other" oder „a concrete particular other" konzipiert werden und ihre Positionierungen dementsprechend entweder als solche, die sich auf (wahrgenommene) „local expressive order" beziehen oder auf die*den konkreten Interaktant*innen mit seiner Geschichte etc. (vgl. Linehan/McCarthy 2000, 450f.). Linehan und McCarthy plädieren für Letzteres und begründen dies wie folgt: „[...] [A]ctual historical, emotional, ethical moments of interaction between concrete participants could be overlooked as we concentrate on the achievement of determinacy in speech acts in the context of particular moral/expressive order" (ebd., 450). Diese Forderung steht im Einklang mit der Forderung der KA nach der Datenpriorität (vgl. Kap. 3.3.1).[263]

---

[262] Das Vorgehen von Davies/Harré (1990) ähnelt dem der Konversationsanalyse, auch wenn sie nicht explizit von der Konversationsanalyse sprechen. Für Gemeinsamkeiten beider Ansätze siehe Korobov (2001).

[263] Auch Seedhouse weist darauf hin, dass „[f]or interactants (and hence for the analysis), NS and NNS categories may not be relevant; rather, they may present themselves as 'experts' or 'seniors' or 'juniors'" (Seedhouse 2005, 173). Theodórsdóttir bringt es wie folgt auf den Punkt: „Participants' identities [...] are co-constructed; there is no *a priori* 'being an L2

2) An diese Ausführungen schließt sich der zweite Aspekt an: Sowohl in der Forschungsliteratur als auch in fachlichen Ratgebern werden Interaktionen in diachtonischen Paaren beschrieben, z.B. Noviz*in – Expert*in, Lerner*in – Lehrer*in, Nichtmuttersprachler*in – Muttersprachler*in. Dabei weist Kasper darauf hin, dass diese Kategorien keineswegs deckungsgleich sind und dass auch ein*e Nichtmuttersprachler*in in der Interaktion als Expert*in interagieren kann (vgl. auch Kasper 2004, 554), auch wenn aus der CoP-Perspektive alle Kinder, die neu in die Institution Kindergarten kommen, als Lernende an der Peripherie angesehen werden.

3) Explizite sowie implizite linguistische Markierungen in Selbstpositionierungen sowie bei Akzeptanz und Zurückweisung von Fremdpositionierungen (z.B. durch *ich, du, er, kann, will, aber, doch* etc.) sind unter der Berücksichtigung des Entwicklungsstandes der Kinder in der deutschen Sprache zu interpretieren.[264] Dabei sei mit Lucius-Hoene und Deppermann darauf hingewiesen, dass es unmöglich ist, bestimmten sprachlichen Handlungen bzw. Formen „invariante Positionierungsgehalte zu[zu]schreiben", da Selbst- und Fremdpositionierungen erst vor dem Hintergrund des jeweiligen Kontextes und Interaktionsverlaufs rekonstruiert werden können (vgl. Lucius-Hoene/Deppermann 2004, 172).

4) Für die angemessene Rekonstruktion impliziter Selbst- und Fremdpositionierungen sind Erfahrungen und Wissen mit und um institutionelle und kulturelle Gepflogenheiten des Untersuchungsfeldes grundlegend (vgl. auch Lucius-Hoene/Deppermann 2004, 172). Wenn ein Kindergartenkind, das malen will, z.B. sagt „Ich habe eine Malunterlage genommen", dann braucht die*der Konversationsanalytiker*in das Wissen darum, dass es zum Praktikablauf bzw. den Regeln der Kita gehört, sich vor dem Malen eine Malunterlage aus dem Schrank zu holen, um die Selbstpositionierung des Kindes als kompetente*r Praktiker*in zu rekonstruieren.

4.4.3 Analysezyklen im Forschungsprozess

Wie in der qualitativen Forschung üblich, erfolgte die Datenauswertung nicht in einem Schritt, sondern stellte einen zyklischen Prozess dar (vgl. Ricart Brede 2011, 103f.). Nach der Transkription wurde eine konversationsanalytische Auswertung der 64 Transkripte durchgeführt (je 32 Transkripte pro Fokuskind) (vgl. Kapitel 4.4.1). Bereits bei der konversationsanalytischen Auswertung wurden Memos[265] zu bestimmten Phänomenen auf der sprachlich-interaktionalen Ebene sowie zu ethnografischem und theoretischem Wissen festgehalten. In diesen Memos fanden sich bruchstückhafte Gedanken und Ideen, die

---

learner'; rather, that identity can be made relevant through participants' conduct *in situ*. Identity is something you *do*, not something you *are*" (Theodórsdóttir 2018, 32; Herv. im Orig.).

264 So interpretiert Albers die eine sprachliche Interaktion initiierende kindliche Phrase „Ich kann …" als eine Strategie des Kindes, „seine Fähigkeiten und seinen Status in der Gruppe darzustellen" (Albers 2009, 207). Wenn sich das Kind z.B. nicht explizit mit „Ich kann" positioniert, kann das daran liegen, dass es das Modalverb noch nicht erworben hat.

265 Nach Lueger „[...] dokumentieren [Memos] den Fortschritt des Analyse- und Interpretationsprozesses, indem sie von konkreten Beobachtungen abstrahieren und sie in theoretische Zusammenhänge stellen" (Lueger 2010, 61).

über das konversationsanalytische Beschreibungsinventar hinausgehen und deren Beschreibung nach einem passenden theoretischen Rahmen verlangt (wie z.B. *voice*, gehört werden, Teilnahme am Rande, *scaffolding* etc.). Aus diesem Grund waren weitere Literaturrecherchen erforderlich. Insbesondere die soziokulturellen und poststrukturalistischen Ansätze schienen den passenden wissenschaftstheoretischen Rahmen zu liefern (vgl. Kapitel 3.2 und 3.4), um die in den Daten identifizierten Phänomene zu beschreiben sowie andere Phänomene zu entdecken. An dieser Stelle im Forschungsprozess wurden die Forschungsfragen noch einmal ausdifferenziert und präzisiert.

Daraufhin folgte ein zweiter Auswertungsdurchgang, während dessen jede einzelne Interaktion mittels der KA sequenzanalytisch beschrieben und anschließend vor dem Hintergrund der Konzepte der soziokulturellen und poststrukturalistischen Ansätze interpretiert wurde. In einem weiteren Schritt wurden Kollektionen[266], d.h. „ähnlich gelagerte Fälle" (Heller/Morek 2016, 232) gesammelt und es wurde u.a. durch kontrastive Vergleiche versucht, Entwicklungen oder Veränderungen im interaktiven Verhalten der Kinder in den ähnlichen Situationen zu rekonstruieren.

Folgendes Schaubild soll das Vorgehen bei der Datenauswertung im Rahmen der vorliegenden Arbeit veranschaulichen.

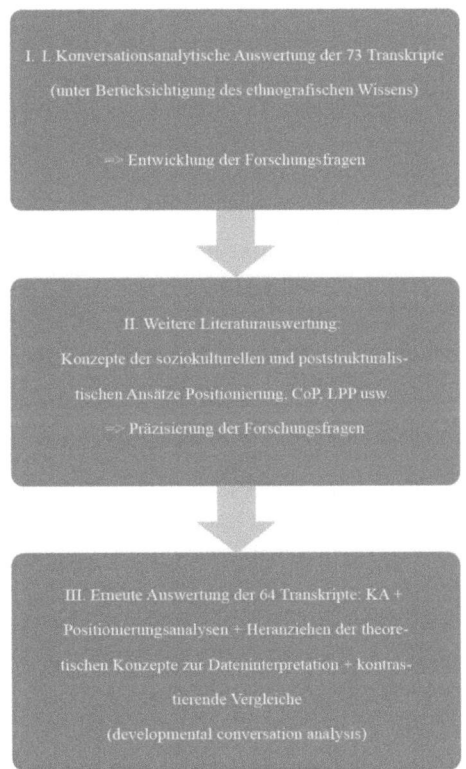

Abbildung 9: Auswertungsprozess

---

266 Wie die KA arbeitet auch die CA-SLA mit „collections of *phenomenological* similarity" (Brouwer/Wagner 2004, 31; Herv. im Orig.).

1. Jedes Transkript wurde somit konversationsanalytisch beschreiben: Was tun die Fokuskinder und die Interaktionspartner*innen, wenn sie miteinander interagieren? Wie wird die Verständigung hergestellt? Welche Reparaturverfahren werden eingesetzt?
2. Ressourcen werden rekonstruiert: Auf welche (sprachlich-interaktionalen) Ressourcen greift das Fokuskind zurück? Welche Ressourcen werden übernommen? Welche werden vermittelt?
3. Die Interaktion wird aus der CoP-Perspektive beschrieben: Wie wird die Kita als Community hergestellt? In welche Praktiken sind beobachtete Interaktionen eingebettet? Welche Artefakte spielen in den Interaktionen eine Rolle?
4. Positionierungen werden rekonstruiert: Welche sozialen Positionen beanspruchen die Fokuskinder für sich? Welche Positionen werden ihnen von ihren Interaktionspartner*innen zugewiesen? Welche Positionen weisen die Fokuskinder den anderen zu?
5. Durch kontrastierende Vergleiche der Transkripte können beobachtbare Aushandlungs- und Vermittlungsprozesse rekonstruiert werden, wobei das Lernen sowohl im Sinne von Veränderungen in Ressourcen, Praktiken oder Positionierungen als auch im Sinne von *doing learning* aufgefasst wird.

Somit versteht sich die vorliegende Arbeit als in der *developmental* CA-SLA-Forschung angesiedelt (vgl. Kap. 3.3.2).

Um die Intersubjektivität der Studienergebnisse zu gewährleisten, wurden im Sinne der Gütekriterien qualitativer Forschung verschiedene Prüfverfahren eingesetzt (vgl. Heller/Morek 2016, 234; Lueger 2010, 34): Kontrollinterpretationen ausgewählter Sequenzen durch die erstsprachlichen Transkribent*innen, eine Datensitzung mit den Forschungsteilnehmer*innen (Erzieher*innen), Diskussion ausgewählter Transkripte in den Fortbildungen für pädagogische Fachkräfte sowie Austausch mit Fachkolleg*innen in den Datensitzungen und Diskussionen waren hilfreich, um alternative Interpretationsmöglichkeiten zu entwickeln und die eigenen Argumentationen zu schärfen.[267]

4.4.4 Beispielanalyse eines Interaktionstranskriptes

In diesem Kapitel soll anhand einer Analyse des Transkriptes E19 „Geh weg" (25.04.) das Verfahren der Datenauswertung exemplarisch veranschaulicht werden. Dabei werde ich nach der Präsentation des Transkriptkopfes und des Transkripts die konversationsanalytische Auswertung der Sequenz, die Beschreibung der von Ercan eingesetzten Ressourcen, die Interpretation der Sequenz aus der soziokulturellen Perspektive sowie die Positionierungsanalyse darstellen.

---

[267] Zum Zwecke der intersubjektiven Nachvollziehbarkeit (vgl. Schwab/Schramm 2016, 288) werden die Transkripte im Anhang der Forschungsarbeit mitgeliefert, abrufbar unter www.waxmann.com/buch4120.

Allgemeine Angaben zur Sequenz[268]	
Code der Audioaufnahme	712_0021
Datum der Aufnahme	25.04.2013
Dauer der Aufnahme	32:28
Name der transkribierten Sequenz	Geh weg
Zeitangaben für die transkribierte Sequenz	23:00–23:30
Dauer der transkribierten Sequenz	00:30
Angaben zu dem Kind: Name (Geschlecht, Alter (Jahre; Monate), Kontaktmonate[269], Erstsprache(n))	Ercan (m, 3;7, 6 KM, Türkisch)
Angaben zu den Interaktionspartner*innen	Die Gruppenerzieherin (Erzieherin 1 (Erz)) und Aleyna, ein älteres Mädchen.
Ort der Aufnahme	Der Gruppenraum.
Kurze Beschreibung der Situation	Ercan setzt sich auf den Stuhl und guckt zum Fenster hinaus. Aleyna stellt sich vor ihn.
Angaben zur Transkription	
Name der Transkribentin	LS
Datum der Transkription	06.12.2015
Benötigte Transkriptionszeit	15 Min
Zeitverhältnis für die Transkription[270]	1:30
Datum der Korrektur/Überarbeitung	23.12.2015
Benötigte Überarbeitungszeit	3 Min
Zeitverhältnis für die Korrektur/Überarbeitung	1:6
Transkriptionsverhältnis insgesamt	1:36

```
004   E      autsch waTEya:::.
005          (4.64)
006   E      (rutecke) waTEya.
007          (2.03)
008   E      wateya::: KOMM jetzt.
009          (3.21)
010   E      GEH weg. ((Ercan schubst Aleyna))
011   Erz    aleyna (.) ich glaube du STEHST dem im weg.
```

---

268 Die Gestaltung des Transkriptkopfes erfolgt in Anlehnung an die Darstellungsweisen in Brinker/Sager (2010⁵, 44f.), Langer (2010³, 521) und Ricart Brede (2014, 18).

269 Damit wird die Zeit eines intensiven bzw. regelmäßigen Kontaktes zur Zweitsprache gemeint. Die Kontaktdauer wird vor allem in der psycholinguistisch orientierten DaZ-Forschung als eine relevante Variable angesehen (vgl. Grimm/Schulz 2012, 212).

270 Das Transkriptionsverhältnis wird hier angegeben, da es in der Gesprächsforschung als ein Kriterium für die Transkriptgenauigkeit angesehen wird (vgl. Ricart Brede 2011, 143): „Gemessen am Transkriptionsaufwand sollte das Verhältnis 1:50 möglichst nicht unterschritten werden, während 1:30 im System HIAT als ein Rohtranskript gilt oder, nach der phänomenselektiven Differenzierung bei GAT, wohl Basistranskript genannt würde" (Redder 2001a, 1055).

```
012    Erz    er möchte dir SAgen dass du-
013    Erz    er kann nicht RAUSgucken wenn du dort stehst;
014    Erz    du musst dann ein bisschen zur SEIte gehen.
015    E      ((unverständlich))
016           (0.79)
017    E      es_se KOMM.
018           (1.98) ((Aleyna geht weg))
```

Konversationsanalytische Beschreibung: Ercan initiiert eine Interaktion mit Aleyna, die ihm den Blick aus dem Fenster versperrt, dabei ruft er den Namen eines anderen Mädchens (Z. 4). Als Aleyna nicht reagiert (Pause, kein Sprecherwechsel, keine Handlung (Z. 5)), sagt Ercan „(rutecke)" (Z. 6). Als Aleyna wieder nicht reagiert (Z. 7), versucht Ercan, sie wieder zum Weggehen zu bewegen (Z. 8). Als Aleyna erneut keine Reaktion zeigt (Z. 9), ruft Ercan, dass sie „weg" gehen soll und schubst sie zur Seite (Z. 10). Aleyna reagiert weder verbal noch nonverbal.

An dieser Stelle greift die Erzieherin ein und setzt ein Reparaturverfahren ein, indem sie zu Aleyna sagt, dass sie glaubt, dass Aleyna Ercan im Weg steht (Z. 11). Die Erzieherin ‚übersetzt' somit Ercans Turns[271] (Z. 12, 13) und bittet somit Aleyna, „ein bisschen zur SEIte" zu gehen (Z. 14). Ercans Sprecherbeitrag, der darauf folgt, ist leider unverständlich (Z. 15). In Zeile 17 versucht er Aleyna, zum Weggehen zu bewegen. Aleyna geht weg.

(Re-)Konstruktion sprachlich-interaktionaler Ressourcen, auf die das Fokuskind in der Interaktion zurückgreift: Ercan gebraucht Prosodie (Z. 4), evtl. Assoziation/Neuschöpfung („rutecke" für „rutschen" Z. 6), *chunks* (Z. 8, 10), Selbstkorrektur/Präzisierung (Z. 10), nonverbale Ressourcen (Z. 10).

Interpretation der Interaktion aus der soziokulturellen Perspektive: Diese Interaktionssituation kann als Ercans Teilnahme an der Peripherie (LPP) interpretiert werden. Ercan verwechselt erstens den Namen des Mädchens, was der Grund sein kann, warum das Mädchen auf seine Aufforderung nicht reagiert. Möglicherweise kennt Ercan noch nicht alle Kinder namentlich. Zweitens benötigt er noch die Unterstützung eines Experten bzw. einer Expertin, um sein Interaktionsziel zu erreichen. Die Erzieherin agiert als Übersetzerin bzw. als Mittlerin zwischen den Kindern.

Die Interaktion illustriert eine Mediation der sozialen Praktik „Konflikte lösen" durch die Erzieherin. In ihrem Sprecherbeitrag (Z. 11–14), der interessanterweise nicht an Ercan, sondern an Aleyna gerichtet ist, präsentiert die Erzieherin durch lautes Denken ihre Situationseinschätzung: „ich glaube du STEHST dem im weg." (Z. 11). Die Versprachlichung der wahrgenommenen Befindlichkeit des anderen Kindes („er möchte dir SAgen" (Z. 12), „er kann nicht RAUSgucken" (Z. 13)) dient dazu, Aleyna dazu zu bewegen, die Perspektive des anderen Kindes zu übernehmen, was in der Entwicklungspsychologie als *theory of mind*[272] bekannt ist.

---

271   Selting et al. definieren einen Turn oder Sprecherbeitrag als „die Gesamtheit aller auditiven und visuellen Ereignisse, die direkt aufeinanderfolgen und dem jeweiligen Sprecher zugeordnet werden" (Selting et al. 2009, 363f.).

272   Unter *theory of mind* versteht man die Fähigkeit, die Perspektive einer anderen Person zu übernehmen.

Des Weiteren präsentiert die Erzieherin Ercan in ihren Turns zum einen ein kognitives Muster für das Begründen, indem sie die Ursache („du stehst im weg"), die Folge („er kann nicht rausgucken") und die Konsequenz/Bitte („du musst dann ein bisschen zur Seite gehen") sprachlich veranschaulicht. Zum anderen liefert sie Ercan sprachliche Ressourcen, auf die er später in ähnlichen Konfliktsituationen zurückgreifen kann (z.B. „zur Seite gehen" statt „weggehen").

Positionierungsanalyse[273]:

In seinen Turns (Z. 4, 6, 8, 10), mit denen Ercan Aleyna zum Weggehen bewegen will, positioniert er sich als jemand, der Befehle abgeben kann, und Aleyna als jemanden, der seiner Forderung Folge zu leisten hat. Da Aleyna dem keine Folge leistet, könnte man daraus schließen, dass sie seine Positionierungen nicht akzeptiert. Die Erzieherin greift ein (Z. 11–14) und positioniert sich selbst als Expertin und sowohl Ercan als auch Aleyna als Noviz*innen, die in Konfliktsituationen noch Unterstützung brauchen. Ob Ercan diese Fremdpositionierung akzeptiert, bleibt offen, da seine Äußerung in der darauffolgenden Zeile unverständlich ist (Z. 15). In Zeile 17 positioniert sich Ercan Aleyna gegenüber als jemand, dem gehorcht werden soll. Obwohl Aleyna weggegangen ist, bleibt unklar, ob sie damit die Positionierung der Erzieherin als Expertin (Meisterin) (Z. 14) oder die Positionierung von Ercan als machtvolleres Community-Mitglied (Z. 17) akzeptiert hat.

Vor dem Hintergrund, dass in der analysierten Interaktion die Mediation der sozialen Praktik „Konflikte lösen" durch die Erzieherin stattfindet, gelten die aufgezeigten Analysen als (Re-)Konstruktion des Lernens als soziale Praktik. Nach Pekarek Doehler und Fasel Lauzan kann ein solches Vorgehen als *microgenetic CA study* beschrieben werden, dessen Ziel es ist, „to document learning/development within a single interactional episode" (Pekarek Doehler/Fasel Lauzon 2015, 410).[274]

Sie weisen darauf hin, dass es dabei mehr um den Lern*prozess* und weniger um das Lern*produkt* geht:

> It therefore is apt to provide a comprehensive picture of the observable, social side of the process of learning/development as it is deployed moment-by-moment within jointly managed and mutually coordinated courses of action – while the products of this process in terms of (relatively) sedimented learning outcomes may remain out of the picture (ebd.).

---

273 Man könnte auch vermuten, dass die Erzieherin durch ihr Eingreifen in die Situation Ercan als DaZ-Lerner fremdpositioniert, der noch sprachliche Unterstützung braucht, um einen Konflikt zu lösen (ressourcenbezogene Fremdpositionierung). Dass die Erzieherin aber nicht Ercan, sondern Aleyna anspricht, spricht dafür, dass sie die beobachtete Situation als Aushandlung praktikbezogener Positionen (d.h. die Frage, wer hat mehr Macht, um einen Konflikt für sich zu lösen) interpretiert und daraufhin durch die Verbalisierung ihrer Situationseinschätzung eine modellhafte Ausführung der Praktik „Konflikt lösen" präsentiert.

274 Für Pekarek Doehler und Fasel Lauzon „microgenetic CA studies of classroom interaction document learning as a local process, embedded within the turn-by-turn unfolding of the social activities participants are engaged in. They provide in particular evidence for how patterns of language use are jointly elaborated and configured through the sequential deployment of talk, and for how learning emerges out of the course of jointly coordinated activities" (Pekarek Doehler/Fasel Lauzon 2015, 413f.).

So bleibt es nach der Analyse des Interaktionstranskriptes E19 offen, ob Ercan und Aleyna etwas gelernt haben und was sie gelernt haben. Vor diesem Hintergrund räumen Pekarek Doehler und Fasel Lauzon ein, dass „[a] microgenetic design is not an appropriate tool for providing evidence for long-term memorization, yet it may provide evidence for learning in the short term" (ebd., 413). Für die (Re-)Konstruktion des Lernens als beobachtbare Veränderungen in der Ressourcennutzung oder Partizipation der Fokuskinder ist eine longitudinale Perspektive erforderlich, die im folgenden Abschnitt näher erläutert wird.

4.4.5 Kontrastiver Vergleich

Nach Brouwer und Wagner besteht das Ziel einer konversationsanalytischen Auswertung nicht im Aufzeigen, dass bestimmte Phänomene in Interaktionen vorkommen, sondern in der (Re-)Konstruktion dessen, wie sie von den Interaktionsteilnehmenden ko-konstruiert werden (vgl. Brouwer/Wagner 2004, 32; vgl. auch Hellermann/Lee 2014, 60). Überträgt man dieses Forschungsinteresse auf den frühen Zweitspracherwerb, heißt das, man würde nicht fragen, ob und wann (im Sinne der Kontaktdauer zur Zweitsprache) ein Phänomen (z.B. Modalverben) in den Äußerungen der*des L2-Lernenden vorkommt, sondern man würde fragen: „Wie werden die Interaktionen, in denen ein bestimmtes Phänomen vorkommt oder nicht vorkommt, ko-konstruiert und in welche sozialen Praktiken und Positionsaushandlungen sind diese Interaktionen eingebettet?" Die Frage, wie die einzelnen Interaktionen von den Fokuskindern und ihren Interaktionspartner*innen hervorgebracht werden, lässt sich am besten beantworten, wenn man diese Interaktionen und die darin vorkommenden interessierenden Aspekte einem kontrastierenden Vergleich unterzieht.

In meiner Arbeit nutze ich kontrastive Vergleiche in doppelter Funktion: zum einen, um die durch die mikrogenetischen Analysen mittels der CA-SLA (re-)konstruierten *Doing-Learning*-Prozesse genauer zu beschreiben; zum anderen, um Änderungen in der Partizipation aus longitudinaler Perspektive zu dokumentieren.

Für den ersten Zweck wurden kontrastive Vergleiche ähnlicher Interaktionen, an denen das Fokuskind teilgenommen hat, durchgeführt. So wurden Kind-Kind- und Kind-Erzieher*in-Interaktionen oder Interaktionen mit der*dem kooperativen und kompetitiven Interaktionspartner*in miteinander verglichen, um Unterschiede im partizipativen Verhalten des Fokuskindes herauszuarbeiten. Mittels mikrogenetischer Analyse des Lernens (vgl. Kap. 3.2.1.1) in den als *doing-learning* identifizierten Interaktionen konnten durch kontrastive Vergleiche diejenigen Aspekte aufgespürt werden, die die Ko-Konstruktion bzw. Nicht-Ko-Konstruktion einer Praktik zur *Doing-Learning*-Interaktion erklärbar machen.

Für den zweiten Zweck, die (Re-)Konstruktion von Lernen als Änderungen im Ressourcengebrauch oder Partizipationsverhalten der Fokuskinder, war dagegen die Untersuchung mittel- und langfristiger Lernprozesse erforderlich, die im Rahmen der vorliegenden Studie mittels kontrastiver Vergleiche zweier oder mehrerer Transkripte eines und desselben Kindes zu einer und derselben Praktik oder einer und derselben Ressource über die Zeit hinweg realisiert wurde. Dieses Vorgehen setzt ein longitudinales Studiendesign voraus, das auch von anderen CA-SLA-Forscher*innen gefordert wird (vgl. Brouwer/

Wagner[275] 2004, 35; Firth/Wagner 2007, 809; Henrici 1995, 150 und 153; Markee/Kasper 2004, Wagner 2004, 614; siehe auch Lafford 2007, 749; Schwab 2009, 112).

Schwab weist zu Recht darauf hin, dass es „ein schwieriges Unterfangen" ist, zu entscheiden, ob sich bei z.B. Nachahmungen als ein Phänomen, das in *Doing-Learning*-Interaktionen häufig beobachtet wird, „tatsächlich um einen Lernzuwachs handelt oder um eine imitative Verständigungsstrategie oder beides zusammen" (Schwab 2009, 108). Und umgekehrt können rein konversationsanalytische Auswertungen nicht immer festhalten, dass „kurzzeitiger Spracherwerb" stattgefunden hat, auch wenn andere Daten (z.B. Retrospektionen) den stattgefundenen Spracherwerb belegen (vgl. Henrici 1995, 150).

Sowohl die mikrogenetische als auch die longitudinale CA-SLA-Forschung haben demnach ihre Grenzen und Potenziale: Während mikrogenetische Studien das Erscheinen des sozialen Lernens in der Interaktion *turn-by-turn* (re-)konstruieren, aber keine Evidenz für mittel- bzw. langfristiges Lernen liefern können, sind longitudinale CA-Studien imstande, die Änderungen im Partizipationsverhalten der Lernenden zu dokumentieren; sie können jedoch weder einen Nachweis dafür liefern, dass das Lernen der untersuchten sozialen Interaktionen entstammt, noch eine Antwort darauf geben, wie das Lernen zustande gekommen ist (vgl. Pekarek Doehler/Fasel Lauzon 2015, 414).

Aus diesem Grunde argumentieren Pekarek Doehler und Fasel Lauzon für eine Kombination von mikrogenetischen, Längsschnitt- und Querschnittstudien in der Zweitspracherwerbsforschung:

> While 'microgenetic' CA studies of classroom interaction provide evidence for learning as a social process accomplished in real time within the mutual coordination of turns at talk, typically focusing on linguistic forms, longitudinal and cross-sectional CA studies shed light onto some aspects of developmental trajectories or stages, in particular with regard to students' evolving competences for interaction; they trace development/learning in terms of the increased deployment and diversification of 'methods' (i.e., systematic procedures) for dealing with the organization and the contingencies of social interaction. Taken together, the existing studies provide a rich empirically-based contribution to our understanding of interactional competence and its development over time (ebd., 421).

Im Rahmen der vorliegenden Arbeit wurde daher die mikrogenetische Perspektive mit der longitudinalen Perspektive kombiniert, indem mikrogenetische Analysen von zeitlich versetzt stattgefundenen Interaktionen miteinander verglichen wurden, um soziale Lernprozesse zu (re-)konstruieren.

Das Vorgehen bei den kontrastiven Vergleichen, die auf die Dokumentation von Veränderungen abzielen, umfasste folgende Schritte:
1. Identifikation der Interaktionssequenz, wo vermutet wird, dass dort Lernen stattfindet. Die Sequenz wird als *Schlüsselsequenz* bezeichnet, das Element (Lexem, *chunk*, Struktur, Praktik, Position etc.) wird als *Fokuselement* bezeichnet.

---

275 Brouwer und Wagner unterscheiden zwischen „occasional" und „developmental" Daten und betonen die Bedeutung der zuletzt genannten für die Zweitspracherwerbsforschung (Brouwer/Wanger 2004, 35).

2. Analyse des Vorkommens des Fokuselementes in den Interaktionen *davor* durch Wortsuche im Textverarbeitungsprogramm[276] in Sprecherbeiträgen der Erzieher*innen, der anderen Kinder und des Fokuskindes.
3. Mikrogenetische Analyse des Lernens in der Schlüsselsequenz.
4. Analyse des Vorkommens des Fokuselementes *danach* in den Sprecherbeiträgen der Erzieher*innen, der anderen Kinder und des Fokuskindes.
5. Longitudinale (Re-)Konstruktion eines beobachtbaren und in sozialen Interaktionen entstehenden Lernprozesses.

Am Beispiel der mikrogenetischen und longitudinalen Analyse des *chunks* „geh weg" anhand der Transkripte E6, E11, E13, E19 und E34 soll das Vorgehen bei der Analyse der Änderungen im Ressourcengebrauch veranschaulicht werden.

1. Als Schlüsselinteraktion, in der das Lernen des *chunks* „geh weg" (Fokuselement) angenommen wird, wird die Interaktion zwischen Ercan und Daniel beim Rutschen in der Puppenecke (Transkript E34, 18.04.) betrachtet. Es fällt an dieser Interaktion auf, dass Ercan und Daniel in einer spielerischen Situation den *chunk* „geh weg" mehrfach gebrauchen und dabei seine Lautform variieren.

```
103    E     ey weg (.) GEH weg.
              ((Auslassung))
115    Da    du net ICH.
116    E     nein du nicht (.) geh BEG.
117          (2.91)
118    E     e (.) ICH.
119    Da    net atsch (.) geh BIK.
120    Da    und du NEno.
              ((Auslassung))
125    E     geh wega geh WE:::G.
126          (0.61)
127    Da    isüni iHESS.
128          (8.0)
129    E     geh WEG.
130          ((die Kinder lachen))
131    Da    okay ICH jetzt.
132          (1.54)
133    E     jetzt ICH.
134          (12.49)
135    E     noch NICHT.
136    E     geh WEG.
137    Da    (iSÜme/wieSO denn),
138    E     hossen (djudjek/geh WEG). ((türk.: „ha sen" ja du))
139    Da    (.) eh DU.
              ((Auslassung))
166    Da    geh BECK.
167    E     oDSÜne ich. ((türk. „o zaman" dann/danach))
```

---

276 Die lexikalische Suche gestaltet sich dabei über das Stammmorphem. Um z.B. das Vorkommen von „ich mache" zu rekonstruieren, wird in die Suchzeile „mach" eingegeben und alle grammatischen Formen werden automatisch markiert und können in ihrer interaktionellen Hervorbringung nachverfolgt werden. Eine weitere Möglichkeit der Auffindung von interessierenden Phänomenen bietet die Funktion „lexikalische Suche" in MAXQDA.

```
168            ((Auslassung 40.29 Sek: die Kinder spielen und lachen))
169     Da     (dopo/dann mach)(.) EDge yine (("Ece yine"  "wieder
               Ece)) oder ICH?
170     E      **geh WEG.**
```

2. Davor: Der *chunk* „geh weg" findet sich zunächst in Ercans Turns in der Interaktion mit einem anderen Kind (echte Konfliktinteraktion ohne spielerischen Charakter) (Transkript E6, 18.04., 08:35 Uhr). Ercan, Adnan und ein paar andere Kinder sitzen am Tisch und malen. Adnan sagt, dass Ercan „KRItze kritzel" malt (Z. 6) und dass er falsch gemalt hat (Z. 46 und 48).

```
050 E   (nadann) **geh WEG.**
051     (1.19)
052 E   **geh WEG** abi. ((türk. "Bruder"))
053     (0.44)
054 A   **GEH** du mal **weg** arios.
```

3. Eine halbe Stunde später findet sich der *chunk* „geh weg" in Ercans Sprecherbeiträgen in den spielerischen Aktivitäten mit seinem besten Freund Daniel (Transkript E34 vom 18.04., 09:05 Uhr). Beim wiederholten Rutschen ins Zelt wird die Reihenfolge ausgehandelt und die Aussprache und die illokutive Kraft des *chunks* „geh weg" werden ausprobiert.

Mikrogenetische Analysen: Ercan gebraucht den *chunk* in der Äußerung „ey weg (.) GEH weg." (Z. 103); dabei könnte „ey" entweder als Interjektion oder als eine von der Norm abweichende Produktion von „GEH" und der zweite Gebrauch des *chunks* entsprechend als Selbstkorrektur betrachtet werden. Daniel erwidert, dass er dran ist (Z. 115). Ercan widerspricht und sagt „geh BEG" (Z. 116). Dann sagt er, dass er dran ist (Z. 118). Daniel widerspricht und nimmt Ercans abweichende Aussprache von „weg" anscheinend zum Anlass, mit dem Wort zu experimentieren, da er „geh BIK" sagt (Z. 119). Auch seine Äußerung in Zeile 120 „und du NEno." könnte ein solches Sprachspiel sein. Ein paar Turns weiter sagt Ercan „geh wega geh WE:::G." und gebraucht dabei Selbstkorrektur (Z. 125). Bei Daniels Turn in Zeile 127 kann es sich um ein Sprachspiel, Phantasiesprache oder eine seiner Erstsprachen[277] handeln. Ercan wiederholt seine Aufforderung „geh WEG." (Z. 129). Die Kinder lachen (Z. 130). Daniel sagt „okay" und setzt fort, dass er jetzt dran ist (Z. 131). Ercan erwidert, dass er dran ist (Z. 133). Nach einer Pause, in der

---

[277] Laut Erzieherin hat Daniel afghanisch-polnische Wurzeln und spricht kein Türkisch. Die türkischsprachigen Hilfskräfte kamen zum Schluss, dass sich in Daniels Sprecherbeiträgen auch türkischsprachige Ausdrücke finden. Da Daniels Eltern zum Sprachgebrauch nicht befragt werden konnten, könnte man diesbezüglich lediglich verschiedene Vermutungen anstellen: 1) Daniel spricht seine Erstsprache(n); 2) Daniel findet Ercans Sprache lustig und gebraucht selbst eine Phantasiesprache; 3) Daniel findet Ercans Sprache nachahmungs- und lernwert. Die Verwendung des türkischen Ausdrucks „o zaman" (Z. 127, 253, 256) könnte dabei als Evidenz für die dritte Vermutung angesehen werden, wobei Daniel sich über die ganze Interaktion hinweg an der sprachlichen Lautform ausprobiert (vgl. „maNAsso" in Z. 75, „geh BIK" in Z. 119, „geh BECK" in Z. 166).

die Kinder rutschen, sagt Ercan „noch NICHT" (Z. 135) und fordert Daniel auf, wegzugehen (Z. 136). Daniel fragt vermutlich nach (Z. 137). Ercan antwortet vermutlich teils auf Türkisch, teils auf Deutsch (Z. 138). Daniel signalisiert Verärgerung (Z. 139) und macht Geräusche (Z. 141). Im weiteren Interaktionsverlauf spielen die Kinder und lachen (Z. 142–165). In Zeile 166 fordert Daniel Ercan auf, „BECK" zu gehen (Z. 166). Ercan antwortet teils auf Türkisch, teils auf Deutsch, dass danach er dran ist (Z. 167). Die Kinder spielen und lachen (Z. 168). Daniel fragt, ob danach wieder „edge" (türk. „Ece" – Mädchenname; diesen Teil seines Turns formuliert er auf Türkisch) oder er dran ist (Z. 169). Ercan fordert ihn auf, wegzugehen (Z. 170).

Interessanterweise reagiert Daniel nicht einfach mit dem Weggehen auf die Forderung, sondern kommentiert (Z. 104), widerspricht (Z. 119, 127, 137), lacht (Z. 130) etc. Dass beide Kinder die soziale Praktik „Rutschen" weiter ausführen und dabei lachen (Z. 122, 130, 142), legt die Interpretation nahe, dass es sich hierbei weniger um einen ‚echten' Konflikt, vielmehr um eine spielerische Einübung der sprachlichen Form und Funktion von „geh weg" handelt. Die kooperative Beziehung einerseits und die sich wiederholende soziale Praktik des Rutschens andererseits scheinen dabei die Basis für den wiederholten Gebrauch von „geh weg" zu bilden.

4. Danach: Am 25.04. findet die in Kapitel 4.4.4 bereits analysierte Interaktion statt (Transkript E19). Ercan gebraucht „GEH weg." in der echten Konfliktsituation mit einem anderen Kind:

```
010   E    GEH weg. ((Ercan schubst Aleyna))
```

Es folgt jedoch keine präferierte Reaktion, bis die Erzieherin eingegriffen hat (Z. 11–14).

Am 03.05. wird „geh weg" in einer spielerischen Situation wieder mit dem besten Freund in der Puppenecke gebraucht (Transkript E13, Z. 9):

```
006   Da   autsch.
007        ((Lachen))
008        (1.43)
009   E    geh WEG.
010   Da   ich SITze.
```

Am 28.05. wird „geh weg" von Ercan in einer echten Konfliktsituation gebraucht (Transkript E11) und die Erzieherin (Erzieherin 1 (Erz)), die die Puppenecke betritt und Ercans Äußerung als an sich gerichtet interpretiert, folgt seiner Aufforderung:

```
033   E    geh WEG.
034   De   guck mal ((unverständlich)).
035   Erz  ICH soll weggehen?
036        (0.54)
037   E    nein du WEG.
038   Erz  [okay dann gehe ich jetzt mal WEG.]
```

5. Während Ercan den *chunk* „geh weg" in der Interaktion mit Adnan in der Bedeutung „hör auf" oder „lass das" gebraucht (Tanskript E6), scheint der *Chunk*-Gebrauch nach der Schlüsselsequenz (Transkript E34) darauf abzuzielen, die angesprochenen Personen tatsächlich zum Weggehen zu bewegen (Transkripte E19, E13 und E11). Es bleibt jedoch offen, in welcher Interaktion genau der *chunk* in seiner semantisch-pragmatischen Funktion von Ercan gelernt wurde. Denn es wäre auch möglich, dass Ercan an einer Interaktion im Kindergarten an einem Tag, wo ich nicht als teilnehmende Beobachterin anwesend war, an einer Interaktion mit einem Geschwisterkind oder Elternteil im Elternhaus oder an einer Interaktion auf dem Kinderspielplatz teilgenommen hat, in der der *chunk* „geh weg" als sprachlich-interaktionale Ressource genutzt und in seiner semantischen Funktion von Ercan gelernt wurde (im Sinne einer Bedeutungseingrenzung). Dennoch liefern kontrastive Vergleiche der mikrogenetischen Konversationsanalysen des Gebrauchs eines Fokusphänomens die Möglichkeit, Änderungen in seinem Gebrauch zu (re-)konstruieren.

Aufgrund der obigen Ausführungen erfolgt die Ergebnisdarstellung zum Aspekt Lernen sowohl an den kontrastiven Vergleichen der *Doing-Learning*-Interaktionen als auch an den kontrastiven Vergleichen ähnlicher Praktiken (Lernen als soziale Praktik), die Veränderungen bezogen auf die Ressourcen und Praktikgestaltung bei den Fokuskindern deutlich machen (Lernen als Entwicklung).

4.5 Zusammenfassung

Im Rahmen der teilnehmenden Beobachtung und unter besonderer Beachtung forschungsethischer Prinzipien wurden Audioaufnahmen und Beobachtungsnotizen angefertigt, die den Kern der generierten Daten bilden. Nach der Selektion und Transkription der 73 Transkripte wurden 64 Transkripte (32 pro Kind) für die Datenauswertung ausgewählt. Das gewählte methodische Vorgehen bei der Datenauswertung orientiert sich an dem Ansatz CA-SLA und ermöglicht es, einen erweiterten Blick auf die sprachlichen Interaktionen im Kindergarten zu werfen. Es entspricht nicht nur der Prämisse der Gegenstandsangemessenheit, sondern erweitert die Erkenntnisreichweite, indem es einerseits die KA-Analysen mit den Konzepten der sozial orientierten Zweitspracherwerbsforschung kombiniert und andererseits die Entwicklungen bzw. Veränderungen über die Zeit hinweg nachverfolgt. Eine solche Herangehensweise steht im Einklang mit der genetischen Methode von Vygotskij (vgl. Kap. 3.2.1.1) einerseits und der *developmental conversation analysis* (vgl. Kap. 3.3.2) andererseits und liefert interessante Ergebnisse, die im nächsten Kapitel vorgestellt werden.

5 Darstellung der Ergebnisse

Wie in Kapitel 2.4 erläutert, werden in der vorliegenden Arbeit folgende Fragen verfolgt: Welche sprachlich-interaktionalen Ressourcen nutzen die Fokuskinder, um an sozialen Praktiken des Kindergartens zu partizipieren? Welche sozialen Praktiken lassen sich (re-)konstruieren und wie werden sie von den Kindern und Erzieher*innen ko-konstruiert? Und wie werden soziale Positionen im Kindergarten ausgehandelt? Vor dem Hintergrund der epistemologischen und forschungsmethodologischen Grundannahmen der in Kapitel 3 vorgestellten soziokulturellen, konversationsanalytischen und poststrukturalistischen Ansätze wurden die erhobenen Daten mittels der CA-SLA und Positionierungsanalyse ausgewertet (vgl. Kap. 4.4). Bevor ich in diesem Kapitel die Erkenntnisse zu den einzelnen Gegenstandsaspekten *Ressourcen*, *Praktiken* und *Positionierungen* präsentiere, ist es erforderlich, zunächst den Kindergarten als CoP zu (re-)konstruieren; d.h., das CoP-Konzept soll nicht einfach auf die Daten übertragen werden, sondern es soll (in enger Orientierung an der emischen Perspektive) aufgezeigt werden, dass der Community-Gedanke von den Kindern und Erzieher*innen in alltäglichen Interaktionen relevant gemacht wird. Die Konzeptualisierung von Kindergarten als CoP (Kap. 5.1) bildet somit nicht nur die Hintergrundfolie für die Präsentation der im Rahmen der Studie (re-)konstruierten sprachlich-interaktionalen Ressourcen (Kap. 5.2), sozialen Praktiken (Kap. 5.3) und Positionierungen (Kap. 5.4) im frühen Zweitspracherwerb, sondern sie ermöglicht erst die Gegenstandskonstituierung und begründet die analytische Reichweite der Erkenntnisse. Dabei werden die Studienergebnisse anhand der Analysen typischer[278] Beispiele dargestellt. Um der in Kap. 4.2.2 kritisierten Deutschzentriertheit entgegenzuwirken, wird die Mehrsprachigkeit als ein durchgehendes Thema behandelt (Kap. 5.2.2, Kap. 5.3.3. und Kap. 5.4.3). Sie stellt im Rahmen der Studie zwar keinen eigenständigen Forschungsaspekt dar, ist aber sowohl in ihrer Funktion als Ressource als auch als Konstitutionsaspekt von Praktiken und Positionierungen für die vorliegende Arbeit relevant. Für das Verständnis des Darstellungsaufbaus ist es wichtig darauf hinzuweisen, dass Ressourcen, Praktiken und Positionierungen nicht nur aus der statischen, sondern dank dem longitudinalen Forschungsdesign auch aus der dynamischen Perspektive beleuchtet werden, damit eventuelle Veränderungen in der Nutzung von Ressourcen, der Ausführung von Praktiken oder Positionierungen rekonstruiert werden können. Auf diese Veränderungen wird im Folgenden mit dem Rückgriff auf die Begriffe *Aneignung* (Kap. 5.2.3), *Lernen* (Kap. 5.3.4) und *Entwicklung*[279] (Kap. 5.4.4.2) referiert, wobei die Rekonstruktion der

---

278 Da der Begriff *typisch* selbst ein Konstrukt ist, möchte ich darauf hinweisen, dass ich mich dabei nicht auf statistische Auswertungen, sondern auf mein Wissen aus der Feldforschung und Gesprächsanalyse der Daten beziehe. Bei der Auswahl der hier darzustellenden Beispiele waren folgende Überlegungen von Belang: Erstens sollen die Beispiele das analysierte Phänomen prägnant darstellen, zweitens sollen die Perspektiven der Kinder und der Erzieher*innen möglichst gleichermaßen berücksichtigt werden, drittens ermöglicht das Heranziehen kontrastiver Beispiele (z.B. in. Kap. 5.3.4.1.1 und Kap. 5.3.4.1.2) eine tiefergehende Analyse des fokussierten Phänomens.

279 Hier werden die drei Begriffe als Synonyme verwendet.

Lernprozesse sowohl aus der kurz- bzw. mittelfristigen (in den als *doing-learning* identifizierten Interaktionen) als auch aus der longitudinalen Perspektive geschieht. Somit werden im Aufbau der folgenden Unterkapitel (außer Kap. 5.1) neben der Beschreibung der (re-)konstruierten Ressourcen, Praktiken und Positionierungen auch die Dimensionen Mehrsprachigkeit und Veränderung berücksichtigt.

5.1 (Re-)Konstruktion des Kindergartens als CoP

Forschungsfrage 1: Wie wird der Kindergarten von den Erzieher*innen und Kindern als *Community of Practice* ko-konstruiert?

Der Kindheitsforscher Cloos kritisiert, dass dem Kindergarten als „pädagogisches Setting" in der frühpädagogischen Forschung zu wenig Rechnung getragen wird:

> Eine forschungspädagogische Forschung hat im Gegensatz zu einer Kindheitsforschung aber die Spezifik der Teilnehmerrollen und die Performativität der gemeinsamen Herstellung eines Handlungsfeldes stärker zu beachten. D.h., sie kann sich nicht darauf berufen, dass sie im Kindergarten forscht, wenn sie die Bedeutung des Ortes Kindergarten als pädagogisches Setting innerhalb der Forschung kaum reflektiert [...] (Cloos 2010, 478).

Diese Forderung gilt m.E. im gleichen Maße auch für die an dem frühen DaZ-Erwerb interessierte Zweitspracherwerbsforschung und bedeutet, dass die Wirkmächtigkeit der Institution Kindergarten samt deren Praktiken, Orientierungen, Strukturen etc. bei der Erforschung des DaZ-Erwerbs der Kindergartenkinder zu beachten ist.

Bevor ich also die Ergebnisse zu den einzelnen Gegenstandsaspekten präsentiere, müssen die Konzeptualisierung des Kindergartens als CoP und die sich daraus ergebende Gegenstandskonstituierung begründet werden. Zwar wurde das CoP-Konzept dem üblichen Aufbau einer Dissertation folgend bereits im theoretischen Teil präsentiert (vgl. Kap. 3.2.2), aber es waren (im Sinne des in der KA proklamierten Datenprimats) die in den Sprecherbeiträgen der Kinder und Erzieher*innen gefundenen Hinweise (*displays*) (vgl. Kap. 3.3.1), die mich dazu veranlasst haben, die soziokulturell orientierte ZSE-Forschung zu konsultieren (vgl. Kap. 4.4.3). Anhand dieser *Displays*-Sequenzen erfolgte die (Re-)Konstruktion des Kindergartens als CoP, die im Folgenden dargestellt wird.

Um die Ko-Konstruktion der Kita-Wirklichkeit aus der CoP-Perspektive zu analysieren, wurden die Daten nach der konversationsanalytischen Auswertung in einem zweiten Schritt (vgl. Kap. 4.4.3) auf die Merkmale einer CoP nach Wenger (gemeinsames Unternehmen, gemeinsame Involviertheit und geteiltes Repertoire) systematisch untersucht (vgl. Wenger 1998, 73). Forschungsleitend ist dabei die Frage: Wie zeigen sich die Interaktionsteilnehmenden gegenseitig, dass sie sich als Mitglieder einer Community verstehen? Ein besonderes Augenmerk galt dabei der Ko-Konstruktion solcher Aspekte wie die Zugehörigkeit zur Kita-Community, das gemeinsame Unternehmen sowie der Umgang mit den sprachlichen Ressourcen der Community, den Community-Regeln und dem in der Community geteilten Wissen.[280]

5.1.1 Zugehörigkeit zur Community

Dass sich die Kinder und die Erzieher*innen als Community verstehen, lässt sich z.B. aus dem Transkript E26 (Erzieherin 1 (Erz)) (re-)konstruieren, das eine Interaktion in der Garderobe zeigt:

```
027    K2      maRIa wir gehen raus.
028    Erz     WIR auch.
029    K2      alle gehen ALle kinder gehen raus.
030    K1      [ALle kinder gehen raus.]
031    F       [ALle kinder.]
032    K1      auch ein BÄR auch ein KÄfer.
033    F       aber ich bin kein KÄfer.
034    K1      doch du bist ein KÄfer.
035    F       okay gut dann gehe ich AUCH raus ((lacht)).
```

Die Kita-Community wird hier von den Kindern und der Erzieherin durch den Gebrauch von „wir" (Z. 27 und 28), „alle" (Z. 29, 30, 31), „ein BÄR" und „ein Käfer" (Z. 32) sprachlich ko-konstruiert, um auszudrücken, dass einzelne Kinder und Erzieher*innen (inklusive meiner Person) als Mitglieder der jeweiligen Kindergartengruppe identifiziert werden und dass sowohl die Kinder der Bärengruppe als auch die Kinder der Käfergruppe die Oberkategorie „ALle kinder" bilden.[281]

Im Transkript E28 verweist die Erzieherin 1 (Erz) explizit auf die gemeinsame Zugehörigkeit zur Kindergartengruppe-Community, wobei sie sich hier interessanterweise auch als Kind positioniert.

```
0236   Erz     [wir sind kinder in der KÄfergruppe.]
```

Auch das von den pädagogischen Fachkräften initiierte Zählen der Kinder im Morgenkreis und das Besprechen dessen, wer von den Kindern fehlt (vgl. Transkript E10), könnte man als Ko-Konstruktion einer Community verstehen, d.h. eine Praktik, die darauf abzielt, die Zugehörigkeit anwesender und abwesender Kinder als Mitglieder der Commu-

---

280 Es sei jedoch darauf hingewiesen, dass die Trennung dieser Konstrukte als eine analytische Abstraktion zu verstehen ist, denn die Datenanalysen zeigen, dass diese theoretischen Konstrukte stark ineinandergreifen.

281 Es gab im Kindergarten noch eine dritte Gruppe, die hier nicht thematisiert wird. Ein möglicher Grund dafür könnte darin liegen, dass sich der Raum der dritten Gruppe auf der anderen Seite des Gebäudes befand. Interessanterweise positioniere ich mich (F) in dieser Interaktion als nicht der Käfergruppe zugehörig (Z. 33), obwohl ich an diesem Tag in der Käfergruppe teilnehmend beobachtet habe. Das Kind K1 weist meine Selbstpositionierung zurück und positioniert mich als „ein Käfer" (Z. 34) und somit als der Käfergruppe und der Kita-Community zugehörig. Ich akzeptiere diese Fremdpositionierung (Z. 35).

nity *Kindergartengruppe* zu markieren. In einer Gruppe gab es zusätzlich eine Morgenroutine, während welcher die Erzieherin die Namen einzelner Kinder aufrief und das anwesende Kind mit „Ahoi" seine Anwesenheit bestätigte, wie der folgende Auszug aus den Beobachtungsnotizen zeigt:

[Die Erzieherin, Erz1] ruft die Kinder auf: „Und Ercan, ist der Ercan an Bord?".

E[rcan]: „Ahoi" (Beobachtungsnotizen BP_E_10 vom 15.05.).

Die Kinder initiieren aber auch selbst Gespräche über an- bzw. abwesende Kinder, wie das Transkript E24 (Erzieherin 1 (Erz)) zeigt:[282]

```
025   E     ist JOnas?
026         (0.33)
027   Erz   WIE bitte?
028   E     ist JOnas?
029   Erz   jo:::nas jonas ist noch nicht DA.
030         (0.29)
031   Erz   oder KOMMT er grade?
032   E     ist DAniel?
033         (0.31)
034   Erz   ja DAniel ist da.
```

Durch die Fragen nach Jonas und Daniel (Z. 25, 28 und 32) zeigt Ercan, dass er diese Kinder als die Mitglieder seiner Kindergartengruppe-Community ansieht.

Auch Nias zeigt durch seine Fragen nach dem abwesenden Freund, dass er den als Mitglied der Kindergartengruppe-Community ansieht (vgl. Skintey 2014).

5.1.2 Gemeinsames Unternehmen und gemeinsame Involviertheit

Der Kindergarten-Alltag bietet verschiedene Möglichkeiten für die Kinder (und Erzieher*innen), an gemeinsamen sozialen Praktiken zu partizipieren, wie folgender Auszug aus dem Transkript N23 (Erzieherin 3 (Erz)) exemplarisch zeigt:

```
006   Erz   wir können zusammen eine große MURmelbahn bauen;
            ((Auslassung))
013   X1    aber nias muss MITmachen.
014         (0.7)
015   X1    nias (.) ((unverständlich)).
            ((Auslassung))
084   Erz   wir bauen zuSAMmen eine.
```

Die Erzieherin schlägt hier den Kindern vor, „zusammen eine große MURmelbahn" zu bauen (Z. 6), durch den Gebrauch von „wir" und „zusammen" bringt sie zum Ausdruck,

---

282 Vgl. auch das Transkript N31 „Wo ist Mostafa?".

dass es sich hierbei um eine gemeinsame soziale Praktik handelt. Das wiederholt sie in Zeile 84. Das Kind X1 weist darauf hin, dass Nias „MITmachen" muss (Z. 13) und sich nicht vor einer gemeinsamen Praktik drücken kann.[283] Nias wird dadurch als der Community zugehörig fremdpositioniert.

5.1.3 Geteiltes Repertoire

Laut Wenger zeichnet sich eine CoP durch geteiltes Repertoire aus (vgl. Wenger 1998, 73). In diesem Kapitel wird herausgearbeitet, wie sich Kinder und Erzieher*innen bei der Partizipation an sozialen Praktiken der CoP an der innerhalb der CoP geteilten Sprache als symbolischem Artefakt (Kap. 5.1.3.1), geteilten Regeln (Kap. 5.1.3.2) und geteiltem Wissen (Kap. 5.1.3.3) orientieren.

5.1.3.1 Geteilte symbolische Ressourcen

Der zu Beginn der Arbeit präsentierte Transkriptauszug (N23) zeigt, wie Nias der Erzieherin (Erzieherin 3 (Erz)) deutlich macht, dass ihm ein Wort fehlt, das als eine sprachliche Ressource gebraucht wird, um einer Praktik *Murmelbahn bauen* zu partizipieren:

```
053    N     ich hab KEIN (sprechen);
054          ((Stimme eines anderen Kindes))
055    Erz   du hast nicht geSPROchen?
056    N     ich hab kein SPREchen;
057          (1.5)
058    N     ich hab kein SPREchen;
059    N     SPREchen.
```

Durch mehrfache Wiederholungen zeigt Nias, dass er die Erzieherin als Expertin für die Ressource der deutschen Sprache ansieht und von ihr erwartet, dass sie die Ressource mit ihm teilt, indem sie ihm das gesuchte Wort nennt.

Im Beispiel E6 zeigt die Aufforderung von Adnan, kein Türkisch zu sprechen, dass er sich dabei an die innerhalb der CoP geteilte Ressource der deutschen Sprache als Norm orientiert:

```
087 A   (ercan bitte) kein TÜRkisch (.) reden.[284]
```

Interessanterweise gilt *das Teilen* im Umgang mit dem CoP-Repertoire gleichermaßen für symbolische und materielle Ressourcen, wie im folgenden Abschnitt herausgearbeitet wird.

---

283   Hiermit wird gezeigt, dass das Wissen um die gemeinsame Involviertheit in dieser Situation nicht nur von der Erzieherin, sondern auch von den anderen Kindern geteilt und überwacht wird.

284   Diese Aufforderung suggeriert, dass Adnan davon ausgeht, dass Ercan neben dem Türkischen auch Deutsch sprechen kann.

5.1.3.2 Geteilte Regeln

Die soziale Praxis der Community wird nach bestimmten Regeln[285] abgewickelt. Exemplarisch wird hier am Beispiel der Regel *Teilen* (Transkript N23, Erzieherin 3 (Erz)) aufgezeigt, wie in der Community der Umgang mit den materiellen Artefakten ausgehandelt wird und wie die Vermittlung der Regel erfolgt.

```
005  Erz   hier hier WIRD nichts gebunkert;=ja?
006  Erz   wir können zusammen eine große MURmelbahn bauen;
007  X1    ja.
008  Erz   und wenn JEder eine eigene (möchte),
009        (0.84)
010  Erz   dann müsst ihr die sachen TEIlen.
011        (1.38)
012  Erz   SAM.
013  X1    aber nias muss MITmachen.
014        (0.7)
015  X1    nias (.) ((unverständlich)).
016  N     ich hab nicht ich habe nicht GROße.
017  X2    meriam KANN ich,
018  Erz   nee du kannst auch nicht alle nehmen die KINder brau-
            chen auch welche.=ja?
            ((Auslassung: Es wird gebaut und gesprochen))
034  Erz   die anderen kinder brauchen AUCH so etwas.=ja?
035  Erz   du kannst nicht ALle nehmen.
036  N     aber ich hab EIN man.
```

Die Vermittlung der Regel Teilen durch die Erzieherin findet zunächst auf der allgemein-neutralen Ebene statt (jedoch im gegebenen Kontext), so gebraucht sie z.B. die unpersönliche Passivform „wird" (Z. 5), das Indefinitpronomen „jeder" (Z. 8) und Personalpronomen in der Pluralform „wir" (Z. 6) und „ihr" (Z. 10). Dann wird die Regel an das konkrete Kind gerichtet (Z. 12). Als ein Kind auf die Gültigkeit der Regel für die anderen Kinder

---

[285] Regeln im Kindergarten können als soziale Normen verstanden werden, d.h. als „Vorschriften, die von gesellschaftlichen Gruppen aufgestellt werden und mehr oder weniger verbindlich festlegen, wie man als Angehöriger dieser Gruppe in bestimmten Situationen handeln soll. Sie sind Bestandteil des gemeinsam geteilten Handlungswissens und der kulturellen Praxis der betreffenden Gruppe. Im Rahmen der Sozialisation werden sie von den erwachsenen Gruppenmitgliedern an die Heranwachsenden weitergegeben. Dies geschieht zum Teil explizit, zum Teil aber auch dadurch, daß normentsprechende Verhaltensweisen belohnt und Normverletzungen bestraft werden. [...] Sanktionen werden von Mitgliedern sozialer Gruppen gegeneinander angewendet, um der Gruppennorm entsprechende Handlungsweisen zu bekräftigen und zu stabilisieren oder Normwidrigkeiten zu bestrafen und dadurch auszumerzen" (Kraft 2007, 240).

hinweist (hier für Nias) (Z. 13 und 15), wird Nias auch direkt von der Erzieherin angesprochen und auf die Regel verwiesen (Z. 18, 34–35) (konkret-persönliche Ebene).[286]

Auch das Transkript E36 (Erzieherin 1 (Erz)) illustriert die Vermittlung einer Community-Regel sowie deren Aushandlung durch die Kinder.

```
001  E      ich möchte DAniel.
002  D      maria kann ich bitte PUPpenecke gehen?
003  D      ((unverständlich)) gehen?
004  Erz    guten MORgen.
005  Erz    ähm daniel (.) kann ich bitte IN DIE puppenecke gehen?
006         (4.0)
007  Erz    ich wollte grade sagen (.) du MACHST bitte die tür groß
            auf;=ne?
008  E      na:n.
009  E      gä?
010  Erz    die bleibt auf;
011  E      edge ich hier.
012         (1.22)
013  D      FRAgen ercan in muss fragen.
014  E      doch.
015         (0.9)
016  D      ich muss-
017  Erz    ercan du musst mich FRAgen.
018  Erz    ja?=KOMM mal bitte her.
019  D      FRAgen.
020         (1.32)
021  Erz    KOMM bitte einmal (.) hier.
022  D      (FRAgen).
023  E      (ich MÖCHte)-
024  Erz    KOMM bitte einmal zu mir ercan.
025  E      na:n.
026  Erz    doch (.) du musst mich FRAgen.
027  Erz    KOMM mal her.
028  E      doch.
029  Erz    das ist die REgel im kindergarten.
030  E      doch.
031  Erz    frag mal maria DARF ich in die puppenecke?
032  E      (gehen) in die PUPpeneck.
033  Erz    KANN ich in die puppenecke (.) ercan.
```

---

286 Dabei kann die Regel von den Kindern internalisiert und auf andere Situationen außerhalb der Kita-Community übertragen werden. Mein Sohn sagt z.B. oft zu anderen Kindern auf einem Kinder- oder Indoor-Spielplatz: „Das gehört nicht dir/euch, das gehört allen". Auf meine Nachfrage „Wer sagt das so?" antwortete er, dass die Gruppenerzieherinnen in seinem Kindergarten das so sagen und dass diese Regel für „Autos, Legosteine und alles" gilt. Er kennt die Regel zum Umgang mit den materiellen Ressourcen aus seiner Kita-Community und bezieht sich darauf, um den Umgang mit Ressourcen in anderen Kontexten zu regeln.

```
034 Erz    hm FRAgen hm_hm.
035 Erz    stopp (.) du musst FRAgen.
036        (3.0)
037 Erz    frag ich MÖCHte bitte in die puppenecke.
038        (3.62)
039 Erz    du musst FRAgen.
040 X      ((unverständlich))
041 D      FRAG nja.
042 Erz    du möchtest AUCH rein?
043 D      ich WILL.
044 E      ja.
045 Erz    ja?=DARFST du.
           ((Auslassung: Die Kinder gehen in die Puppenecke rein))
052 F      Ich wollte fragen darf ich auch mit REIN?
053 F      ich setze mich HIER in die ecke.
054        (3.43)
```

Das Transkript E36 zeigt die Norm des Kindergartens: Man soll die Erzieherin fragen, wenn man in die Puppenecke gehen will. Diese Norm ist den Mitgliedern der Community bekannt und das Nicht-Einhalten wird von diesen sanktioniert. So weist Daniel als ein erfahrenes Community-Mitglied Ercan als den Partizipant an der legitimen Peripherie darauf hin (Z. 13, 16?, 19, 22). Während Daniel die Regel kennt und nur in Bezug auf die Ressourcen (korrekte grammatische Form „in die Puppenecke") noch Unterstützung durch die Erzieherin als Expertin braucht, scheinen Ercan sowohl das Wissen über die Regel als auch die für die Realisierung der Regel notwendigen sprachlichen Ressourcen der Community zu fehlen.[287] Die Regelvermittlung findet somit auf zwei Ebenen statt: Einerseits auf der Metaebene und andererseits auf der Ebene der sprachlichen Struktur.

Regelvermittlung:
- Zunächst findet die Regelanwendung durch Daniel statt (Z. 2, 3). Die Erzieherin korrigiert explizit die sprachliche Form von Daniels Äußerung (Z. 5).
- Als Ercan den Wunsch signalisiert, in die Puppenecke zu gehen (Z. 11), weist ihn Daniel auf die Regel hin (Z. 13) (vermutlich auf der allgemeinen Ebene („in" anstelle von „man") muss fragen). Darauffolgend bietet Daniel Ercan eine sprachliche Hilfe „ich muss" (Z. 16).
- Dann weist die Erzieherin Ercan auf die Regel hin (konkret-persönlich) (Z. 17).
- Daniel weist Ercan ebenso auf die Regel hin (Z. 19, 22).
- Ercan setzt an (Z. 23), bricht seine Äußerung jedoch ab.
- Die Erzieherin weist ihn erneut auf die Regel hin (konkret-persönlich) (Z. 26).
- Dann verweist sie auf die Gültigkeit der Regel in der Community (allgemein-neutral) (Z. 29).
- Die Aufforderung zur Regelanwendung formuliert sie wieder konkret-persönlich „frag mal maria" (Z. 31) und bietet unterschiedliche sprachliche Muster (Ressourcen) an (Z. 31, 33, 37).

---

287   Das Transkript E1 vom 18.04. belegt jedoch, dass Ercan die Regel kennt.

- Die Erzieherin weist Ercan dabei auf die Regel zunächst auf der allgemein-neutralen Ebene („FRAgen", Z. 34) und dann auf der konkret-persönlichen Ebene („du musst FRAgen", „frag", Z. 35, 37, 39) hin.
- Daniel weist auf die Regel hin (konkret-persönlich) (Z. 41).
- Als Ercan sich der Regelanwendung widersetzt, fragt die Erzieherin, ob er „AUCH rein" möchte (Z. 42).
- Ercan bejaht (Z. 44).
- Die Erzieherin erteilt die Erlaubnis (Z. 45).

Dass trotz mehrfacher Anweisungen und Hilfen durch Daniel als erfahrenes Community-Mitglied und die Erzieherin als Expertin Ercan die Regel nicht befolgt, indem er sich der Regel explizit („doch", Z. 14, „nein", Z. 25) und implizit (Pausen in Z. 36 und 38) widersetzt, deutet darauf, dass er bewusst und willentlich gegen die Regel verstößt.[288]

Weitere Beispiele für Anwendungen, Vermittlungen und Aushandlungen von Regeln finden sich in den Daten E5, E11, E21, E23, E30, N1, N5, N13 und N23. Somit scheint die Regelvermittlung und -aushandlung eine geläufige Praktik in der Kindergarten-Community zu sein, mit der gewährleistet wird, dass die Community-Ordnung aufrechterhalten bleibt.

5.1.3.3 Geteiltes Wissen

Durch die Partizipation an den relevanten Community-Praktiken bekommen die Noviz*innen den Zugang zu dem in der Community geteilten Wissen. Dies wird an der Analyse des Transkripts N5 (Erzieherin 3 (Erz), Orkan (O), Louis (L)) veranschaulicht, das die soziale Praktik *Malen* zeigt. Nias bringt in Zeilen 43 und 48 zum Ausdruck, dass er Unterstützung beim Ausmalen der Latzhose von Mario braucht. Sein „Problem" bezieht sich auf die „richtige" Farbwahl beim Ausmalen von Marios Hose.

```
043   N     ich hab ich hab den MArio ma:len.
044   O     wo ist MÜLL?
045   Erz   WAS hast du?
046   O     wo ist MÜLL?
047   N     ich hab WAS ist machen hose?
048   L     mario hat ROT.
049         (1.98)
050   N     MArio:::?
051   N     ro::::?
052   N     hose ROT;=oder?
053   O     <<leise> hier > hier unten ROT malen.
054   O     oKAY?
055   N     oKAy.
056   O     ((unverständlich))
057   N     rot?
```

---

[288] Dieses Beispiel wird in Kap. 5.4.4.2 wieder aufgegriffen und aus der Entwicklungsperspektive diskutiert.

```
058   L     glühRONge.
059   O     ro::t.
060   L     oRANge.
061   O     ro::t.
062   N     ich kann ((unverständlich)).
063   L     oRANge.
064   O     siehst du (.) ROT.
065         (2.4)
066   N     hm_hm.
067   O     nicht schlecht es blitzt (.) dann sieht es so oRANge
            aus.
```

Auf Nias' Frage (Z. 47) antwortet Louis, dass Marios Hose rot ist (Z. 48). Nias fragt nach (Z. 50, 51, 52). Diesmal antwortet Orkan, der Nias explizit erklärt, dass er „hier unten ROT malen" soll (Z. 53), und fragt, ob es verständlich ist bzw. ob Nias einverstanden ist (Z. 54). Nias bestätigt bzw. stimmt zu (Z. 55). Als Nias noch mal nachfragt, ob die Hose rot sein soll (Z. 57), entwickelt sich eine Auseinandersetzung zwischen Louis, der für orange, und Orkan, der für rot ist (Z. 58, 59, 60, 61, 63, 64, 67). Durch seine Frage, welche Farbe Marios Hose hat (47), positioniert Nias sich selbst als Lerner und die anderen Kinder als Experten. Louis und Orkan akzeptieren diese Fremdpositionierung, indem sie dem Novizen helfen (Z. 48 und 53). Dabei streiten sich die beiden Jungs, wer von ihnen mehr Expertenwissen hat. Diese Interaktion liefert insgesamt ein Beispiel dafür, wie das in der Community vorhandene Wissen um die Kleidung der Comic- und Spielfigur Super Mario von den Kindern zusammengetragen und diskutiert wird.

In einem anderen Beispiel (Transkript E28) verweist die Erzieherin (Erzieherin 1 (Erz)) bei der Elizitierung der Bildbenennung während eines Memory-Spiels auf das (von Ercan und ihr und evtl. von den anderen Community-Mitgliedern) geteilte Wissen.

```
0160   Erz   hm das KENnen wir.
0161   E     ein::: (---) (unRUSte).
0162   Erz   BAUsteine.
```

Zusammenfassend lässt sich festhalten, dass die Kinder und Erzieher*innen je nach der Situation die einzelne Kita-Gruppe oder den ganzen Kindergarten als CoP ko-konstruieren, indem sie sich entweder als Mitglieder einer Kindergartengruppe oder als Kindergartenkinder positionieren (vgl. Kap. 5.1.1). Des Weiteren zeigen die analysierten Beispiele auf, dass die Mitglieder der CoP in alltäglichen Interaktionen auf die gemeinsame Involviertheit in soziale Praktiken der CoP (Kap. 5.1.2) sowie auf die innerhalb der Community geteilten sprachlichen Ressourcen (Kap. 5.1.3.1), Regeln (Kap. 5.1.3.2) und Wissen (Kap. 5.1.3.3) verweisen. Diese in den Daten verankerte (Re-)Konstruktion des Kindergartens als CoP bildet folglich die Projektionsfläche für die Konstituierung von Ressourcen, Praktiken und Positionierungen als Untersuchungsgegenstand. Oder andersrum: Die Untersuchung von Ressourcen, Praktiken und Positionierungen im frühen Zweitspracherwerb wäre unmöglich, wenn man sie nicht als Phänomene einer historisch, sozial und kulturell (ko-)konstruierten Kita-Community verstehen würde.

5.2 Sprachlich-interaktionale Ressourcen der Kinder und deren Aneignung

Forschungsfrage 2: Auf welche sprachlich-interaktionalen Ressourcen greifen die Kinder zurück, wenn sie alltägliche Interaktionen im Kindergarten ko-konstruieren? Wie werden diese Ressourcen in Interaktionen angeeignet und wie entwickeln sie sich über die Zeit hinweg?

In diesem Kapitel werden die (re-)konstruierten sprachlich-interaktionalen Ressourcen der Fokuskinder vorgestellt (Kap. 5.2.1). Ein besonderes Augenmerk gilt dabei der Darstellung mehrsprachiger Ressourcen (Kap. 5.2.2). Im Weiteren werden soziale und beobachtbare Prozesse der Ressourcenaneignung innerhalb der als *doing-learning* identifizierten Interaktionen anhand exemplarischer mikrogenetischer Analysen (re-)konstruiert (Kap. 5.2.3.1) und das Lernen sprachlich-interaktionaler Ressourcen wird durch das Aufzeigen von Veränderungen in der Ressourcennutzung durch die Fokuskinder dokumentiert (vgl. Kap. 5.2.3.2).

5.2.1 Sprachlich-interaktionale Ressourcen der Fokuskinder

Die konversationsanalytische Auswertung der Transkripte ergab, dass Fokuskinder verschiedene sprachliche (nonverbale, zweitsprachliche, erstsprachliche, kindersprachliche etc.) Ressourcen einsetzen, um an sozialen Praktiken im Kindergarten teilzunehmen. In den Sprecherbeiträgen der beobachteten Kinder[289] finden sich vielfältige sprachliche Formen und interaktive Verfahren, die dazu dienen, eine Interaktion zu initiieren oder zu ko-konstruieren. Bevor der Frage nachgegangen wird, wie Ressourcen eingesetzt und angeeignet werden, soll an dieser Stelle ein kurzer Überblick über das Spektrum rekonstruierter sprachlicher Formen und interaktiver Verfahren gegeben werden. Dafür werden neben der Art der Ressource eine kurze Beschreibung und ein Ankerbeispiel präsentiert.[290]

Die beobachteten Kinder greifen in ihren Interaktionen auf folgende sprachlich-interaktionale Ressourcen zurück:

- Prosodische und paraverbale Ressourcen (Stimme, Intonation, Benotung etc. werden als Ressource genutzt, z.B. Schreien in E3, Z. 7),
- Markierung semantischer Schlüsselsymbole[291] (zentrale sinntragende Äußerungselemente (turn-interne Einheiten) werden produziert, z.B. „ich hab SCHAUkel" im Sinne „ich sitze auf der Schaukel" in N20, Z. 6),

---

[289] Bei der konversationsanalytischen Auswertung werden die Ressourcen aller Interaktionspartner*innen berücksichtigt. An dieser Stelle erfolgt die Beschränkung auf die sprachlich-interaktionalen Ressourcen der Fokuskinder.

[290] Vgl. auch die Darstellung bei Jeuk (2011², 151ff.) und Lengyel (2009, 172ff.).

[291] Müller beschreibt eine der Versprachlichungsstrategien in zweitsprachlichen Interaktionen wie folgt: „Wähle semantische Schlüsselsymbole und linearisiere sie nach vermuteten Regeln der L2-Syntax oder der Muttersprache. Markiere die Schlüsselsymbole durch Stellung, Intonation oder Signale, um dem Hörer ihr Erfassen zu erleichtern" (Müller 1983, 83).

- Nachahmungen[292] (die komplette Äußerung oder einzelne Teile der Äußerung werden nachgeahmt, auch mit steigender Intonation, z.B. Erz: hast du geBAUT? N: baut. Erz: ein geWEHR. in N11, Z. 4),
- Fragen (Äußerungen mit Fragewörtern oder einem steigenden Intonationsverlauf werden eingesetzt, z.B. „was ist DAS?" in N28, Z. 5),
- Korrekturen (selbstinitiierte Selbstkorrekturen, fremdinitiierte Selbstkorrekturen, selbstinitiierte Fremdkorrekturen, fremdinitiierte Fremdkorrekturen, z.B. N: HINtschen. X1: na- N: HÜNtschen. in N4, Z. 24),
- Wiederholung eigener Äußerungen (die eigene Äußerung wird in derselben Form oder etwas verändert wiederholt, z.B. N: aber ich KANN nicht. Aber ich kann NI::CHT. Ich kann NI:::CHT. X1: ich MACHS dir;=ja? in N17, Z. 8–10),
- Präzisierungen / Paraphrase (die eigene Äußerung wird präzisiert oder umformuliert, z.B. N: es ist (zanzig) poliZEI. X1: ja ne. N: poliZEIpräsidium. in N25, Z. 42),
- *Chunks* (Formelhafte bzw. unanalysierte Äußerungen werden produziert, z.B. „GEH weg" in N19, Z. 10),
- *Private speech* (an sich gerichtete Äußerungen werden produziert: 1) *language-focused private speech* (z.B. „kannst du (.) KANNST (.) du (.) kannst DU (.) RUNter (.) werfen. kannst (.) du (.) RUNter (.) werfen <<schneller gesprochen> ich WEIß nicht >." N8, 36–37), 2) *self-mediation through private speech*, z.B. beim Hämmern: „okay (.) jez DAS." in E31, Z. 21),
- Metasprache (Sprache und Sprechen werden thematisiert, z.B. „ich hab kein (SPREchen)." in N23, Z. 45),
- Mehrsprachige Ressourcen ((phonetische, lexiko-semantische, morphosyntaktische oder pragmatische) Elemente aus anderen Sprachen werden gebraucht, z.B. „YEK do se" in N12, Z. 23),
- Deixis[293] (Zeigwörter oder -gesten werden gebraucht, z.B. „ich möchte SO: machen." in N30, Z. 4),
- Sprachspiel (es wird mit der Lautform, Bedeutung etc. der Äußerung oder einzelner TCUs experimentiert, z.B. „<<singt> ball ball ball ball >. ich hab ein BALL." in N32, Z. 61–62),
- Phonetische Assoziationen/Vertauschungen (ähnlich klingende Wörter werden ersetzt, z.B. „ein Ordnung" statt „Ordner" in N8, Z. 123),

---

[292] Sowohl in der kognitivistisch als auch in der soziokulturell orientierten Forschung wird den Nachahmungen eine wichtige Rolle im Zweitspracherwerb beigemessen. Toohey betrachtet Imitationen zudem als „an initial stage in coming to voice in a setting" (Toohey 2000, 119).

[293] Vgl. Vagheitsmarkierung bei Müller: „Wenn du das semantische Schlüsselsymbol nicht findest, verwende ein vages Lexem („Ding", „Sache", „Zeug" usw.) und vertraue darauf, daß der Hörer aufgrund der übrigen semantischen Informationen, seines Vorwissens oder der Situation die gemeinte Referenzleistung vollbringt. Markiere das vage Lexem jedoch so, daß der Hörer merkt, daß hier ein Hauptinformationsträger stehen soll" (Müller 1983, 84; Herv. im Orig.).

- Semantische Assoziationen/Vertauschungen (Wörter aus derselben semantischen Familie werden ersetzt, z.B. „doch HIER auge und dann WER?" in N22, Z. 134 => „wer" statt „was"),
- Reduktion (Komposita werden auf ein Glied reduziert, z.B. „ich WEIß nicht das buch;" in N8, Z. 73 => „Buch" statt „Buchstabe").

Es sei jedoch darauf hingewiesen, dass die oben präsentierte Kategorisierung eine analytische Abstraktion darstellt und die klare Grenzziehung zwischen verschiedenen Ressourcentypen nicht möglich ist. So könnten z.B. Paraphrasen als Selbstkorrekturen der korrekten Äußerung angesehen werden und beide Typen könnten in der KA als *repairs* beschrieben werden. Außerdem können sich die Ressourcen überlappen, z.B. ein Sprachspiel kann als *private speech* vollzogen werden. Die Ressourcen können des Weiteren unterschiedlich geordnet werden: Eine mögliche Dimension wäre z.B. je nach dem Grad der involvierten Prozesse von mehr kognitiv (z.B. phonetische und semantische Assoziationen sowie grammatische Reduktionen) zu mehr sozial verankert (z.B. Fragen und Imitationen).

5.2.2 Mehrsprachigkeit als Ressource[294]

In diesem Kapitel werden mehrsprachige Ressourcen aufgegriffen, weil sie eine Besonderheit im Sprachgebrauch (simultan und sukzessiv) mehrsprachig aufwachsender Kinder darstellen, während andere Ressourcen (insbesondere Imitationen, *chunks*, Platzhalterwörter) auch bei jüngeren Kindern im Erstspracherwerb oder bei monolingualen Kindern mit Sprachentwicklungsstörungen beobachtet werden (vgl. z.B. Zollinger 2015[9], 62).

In den analysierten Sprecherbeiträgen von Nias finden sich nur wenige erstsprachliche Phänomene[295], die auf der Ebene einzelner turn-interner Einheiten oder ganzer Turns angesiedelt sind.

1. Eine lexikalische Einheit in der Erstsprache:

    a. Sozial-emotionaler Wortschatz (hier auch „falscher Freund", Transkript N13):

```
145 N ähm fa:milie::: SAFran. (("famili", ausgesprochen mit langem
      „a:", wie Nias es hier tut, , bedeutet auf Persisch „Famili-
      enname"))
```

    b. Benennung von Gegenständen oder Eigenschaften (Transkript N4)[296]:

---

294 Es sei darauf hingewiesen, dass zwar in der vorliegenden Arbeit die mehrsprachige Ressource als *eine* Ressourcenart angeführt wird, eine weitere Ausdifferenzierung etwa in erstsprachliche prosodische Mittel, erstsprachliche *chunks*, erstsprachliche Deixis etc. möglich wäre.

295 Des Weiteren finden sich in Nias' Daten subtilere erstsprachliche Phänomene wie phonetische, prosodische oder semantische Übernahmen (Interferenzen).

296 In dieser Interaktion fragt die Erzieherin die Farbbezeichnungen ab, die Nias auf Deutsch benennt.

```
059  N   die NA? ((Womöglich könnte es sich dabei um den Anlaut vom
         persischen Wort „naranji" - „orange" handeln.))
```

2. Kompletter Turn in der Erstsprache (Transkript N12):

```
027  N   YEK do se (1.68) ((lacht)) ((zählt langsam auf Persisch bis
         drei: yek = 1; do = 2; se = 3))
```

Ercan dagegen greift in den analysierten Daten öfter auf die erstsprachlichen Ressourcen zurück: Sowohl in den Interaktionen mit den anderen Kindern als auch in den Interaktionen mit den Erzieher*innen gebraucht er einzelne Lexeme oder produziert ganze Turns auf Türkisch.

1. Eine lexikalische Einheit in der Erstsprache:
    a. Sozial-emotionaler Wortschatz: Anrede[297] (Transkript E3):

```
008  E   ANne::::. ((türkisch: Mutter/Mama))
```

   b. Doppelung[298] bzw. Übersetzung (Transkript E10):

```
010  E   ben ICH. ((türk. „ben" - „ich"))
```

   c. Benennung von Gegenständen oder Eigenschaften (Transkript E28):

```
0302  E  ein TSCHO; ((türk. „Corap" [Tschorap] = „Socke"))
```

2. Kompletter Turn in der Erstsprache (Transkript E6):

```
032   E  KIM yapti bunu((türk. „Wer hat das gemacht?"))
```

Darüber hinaus finden sich in Ercans Äußerungen Phänomene, die sich nicht eindeutig der türkischen Sprache zuordnen lassen, sondern einem Sprachrepertoire angehören, das Ercan und sein bester Freund, dessen Eltern eine afghanisch-polnische Zuwanderungsgeschichte haben, bei der Ko-Konstruktion von Interaktionen nutzen, wie das Transkript E35 zeigt.

```
059  E   NOCH mal kuves (.) ich.
060      Da daholi kuves ICH.[299]
```

Interessant erscheinen die Reaktionen der Interaktionspartner*innen. Auf die erstsprachlichen Turns, die sich an andere Kinder richten (Beispiele 2–4), reagieren die Kinder mit einem erstsprachlichen Turn (Transkript E38, Z. 15), dem Signalisieren des Nichtverstehens („hä?" Transkript E4, Z. 58), einem deutschsprachigen Turn (Transkript E6, Z. 33)

---

297 Eine weitere Anrede stellt „abi" dar (Transkript E6, Z. 52; Transkript E38, Z. 14).
298 Auch „yok nicht" (Transkript E41, Z. 12). Möglicherweise wird die Kombination aus einem erst- und einem zweitsprachlichen Lexem zur Verstärkung der Bedeutung gebraucht.
299 Die türkischsprachigen Kolleginnen haben die Äußerung nicht als türkischsprachige identifizieren können. Es könnte sich hierbei sowohl um Ausdrücke aus einer oder mehreren Sprachen, aber auch um eine erfundene Kindersprache handeln.

oder dem expliziten in der deutschen Sprache formulierten Erstsprachenverbot[300] (Transkript E6, Z. 87). Die Erzieher*innen reagieren mit deutschsprachigen Turns. Weder mehrsprachige Elemente noch Erstsprachenverbote noch Deutschgebote wurden in den Äußerungen der Erzieher*innen beobachtet.

Die systematischen Analysen sprachlicher Interaktionen sprechen dafür, die individuelle und institutionelle Mehrsprachigkeit nicht auf das Vorkommen identifizierbarer L1-Phänomene wie einzelner Lexeme oder ganzer Äußerungen in den Erst- oder Familiensprachen der Kinder zu reduzieren. Denn ein solches Verständnis von Mehrsprachigkeit wäre – insbesondere aus der Sicht der sozial orientierten Ansätze – simplifizierend und wenig erkenntnisreich. Vielmehr zeigt die intensive und systematische Auseinandersetzung mit den im Rahmen der Studie generierten Daten, dass die Mehrsprachigkeit einen Aspekt darstellt, der quer zu den hier fokussierten drei Gegenstandsbereichen zu denken ist. Es erscheint deswegen sinnvoll, die Mehrsprachigkeit nicht in der Darstellung als Ressource zu belassen, sondern auch deren Rolle in der interaktiven Hervorbringung bzw. Ko-Konstruktion von Praktiken (vgl. Kap. 5.3.3) und Positionierungen (vgl. Kap. 5.4.3) zu beleuchten.[301]

5.2.3 Aneignung der sprachlich-interaktionalen Ressourcen

Die Frage danach, wie sprachlich-interaktionale Ressourcen kurz- bzw. mittelfristig angeeignet werden, soll hier anhand der mikrogenetischen Analysen der (re-)konstruierten *Doing-Learning*-Interaktionen (Kap. 5.2.3.1) untersucht werden. Die Frage zur Entwicklung von Ressourcen aus der langfristigen Perspektive soll anhand kontrastiver Vergleiche der Interaktionen, in denen eine bestimmte Ressource gebraucht wird (Kap. 5.2.3.2), beantwortet werden.

5.2.3.1 Ressourcenaneignung als soziale Praxis *(doing-learning)*

Die Datenanalysen zeigen, dass die Fokuskinder sowohl Kind-Erzieher*in- als auch Kind-Kind-Interaktionen als *doing-learning* ko-konstruieren und sich dabei auf eine bestimmte sprachlich-interaktionale Ressource fokussieren.

---

300   Lengyel schreibt: „In den 1980er und 1990er Jahren überwogen kompensatorische Konzepte zur Sprachförderung für ‚Ausländerkinder', in denen es um die rasche Aneignung des Deutschen ging. Aus dieser Zeit stammt das Verbot des Sprechens in den Herkunftssprachen (häufig Muttersprachverbot genannt), das auch heute noch vielfach angewendet wird (vgl. Lengyel 2009). Dem liegt die Vorstellung zugrunde, dass es für den Erwerb des Deutschen hinderlich oder gar schädlich sei, die Herkunftssprache in der Institution zu sprechen" (Lengyel 2018, 469).

301   Die Darstellung soll hier auf das Wesentliche reduziert werden, da eine ausführliche Beleuchtung des Themas Mehrsprachigkeit den Rahmen dieser Arbeit sprengen würde. Weitere Publikationen, die auch während der Feldforschung generierte Eltern- und Erzieher*innen-Interviews einbeziehen, sind geplant.

5.2.3.1.1 Ressourcenaneignung bei doing-learning in der Kind-Erzieher*in-Interaktion

In diesem Abschnitt soll aufgezeigt werden, wie sich das lexikalische Lernen in den Mikromomenten des Interaktionsverlaufs vollzieht.

Das Transkript N23 (Erzieherin 3 (Erz)) liefert ein Beispiel für einen Wortsuchprozess, den Nias in Zeile 16 initiiert und aktiv steuert:

```
005 Erz  hier hier WIRD nichts gebunkert;=ja?
006 Erz  wir können zusammen eine große MURmelbahn bauen;
007 X1   ja.
008 Erz  und wenn JEder eine eigene (möchte),
009      (0.84)
010 Erz  dann müsst ihr die sachen TEIlen.
011      (1.38)
012 Erz  SAM.
013 X1   aber nias muss MITmachen.
014      (0.7)
015 X1   nias (.) ((unverständlich)).
016 N    ich hab nicht ich habe nicht GROße.
017 X2   meriam KANN ich,
018 Erz  nee du kannst auch nicht alle nehmen die KINder brauchen
         auch welche.=ja?
019      (0.84)
020 N    ich hab ich hab n ich hab n GROße.
021 Erz  das ist aber (.) ne da damit (m_schoppen) DAmit baut man
         eine murmelbahn (.) zeigt ihr einmal wie es geht?
022 X1   ja.
023 Erz  ja,=das IST kein schwert.
024 N    ich hab (meriam/mehrere) ich hab NOCH einmal.
025 Erz  baut mal fangt mal AN zu bauen.
026 N    ich hab da o da oben noch EIne.
027      ((Auslassung 1.08 Sek: Die Kinder reden durcheinander))
028 Erz  ich habe ganz VIEle.
029 N    MEriam,
030 Erz  ja.
031 N    ro kann ro ROS,=
032 Erz  =ja mehr GIBTS nicht.
033 N    WO größe?
034 Erz  die anderen kinder brauchen AUCH so etwas.=ja?
035 Erz  du kannst nicht ALle nehmen.
036 N    aber ich hab EIN man.
037 X1   ein FENster.
038 N    (xxx).
039      (0.9)
```

```
040 X1  FENster.
041     ((Auslassung 2.88 Sek: Die Kinder reden durcheinander))
042 X2  nias guck ein AUto.
043 Erz so nias du bleibst HIER ne?
044 X2  nias nehm (.) °hh KÖNnen wir?
045 N   ich hab kein (SPREchen).
046 Erz was HAST du?
047 X1  eine GANZ große.
048 Erz du hast keinen SPA::ß?=
049 X1  =aber nias aber nias den FENster.
050 N   kein (SPREchen).
051 M   ok (.) aber nias der war isch hab SPAß gemacht.
052 X1  aber MOstafa macht mit.
053 N   ich hab KEIN (sprechen);
054 M   die FENster.
055 Erz du hast nicht geSPROchen?
056 N   ich hab kein SPREchen;
057     (1.5)
058 N   ich hab kein SPREchen;
059 N   SPREchen.
060 Erz (xxx xxx).
061     ((Klopfen 0.78 Sek))
062 X1  weißt du du kannst mit der-
063 N   kein SPREchen,
064 Erz guck_mal das ist eine MURmelbahn.
065 Erz so.=und jetzt mache ich aber SO.
066 N   ich hab eine (.) ich hab GROße.
067 N   ich hab AUCH eine murmelbahn.
068 Erz ja.=du darfst MITbauen.
069 N   ich hab eine MURmel da.
070     (0.66)
071 N   ((unverständlich))
072 X2  und jetzt MAchen wir.
073 X1  nein.
074 N   wo ist MURmel oder?
        ((Auslassung: Gespräch zwischen den anderen Kindern))
083 N   aber ich hab nicht meine MURmel gefunden.
084 Erz wir bauen zuSAMmen eine.
085 X1  nein cool ne ganz GROße.
086 N   nochmal das hier und dann ist AUa.
```

Eine mikrogenetische Auswertung des Wortsuchprozesses, in den Nias die Erzieherin als Expertin aktiv miteinbezieht, sieht wie folgt aus:

1. Die Erzieherin präsentiert das Wort (das Kompositum) „MURmelbahn" (Z. 6).
2. Nias signalisiert Wortfindungsschwierigkeiten und gebraucht Platzhalter bzw. Ersatzwörter „GROße" (Z. 16), „n GROße" (Z. 20).
3. Die Erzieherin präsentiert das gesuchte Wort im Kompositum „eine murmelbahn" (Z. 21).
4. Nias signalisiert Wortfindungsschwierigkeiten und gebraucht Platzhalter bzw. Ersatzwörter „NOCH einmal" (Z. 24), „noch EIne" (Z. 26), „ROS" (Z. 31), „größe" (Z. 33), „EIN man" (Z. 36).
5. Nias geht auf die Metaebene (Z. 45, 50, 53, 56, 58, 59, 63), was einerseits ein Zeichen für die Überwachung eigener Sprachproduktion und eine hohe Sprachbewusstheit ist, andererseits seinen Mut zeigt, eine Wissenslücke im Wortschatz zuzugeben.

Eingeschaltet in die Wortfindung-Interaktion ist die Bedeutungsaushandlung von „ich habe kein Sprechen":

    a. Nias sagt, dass er „kein (SPREchen)" hat (Z. 45).
    b. Die Erzieherin fragt nach: Zunächst fragt sie nach dem Objekt (W-Frage, Z. 46) und als keine Antwort erfolgt, fragt sie, ob Nias „keinen SPA::ß" hat (Suggestivfrage, Z. 48).
    c. Nias wiederholt seine Äußerung, wobei er einmal „SPREchen" und einmal „KEIN" akzentuiert (Z. 50, 53).
    d. Die Erzieherin fragt nach, ob er „nicht geSPROchen" hat (Suggestivfrage, Z. 55).
    e. Nias antwortet, dass er „kein SPREchen" hat (Z. 56).
    f. Als die Erzieherin nicht reagiert (Z. 57), wiederholt er seine Äußerung (Z. 58).
    g. Nias wiederholt „SPREchen" (Z. 59).
    h. Als die Erzieherin etwas sagt (Z. 60), antwortet er „kein SPREchen" (Z. 63).
    i. Die Erzieherin setzt ein neues Thema.

6. Die Erzieherin gebraucht das Wort „eine MURmelbahn" in ihrem Turn (Z. 64).
7. Nias signalisiert zunächst wieder Wortfindungsschwierigkeiten und gebraucht einen Platzhalter bzw. ein Ersatzwort „GROße" (Z. 66).
8. Nias spricht der Erzieherin nach „ eine MURmelbahn" (Z. 67).
9. Nias leitet das (gesuchte) Wort „MURmel" ab (Z. 69).
10. Nias gebraucht das Wort „MURmel" in seinen Äußerungen (Z. 74 und 83).
11. Es findet keine Bestätigung (bzw. eine sich auf Nias' Äußerungen beziehende Äußerung) durch die Erzieherin oder ein anderes Kind (X1) statt. Die Erzieherin bezieht ihre nächste Äußerung anscheinend auf den nonverbalen Kontext, indem sie sagt: „Wir bauen zusammen eine". Wahrscheinlich meint sie damit eine Murmelbahn.

Interessant erscheinen die hier vollzogenen Selbstpositionierungen von Nias. So sagt Nias z.B., dass er viele kleine, aber keine große Murmel hat (Z. 16, 20, 24, 26, 36). Damit positioniert er sich als Community-Mitglied, das an den materiellen Ressourcen der Kita-Community teilhaben möchte. Nias weist des Weiteren darauf hin, dass er „kein (SPREchen)" hat (Z. 45, 53, 56, 58, 66, 67, 69) und positioniert sich hiermit als jemand, dem symbolische (sprachliche) Ressourcen der Kita-Community noch fehlen.

Die lexikalische Suche nach dem Vorkommen des Lexems „Murmel" in den späteren Turns von Nias hat keine weiteren Belege ergeben.[302] Es stellt sich die Frage, ob man behaupten kann, dass in der obigen Interaktionssequenz das sprachliche Lernen und nicht bloß eine Bedeutungsaushandlung stattfindet.

Brouwer, die Wortfindungen in L2-Interaktionen mittels CA-SLA untersucht hat, formuliert zwei Kriterien, an denen man sprachliches Lernen in Interaktionen identifizieren kann:

> Sequences that may qualify as language learning opportunities share the following characteristics: (a) the other participant is invited to participate in the search, and (b) the interactants demonstrate an orientation to language expertise, with one participant being a novice and the other being an expert (Brouwer 2003, 542).

Die Beharrlichkeit von Nias bei der Wortfindung, die sich in seinen mehrfach an die Erzieherin adressierten Äußerungen niederschlägt, zeugt davon, dass Nias der Erzieherin deutlich macht, dass er nach dem richtigen Wort sucht und dass er die Erzieherin als Expertin für die deutsche Sprache ansieht. Die Übernahme des Kompositums „murmelbahn" (Z. 67) und die Ableitung des gesuchten Wortes „MURmel" (Z. 69, 74 und 83) zeugen davon, dass hier ein kurz- bzw. mittelfristiger Lernprozess beobachtet werden kann, wie er in der sozialen Interaktion stattfindet.

Auch Eskildsen betrachtet Wortfindungen als „learning sequences that have repercussions for longterm learning", wobei „speakers' displays of (non)understanding and learning are fundamentally social processes that take place as observable phenomena in realtime interaction and ultimately sustain the accountable processes of reaching and maintaining intersubjectivity" (Eskildsen 2018, 58).

Dass das Kind sich nicht unbedingt selbst an der Interaktion beteiligen muss, die es für sich als eine Lerngelegenheit nutzt, zeigt folgendes Beispiel. Das Transkript N8 enthält eine Gesprächssequenz, in welcher Nias (zuvor in die Interaktion mit mir verwickelt) die nicht an ihn gerichtete Äußerung der Erzieherin 4 (Erz) nachspricht und diese Sprache gleichzeitig auf der Metaebene kommentiert:

```
032 Erz ((zu einem anderen Kind in der anderen Ecke des Raums, das
        ein Spielzeug vom Regal holen will)) kannst du RUNterneh-
        men.
033 X1  (aber kann es dort SEIN);
034 N   (waRUM sagt er)?
035 Erz ((zu einem anderen Kind)) geht das?
```

---

302 Die Suche bezieht sich auf 32 Transkripte von Nias. Es kann jedoch nicht ausgeschlossen werden, dass das Lexem „Murmel" in den nicht transkribierten Aufnahmen oder nicht aufgenommenen Interaktionen im Beobachtungszeitraum von Nias gebraucht wurde. Es wäre auch denkbar, dass Nias das Lexem einfach vergessen hat. In seinen Äußerungen vor dieser Schlüsselsequenz finden sich jedoch keine Nachweise für die Produktion von „Murmel", was wiederum nicht heißt, dass das Wort in seinem rezeptiven Vokabular nicht hätte vorhanden sein können. Leider stößt hier die CA-SLA an ihre Grenzen.

```
036 N    kannst du (.) KANNST (.) du (.) kannst DU (.) RUNter (.)
         werfen.
037 N    kannst (.) du (.) RUNter (.) werfen <<schneller gespro-
         chen> ich WEIß nicht >.
038 N    (HOSnasch/WEIß nicht).
```

In Zeile 34 fragt Nias nach der Ursache bzw. dem Ziel der von der Erzieherin produzierten Äußerung (evtl. verwechselt er es hier und gebrauchet „er" anstelle von „sie"). Es ist auch denkbar, dass das Kind dadurch seine Irritation zum Ausdruck bringt, indem es fragt, warum die Erzieherin wohl „runterwerfen" sagt (es produziert dabei in Zeile 36 „runterwerfen" statt „runternehmen", weil das Erstere für ihn vermutlich naheliegender, geläufiger oder in dem Moment präsenter ist). In der darauffolgenden Zeile spricht Nias den Anfang der Äußerung mehrfach nach, bis er die gesamte Äußerung wiederholt (dabei produziert er „werfen" statt „nehmen"). In Zeile 37 spricht er die komplette Struktur nochmal nach und kommentiert sie in der veränderten Sprechgeschwindigkeit mit „ich WEIß nicht." In Zeile 38 drückt er wieder sein Nicht-Wissen aus. Somit könnte Nias' Teilnahme als Partizipation an der Peripherie beschrieben werden: Als *legitimate peripheral participant* erlangt Nias den Zugang zu sprachlichen Ressourcen der Expert*innen (hier der Erzieherin und des anderen Kindes (X1)).

Das zweite Beispiel illustriert darüber hinaus sehr anschaulich Vygotskijs Idee von der Soziogenese der kognitiven Entwicklung des Kindes (vgl. Vygotskij 1992, 236; Kap. 3.2.1.3). Die sprachlichen Äußerungen des Kindes sind zwar im Rahmen der Interaktion mit mir entstanden, sein nonverbales Verhalten zeigt aber, dass sie nicht an mich gerichtet wurden. Vor diesem Hintergrund können seine Äußerungen als *private speech* betrachtet werden, die hier dafür eingesetzt wird, um einerseits die eigenen kognitiven Prozesse zu steuern („warum sagt er?", „WEIß nicht") und andererseits, um die sprachlich-interaktionale Ressource der Gemeinschaft durch überwachte mehrfache Nachahmungen zu verinnerlichen.[303]

Pekarek Doehler und Fasel Lauzon argumentieren, dass „participants' cognitive orientations toward language and language learning are structured through the detailed unfolding of social interaction, and hence become observable through close sequential analysis of that very unfolding" (Pekarek Doehler/Fasel Lauzon 2015, 412). So zeigen die Mikroanalysen mittels der CA-SLA, dass sowohl die Wortfindungen als auch die mehrfachen Nachahmungen von Nias genutzt werden, um sich innerhalb alltäglicher Kita-Praktiken Lerngelegenheiten zu verschaffen. Dies tut Nias, indem er *Doing-Learning*-Interaktionen mit den Erzieher*innen initiiert oder andere Interaktionen mittels *private speech* zur Ressourcenaneignung nutzt.

---

303 Auch in der Forschung wird auf das Phänomen hingewiesen, wenn Kinder durch *private speech* Ressourcen aus den „abgehörten" Interaktionen zwischen Lehrkräften und anderen Kindern in ihren eigenen Äußerungen übernehmen (vgl. Hinweise in Cekaite 2007, 46; Lantolf 2011, 28).

5.2.3.1.2 Ressourcenaneignung bei doing-learning in der Kind-Kind-Interaktion

Ein Beispiel für die Ko-Konstruktion von *doing-learning* in Bezug auf eine sprachlich-interaktionale Ressource liefert die in Kap. 4.4.5 analysierte Sequenz, in der sich Ercan und Daniel beim Rutschen intensiv mit dem *chunk* „geh weg" beschäftigen. Da die Analyse bereits ausführlich vorgestellt wurde, beschränke ich mich hier nur auf die relevanten Turns. In der analysierten Sequenz wird das Spiel mit der Lautform des *chunks* wie folgt vollzogen:

- Ercan gebraucht den *chunk* in der Äußerung „ey weg (.) GEH weg." (Z. 103); dabei könnte „ey" entweder als Interjektion oder als eine von der Norm abweichende Produktion von „GEH" betrachtet werden.
- Ercan gebraucht „geh BEG" (Z. 116), wobei es nicht klar ist, ob es sich um eine beabsichtigte oder ungewollte Abweichung handelt.
- Daniel greift die abweichende Lautform auf und wandelt die ab in „geh BIK" (Z. 119).
- Ercan produziert „geh wega geh WE:::G" (Z. 125), wobei der zweite Teil der Äußerung als Selbstkorrektur betrachtet werden kann.
- Ercan gebraucht korrekte Formen des *chunks* (Z. 129, 136).
- Daniel wandelt die Lautform wieder ab in „geh BECK" (Z. 166).
- Ercan gebraucht die korrekte Form „geh WEG" (170).

So setzen sich die Kinder über mehrere Turns hinweg spielerisch mit dem *chunk* auseinander, wobei seine Lautform und nicht die grammatische Struktur im Fokus der Aufmerksamkeit steht. Anders als die semantische Bedeutung des *chunks* es erwarten lassen würde, zeigen die beiden Kinder ein kooperatives Verhalten. Dass Ercan und Daniel dabei viel lachen, zeugt davon, dass sie diese Interaktion als gemeinsames Spiel und nicht als echte Konfliktsituation verstehen (vgl. auch Kap. 4.4.5).

5.2.3.2 Veränderungen im Ressourcengebrauch

In diesem Kapitel wird anhand des in Kap. 4.4.5 dargestellten fünfschrittigen Verfahrens zum kontrastiven Vergleich der Schlüsselsequenz („Stempeln", Transkript N17 vom 18.04) und des Gebrauchs des Verbs „machen" in den Transkripten N5, N6, N8, N10, N19, N22, N30 und N31 das Lernen des *chunks „ich machs"* (re-)konstruiert.

1. Die untern angeführte Schlüsselsequenz entstammt einer Kind-Kind-Interaktion und zeigt eine Situation am Maltisch im Gruppenraum.

```
007      ((Auslassung 14.0 Sek: Nias stempelt))
008 N    aber ich KANN nicht.
009 N    aber ich kann NI::CHT.
010 N    ich kann NI:::CHT.
011 X1   ich MACHS dir;=ja?
012      ((Auslassung: die Kinder stempeln und sprechen))
024 N    und dann_is ich MAche.
         ((Auslassung: die Kinder stempeln und sprechen))
050 X1   ich mach dir ein AUto.
```

```
051 N     ICH mach.
052 X1    aber-
053 N     ich MACHS.
054 N     ich MACHS.
055       ((Auslassung 34.0 Sek: Kinderstimmen von Weitem))
056 N     FEStere feste.
057 N     oder WIE?
058 N     fest.
059       ((Auslassung 8.28 Sek: Gespräch zwischen der Erzieherin und
          der Forscherin))
060 X1    ich mach dir eine (XXX xxx);=ja?
061       (6.66)
```

Die präsentierte Kind-Kind-Interaktion ist in die soziale Praktik *Stempeln* eingebettet. Papier und verschiedene Stempel fungieren dabei als Artefakte, mit denen die soziale Praktik realisiert wird. Das mehrfache Nachahmen von Nias kann als Indiz dafür angesehen werden, dass sich in dieser Interaktion das sprachliche Lernen des *chunks* „ich MACHS" vollzieht. Um diese These zu begründen, sollen die Fragen beantwortet werden, ob und in welchen Formen das Lexem „-mach-" in den Sprecherbeiträgen von Nias vor dieser Interaktion vorkommt (Punkt 2), was genau in der Schlüsselsituation passiert (Punkt 3) und ob und wie das Lexem „-mach-" in Nias' Sprecherbeiträgen nach der Schlüsselsequenz verwendet wird (Punkt 4).

2. Zunächst wurde überprüft, ob „-mach-" in den Interaktionen, an denen sich Nias vor der Schlüsselsequenz beteiligt hat, zu finden ist. Die Ergebnisse der lexikalischen Suche fallen wie folgt aus:
– In den Sprecherbeiträgen der Erzieher*innen und der anderen Kinder findet sich „-mach-" am 11. 04. und später[304].
– In den Sprecherbeiträgen von Nias wird „-mach-" nur als *chunk* zur Interaktionsinitiierung gebraucht: „was machst DU:::?" (Transkript N22, 11.04.), „was MACHST du?" (Transkript N8, 18.04.).
– Interessanterweise wird „macht" in der Interaktion mit der Erzieherin 3 (Erz) (Transkript N22, 11.04.) nicht nachgesprochen, obwohl Nias alle anderen Äußerungselemente (re-)produziert:

```
166 N      da hier is mostafa FALSCH.
167 Erz    wieso::: das macht er AUCH schön.
168 N      ich AUCH n schön.
```

Die Erklärung für die Nicht-Nachahmung von „mach-" könnte sein, dass die Erzieherin hier erstens eine sprachliche Ressource liefert, die von Nias nicht direkt übernommen

---

304 Erz: „der muss SO ((kaut)) (1.28) machen." (N13, Z. 241), Erz: „super gemacht (.) JETZT kannst du deinen becher wegräumen." (N13, Z. 315), Erz: „du kannst es machen wie du MÖCHtest." (N22, 152), K–1: „[du kannst es machen wie du MÖCHtest.]" (N22, Z. 154), Erz: „wir machen noch fünf miNUten dann gehen wir auch noch raus;=ne?" (N21, Z. 2).

werden kann, sondern zunächst transformiert werden muss („macht" zu „mache"). Und zweitens ist die Interaktion hier nicht in eine soziale Praktik eingebettet, für die sich wiederholende Handlungsfolgen typisch sind (wie beim Stempeln oder Memory-Spiel).[305] Beide Erklärungen[306] erscheinen plausibel und sollen durch die unten stehende konversationsanalytische Auswertung der Schlüsselsequenz, in der das Lexem „mach-" mehrmals nachgeahmt wird, unterstützt werden.

3. In der Schlüsselsequenz (Transkript N17) kann Nias als Teilnehmer an der Peripherie beschrieben werden, der seine Partizipation zwischen zwei Polen ausführt: Einerseits zeigt er implizit (Interaktionsinitiierung in den Beobachtungsnotizen, evtl. Z. 57) und explizit (Z. 8–10, 31), dass er noch Unterstützung beim Stempeln braucht; andererseits versucht er selbstständig zu agieren (Z. 24, 34, 43, 51, 53–54). In Zeile 1 gibt der Junge (X1) Nias Anweisungen, was er „AUFstempeln" soll. Auffällig ist, dass er dabei über Nias in der dritten Person spricht, was evtl. daran liegen kann, dass ich dabei präsent war. In Zeile 2 präzisiert der Junge seine Angabe „hier soll (ein Auto)." Nias erwidert „ein SCHMESSterling" (Z. 3) und „stern" (Z. 5 und 6). Er hält dabei einen Schmetterling in der einen und einen Stern-Stempel in der anderen Hand. Dann stempelt er (Z. 7). In den Zeilen 8 bis 10 sagt Nias, dass er nicht stempeln kann; dabei variiert er die Betonung und Vokaldehnung einzelner Wörter in seinen Äußerungen. Nias reicht dem Jungen den Stempel. Der Junge bietet ihm daraufhin bereitwillig seine Hilfe an (Z. 11). In Zeile 18 fragt der Junge, ob er Nias „einen BÄR aufstempeln" soll. Nachdem der Junge ihm geholfen hat, sagt Nias, dass er weiter machen will (Z. 24). Der Junge weist darauf hin, dass es bei dem gewählten Stempel schwerer geht (Z. 26) und gebraucht prosodische Mittel, die vermutlich eine besondere Anstrengung signalisieren sollen (Z. 28, 30). Nias fragt, ob das Gestempelte „NICHT gut?" ist (Z. 31). Daraufhin zeigt der Junge, wo Nias noch stempeln soll (Z. 33) (verbale und nonverbale Deixis). Nias sagt „ich" (Z. 34). In Zeile 39 sagt der Junge „ein BÄR", Nias bestätigt bzw. spricht nach „bär" (Z. 40). Der Junge ruft „und ein STERN" (Z. 42), vermutlich meint er, Nias soll einen Stern aufstempeln. Nias erwidert, dass er „AUtos" aufstempeln will (Z. 43). Der Junge wiederholt, dass „jetzt" ein Stern darauf soll (Z. 44). Nias zeigt sich einverstanden (Z. 45 und 46). Er stempelt, aber es klappt wahrscheinlich nicht, weil der Junge sagt: „der stern GEHT wahrscheinlich nicht" (Z. 48) und schlägt als Alternative vor, dass er Nias „ein AUto" aufstempelt (Z. 50). Nias erwidert, dass er das selbst macht (Z. 51). Der Junge macht Ansätze, ihm zu widersprechen (Z. 52). Daraufhin wiederholt Nias zweimal seine Äußerung (Z. 53 und 54). Nias sagt zu sich, dass er „FEStere" drücken soll (Z. 56), fragt „WIE?" (Z. 57), wiederholt „fest". In Zeile 60 bietet der Junge ihm erneut seine Hilfe an. In der Praktik werden von Nias dementsprechend Selbstpositionierungen als Lerner der Praktik

---

305   Dies ist eine sehr interessante Beobachtung, denn auch in anderen Daten zeigt sich ein Zusammenhang zwischen einer sozialen Praktik und den eingesetzten Ressourcen bzw. vollzogenen Positionierungen: Spiel in der Puppenecke – Sprachroutinen (gegenseitige Nachahmungen), Malen – leistungs- bzw. praktikbezogene Positionierungen, Memory – Fragen und Nachahmungen, IRE-Muster, Wasserspiel/Bauen/Hämmern – *private speech*.

306   Die mögliche Erklärung, dass Nias die Peers und nicht die Erzieher*innen als Expert*innen für die deutsche Sprache ansieht, trifft – so die Datenanalysen – nicht zu.

und als kompetenter Praktiker vollzogen. Vor dem Hintergrund der Stempel-Praktik findet das Lernen des Fokuselements des *chunks* „ich machs" statt, wie eine Mikroanalyse der Lernprozesse zeigt:
- Junge: „ich MACHS dir;=ja?" (Z. 11).
- Nias: „und dann_is ich MAche" (Z. 24) (evtl. zwei *chunks*, die Inversion „und dann mache ich" gelingt noch nicht).
- Junge: „ich mach dir ein AUto." (Z. 50).
- Nias: „ICH mach." (Z. 51).
- Nias: „ich MACHS." (Z. 53) (Wiederholung der eigenen Äußerung mit Selbstkorrektur).
- Nias: „ich MACHS." (Z. 54) (Wiederholung der eigenen Äußerung).

4. In einem weiteren Schritt wurde mittels der lexikalischen Suche nach dem Gebrauch von „-mach-" nach dem Stattfinden der Schlüsselsequenz gesucht. Die Auswertung zeigt: „-mach-" wird ab dem 18.04. von Nias nicht nur als *chunk* gebraucht, sondern in unterschiedlichen Konstruktionen (jedoch in der Infinitivform) verwendet:

- 050 N   **steche MAche:n?**
- 052 N   **STIche machen**? ((N6, 24.04.))
- 047 N   ich hab WAS ist **machen** hose? ((N5, 24.04.))
- 027 N   **HAB ich gesagt nicht machen?** ((N10, 02.05.))
- 042 N   (xxx xxx/kann man) TElefon **machen**? ((N31, 13.06.))
- 006 N   ich MÖCHte **das machen**. ((N19, 13.06.))
- 004 N   ich möchte **SO: machen** ((das Wasser mit der Schüssel schöpfen)). ((N30, 13.06.))

5. Anhand der mehrfachen Nachahmungen von „mach-" in der Schlüsselsequenz und des Gebrauchs von „machen" nicht wie zuvor als *chunk*, sondern als Infinitiv in unterschiedlichen Konstruktionen wird vermutet, dass die Schlüsselsequenz einen Meilenstein in der Aneignung von „machen" darstellt.

Als Fazit kann festgehalten werden, dass dreijährige Kinder bereits nach einigen Monaten des Kindergartenbesuchs über vielfältige sprachlich-interaktionale Ressourcen verfügen, die sie nutzen, um Interaktionen mit den Erzieher*innen und anderen Kindern zu ko-konstruieren und sich dabei neue Ressourcen anzueignen.

5.3 Soziale Praktiken der Kindergarten-Community und deren Aneignung

Forschungsfrage 3: Wie gestaltet sich die Partizipation der Kinder an den sozialen Praktiken des Kindergartens? Wie entwickelt sich die Teilnahme an den sozialen Praktiken über die Zeit hinweg?

Ziel dieses Kapitels ist, alltägliche Aktivitäten im Kindergarten als soziale Praktiken der Kita-Community zu (re-)konstruieren. Dafür werden zunächst die aus den Datenanalysen heraus entwickelten Bestimmungs- und Beschreibungskriterien einer Praktik dargestellt (Kap. 5.3.1). Mit diesen Kriterien wird die Analyse einer sozialen Praxis anhand mehrerer Transkripte exemplarisch verdeutlicht (Kap. 5.3.2). In Kap. 5.3.3 werden Erkenntnisse zur Rolle der Mehrsprachigkeit in sozialen Praktiken des Kindergartens präsentiert. Wie bei der Darstellung der Ergebnisse zu den sprachlich-interaktionalen Ressourcen, wird auch in diesem Kapitel zwischen Lernen als soziale Praxis (Kap. 5.3.4.1 und 5.3.4.2) sowie Lernen von sozialen Praktiken (Kap. 5.3.4.3) unterschieden.

5.3.1 Soziale Praktiken im Kindergarten und deren Beschreibungskategorien

Wie in Kapitel 3.6.2 ausgeführt, werden Praktiken des Kindergartens im Rahmen dieser Arbeit als rekurrierende, den Kita-Alltag strukturierende und ko-konstruierte Aktivitäten verstanden. Solche Praktiken sind z.B. Frühstücken, Malen, Bauen, Spielen in der Puppenecke etc. Eine Aktivität wird nur in einer Community zu einer Praktik, in der sie eine konstituierende Bedeutung hat. So würde man das Malen eines Kindes im Wartezimmer einer Kinderarztpraxis als einmalige individuelle Aktivität verstehen; im Gegensatz dazu stellt Malen im Kindergarten eine wichtige soziale Praktik der Community dar, wo sie als Teil des Bildungsangebotes einen festen Platz im Kita-Alltag einnimmt.

Folgende Aspekte haben sich bei der (Re-)Konstruktion von sozialen Praktiken im Kindergarten als relevant erwiesen:
- Zugang zur Praktik: Wie wird der Zugang zur Praktik gestaltet? Wie wird er geregelt?
- *Mediation* von Praktiken bzw. Regeln: Wie werden die Praktiken oder Regeln vermittelt, ausgehandelt und überwacht? Wie wird der Verstoß dagegen sanktioniert? (vgl. Kap. 5.1.3.2)
- Regeln: Welche Regeln regulieren die Praktikausführung? (vgl. Kap. 5.1.3.2)
- *legitimate peripheral participation*: Welche Möglichkeiten bieten sich Noviz*innen an, um an der Praktik zu partizipieren?
- *Scaffolding* bzw. ‚Übersetzungshilfen': Welche Hilfen und Unterstützungen werden von den Erzieher*innen und anderen Kindern angeboten? Wie verändern sich diese mit der Zeit?
- Ort/Artefakte: Welche Rolle spielt die räumlich-materielle Umwelt in der Praktik?
- Interaktionskonstellation: Welche Interaktionsmöglichkeiten bietet die Praktik (z.B. *private speech*, Kind-Kind(er)-Interaktion, Kind-Erzieher*in-Interaktion, Kind-Kinder-Erzieher*innen-Interaktion)?
- Positionen: Welche Positionen bzw. Positionierungsmöglichkeiten bietet die Praktik? (vgl. Kap. 5.4.1.2).

Die kontrastiven Analysen der (re-)konstruierten Praktiken zeigen darüber hinaus, dass man zwischen *einer individuellen Ausführung* wie ‚frühstücken alleine am Tisch' (vgl. Transkript E9) und *einer sozialen Ausführung* einer Praktik wie ‚frühstücken mit den anderen und Gespräche am Tisch führen' (vgl. Transkript N13) unterscheiden kann. Bei der sozialen Ausführung kann wiederum zwischen *einer LPP* wie ‚frühstücken und sich mit den einzelnen Turns an der Interaktion beteiligen' (vgl. Transkript E3) und *einer vollen Teilnahme* wie ‚frühstücken und die Interaktion am Tisch aktiv mitgestalten' unterschieden werden (vgl. Transkript N13). Eine LPP kann dabei durch das *Scaffolding* von den

Erzieher*innen (vgl. Transkripte E5, E10, E18) oder den Peers (vgl. Transkripte E4, E15) erfolgen.

5.3.2 Beispielanalyse einer sozialen Praktik

Am Beispiel der Praktik Malen soll an dieser Stelle aufzeigt werden, wie eine Aktivität als soziale Praktik der Kindergarten-Community (re-)konstruiert und beschrieben werden kann. Als Datengrundlage dienen dabei die Beobachtungsnotizen sowie die Transkripte N5, N22, N29, E2, E6, E7 und E27.
1. Zugang zur Praktik erlangen
Das Transkript N29 zeigt, wie Nias mittels einer Frage ein Gespräch mit mir initiiert. Er fragt nach dem Gegenstand auf dem Maltisch (Z. 3). Ich frage nach, was er meint (Z. 5, 7) und ob er das Bild ausmalen möchte (Z. 9). Nias verneint (Z. 11).

```
001        ((Kinderschrei))
002   X1   ich wollte BLAU.
003   N    was ist DA::S?
004        (0.96)
005   F    ein AUSmalbild,
006        (0.66)
007   F    MArio,
008        (0.96)
009   F    möchstest du es AUSmalen?
010        (2.45)
011   N    nein.
012        (0.84)
```

Weitere Möglichkeiten, die die Kinder nutzen, um den Zugang zu einer Praktik zu bekommen, sind Folgende: sich zu den malenden Kindern dazusetzen (vgl. Beobachtungsprotokoll BP_W_2), sich zu den Kindern stellen und zuschauen (vgl. Beobachtungsprotokoll W_8), der Erzieherin sagen, dass man etwas haben oder etwas machen möchte (vgl. Beobachtungsprotokoll W_4) oder eine Praktik mit den anderen Kindern selbst verbal initiieren (vgl. „Machen wir so, Dennis?" im Beobachtungsprotokoll W_7).
2. Zugang zu materiellen Ressourcen bzw. Artefakten aushandeln
Bei der Praktik Malen kann es z.B. darum gehen, ein präferiertes Ausmalbild aus dem Ordner zu bekommen, wobei die Ausmalbilder eine begrenzte Ressource darstellen, wie das Transkript N22 (Erzieherin 3 (Erz)) zeigt.

```
065   N     was machst DU::::?
066   K-1   ich hab DIE:::-
067   Erz   aus dem buch (.) ein AUSmalbild für jeden;
068   Erz   möchstest du AUCH?
069   N     ja.
```

```
070   Erz   ja?
071   K-1   guck ma (.) ich hab MArio.
072   K-1   MArio.
073   Erz   möchtest du DAS?
074   K-1   DA hier.
075   K-1   (ich bin xxxx xxx xxx) GUCK ma.
076   Erz   [DONkey kong.=]
077   N     [e WAS ist das?]
078   Erz   =der heißt DONkey kong.
079         ((lachen))
080   Erz   je das ist das LETZte.=
081   Erz   =das letzte darf ich dir NICHT geben.
082   M     ich will DIEse.
083   Erz   ne;=das geht NICHT.=
084   Erz   =die muss ich erstmal koPIEren.
085   K-1   ich habe-
086   Erz   willst du (.) willst du DAS ausmalen?
087   N     ja.
088   Erz   ist Okay.
```

In Zeile 65 fragt Nias eines der Kinder, was es macht. Das Kind K-1 antwortet, indem es sein Bild zeigt und sprachlich darauf verweist (Z. 66). Die Erzieherin erklärt, dass es ein „AUSmalbild" aus einem „buch" ist (Z. 67) und fragt Nias, ob er auch eins möchte (Z. 68). Nias bejaht (Z. 69). Die Erzieherin fragt nach (Z. 70). Ein anderes Kind sagt, dass es „Mario" hat (Z. 71 und 72). Die Erzieherin fragt Nias „möchtest du DAS?" und zeigt ihm ein Bild (Z. 73). Das Kind K-1 zeigt auf eins und kommentiert es (Z. 74 und 75). Die Erzieherin nennt die Figur auf dem Ausmalbild (Z. 76). Gleichzeitig fragt Nias, „WAS" das ist (Z. 77). Die Erzieherin wiederholt den Namen, indem sie ihre Äußerung erweitert „=der heißt DONkey kong." (Z. 78). In den folgenden Zeilen sagt aber die Erzieherin, dass das Bild mit dem Donkey Kong „das letzte" ist (Z. 81). Sie erklärt, dass sie das letzte Bild aus dem Ordner „NICHT geben" darf (Z. 81), bestärkt es mit der allgemeinen Aussage „das geht NICHT." Und erklärt, dass sie das Bild „erstmal koPIEren" muss (Z. 84). Sie bietet Nias ein anderes Bild an (Z. 86), Nias nimmt es an (Z. 87). Die Erzieherin bestätigt (Z. 88).

3. Der Ablauf/die Routine/die Norm einer Praktik kennen und einhalten

Beim Malen ist z.B. üblich, dass man sich zuerst eine Malunterlage holen muss, wie das Transkript E7 zeigt.

```
054   S     daniel ich habe UNterlage genommen.
055         (0.87)
056   Da    a::: u das ZWEI stück.
057   S     nein.
058         (1.78)
```

```
059  S    HAbe ich nicht.
060       (0.88)
061  S    ich hab nur EINS.
```

Sam setzt sich zu den am Tisch malenden Kindern und sagt zu Daniel, dass er eine Malunterlage genommen hat (Z. 54). Daniel fragt nach, ob es zwei Malunterlagen sind (Z. 56). Sam verneint (Z. 57, 59, 61). Die Regel (Notwendigkeit einer Malunterlage) wird hier von den Kindern selbst überwacht: Durch seine an Daniel gerichtete Äußerung, dass er die Malunterlage genommen hat (Z. 54), positioniert Sam Daniel als Experten und sich selbst als (kompetenten) Praktiker. Daniel akzeptiert diese Positionierung, indem er nachfragt, ob es eine oder zwei Unterlagen sind (Z. 56).

Zum Ablauf der Praktik Malen gehört auch, dass man das Gemalte in das eigene Fach oder die Schublade legt bzw. die Erzieherin bittet, das Bild in den eigenen Ordner (Portfolio) zu legen: „E legt sein Bild in sein Fach." (Beobachtungsnotizen BP_E_10).

4. Möglichkeit einer LPP[307]

Die Malsituation mit dem besten Freund (Transkript E7) kann als Vorbereitung auf eine ‚echte' Malsituation angesehen werden.

```
001  Da   ich.
002       (4.51)
003  Da   UDge,
004       (1.25)
005  Da   ich DAS.
006       (0.54)
007  E    ich DAS.
008       (6.57)
009  Da   ich nehme WEIß.
010  E    ich n-
011  Da   kumes weiß GEHT.
012       (0.85)
013  E    ich auch WEIß.
```

Ercan und Daniel malen und unterhalten sich. Daniel nimmt einen Stift und begleitet seine Handlung sprachlich (Z. 1, 3, 5). Das Wort „UDge" (Z. 3) scheint dabei der Spitzname zu sein, mit dem sich die beiden Kinder gegenseitig ansprechen. Ercan nimmt auch einen Stift und spricht Daniels letzte Äußerung nach (Z. 7). Daniel sagt, dass er „WEIß" nimmt (Z. 9). Ercan setzt an, um evtl. die Struktur nachzuahmen (Z. 10). Daniel kommentiert, dass „weiß GEHT" (Z. 11). Daraufhin sagt Ercan, dass er „auch WEIß" nimmt (Z. 13).

---

307 Es könnte sich bei diesem Beispiel auch um eine volle Partizipation an der Praktik Malen handeln. Da es den Kindern hier nicht primär um das Malen als produktbezogene Tätigkeit, sondern um das spielerische Aushandeln von Ressourcen geht, wird die Teilnahme von Ercan als LPP aufgefasst. Im Vergleich dazu zeigt das Transkript E6 eine ‚echte' Malsituation mit der produktorientierten Tätigkeit.

Ercan beteiligt sich an der sozialen Praktik „Malen". Es wird spielerisch die Verteilung der Ressourcen (Buntstifte) ausgehandelt und eingeübt. Durch Nachahmungen (Z. 7, 10, 13) gelingt es Ercan als *legitimate peripheral participant* die soziale Praktik Malen nonverbal und verbal zu ko-konstruieren.

5. Sich evtl. Hilfe holen

Das Transkript N22 zeigt, wie Nias die Erzieherin um Hilfe beim Ausmalen des Gesichts einer Figur auf dem Bild bittet.

```
127 N    MEriam,
128 Erz  ja,
129 N    ich hab WO ist das WO?
130 Erz  wo du MÖCHtest;
131 N    =das augen AUgenbraue.
132 Erz  die AUgenbrauen die sind HIER.
133 Erz  die sind ganz DÜNN.
134 N    doch HIER auge und dann WER?
135 Erz  das sind die HAAre.
136      ((Auslassung 4.58 Sek: andere Kinder sprechen, unverständ-
         lich))
137 N    und dann ich WEIß hierher.
138 N    und dann ich habe WEIß.
139 N    hier.
140 Erz  das ist ihr geSICHT.
141 Erz  das ist nur guck mal schau mal NIas.
142 Erz  schau mal NIas.
143 Erz  das ist nur ganz WEnig haar.
144      (1.24)
145 Erz  verSTEHST_du?
146 N    ja.
```

In den Zeilen 123, 125 und 127 ruft er die Erzieherin. Die Erzieherin signalisiert ihre Aufmerksamkeit (Z. 128). Nias fragt, „WO" etwas auf dem Bild ist (Z. 129); dabei gebraucht er den *chunk* „ich hab", korrigiert sich selbst, gebraucht das Fragewort und verbale Deixis und wiederholt das Fragewort als semantisches Schlüsselsymbol noch mal am Ende der Äußerung. Die Erzieherin sagt: „wo du MÖCHtest;" (Z. 130). Ihre Äußerung wäre zu verstehen: Das Kind fragt mich, wo er eine bestimmte Farbe malen kann, ich überlasse ihm die Entscheidung. Die Antwort entspricht nicht Nias' Erwartungen, da er in der folgenden Äußerung wieder versucht, das Problem zu erklären: „das augen AUgenbraue" (Z. 131). Die Erzieherin zeigt auf die Augenbrauen des Mädchens auf dem Bild (Z. 132) und sagt, dass sie „ganz DÜNN" sind (Z. 133). Nias fragt weiter nach: „doch HIER auge und dann WER?" (Z. 134); dabei verwechselt er „wer" mit „was" (Assoziation). Die Erzieherin antwortet, dass das Mulans „HAAre" sind (Z. 135). In den Zeilen 137–139 versucht Nias, das Problem zu erklären: Die Stelle zwischen der Augenbraue und der Haarsträhne im Gesicht des Mädchens bleibt weiß. Die Erzieherin scheint das

Problem erkannt zu haben; sie erklärt Nias, dass es „nur ganz WEnig haar" (Z. 143) im Gesicht ist. Die Erzieherin zeigt dabei „an ihrem Kopf, dass es nur eine Strähne ist, die das Gesicht des Mädchens in zwei Teile teilt" (Beobachtungsnotizen zum Transkript N22). Sie fragt Nias, ob er es verstanden hat (Z. 145). Nias bejaht (Z. 146). Es kann festgehalten werden, dass sich Nias mit seinen Fragen (Z. 129 und 134) und Anmerkungen (Z. 137–139) den Zugang zum Expert*innenwissen verschafft.

6. Das eigene Handeln regulieren

Im Transkript E27 sitzt die Erzieherin am Tisch und malt einen Aushang für die Eltern. Als Ercan sich zu ihr setzen will, erinnert sie ihn daran, dass er eine Malunterlage nehmen soll (vgl. auch Punkt 3). Ercan holt sich eine Unterlage und fängt an zu malen. Er nimmt zunächst einen lilafarbenen Stift, malt, nimmt dann einen hellgrünen Stift und malt. Dabei begleitet er sein Handeln sprachlich:

```
021    E       da.
022            (4.41)
023    E       da.
```

Leider ermöglichen meine Beobachtungsnotizen keine eindeutige Bestimmung dessen, ob sich die deiktischen Ausdrücke „da" auf den jeweiligen Buntstift oder auf sein Bild beziehen. Aber ungeachtet davon, ob es Ercans Greifbewegungen oder Malbewegungen waren, die er sprachlich begleitet, kann man in jedem Fall schlussfolgern, dass er hier das selbstregulierende Sprechen (*private speech*) nutzt (vgl. Kap. 3.2.1.2 und Kap. 5.2.1).

7. Anerkennung von der Erzieherin und von den anderen (älteren) Kindern einfordern und sichern

Für manche soziale Praktiken ist es üblich, dass sich die Kinder in ihrer Leistung „messen". Insbesondere beim Malen habe ich oft beobachtet, dass die Kinder die Malleistungen der anderen Kinder in Bezug auf die wahrgenommene Richtigkeit und Schönheit bewerten. Aus der Perspektive der/des Teilnehmenden an der legitimierten Peripherie erscheint es wichtig, ein Feedback für die eigene Malleistung zu bekommen. Das Transkript N22 zeigt eine solche Frage nach Anerkennung[308], die Nias hier an die Erzieherin (Erzieherin 3 (Erz)) als Expertin richtet[309]:

```
159    N       RISCHtisch?
160    K-1     das ist so BLAU.
161            ((Auslassung 4.59 Sek))
162    N       ich hab.
163    N       guck mal (.) SCHÖN,
               ((Auslassung))
168    N       ich AUCH n schön.
```

---

308 Interessanterweise projiziert Nias zunächst eine Bewertung in der Dimension „richtig/falsch" und später in der Dimension „schön/nicht schön".

309 In einer anderen Malsituation (Transkript N5) richtet Nias seine Fragen zur ‚Richtigkeit' seines Bildes an einen älteren Jungen (vgl. Kap. 5.4.2).

```
169      Erz      ja.
```

In Zeile 159 fragt Nias, ob sein Bild „RISCHtisch" ist und positioniert sich somit als Lerner und die Erzieherin als Expertin (siehe auch Zeile 163). In Zeile 168 produziert Nias eine Äußerung mit der fallenden Intonation und positioniert sich als kompetenter Praktiker. Die Erzieherin bestätigt (Z. 169) und akzeptiert somit seine Selbstpositionierung.

8. Sich gegen abwertende Beurteilungen wehren

Zur Aushandlung der gewünschten Position (vgl. Kap. 5.4.2) gehört es auch dazu, dass man sich gegen negative Bewertungen seiner Leistung wehrt bzw. die Fremdpositionierung als weniger kompetente*r Praktiker*in zurückweist.

Das Transkript E6 liefert ein Beispiel dafür:

```
019  A    ercan macht FALSCH.
020  O    ercan (.) ist eGAL.
021  E    <<schreit> adNAN >.
022       (1.1)
023  A    (sörBECK) is ercan.
024  E    adNAN <<legt den Finger auf den Mund> pssst >.
```

Adnan nimmt hier die Positionierung von Ercan als weniger kompetenter Praktiker vor (Z. 19). Ercans Bruder Orkan versucht, Ercan zu verteidigen (Z. 20). Ercan weist die Fremdpositionierung vor allem mithilfe der prosodischen bzw. paraverbalen Ressource (Schreien) zurück (Z. 21). Adnans Äußerung ist zum Teil unverständlich (Z. 23), möglicherweise produziert er wieder eine Fremdpositionierung. Ercan versucht Adnan zum Schweigen zu bringen, indem er auf die nonverbale Ressource zurückgreift (Z. 24). Er weist somit Adnans Fremdpositionierung zurück und positioniert sich selbst als gleichwertiger Praktiker bzw. jemand, der den anderen zum Schweigen auffordern kann bzw. darf.

9. Die Malleistung der anderen Kinder beurteilen

Im Transkript N22 findet sich eine Beurteilung der Fremdleistung[310]:

```
166  N     da hier is mostafa FALSCH.
167  Erz   wieso::: das macht er AUCH schön.
168  N     ich AUCH n schön.
169  Erz   ja.
```

In Zeile 166 weist Nias darauf hin, dass Mostafa „FALSCH" malt und positioniert sich selbst dabei als Experten, der die Praktik des anderen beurteilen kann und darf, und Mostafa somit als weniger kompetenten Praktiker. Die Erzieherin erwidert, dass Mostafa es „AUCH schön" macht (Z. 167) und positioniert Mostafa somit als kompetenten Praktiker und sich selbst als Expertin, die es beurteilen kann (im Gegenteil zu Nias). In Zeile

---

310   Vgl. auch das Transkript N5, Z. 227 und 233.

168 weist Nias darauf hin, dass er „AUCH n schön" malt und positioniert sich selbst somit als kompetenter Praktiker. Die Erzieherin bestätigt es (Z. 169).

Auch Ercan beurteilt die Malleistung der anderen Kinder, wie das Transkript E6 zeigt:

```
084  E    <<schreit> adNAN >.
085  E    hey ein FALSCH.
086  E    das GETS³¹¹.
```

Ercan schreit Adnan an (Z. 84) und weist somit die wahrgenommene Fremdpositionierung als weniger kompetenter Praktiker zurück. In Zeile 85 bezeichnet Ercan Adnans Bild als „FALSCH" und begründet seine Bewertung in Zeile 86. Damit positioniert er sich selbst als Experten und Adnan als weniger kompetenten Praktiker.

10. Positionen innerhalb der Praktik

Die Punkte 7 bis 9 zeigen, dass es innerhalb der sozialen Praktik verschiedene Positionen geben kann, die von den Community-Mitgliedern eingenommen und ausgehandelt werden können.

Bezogen auf die – subjektiv wahrgenommene und interaktiv ausgehandelte Kompetenz bei der Ausführung der Praktik Malen konnten beispielsweise folgende hierarchische Positionierungen rekonstruiert werden:

– Novize (Nias) – Praktiker (Orkan) – kompetenterer Praktiker (Louis) – Experte (Erzieherin) (Transkript N5)
– Novize (Ercan) – Praktiker (Adnan) – andere (kompetentere) Praktiker (K1 und Orkan) (Transkript E6).

Die Datenanalysen legen darüber hinaus nahe, dass sich die Wahrnehmung dessen, wer von der/dem Noviz*in als Expert*in für eine Praktik wahrgenommen wird, mit der Zeit ändern kann. So richtet Nias am 11. April seine Fragen an die Erzieherin als Expertin für die Praktik Malen (Transkript N22, Z. 159, 163, 168, 171, 173, 175 und 225):

```
225  N     RISCHtisch?
226  Erz   ja_a.
```

Am 24. April werden von Nias auch andere Kinder als Experten für das Malen wahrgenommen (Transkript N5, Z. 191 und 213):

```
191  N    guck_mal das ist RICHtig;
192       (1.68)
193  O    doch.
```

Im weiteren Interaktionsverlauf, als Nias beobachtet hat, dass sich andere Kinder an Louis wenden (z.B. Z. 198 und 201), fragt er auch Louis als kompetenteren Praktiker nach der Anerkennung (Z. 204, 209, 211, 213, 215, 217, 221, 223 und 227):

---

311 Möglicherweise handelt es sich um eine beabsichtigte Produktion von „das geht so" oder „so geht's".

| 217 | N | **louis (.) das ist RICHtig?** |

11. Evtl. den eigenen Namen schreiben bzw. die anderen bitten, dies zu tun

Das Transkript N5 zeigt, wie das Schreiben des Titels des Bildes und des Namens des Autors in der Interaktion mit den anderen erfolgen kann:

149	X3	**ist so louis BOWser geschrieben?**
150	Erz	(ich kanns nicht mehr SEhen)-
151	O	aber in drei-
152	Erz	BOWser wird so geschrieben.
153		(2.04)
154	Erz	ja?
155	X3	**ich willt LOUis noch schreiben l.**
156	Erz	das (l) wird so geschrieben.
157	X3	noch ein L?
158	L	guck GUCK.

Mit expliziten (Z. 149 und 157) und impliziten (Z. 155) Fragen verschafft sich das Kind X3 den Zugang zu dem in der Community geteilten Wissen (vgl. Kap. 5.1.3.3).

Insgesamt machen die präsentierten Ergebnisse zu den verschiedenen Aspekten der Praktik Malen deutlich, dass Noviz*in nicht nur feinmotorische Fähigkeiten (Stifte halten, ordentlich ausmalen etc.) und Weltwissen (z.B. in Bezug auf die Farben von Spielfiguren) benötigen, um an dieser Praktik teilzunehmen. Aber auch die mit der Praktik einhergehenden sprachlichen Anforderungen gehen weit über die Bezeichnungen für die Malutensilien (wie Stifte, Anspitzer, Malunterlage etc.) und deren Eigenschaften (wie Farbbezeichnungen rot, schwarz etc.) oder die Formulierungen von Bitten und Aufforderungen (wie „Gib mir bitte den roten Stift") hinaus. Mittels der CA-SLA-Auswertungen werden die Aspekte wie die Aushandlung vom Zugang und Positionen, die Ko-Konstruktion von Lernen oder die Vermittlung und das Einhalten der für die Partizipation an der Praktik relevanten Regeln zu Tage gefördert. Es sind diejenigen Aspekte, die in der bisherigen DaZ-Forschung im Elementarbereich kaum Beachtung gefunden haben, denn sie werden erst dann sichtbar, wenn man eine Kita*aktivität* als Kita*praktik* versteht.

5.3.3 Mehrsprachigkeit in sozialen Praktiken

Bezogen auf den Umgang mit der Mehrsprachigkeit stellt sich die Frage, in welchen Situationen und in welchen sozialen Praktiken die Fokuskinder ihre mehrsprachigen Ressourcen einsetzen.

5.3.3.1 Mehrsprachigkeit in der Kind-Erzieher*in-Interaktion

Die Daten zeigen, dass in der Kind-Erzieher*in-Interaktion erstsprachliche Elemente häufig in den als *doing-learning* identifizierten Interaktionen und überwiegend in dem Antwort-Turn benutzt werden (*second pair part* in *adjacency pairs*[312]).

Das Transkript N4 entstammt einer Frühstückssituation mit einer Erzieherin (Erzieherin 5 (Erz)). Die unten stehende Gesprächssequenz zeigt die Beschäftigung mit einem Spielzeug, das in unterschiedlichen Farben leuchtet:

```
045 Erz ist blendet dich andere davor ähm nimm dir die andere dann
        kannst du es besser sehen dann kannst besser spielen die
        farbe orANge ich sag dir mal an orange genau orange grün,
046     (2.22)
047 Erz LIla,
048     (1.32)
049 Erz grün,
050 N   grün;
051 E   musta FERtig?
052 Erz ROsa,
053 N   ROsa;
054 E   ((unverständlich)) HAllo;
055 N   die FARbe,
056 Erz die farbe (.) die kann man hier ANdrehen kann man mal sa-
        gen.
057 E   kaPUTT.
058 Erz richtig.=ja sags mir doch an sie stimmt.
059 N   die NA?
060 X1  gelb.
```

Zu Beginn der oben präsentierten Sequenz gibt die Erzieherin Anweisungen zum Umgang mit dem Spielzeug und etabliert explizit „ich sag dir mal an" und implizit durch eine Farbbenennung mit steigender Intonation ein Gesprächsformat (Z. 45, 47, 49), das einem IRE[313]-Muster ähnlich ist, wobei die explizite Evaluation ausbleibt. Nias spricht die Farbe nach (Z. 50). Die Erzieherin benennt die nächste Farbe mit steigender Intonation (Z. 52), Nias spricht nach (Z. 53). In Zeile 55 ändert Nias das Muster und fragt selbst nach der Farbe. Die Erzieherin gibt ihm eine dispräferierte Antwort, indem sie Nias' Äußerung nachspricht und Hinweise zum Spielzeug gibt (Z. 56). In Zeile 58 fordert sie ihn auf, die Farbe zu nennen. Dem Zugzwang folgend antwortet Nias mit „die NA?"   (Z. 59). Dabei handelt es sich vermutlich um den Anlaut vom persischen Wort „naranji" –

---

312   „First pair parts *initiate* some exchange, e.g. question, request, invitation. Second pair parts are *responsive* to the action of a prior turn, e.g. answer, grant/refuse, accept/decline" (Clift 2016, 70; Herv. im Orig.).

313   Unter *IRE* (initiation-response-evaluation) oder *IRF* (initiation-response-feedback) wird „eine[...] dreischrittige[...] Handlungssequenz" verstanden, die insbesondere für die Kommunikation in den pädagogischen Kontexten typisch ist (vgl. Schwab 2009, 150).

"orange". Es kann sein, dass Nias dabei seine Sprachproduktion überwacht und das erstsprachliche Lexem nach der Produktion der ersten Silbe abbricht. Ein anderes Kind übernimmt das Rederecht und benennt die Farbe auf Deutsch (Z. 60).

Auch das Transkript E18 entstammt einer Frühstückssituation mit der Erzieherin[314] (Erzieherin 6 (Erz)), in der die Erzieherin durch Benennungen und Fragen einen IRE-Austausch initiiert.

In Zeile 72 lenkt die Erzieherin Ercans Aufmerksamkeit auf einen Gegenstand auf dem Tisch und benennt ihn („MILch"). Ercan reagiert darauf mit „süt", der türkischen Bezeichnung für die Milch (Z. 74). Die Erzieherin bestätigt und sagt, dass man die Milch „ausschütten" kann (Z. 76). Es bleibt offen, ob die Erzieherin „süt" als ein anderssprachiges Lexem erkennt oder es für eine abweichende Realisierung von „ausschütten" hält und es korrigiert. Nach einer Pause (Z. 77) fragt die Erzieherin nach der Bezeichnung für das Getränk „in dem ANderen becher" (Z. 78). Ercan antwortet wieder auf Türkisch („çay") (Z. 79). Die Erzieherin bestätigt und benennt es auf Deutsch (Z. 80). Dabei bleibt es wieder unklar, ob sie erkannt hat, dass es sich um die türkische Bezeichnung für den Tee handelt. In der nächsten Zeile zeigt Ercan Initiative und benennt von selbst den Gegenstand auf dem Tisch („TASse") (Z. 81). Interessanterweise erfolgt hier keine Reaktion (Bestätigung) seitens der Erzieherin.

```
072 Erz  guck_mal hier ist die MILch;
073      (2.05)
074 E    süt. ((türk. „Milch"))
075      (0.48)
076 Erz  die MILch ja genau ausschütten.
077      (3.65)
078 Erz  (und was ist) in dem ANderen becher?
079 E    tschaj. ((türk. „çay" Tee))
080 Erz  das_is TEE genau.
081 E    TASse.
082      (7.6)
083 Erz  (und was ist) DAS,
084      (3.88)
085 Erz  [(KENNST du das)?]
086 E    [TASse.]
087 Erz  eine TASse genau.
088 Erz  was ist da DRINne?
089 E    (kah)we. ((türk. „kahve" Kaffee))
090 Erz  KAFfee.=gä?
```

Nach einer Pause (Z. 82) fragt die Erzieherin erneut nach einer Bezeichnung (Z. 83). Als Ercan nicht reagiert (Z. 84), fragt sie nach, ob er es kennt (Z. 85). Gleichzeitig antwortet Ercan, dass es eine „TASse" ist (Z. 86). Die Erzieherin bestätigt, indem sie die Äußerung

---

314 Bei der Erzieherin handelt es sich um eine Vertretungserzieherin und es war ihr erster Tag in diesem Kindergarten. Vor der präsentierten Sequenz hat sich die Erzieherin nach mir und meinem Forschungsprojekt erkundigt.

nachspricht und den Artikel ergänzt (Z. 87). Sie fragt weiter, was in der Tasse „DRINne"
ist (Z. 88). Ercan antwortet auf Türkisch („(kah)we") (Z. 89). Die Erzieherin benennt
bzw. korrigiert die Lautform „KAFfee" (Z. 90). Es ist nicht ersichtlich, ob die Erzieherin
hier die abweichende Lautform von „Kaffee" oder das türkische Wort korrigiert. Jedenfalls werden auch hier die Erstsprache und deren Gebrauch durch das Kind nicht thematisiert.[315] Der Erstsprachengebrauch wird von der Erzieherin auch nicht explizit sanktioniert.

In der ebenfalls als *doing-learning* identifizierten Kind-Erzieherin-1-Interaktion, die
der sozialen Praktik „Memory" (Transkript E28, Erz) entstammt, fragt Ercan nach der
Bezeichnung für das Bild (Z. 231) und beantwortet seine Frage selbst (Z. 232). Dabei
greift er auf seine türkischsprachigen Ressourcen zurück, um *second pair part* in dem von
ihm initiierten *adjacency pair* zu produzieren.

```
0231    E     das?
0232          (--) öRÜMcek. ((türk."örümcek" - Spinne))((Ercan
              zeigt auf einen Marienkäfer))
0233    Erz   ja;=ein KÄfer.
0234          das_ist [ein KÄfer.]
0235    E     [ein öRÜMcek.]
0236    Erz   [wir sind kinder in der KÄfergruppe.]
0237    E     [öRÜMcek <<schreit> öRÜMcek >]
0238    Erz   hm. (--)
0239          (7.0) ((E legt die benannten Bilder zurück in die
              Schachtel))
```

Die Erzieherin bestätigt bzw. evaluiert Ercans Antwort und benennt das Bild auf Deutsch
(Z. 233). Sie wiederholt die deutsche Bezeichnung (Z. 234), gleichzeitig wiederholt Ercan
die türkische Bezeichnung, wobei er das türkische Wort „öRÜMcek" – eine Spinne –
benutzt (Z. 235). Die Erzieherin zieht das Erfahrungswissen des Kindes zurück, indem
sie sagt, dass sie „kinder in der KÄfergruppe" sind (Z. 236). Ercan wiederholt die türkische Bezeichnung zweimal und mit lauter Stimme (Z. 237). Interessanterweise findet in
dieser Sequenz – im Gegensatz zu den Turns von Ercan davor – kein Nachsprechen seitens Ercans statt. Die Erzieherin zeigt sich einverstanden (Z. 238).

Im weiteren Gesprächsverlauf benennt die Erzieherin das Bild (Z. 267), worauf Ercan
mit einem Widerspruch reagiert (Z. 268).

```
0267    Erz   das ist eine SCHNEcke.
```

---

[315] Es bleibt offen, ob die erstsprachlichen Ressourcen des Kindes (Z. 74, 79, 89) von der Erzieherin als solche wahrgenommen bzw. erkannt werden. Eine mögliche Interpretation wäre, dass die Erzieherin sie erkannt hat, sie zulässt bzw. toleriert und Reparaturverfahren einsetzt, um die Interaktion aufrechtzuerhalten. Eine andere Interpretation wäre: die erstsprachlichen Ressourcen werden als abweichende Produktionen wahrgenommen, die zu korrigieren bzw. durch „richtige" deutsche Bezeichnungen zu ersetzen sind.

0268	E	<<schreit> nein; ein kaBU:K. > ((türk. „kabuk" – Schale, Kruste))
0269		(a:DA: ja:WA:ja:) kaBU:K.
0270	Erz	A:ha.
0271	E	**das kaBU:k.**
0272		das DA::.
0273		A:H;=dedu DA:S.
0274		(3.5)
0275	E	ein eine LU:me.
0276	Erz	eine BLU:me.
0277	E	das.
0278	Erz	hm.
0279		(1.68)
0280	E	o_jo. ((„Ohj oj" = Verlautbarung nach einer Anstrengung))

Die Erzieherin benennt das nächste Bild (Z. 267). Ercan verneint laut und widerspricht der Erzieherin, dass es „ein kaBU:K" ist (Z. 268). Er wiederholt die erstsprachliche Bezeichnung (Z. 269). Die Erzieherin signalisiert das Verstehen bzw. Irritation (Z. 270). Ercan wiederholt die (erstsprachliche) Bezeichnung (Z. 271) und weist noch einmal auf die Schnecke auf dem Bild hin (Z. 272–273). Die Erzieherin geht auf seine türkische Ressource nicht ein (Z. 274). Ercan benennt das nächste Bild (Z. 275). Die Erzieherin bestätigt und korrigiert zugleich die Aussprache (Z. 276). Ercan zeigt auf dasselbe Bild, gebraucht sprachliche Deixis, spricht aber das Wort „Blume" nicht nach (Z. 277). Die Erzieherin bestätigt (Z. 278). Ercan signalisiert prosodisch eine Anstrengung (Z. 280).

Es lässt sich festhalten, dass die Fokuskinder ihre mehrsprachigen Ressourcen vor allem in den *Doing-Learning*-Interaktionen in dem reagierenden Turn nutzen.

5.3.3.2 Mehrsprachigkeit in der Kind-Kind-Interaktion

In den Kind-Kind-Interaktionen werden mehrsprachige Ressourcen in den unterschiedlichen sozialen Praktiken einsetzt. Dabei werden auch komplette bzw. elaboriertere Turns in der Erstsprache produziert.

So zählt Nias auf Persisch beim Frisbee-Werfen, wobei dieses von Nias zum Teil als Parallelspiel[316] ausgeführt wird (Transkript N12):

```
027 N YEK do se (1.68) ((lacht)) ((zählt langsam auf persisch bis
      drei: yek = 1; do = 2; se = 3))
```

Ercan nutzt seine erstsprachlichen Ressourcen beim Spielen mit seinem Bruder in der Puppenecke (vgl. Transkript E39; Transkript E38, Z. 14), mit anderen türkischsprachigen

---

316 Unter einem Parallelspiel wird ein Spiel verstanden, „bei dem Kinder nebeneinander ohne reziproke Kommunikation spielen" (Mähler 2008, 216). Das Parallelspiel ist besonders für Kinder unter drei Jahren typisch und wird als Vorläufer für das kooperative Spiel angesehen (vgl. ebd., 216f.; siehe auch Kap. 6.4).

Kindern (vgl. Transkript E6, Z. 32) und anderen mehrsprachigen Kindern (vgl. Transkript E4, Z. 56; Transkript E41, Z. 12 und 16). Dabei produziert er auch elaboriertere Turns auf Türkisch in den Interaktionen mit den Kindern, als in den Interaktionen mit den Erzieher*innen, wie folgendes Beispiel aus dem Transkript E6 zeigt:

```
032   E    KIM yapti bunu((türk. Wer hat das gemacht?))
```

Zudem werden mehrsprachige Ressourcen häufig in den initiierenden Turns verwendet, wie folgende Sequenz aus einer Interaktion in der Puppenecke zeigt (Transkript E34):

```
036    E     olDUmu gene? ((türk. Hat es wieder geklappt? ))
037    Da    OLdu? (türk.: Ok)
038    E     O:::ch.
```

Ercan gebraucht seine türkischsprachigen Ressourcen außerdem als *private speech* beim Wasserspiel, indem er sein Handeln sprachlich begleitet bzw. reguliert (Transkript E8):

```
041   E     a TI:K. ((türk. „Artık": jetzt, schon))
```

Zusammenfassend kann festgehalten werden, dass die Fokuskinder sowohl in den Kind-Kind- als auch in Kind-Erzieherin-Interaktionen mehrsprachige Ressourcen einsetzen. Meist wurde die Nutzung mehrsprachiger Ressourcen in den *Doing-Learning*-Interaktionen (wie Memory und Frühstück) mit den Erzieher*innen oder beim Spielen mit anderen (mehrsprachigen) Kindern beobachtet. Die Frage, ob sich die Ergebnisse verallgemeinern lassen, d.h., ob es z.B. einen Zusammenhang zwischen dem Einsatz mehrsprachiger Ressourcen und der (wahrgenommenen) Mehrsprachigkeit der Interaktionspartner*innen oder einen Zusammenhang zwischen dem Einsatz mehrsprachiger Ressourcen und den Spezifika einer sozialen Praktik gibt (z.B. in der Puppenecke, wo die Kinder ohne unmittelbare Aufsicht spielen, wird die Mehrsprachigkeit häufiger genutzt), kann im Rahmen der vorliegenden Arbeit nicht eindeutig beantwortet werden und bedarf einer weiteren Erforschung.

5.3.4 Lernen

Die Frage danach, wie soziale Praktiken von den Community-Mitgliedern als *Doing-Learning*-Interaktionen ko-konstruiert werden, wird anhand der mikrogenetischen Auswertungen ausgewählter Beispiele beantwortet (Kap. 5.3.4.1 und 5.3.4.2). Dabei wird zwischen den Interaktionen differenziert, in denen sich beide Seiten oder nur eine Seite um die Ko-Konstruktion von Lerngelegenheiten bemüht. Anschließend wird der Frage nachgegangen, wie sich die Partizipation an einer sozialen Praktik von der LPP zur vollen Teilnahme entwickelt (Kap. 5.3.4.3).

5.3.4.1 Lernen als soziale Praxis *(doing-learning)*

Im Unterschied zum Kapitel 5.2.3.1, in dem es um das Erlernen einer bestimmten Ressource ging, geht es hier um das sprachliche Lernen an sich, indem sie Interaktionsteilnehmer*innen einander zeigen, dass mehrere sprachliche Phänomene (z.B. mehrere Lexeme) und nicht ein einziges im Zentrum des Lernprozesses stehen. Wie in Kapitel 3.3.2

dargestellt, beschäftigt sich ein Teil der CA-SLA-Forschung mit der konversationsanalytischen Auswertung der situierten Lernkontexte, z.B. Unterrichtsinteraktion, die sie als *doing learning* beschreibt (vgl. Kasper/Wagner 2011, 127). Firth und Wagner merken diesbezüglich an: „Doing learning illustrates how participants foreground learning in an interactionally consequential way. [...] But doing learning does not provide evidence that learning is actually happening in these activities" (Firth/Wagner 2007, 811; vgl. auch Kap. 4.4.5).

Ohne die Nachweise darüber zu liefern, dass das sprachliche Lernen tatsächlich stattgefunden hat, soll anhand ausgewählter Beispielanalysen aufgezeigt werden, wie Fokuskinder Interaktionen mit den Erzieher*innen und anderen Kindern als Lerngelegenheiten aktiv mitgestalten oder sogar selbst initiieren (Kap. 5.3.4.1.1.1, Kap. 5.3.4.1.2 und Kap. 5.3.4.2) oder eben eine von der Erzieherin initiierte Lerngelegenheit nicht mitgestalten (Kap. 5.3.4.1.1.2). Zudem zeigen die Analysen der in Kapitel 5.3.4.1.2.2 präsentierten Kind-Kind-Interaktion, dass sich andere Kinder nicht immer kooperativ verhalten und an einer *Doing-Learning*-Interaktion interessiert sind.

5.3.4.1.1 Doing-learning *in den Kind-Erzieher*in-Interaktionen*

Im Folgenden wird anhand ausgewählter Analysebeispiele veranschaulicht, wie Ercan eine und dieselbe Praktik (Memory) mit der einen und derselben Erzieherin je nachdem, ob er alleine an der Praktik teilnimmt oder andere Kinder mit dabei sind, als *doing-learning* mitgestaltet oder nicht.

5.3.4.1.1.1 Mitgestaltung einer sozialen Praktik zur Lerngelegenheit

Das Transkript E28 (17.04., Erzieherin 1) zeigt, wie Ercan zunächst mit mir ein Memory-Spiel initiiert und es später mit der Erzieherin fortführt, in dem es weniger um das Pärchenfinden und mehr um die Fragen nach der Bezeichnung und die Benennung der Bilder geht:

```
0008           ((E holt sich ein Memory-Spiel und setzt sich wieder
               an den Tisch. Die Bildkarten liegen in vier Stapeln. E
               holt einen Stapel raus.))
0009    E      un_DA::S? ((E zeigt mir ein Bild))
0010    F      so;=was is_n das?=
0011           =das sind GUMmibärchen,=oder?
0012    E      as_SUMmibär[chen.]
0013    F      [ja.]
0014    E      GUMmibärchen.
0015    Erz    soll ich mich daZU setzen?
0016           ((unverständlich, 4.7 Sek.)) ((Erz setzt sich an den
               Tisch neben E))
0017    F      DANke_schön.
0018           ((3.4 Sek. Auslassung: andere Kinder))
0019    Erz    Ercan, (---) was IST das?
0020    E      (---)
```

```
0021    Erz    WAS ist das?
0022    E      (---)
0023    Erz    hm?
0024    E      eine baNane.
0025    Erz    geNAU (.) eine baNane.
0026           (---) und was is_DAS?
0027    E      (---) EIN <<summt>s>
0028    Erz    eine toMA::te.
0029    E      eine toMA:te.
0030    Erz    ganz geNAU.
0031           und DAS hier?=
0032           =das KENNST du schon.
0033    E      eine LU:me.
0034    Erz    eine BLU::me,
0035           geNAU.
0036           (xxx) ein bisschen ANdere.=
0037           =was ist es für eine FARbe hier,=
0038           =bei dir?
0039    E      is_DAS?
0040    Erz    das_ist (--) GRÜN.
0041    E      ja;
```

Im ersten Turn fragt Ercan zunächst mich, was auf dem Bild ist (Z. 9). Ich spreche seine Frage nach und antworte, dass es „GUMibärchen" sind (Z. 11). Ercan spricht das Wort nach (Z. 12). Ich bestätige, indem ich das Wort wiederhole (Z. 13). Ercan wiederholt das Wort in der korrekten Lautform (selbstinitiierte Selbstkorrektur) (Z. 14). Die Gruppenerzieherin fragt, ob sie sich zu Ercan setzen soll (Z. 15). Ich bedanke mich (Z. 17). Die Erzieherin fragt Ercan, was auf dem Bild zu sehen ist (Z. 19). Ercan reagiert nicht (Z. 20). Sie wiederholt ihre Frage (Z. 21). Es folgt keine Reaktion (Z. 22). Die Erzieherin fragt nach (Z. 23). Ercan antwortet (Z. 24). Die Erzieherin bestätigt (Z. 25) und stellt die nächste Frage (Z. 26). Ercan setzt zum Antworten an und signalisiert das Überlegen (Z. 27). Die Erzieherin benennt das Bild (Z. 28). Ercan spricht das Wort nach (Z. 29). Die Erzieherin bestätigt (Z. 30). Sie stellt die nächste Frage (Z. 31) und weist das Kind darauf hin, dass es „das" schon kennt (Z. 32). Ercan sagt „eine LUme." (Z. 33). Die Erzieherin bestätigt und korrigiert (korrektives Feedback) (Z. 34, 35). Sie kommentiert das Bild und fragt Ercan nach der Farbe (Z. 36–38). Ercan gibt eine dispräferierte Antwort, indem er selbst die Frage stellt (Z. 39). Die Erzieherin benennt die Farbe (Z. 40). Ercan bejaht (Z. 41).

Auffällig ist, dass Ercan derjenige ist, der diese Interaktion zum einen initiiert und zum anderen als eine Lernsituation aktiv mitsteuert, indem er Fragen stellt (Z. 9), nachahmt (Z. 12 und 29), sich selbst korrigiert (Z. 14), sich am IRE-Muster erwartungsgemäß beteiligt (Z. 21–35) oder es umdreht und selbst zum Initiator und Bewerter wird (Z. 39–41).

Die von der Erzieherin initiierten Sequenzen folgen unterschiedlichen Mustern, denen eine initiative Äußerung und eine evaluierende Äußerung typisch sind:
1) IRE-Muster:

0021	Erz	**WAS ist das?**
0022	E	(---)
0023	Erz	hm?
0024	E	eine baNane.
0025	Erz	**geNAU (.) eine baNane.**

2) Abgebrochene Äußerung mit steigender Intonation:

0042	Erz	**und die BLU:me ist,**
0043		(.) GELB.
0044	E	GE::B.
0045	Erz	ja. (---)

3) Kontextuelle Einbettung:

0111	Erz	**un_das müssen wir ANziehen–**
0112	E	AN[ziehen.] ja:::
0113	Erz	**[wenn es] regnet (.) das sind?**
0114	E	AStziehen.
0115	Erz	GUMmistiefel.
0116	E	GUMmi.
0117	Erz	**und die ziehen wir AUS-=**
0118		=da hast du RECHT-=
0119	E	=aus.=
0120	Erz	**=wenn wir hier REINkommen.**
0121	E	wir_REINkommen.

Insgesamt konnten innerhalb der 13-minütigen Interaktion folgende sprachlich-interaktionale Ressourcen (re-)konstruiert werden: Auf der einen Seite lernt Ercan, das Memory-Spiel als Lerngelegenheit („doing learning') zu nutzen. Auf der anderen Seite greift er dabei auf vielfältige sprachlich-interaktionale Ressourcen zurück wie *chunks* („ich fertik" Z. 1), Fragen (Z. 9, 39, 68, 103, 133, 142, 157, 192, 206, 231, 253, 300, 400), Deixis (Z. 9, 39, 68, 70, 73, 103, 108, 123, 200, 208, 231, 253,272, 273, 277, 300, 349, 384), Nachahmungen (Z. 12, 29, 44, 49, 52, 59, 61, 77, 94, 106, 112, 116, 119, 121, 125, 137, 149, 163, 175, 177, 179, 183, 185, 187, 218, 243, 248, 251, 255, 259, 302, 309, 333, 336, 362, 379, 393, 395), Assoziation (Z. 192), Reduktion der Komposita (Z. 116, 149), selbstinitiierte Selbstkorrektur (Z. 14, 85, 92, 275, 296, 388), fremdinitiierte Selbstkorrektur (Z. 49, 59, 94, 119, 165, 175, 177, 243, 259, 261, 302, 326, 379, 391), Erstsprache (Z. 130, 147?, 235, 237, 246, 268, 271, 293, 302), Markierung semantischer Schlüsselsymbole (Z. 345). Insbesondere die vielen Fragen, Nachahmungen sowie selbst- und fremdinitiierte Selbstkorrekturen zeugen davon, wie intensiv sich Ercan bei diesem Memory-Spiel um das Lernen bemüht.

Im Erzieher*innen-Interview berichtete die Gruppenerzieherin (Erzieherin 1, im Transkript: Erz), dass sie sich in Ercans Eingewöhnungszeit oft Memory-Bilder mit ihm angeschaut hat:

```
0004 Erz   ähm (---) irgendwann saß er dann mal in ähm (---) die-
           sem KORBstühlchen
0005       [und] hat so RAUSgeschaut;
0006 L     [hm.]
0007 Erz   er sucht sich immer da aus so n RÜCKzugspunkt;=
0008       =und da mich ich mich NEben ihm gesetzt?-=
0009       =und hatte dieses MEmoryspiel-
0010       und hab ihm die KARten ge[zeigt.]
0011 L     hm.
0012 Erz   und gesagt (.) guck mal HIER (.) eine ORANge (.) schau
           mal HIER (.) eine baNAne;
0013       °hhh und da muss ich einen GUten moment erwischt haben
           (.) weil er da anfing NACHzusprechen.
0014 L     hm.
0015 Erz   und (.) ähm (1.5)
0016       dann hat er es auch relativ lange DURCHgehalten;=
0017       =also;=es hat mich geWUNdert;
0018       ich dachte er hält nur so ein zwei miNuten und geht
           dann;
0019 L     hm.
0020 Erz   ähm (---) aber das war NICHT ähm der fall-=
0021       =er hat es wirklich ich glaube wir haben ZWANzig minu-
           ten dort gesessen und immer wieder die karten-=
0022       =°hhh und in den folgenden TAgen ähm war es oft so
           dass wenn ich in den RAUM kam ähm zum REgal gelaufen
           ist-=
0023       =dieses MEmoryspiel genommen hat;=
```

Leider liegen mir keine Audiodaten aus der Eingewöhnungszeit vor, da die Erhebung einige Monate später angefangen hat. Wenn man die Erzählung der Erzieherin bei der Dateninterpretation berücksichtigt, dann kann der Schluss gezogen werden, dass das Memory-Spiel als Kita-Praktik von der Erzieherin und dem Kind einerseits zur Beziehungsgestaltung und andererseits zum zweitsprachlichen Lernen genutzt wird. Dabei wird das Spiel zu Beginn von Ercans Kita-Eintritt von der Erzieherin als soziale Praktik eingeführt und später von Ercan als *doing learning* genutzt, sodass man vermuten könnte, dass sich der Lernprozess hier von der Fremdinitiierung und -steuerung zur Selbstinitiierung und -steuerung vollzieht.

5.3.4.1.1.2 Nicht-Mitgestaltung einer sozialen Praktik zur Lerngelegenheit

Die Datenauswertungen zeigen zugleich, dass nicht jede Memory-Praktik *per se* zur Lernsituation wird. So nimmt Ercan eine Woche später an einem Memory-Spiel mit derselben Gruppenerzieherin teil (Transkript E29 vom 25.04., Erzieherin 1 (Erz)). Da sich aber auch andere Kinder am Spiel beteiligen (es handelt sich dabei genauer um eine Kind-Kinder-Erzieherin-Interaktion), die sich eher kompetitiv verhalten, kann man nicht behaupten, dass diese Situation von Ercan als eine Lernsituation mitgestaltet wird.

```
057 E     APfe:. ((reicht der Erzieherin das Bild))
058 Erz   ein APfe:::l.
059       (0.47)
060 E     ein BA:::LL da.
061 Erz   ja;=findest due den ZWEIten ball ercan findest du den zwei-
          ten ball?
062 K1    ja.
063 E     toMA:::te.
064       (1.04)
065 K2    der maRIa. ((die Erzieherin geht weg))
066 E     LUtscha:::.
067       (3.11)
068 K1    HAST du wa-
069 E     o:::h.
070 E     ne ich hab toMAte mha.
071 K1    APfel.
072 E     toMA:te.
073 K1    KÄfer.
074 K2    KÄfer.
075 K3    KÄfer.
076 E     die POMmes.
077       (0.42)
078 E     POMmes.
079       (2.0)
080 K1    ZAHNpasta.
081 E     geh.
082 K2    BLUme.
083       (0.94)
084 K2    BLUme.
```

```
085 K1    hehe BLUme,
086 K2    SCHMETerling schmetterling he.
087       (8.22)
088 K2    KUchen kuchen.
089       (0.8)
090 K2    KUchen ehen.
091       (1.2)
092 K2    kuma (.) KUCHEN (.) kuchen.
093 K1    BLUme blume.
094       (0.41)
095 K1    ja BLUme blume habe ich.
096 K1    BLUme blume.
097 K2    KUchen kuchen.
098       (1.16)
099 K2    guck MÖHre.
100 F     geNAU.
101       (3.71)
102 K2    (xxx xxx) BLUme.
103 E     <<vor sich hin> tut tu::: > ((spielt mit einem Hubschrau-
          ber)).
```

Ercan benennt das Bild „APfe" (Z. 57). Die Erzieherin bestätigt und korrigiert (Artikel und Lautform) (Z. 58). Ercan benennt schon ein weiteres Bild (Z. 60). Die Erzieherin bestätigt und fragt ihn, ob er „den ZWEIten ball" finden kann (Z. 61). K1 bejaht (Z. 62). Ercan benennt das nächste Bild „toMAte" (Z. 63). Es folgt keine Reaktion der Erzieherin. K2 ruft die Erzieherin und sie geht weg (Z. 65). Ercan benennt das nächste Bild (Z. 66). K1 beginnt eine Frage zu formulieren (Z. 68). Ercan signalisiert Überraschung bzw. Ungeduld (Z. 69) und wiederholt, dass er „toMAte" hat (Z. 70). K1 ruft „APfel" (Z. 71). Ercan wiederholt das dritte Mal „toMAte" (Z. 72). K1, K2 und K3 rufen „KÄfer" (Z. 73, 74, 75). Ercan benennt das nächste Bild „die POMmes" (Z. 76). Als keine Reaktion seitens der Erzieherin erfolgt (Z. 77), wiederholt Ercan „POMmes" (Z. 78). Die Erzieherin reagiert nicht (Z. 79). Ercan sagt (wahrscheinlich zu einem Kind): „geh" (Z. 81). Die Kinder benennen die weiteren Bilder (Z. 82 bis 97). K2 sagt (wahrscheinlich zur Forscherin): „guck „MÖHre" (Z. 99). Die Forscherin bestätigt (Z. 100). K2 benennt das nächste Bild (Z. 102). Ercan spielt mit einem Hubschrauber und macht Geräusche (Z. 103).

Bereits zu Beginn des Memory-Spiels (der hier joch ausgelassen wurde) fungiert die Erzieherin als Expertin, die das Spiel anleitet (Transkript E29, Z. 2, 3, 5, 6, 7, 12, 14, 15, 24, 25, 26, 28, 30, 35, 61), Fragen nach Bezeichnungen der Bilder stellt (Z. 40) und Antworten der Kinder evaluiert (Z. 45) oder die selbst initiierte Benennungen der Bilder durch die Kinder evaluiert (Z. 47, 49, 54, 58) und neues Wissen (die korrekte Bezeichnung und Kontext) liefert (Z. 50, 52). Als die Erzieherin sich einer anderen Aufgabe widmet (Wasser von den Tischen wegwischen in Z. 65) und die Kinder sich selbst überlässt, zeigt Ercan kein Interesse am weiteren Spiel und beschäftigt sich mit einem Hubschrauber. Eine mögliche Erklärung dafür wäre, dass Ercan die anderen Kinder noch nicht als Expert*innen für das Spiel als Praktik oder für die deutsche Sprache als Ressource ansieht, von denen er auch lernen kann. Dies zeigt sich daran, dass Ercan nur einmal nachspricht (Z. 43). Ein weiterer Grund könnte darin liegen, dass sich andere Kinder (K1, K2 und K3) eher kompetitiv als kooperativ verhalten, indem sie auf Ercans Äußerungen nicht eingehen (Z. 71, 73, 74, 75, 77, 79, 80 und 82–99), sondern das Rederecht unter sich erkämpfen und gegenseitig ihr Wissen präsentieren. Es kann sein, dass die anwesenden Kinder das Memory-Spiel als ein Wettbewerb-Spiel sehen und daher eine wenig unterstützende Haltung jüngeren Kindern entgegenbringen. Dies zeigen z.B. Ercans mehrere Wiederholungen der eigenen Äußerungen („Tomate" in Z. 63, 70 und 72 sowie „Pommes" in Z. 76 und 78), die er produziert, um im Stimmengewirr gehört zu werden. Jedenfalls gibt Ercan das Spiel – anders als bei dem Eins-zu-Eins-Memory-Spiel mit der Erzieherin (siehe das Transkript E28) – schon nach wenigen Minuten auf und wendet sich einer anderen Beschäftigung zu, die durch *private speech* begleitet wird (Z. 104). Die *Doing-Learning*-Interaktion im Transkript E29 fällt im Vergleich zur der im Transkript E28 nicht nur viel kürzer aus (ca. 2 Min vs. 13 Min), sondern zeigt auch weniger *Doing-Learning*-Phänomene: Es werden nur eine Nachahmung (Z. 43) und keine Fragen seitens Ercan verwendet sowie kein Feedback seitens der anderen Kinder (Bestätigung oder Korrektur) gegeben. Zieht man das *Investment*-Konzept zur Dateninterpretation heran (vgl. 3.4.1), lässt sich festhalten, dass Ercan sich in der analysierten Memory-Situation nicht bereit zeigt, seine Zeit und Bemühungen in die Ausführung der Memory-Praktik zu investieren.

Die dargestellten Analysen beider Interaktionssequenzen machen auf der einen Seite deutlich, dass die Teilnahme an mehrachsigen Interaktionen oder an der Memory-Praktik der Kita-Gemeinschaft zu diesem Punkt noch eine Herausforderung für Ercan darstellt. Er scheint auf die Erzieherin als Expertin fokussiert zu sein und die anderen Kinder nicht als Expert*innen, sondern als Konkurrent*innen bei dem Zugang zu der Interaktion mit der Erzieherin zu sehen.[317] Auf der anderen Seite zeigt die Analyse, dass sich andere Kinder dabei kompetitiv verhalten und keine Rücksicht auf Ercan nehmen.

Eskildsen stellt in seiner Studie fest, dass „participants have methods to display that they are presently engaged in a social learning activity" (Eskildsen 2018, 58). Für die

---

317 In Bezug auf Positionen können dabei folgende praktik- und ressourcenbezogene Positionierungen (re-)konstruiert werden: Die Erzieherin positioniert sich als Spielleiterin (Z. 2–40). Durch die Antwort auf die Frage der Erzieherin und das Nachsprechen nach einem anderen Kind (Z. 43) akzeptiert Ercan die Selbstpositionierung der Erzieherin und positioniert sich selbst als Lerner. Die Erzieherin evaluiert seine Antwort (Z. 45) und positioniert sich als Lehrerin und Ercan als Lerner. Die Initiativen von Ercan (Z. 46, 57, 60) (Selbstpositionierungen als Sprecher der deutschen Sprache) werden von der Erzieherin erkannt, zum Teil bestätigt und korrigiert (Z. 47, 58, 61), somit wird Ercan als Sprecher der deutschen Sprache und als Lerner positioniert. Die Erzieherin geht weg. Durch die Benennung des Bildes positioniert sich Ercan als kompetenter Praktiker und kompetenter Sprecher der deutschen Sprache (Z. 63, 70, 72, 76, 78); er wird von den Kindern ignoriert und somit seine Selbstpositionierungen zurückgewiesen.

Memory-Praktik sind, wie im Kapitel zuvor herausgearbeitet, Fragen, Benennungen, Nachahmungen und Feedback (Bestätigung bzw. Korrektur) solche Methoden, mit denen sich die Praktikteilnehmenden gegenseitig zeigen, dass sie am Lernen beteiligt bzw. *doing-learning* sind. Der kontrastierende Vergleich zweier Interaktionen, die eine und dieselbe soziale Praktik präsentieren, zeigt, dass eine Praktik wie das Memory-Spiel nicht *per se* als eine Lernsituation fungiert.[318] Diese muss vielmehr sowohl von der/dem Noviz*in als auch Expert*innen aktiv mitgestaltet werden, um als *doing-learning* zu gelten.

5.3.4.1.2 Doing-learning *in den Kind-Kind-Interaktionen*

Nicht nur Kind-Erzieherin-, sondern auch Kind-Kind-Interaktionen können als *doing-learning* ko-konstruiert oder auch nicht ko-konstruiert werden, wie die im Folgenden dargestellten Beispielanalysen verdeutlichen.

5.3.4.1.2.1 Mitgestaltung einer sozialen Praktik zur Lerngelegenheit

Das Transkript E4 (03.05.) zeigt die soziale Praktik Bauen. Ercan und Hakan, ein älterer Junge (H), bauen zunächst parallel. Höchstwahrscheinlich wird die Interaktion von Ercan verbal (mittels Prosodie in Zeilen 2 und 4) oder nonverbal (durch das Reichen eines Bausteins in Zeile 5) initiiert. Somit bekommt Ercan nicht nur den Zugang zu den Bausteinen als materiellen Ressourcen, sondern auch zur Beziehung bzw. Kooperation mit dem anderen Kind als symbolische Ressource:

```
001     (1.6)
002 E   a::⸴.
003     (4.0)
004 E   a.
005     (2.7)
006 H   wow.
007     (2.0)
008 H   DANke ercan.
009     (0.95)
010 H   nicht SO.
011     (1.1)
012 H   SO (.) warte.
013     (1.08)
014 E   jeah.
015     (2.33)
016 H   große KASten.
```

---

318 Diese Einschätzung basiert auf der Anzahl der Sprecherbeiträge und des Nachsprechens von Ercan. Es kann jedoch nicht behauptet werden, dass in der zweiten Memory-Situation nichts gelernt wird, da ein Zugang zu kognitiven Prozessen im Rahmen der vorliegenden Arbeit nicht möglich ist.

```
017    (1.13)
018 H  so.
019    (0.91)
020 H  ercan SO machen.
021 E  **ja.**
022    (4.11)
023 H  SO machen.=ja?
024    (0.42)
025 E  **ja.**
026    (1.51)
027 H  bau WEIter.
028    (4.3)
029 E  **das?**
030    (0.63)
031 H  NEIN (.) so machen.
032    ((Auslassung 10.98 Sek: die Kinder bauen))
033 E  **so?**
034    ((Auslassung 15.4 Sek: die Kinder bauen))
035 E  **ja.**
036    (0.34)
037 H  HAbe ich gesagt so?
038    (1.49)
039 E  ((lacht)) lauf (.) un haKAN.
040    (0.4)
041 H  so.
042    (1.64)
043 H  das,
044    (2.0)
045 H  so.
046    (1.43)
047 H  so::::.
048    (0.44)
049 H  WARte m.
050    ((Auslassung 33.05 Sek: die Kinder bauen))
051 H  WAS ercan?
052    (1.3)
053 H  ja GUT ge (macht).
054 E  **ich FERtig.**
055 H  ich muss noch SO ich ma ma-
```

```
056 E kolay çünKÜ. (( türk. kolay: leicht; çünkü: weil, denn; denn
       es ist leicht))
057    (3.83)
058 H hä?
059    (0.97)
060 E kolay çünKÜ.
061    (4.7)
062 E ((lacht)).
063    (3.33)
064 H dann HAB ich (.) dut.
065 E hey datz kaPU:TT.
066    (1.11)
067 H ja GUT.
068 H ZEIG mal,
069    (0.45)
070 E ich HAbe das.
071 E kaPUTT das;=ja?
072    (1.67)
073 H das (is) NICHT kaputt.
074    (0.65)
075 E da RICHtig,
076 H ((unverständlich)).
077    ((Auslassung 17.68 Sek: die Kinder spielen))
078 H HIER (.) ercan ((gibt ihm einen LEgostein)).
079 H <<schreit> ERcan >,
080    (0.98)
081 E DANke:. ((nimmt den Legostein))
082    (1.0)
```

In den Zeilen 2 und 4 initiiert Ercan mittels prosodischer Mittel die Interaktion mit Hakan. Hakan drückt in Zeile 6 seine Verwunderung aus. Ercan reicht ihm einen Legostein; Hakan bedankt sich (Z. 8). In den Zeilen 10 und 12 begleitet Hakan sprachlich Ercans Handlungen bzw. gibt Bauanweisungen. Ercan zeigt Verständnis (Z. 14). Hakan verweist auf den „große[n] KAsten" (Z. 16). In den Zeilen 18 und 20 sagt er, dass Ercan „SO machen" soll; dabei zeigt er ihm, wie er bauen soll. Ercan signalisiert Verstehen bzw. Einverständnis (Z. 21). Hakan wiederholt seine Äußerung und sichert Verstehen (Z. 23). Ercan bestätigt (Z. 25). Hakans Äußerung in Zeile 27 ist unverständlich. Ercan fragt nach „das?" und zeigt Hakan dabei einen Baustein (Z. 29). Hakan verneint und sagt, Ercan soll „so machen" (Z. 31). Die Kinder bauen parallel. In Zeile 33 fragt Ercan „so?". Vermutlich reagiert Hakan nonverbal darauf. Die Kinder bauen weiter. In Zeile 35 sagt Ercan „ja". Darauf reagiert Hakan verärgert: „Habe ich gesagt so?" Ercan lacht und sagt „lauf

(.) un haKAN." (Z. 39), vermutlich meint er „auf". Hakan gibt Ercan verbale und nonverbale Anweisungen beim Bauen (Z. 41–49). Hakan fragt nach (Z. 51) und lobt Ercans Bauhandeln (Z. 53). In Zeile 54 sagt Ercan, dass er „FERtik" ist. Hakan sagt, dass er „noch SO" machen muss (Z. 55). In Zeile 56 kommentiert Ercan in der türkischen Sprache, dass es leicht ist. Hakan signalisiert Nichtverstehen (Z. 58). Ercan wiederholt seine Äußerung in der türkischen Sprache (fremdinitiierte Selbstkorrektur) (Z. 60). Als Hakan nicht reagiert, lacht er (Z. 62). In Zeile 64 kommentiert bzw. bewertet Hakan sein Gebautes. Ercan weist ihn darauf hin, dass ein Teil „kaPU:TT" ist (Z. 65). Hakan sagt zunächst „ja GUT" (Z. 67), zeigt später doch sein Interesse am kaputten Teil und fordert Ercan auf, es ihm zu zeigen (Z. 68). Ercan zeigt es ihm (Z. 70) und vergewissert sich Hakans Bewertung, dass das Teil kaputt ist (Z. 71). Doch Hakan erwidert, dass das Lego-Teil „NICHT kaputt" ist (Z. 73). Ercan fragt nach, ob das Teil „RICHtig" ist (Z. 75). Hakans Antwort ist unverständlich (Z. 76). Die Kinder bauen weiter. In Zeile 78 ruft Hakan Ercan und reicht ihm einen Legostein. Als Ercan nicht reagiert, ruft er ihn lauter (Z. 79). Ercan nimmt den Legostein und bedankt sich (Z. 81).

Ercan gebraucht prosodische Mittel (Z. 2, 4), Fragen (Z. 29, 33, 71, 75), nonverbale und verbale Deixis (Z. 29, 33, 65, 70, 71, 75), Nachahmung (Z. 33), *chunks* (Z. 54), erstsprachliche Ressourcen (Z. 56, 60), Markierung semantischer Schlüsselsymbole (Z. 65, 71, 75). Das Interaktionsverhalten von Hakan kann dabei als nonverbales und verbales Scaffolding[319] beschreiben werden, da er Bauanweisungen gibt (Z. 10, 12, 16, 18, 20, 23, 31, 41, 43, 45, 47, 49), Hilfe leistet (Z. 78, 79), Ercans Fragen beantwortet (Z. 73), abweichende Handlungen von Ercan sanktioniert (Z. 37) und Ercans Bauleistungen bewertet (Z. 53).

Es kann festgehalten werden, dass sich beide Kinder kooperativ verhalten und ihre Handlungen und Positionierungen (vgl. Kap. 5.4.4.1.2.) aufeinander abstimmen.

5.3.4.1.2.2 Nicht-Mitgestaltung einer sozialen Praktik zur Lerngelegenheit

Im Gegensatz zu dem im vorangegangenen Abschnitt analysierten Beispiel zeigt die folgende Interaktionssequenz, dass andere Kinder sich nicht immer kooperativ verhalten und die erbetene Unterstützung auch verweigert werden kann. Das Transkript E20 (29.05.) zeigt, wie Ercan versucht, eine *Doing-Learning*-Interaktion mit Dennis zu initiieren:

```
001      (1.33)
002 E    da.
003      (1.46)
004 E    so:::.
005      (0.75)
006 E    und was DA::?
007      (1.44)
008 E    a::: (.) ist das kommt HIER?
```

---

[319] Vgl. auch Transkript E15. Auch in der Studie von Toohey und Day finden sich Beispiele für solche unterstützende Interaktionen mit Freunden (vgl. Toohey/Day 2001, 12).

```
009     (0.81)
010 De  nein.
011     (2.16)
012 E   **ist (du/für) HIye.**
013     (0.65)
014 E   **von HIER.**
015     (2.0)
016 De  <<schreit> nein >.
017 De  ((lacht)).
018 E   **hey.**
019 De  ((lacht)).
020 E   **diese kommt HIER.**
021     (1.1)
022 E   **hä?**
023 De  ((lacht)).
024 E   das kommt HIER.
025 De  geil ((lacht)).
026 E   das kommt HIER.
027     (0.71)
028 E   **hä?**
029     (4.0)
030 E   diese kommt jetzt HIER.
031     (0.28)
032 De  naim.
033 E   **das?**
034 De  nei.
035 E   **das?**
036     (0.45)
037 E   ha ja:::.
038 E   <<singt> dune dune DUM >.
039     (1.54)
040 E   **das HIER?**
041 De  nein.
042     (3.48)
043 E   <<schreit> **ja:::** >.
044 De  <<schreit> nein >.
045     (4.0)
046 E   **ja.**
047     (0.47)
```

```
048 De  nein.
049     (0.75)
050 E   ja.
051     (5.77)
052 E   ist von HIER.
053 K1  guck (.) was ich ((unverständlich)) geMACHT habe.
054 F   ah das ist-
055 E   das EIßt.
056 F   schön ((unverständlich)) den NAmen geschrieben.
057 E   maRIa::: .
058     (2.01)
059 E   das kommt HIER.
060     (2.74)
061 E   HÄhe hähä.
062     (4.0)
063 De  ercan hör AUF.
064 E   tut AUTSCH.
```

Ercan sitzt am Tisch und spielt mit einem Glasstein. Er begleitet sein Handeln sprachlich (Z. 4 und 6) und fragt dann wahrscheinlich Dennis, was als nächstes kommt (W-Frage) (Z. 6). Als Dennis nicht antwortet (Z. 7), fragt er nach (Suggestivfrage) (Z. 8). Dennis verneint (Z. 10). Ercan kommentiert sein Handeln (Z. 12 und 14). Dennis gibt zu verstehen, dass da was nicht stimmt (Z. 16) und lacht (Z. 17). Ercan zeigt sich verärgert (Z. 18). Dennis lacht (Z. 19). Im weiteren Interaktionsverlauf begleitet Ercan sein Handeln (Z. 20, 22, 24, 26, 28, 30). Als Dennis zu verstehen gibt, dass etwas nicht stimmt (Z. 32), fragt Ercan nach einem bestimmten Teil (Z. 33). Dennis verneint (Z. 34). Ercan fragt nach einem anderen Teil (Z. 35) und anscheinend passt es, da Ercan bestätigend reagiert (Z. 37). Er singt (Z. 38). In Zeile 40 fragt Ercan wieder, ob ein bestimmtes Teil da passt. Dennis verneint (Z. 41). Ercan schreit „ja:::" (Z. 43), Dennis schreit: „nein" (Z. 44). Ercan beharrt auf seinem Glasstein (Z. 46). Dennis widerspricht (Z. 48). Ercan widerspricht (Z. 50) und begründet die Wahl des Steins (Z. 52).

In Zeile 57 ruft Ercan die Gruppenerzieherin. Er begleitet sein Handeln (Z. 59) und lacht (Z. 61). Dennis fordert ihn auf, aufzuhören (wahrscheinlich mit dem Lachen) (Z. 63). Ercan signalisiert, dass er sich weh getan hat (Z. 64). Im späteren Verlauf bittet Ercan Dennis nicht mehr um Hilfe, sondern begleitet sein Handeln durch *private speech* (Z. 77–95).

Insbesondere durch die Verwendung von Fragen (Z. 6, 8, 33, 35, 40, 86, 90) signalisiert Ercan, dass er mit *doing-learning* beschäftigt ist. Man könnte Dennis' Verhalten als Scaffolding beschreiben, wobei sich Dennis' Äußerungen überwiegend auf das Verneinen (Z. 10, 16, 32, 34, 41, 44, 48) und Lachen (Z. 17, 19, 23) beschränken. Nur in der Zeile 25 gibt Dennis eine positive Bewertung ab: „geil", wobei unklar ist, ob sich seine

Äußerung tatsächlich auf Ercans Handeln bezieht. Dennis begründet seine negativen Antworten bzw. Bewertungen nicht, zeigt keine Handlungsalternativen, macht keine Anleitungen sowie bietet keine sprachlichen Muster an. Somit zeigt das Beispiel kein kooperatives, sondern eher ein konkurrierendes Verhalten. Dies könnte der Grund sein, warum Ercan dem ‚Scaffolding' von Dennis widerspricht (Z. 43, 46, 50 und 52), die Unterstützung bei der Erzieherin sucht (Z. 57) und letztendlich selbstregulierendes Sprechen (*private speech*) anwendet (Z. 77–95).

Auch wenn es sich bei Bauen und Basteln nicht um dieselbe, sondern um ähnliche Praktiken handelt, ist den beiden Praktiken gemeinsam, dass sie darauf abzielen, aus mehreren kleinen Teilen etwas Größeres zu produzieren. Anhand des kontrastiven Vergleichs der Datenanalysen kann festgehalten werden, dass in den Interaktionen, in denen sich beide Kinder kooperativ verhalten und ihre Handlungen aufeinander abstimmen, d.h., indem das erfahrenere Kind die Anweisungen bzw. Hilfen gibt (vgl. Transkript E4, Z. 10, 12, 16, 18, 20, 23 und 78), die vom weniger erfahreneren Kind akzeptiert werden (vgl. Transkript E4, Z. 14, 21, 25 und 81), indem das weniger erfahrene Kind Fragen stellt (vgl. Transkript E4, Z. 29 und 33), die vom erfahreneren Kind beantwortet werden (vgl. Transkript E4, Z. 31) und indem das erfahrenere Kind die erbrachte Leistung positiv bewertet (vgl. Transkript E4, Z. 53 und 67), das Lernen als *doing-learning* ko-konstruiert wird. Im Gegensatz dazu findet in den Interaktionen, in denen sich die Kinder kompetitiv verhalten, d.h. indem das erfahrenere Kind auf die Fragen des weniger erfahrenen Kindes (vgl. Transkript E20, Z. 6, 8, 33, 35 und 40) entweder gar nicht (vgl. Transkript E20, Z. 7 und 36) oder mit Negationen[320] reagiert (vgl. Transkript E20, Z.10, 16, 32, 34, 41, 44 und 48), keine Ko-Konstruktion von Lernen als *doing-learning* statt.

5.3.4.2   Praktik-Mediation und die Entwicklung höherer psychischer Funktionen
In diesem Abschnitt handelt es sich um die Vermittlung und Ko-Konstruktion der Praktik ‚Zählen'. Bei der Ergebnisdarstellung bin ich auf die Schwierigkeit gestoßen, die Praktik Zählen einzuordnen: Auf der Seite geht es bei den Zahlwörtern um sprachlich-interaktionale Ressourcen, auf der anderen Seite stellt das Zählen Teil anderer sozialer Praktiken dar, wie hier am Beispiel der Analysen der sozialen Praktiken ‚Verstecken spielen' und ‚Kinder im Morgenkreis zählen' veranschaulicht wird.[321] Beide Zuordnungen würden jedoch zu kurz greifen, wenn man bedenkt, dass mit Zählen eine wichtige kulturelle Praktik vermittelt und angeeignet wird. Aus diesem Grund wird der Mediation von Zählen ein eigenständiges Kapitel gewidmet, in dem der soziale Prozess der Entwicklung höherer psychischer Konzepte als Förderung in der Zone der nächsten Entwicklung (re-)konstruiert wird.

---

320   Eine negierende Antwort ist an sich keine negative Antwort. In dieser Situation ist sie aber eine dispräferierte Antwort. Die präferierte Antwort seitens Dennis könnte lauten: „Nein, dieser Stein passt nicht. Versuchs mit dem hier."

321   Vgl. auch Transkript N12 (Z. 27), in dem Nias beim Frisbee-Spiel auf Persisch zählt.

5.3.4.2.1   Mediation in der Kind-Kind-Interaktion

In der folgenden Interaktion schlägt Ercans bester Spielfreund Daniel vor, zunächst „GEIST" (Z. 5) und dann „verSTEcken" (Z. 59) zu spielen (Transkript E15, 03.05.):

```
058 Da okay (.) jetzt spielen wir GEIST.
059 Da spielen wir verSTEcken?
060    (1.77)
061 Da okay ich ZÄHle.
062    (1.29)
063 Da ACHT (.) sieben acht sieben acht (.) sieben acht;
064    (2.0)
065 Da pfff.
066    (0.57)
067 Da ACHT sieben.
068    (0.84)
069 Da acht (.) sieben (.) acht (.) sieben acht SIEben ich sehe
       (si/dich).
070    (0.59)
071 Da edge geFUNde:.
072    (1.61)
073 E  jetzt ICH.
074 Da jetzt DU (.) acht sieben;=okay?
075    (0.41)
076 E  **acht sieben (.) acht sieben (.) acht sieben (.) acht sieben**
       **(.) acht sieben (.) acht sieben (.) acht sieben (.) acht**
       **sieben (.) acht SIEben.**
077    (0.67)
```

In seiner Position als Spielleiter erklärt sich Daniel bereit, zu zählen (Z. 61). Er zählt, wobei er „ACHT (.) sieben" mehrfach wiederholt (Z. 63–69). Nach einer kurzen Pause ruft Daniel, dass er Ercan gefunden hat und gebraucht dabei die Anrede „edge" (Z. 71). Ercan sagt, dass er jetzt dran ist (Z. 73). Daniel bestätigt, weist Ercan implizit darauf hin, dass er zählen soll, indem er ihm mit „acht sieben" gleichzeitig das sprachliche Muster anbietet, und sichert das Verständnis (Z. 74). Ercan zählt von „acht" bis „sieben" (Z. 76) und geht Daniel suchen.

In dieser Interaktion vermittelt Daniel als Experte das Zählen als Teil der sozialen Praktik ‚Verstecken spielen'. Das Zählen hat hier die Funktion, den Spielpartner*innen eine gewisse Zeit zu geben, damit sie sich verstecken können. Durch das mehrmache Wiederholen der Zahlwörter sieben und acht wird diese Funktion erfüllt, ohne dass die Spielpartner bis zehn zählen können bzw. müssen. Es bleibt offen, ob Daniel noch nicht selbst bis zehn zählen kann oder ob er damit ein *scaffolding* für Ercan bietet, das sich in dessen Zone der nächsten Entwicklung befindet. Jedenfalls greift Ercan die Hilfe auf und beteiligt sich somit an der Praktik ‚Verstecken spielen'.

*5.3.4.2.2 Mediation in der Kind-Erzieher*in-Kinder-Interaktion*

Im Transkript E10 (12.06.) „Kinder zählen" wird ein Morgenkreis als eine Praktik im Kita-Alltag festgehalten. Zum Anfangsritual gehört es, die anwesenden Kinder zu zählen. Die Aufgabe übernimmt ein Kind, das mitten im Kreis herumgeht und die Kinder laut zählt. Die beiden Gruppenerzieherinnnen (Erz 1 und Erz 2) leiten die Praktik ein.

```
001 Erz2  WE:::R möchte denn mal die viel kin kinder zählen?
002 K1    ach (.) ich.
003 Erz2  ICH möchte mal die kinder zählen.
004 K2    wir sind EINundzwanzig.
005 Erz2  jau::::.
006 Erz2  vielleicht die waNESsa,
007 K1    ich-
008 Erz2  MÖCHtest du mal kinder zählen?
009 K2    nur EINma.
010 E     ben ICH. ((türk. „ben" - „ich"))
011       (0.76)
012 Erz1  DU möchtest?
013 E     ja.
014 Erz2  okay dann MACH das.
015 K1    ich MÖCHte a.
016 K1    DREI (.) vier.
017 Erz1  guck ZÄHlen.
018 Erz1  alLEIne?
019       (0.72)
020 Erz1  oder HELfen (.) mit mit hilfe?
021 E     das.
022 E     du AUCH.
023 Erz2  ich soll MITkommen?
024 Erz2  macht ihr bitte mal alle beine REIN wir wollen nicht stol-
          pern.
025 Erz2  wir wollen nicht STOLpern.
026       (2.61)
027 E     eis.
028       (0.67)
029 E     SIEbe:.
030 K1    sechs.
```

```
031 Erz2  [LEIse.]
032 E     [SIEbe.]
033 Erz2  (.) pssst.
034       (0.62)
035 E     SIEben.
036 E     dra.
037 K1    SECHSin.
038 Erz2  drei.
039 E     drei.
040       (1.24)
041 E     ACHzehn.
042 K2    acht.
043 E     se.
044 K2    VIERzehn.
045 Erz2  (gleich DRAUßen).
046 Erz2  pssst.
047 Erz1  dann DEnnis.
048 Erz1  [bleibt bitte LEIse.]
049 Erz2  [fünf.]
050 E     fünf.
051 Erz1  ihr möchtet auch nicht dass man ZÄHLT wenn ihr zählt.=ne?
052 Erz2  sechs.
053 E     sechs.
054 Erz1  und du sollst dich RICHtig hinsetzen.
055 Erz2  SIEben.
056 E     SIEben.
057       (2.09)
058 Erz2  a::cht.
059 E     a:cht.
060       (1.66)
061 Erz2  neun.
062 E     neun.
063       (2.0)
064 Erz2  zehn.
065 E     zehn.
066 K2    undFÜNFzig.
067       (0.68)
068 Erz2  elf.
069 E     elf.
```

```
070         (2.45)
071  Erz2   zwölf.
072  K2     ZWÖLFundfünftzig.
073  E      zwölf.
074  Erz2   DREIzehn.
075  Erz2   [HÖRT ihr mal auf?]
076  E      [DREIzehn.]
077  K2     [DREIzehn,]
078         (1.46)
079  Erz2   VIERzehn.
080  E      VIERzehn,
081  Erz2   FÜNFzehn.
082  E      FÜNFzehn.
083  Erz2   SECHzehn.
084  E      se hm.
085  Erz2   s SIEBzehn.
086  E      SIEBzehn.
087  Erz2   wir kumm ma im weg;=gä?
088  Erz2   ACHTzehn.
089         (0.78)
090  Erz2   o: wie VIEle kinder.
091  K3     und NEUNzehn susanne und zwanzig mann.
092  Erz2   da setz dich mal wieder hin.
093  Erz2   wer WEIß wer fehlt?
```

Auf die Frage der Erzieherin (Erz2), wer die Kinder zählen möchte (Z. 1), meldet sich zunächst das Kind K1 (Z. 2). Die Erzieherin wiederholt und erweitert seine Äußerung (Z. 3), ruft es aber nicht auf. Das Kind K2 sagt, dass sie „EINundzwanzig" sind (Z. 4). Die Erzieherin bestätigt (Z. 5). Sie fragt Wateya, ob sie „kinder zählen" möchte (Z. 8). Wateya schüttelt den Kopf (Beobachtungsnotizen zur Aufnahme 712_0068). Ein Kind ruft was dazwischen (Z. 9). Ercan meldet sich mit „ben, ICH." (Z. 10). Ercan benutzt die Erstsprache vermutlich zur Verstärkung seines Anliegens. Die andere Erzieherin (Erz1) fragt nach, ob er zählen möchte (Z. 12). Ercan bejaht (Z. 13). Die Erzieherin 2 willigt ein (Z. 14). Das Kind 1 ruft dazwischen (Z. 15, 16). Die Erzieherin 1 fokussiert seine Aufmerksamkeit auf die Aufgabe (Z. 17) und fragt, ob Ercan die Kinder „alLEIne" zählen oder „mit hilfe" möchte (Z. 18 und 20). Ercan antwortet „das" (Z. 21) und präzisiert „du AUCH" (Z. 22). Die Erzieherin 2 fragt nach, ob sie „MITkommen" soll (Z. 23) und sorgt für mehr Platz im Kreis (Z. 24, 25). Ercan fängt an, die Kinder zu zählen („eis") (Z. 27). Dann zählt er „SIEbe:" (Z. 29). Ein Kind ruft „sechs" dazwischen (Z. 30). Die Erzieherin 2 fordert die Kinder auf, „LEIse" zu sein (Z. 31). Ercan wiederholt seine Äußerung (Z. 32). Die Erzieherin 2 fordert die Kinder non- und paraverbal zur Ruhe auf (Z. 33).

Ercan wiederholt seine Äußerung (Z. 34) und zählt dann „dra" (Z. 35). Das Kind K1 ruft „SECHSin" dazwischen (Z. 37). Die Erzieherin wiederholt Ercans Äußerung in korrekter Lautform (Z. 38). Ercan spricht nach (Z. 39). Er zählt weiter („ACHzehn" (Z. 41)). Das Kind 2 „korrigiert" ihn („acht") (Z. 42). Ercan setzt an zu „se" (Z. 43). Das Kind K2 ruft „VIERzehn" (Z. 44). Die Erzieherin 2 bringt die Kinder zur Ruhe (Z. 45 und 46). Die Erzieherin 1 greift ein: Sie spricht ein Kind direkt an (Z. 47) und bittet alle Kinder, „LEIse" zu bleiben (Z. 48). Die Erzieherin 2 nennt die nächste Zahl („fünf") (Z. 49). Ab hier ändert sich das Interaktionsmuster, denn Ercan spricht nach (Z. 50). Die Erzieherin 1 sorgt für die Disziplin (Z. 51). Die Erzieherin 2 nennt die nächste Zahl (Z. 52). Ercan spricht nach (Z. 53). Die Erzieherin 1 fordert ein Kind dazu auf, sich „RICHtig" hinzusetzen (Z. 54). Die Erzieherin 2 nennt die nächste Zahl (Z. 55). Ercan spricht nach (Z. 56). Dieses Vorgehen wiederholt sich (Z. 58 bis 83). In Zeile 84 spricht Ercan „SECHzehn" nur ansatzweise nach. Die Erzieherin zählt weiter (Z. 85). Ercan spricht nach (Z. 86). Die Erzieherin kommentiert ihr Bewegen im Kreis (Z. 87) und nennt die nächste Zahl (Z. 88). Das Nachsprechen durch Ercan bleibt aus (Z. 89). Die Erzieherin zeigt Verwunderung, „wie VIEle kinder" da sind (Z. 90). Das Kind 3 ruft dazwischen (Z. 91). Die Erzieherin 2 fordert Ercan auf, sich zu setzen (Z. 92) und stellt schon die nächste Frage bzw. Aufgabe an die Kinder (Z. 93).

Ercan nutzt sowohl seine erst- als auch seine zweitsprachlichen Ressourcen in einer Äußerung, um seinen Willen mitzuteilen und sich den Zugang zur Praktik ‚Kinder zählen' zu verschaffen. Anders als bei den Praktiken, die eine legitimierte periphere Teilnahme erleichtern, wie z.B. Reime aufsagen oder im Chor singen (vgl. Toohey 1998b, 13), handelt es sich bei dieser Praktik um eine Aktivität, die zum größten Teil vom Kind alleine ausgeführt wird: Nur ein Kind darf aufstehen, sich in die Mitte stellen und reden. Als die Erzieherin 2 fragt, ob Ercan die Kinder „alLEIne" zählen oder „mit hilfe" möchte (Z. 18 und 20), bejaht Ercan die Frage und sichert sich somit die Hilfe der Expertin bei der Ausführung der Praktik. Mit der Unterstützung der Erzieherin (Erz2), die ihm sprachliche Hilfen anbietet (Z. 38, 49, 52, 55, 58, 61, 64, 68, 71, 74, 79, 81, 83, 85, 88), kann Ercan als *legitimate peripheral participant*[322] an der Praktik der Kita-Gemeinschaft teilnehmen, auch wenn er die Fertigkeit ‚zählen' noch nicht beherrscht. Zudem wird durch sprachliche und die gestische Zuordnung der ausgesprochenen Zahlen zu den anwesenden Kindern

---

[322] Mit der Meldung zum Kinderzählen (Z. 10) positioniert sich Ercan als kompetenter Praktiker. Die Erzieherin 1 willigt ein (Z. 14) und akzeptiert somit seine Selbstpositionierungen als kompetenter Praktiker. Die Erzieherin 2 weist nochmal darauf hin, was er machen soll (Z. 17) und fragt, ob er „alLEIne" (Z. 18) oder „mit hilfe" (Z. 20) zählen will und positioniert Ercan somit als Lerner der Praktik. Ercan nimmt das Hilfeangebot an (Z. 21–22) und positioniert sich als jemand, der noch Unterstützung braucht. Ercan fängt an, die Kinder zu zählen (Z. 27, 29, 32, 35, 36, 39, 41, 43), und positioniert sich damit als kompetenter Praktiker. Die Erzieherin korrigiert ihn bzw. hilft beim Zählen (Z. 49, 52, 55, 58, 61, 64, 68, 71, 74, 79, 81, 83, 85, 88) und positioniert Ercan somit als Lerner und sich selbst als Expertin. Ercan spricht nach (Z. 50, 53, 56, 59, 62, 65, 69, 73, 76, 80, 82, 84, 86) und akzeptiert somit ihre Selbstpositionierung als Expertin und seine Fremdpositionierung als Lerner. Die Erzieherin signalisiert das Ende der Praktikausführung (Z. 92) und positioniert sich damit als Leiterin.

das Verständnis für das Zählen in der Zone der nächsten Entwicklung gefördert. Interessanterweise zeigen die anderen Kinder dabei ein eher kompetitives Verhalten, indem sie laut reinreden und anscheinend absichtlich falsche Zahlen reinrufen, z.B. „VIERzehn" (Z. 44), „und FÜNFzig" (Z. 66) und „ZWÖLFundfünfzig" (Z. 72). Dieses Verhalten ist anders als das von Daniel (vgl. Kap. 5.3.4.2.1), der Ercan zwar auch kein aus der Erwachsenen-Perspektive ‚richtiges' Zählen beibringt, jedoch Ercan dadurch die Partizipation an der Praktik ermöglicht, während die Kinder im Morgenkreis Ercan eher daran hindern, die Praktik auszuführen.

Die beiden Beispiele illustrieren die entwicklungspsychologischen Erkenntnisse zur Entwicklung numerischer Basiskompetenzen, die besagen, dass sich das Mengenverständnis und das Lernen von Zahlwörtern bei Kindern zunächst parallel entwickeln und erst auf einer späteren Entwicklungsstufe miteinander verknüpft werden (vgl. Schneider/Hasselhorn 2018[8], 205). Das zentrale Ergebnis ist, dass in den beiden hier exemplarisch illustrierten Fällen die soziale Interaktion mit einer kompetenteren Person (Daniel und Gruppenerzieherin) zur Mediation der kulturellen Praktik genutzt wird, die die Entwicklung der höheren kognitiven Funktion *Zählen* ermöglicht und unterstützt.[323]

5.3.4.3 Lernen einer Praktik: von der LPP zur vollen Partizipation

Die Teilnahme von Nias an der sozialen Praktik „Brezelrunde" wird anhand der Transkripte N7, N9 und N16 analysiert. Bei dieser Praktik geht es für alle Kinder darum, einen Zugang zu den materiellen Ressourcen (Snacks) zu bekommen und in solch einer polyadischen Interaktion gehört zu werden.

Das Transkript N7 (18.04., Erzieherin 3 (Erz)) zeigt eine Situation, die sich auf dem Kinderspielplatz im Park abspielt.

```
004    N      ich hab EIne ich hab eins.
005    N      MOna eins.
006    Erz    was HAST du?
007    N      ich hab EINS brezel.
008    Erz    willst du NOCH eine brezel?
009    N      EINS eins.=
010    Erz    =willst du HAben (.) eine?
011    N      ja eine.
012    X1     nias NIAS,
013    Erz    ach komm BItte_schön.
014    N      DANke.
```

Nias initiiert die Interaktion mit der Erzieherin, indem er sagt: „ich hab EIne ich hab eins." und „MOna eins." (Z. 4 und 5). Die Erzieherin fragt, was er hat (Z. 6). Nias antwortet, dass er eine Brezel hat (Z. 7). Da die Erzieherin anscheinend keine Brezel in seiner Hand

---

[323] Zur Entwicklung von Arithmetik, Sprechen und Gedächtnis siehe Vygotskij (1992, 258ff.).

sieht, fragt sie, ob er eine Brezel will (Z. 8 und 10). Nachdem Nias es bestätigt hat, bekommt er eine Brezel. Am Ende der Interaktion wird das *adjacency pair* „Bitte schön" – „Danke" von den Interaktionspartner*innen realisiert. Insgesamt sind mehrere Turns erforderlich, bis die Verständigung erreicht ist. Das Transkript könnte somit als ein Beispiel für *legitimate peripheral participation* interpretiert werden, wenn die Partizipation an einer Praktik von einem erfahrenen Mitglied unterstützt werden soll.

Eine Woche später nimmt Nias wieder an einer Brezelrunde teil (Transkript N9, 25.04., Erzieherin 3 (Erz)).

```
031 Erz ja.
032     (1.38)
033 Erz IST was?
034     (1.26)
035 Erz IST was?
036     (4.86)
037 N   DARF ich auch mal noch mal brezel?
038 Erz wie BITte?
039 N   (eine/einmal) (.) DARF ich noch auch (.) einmal brezel?
040 Erz ja hol eine.
```

Nachdem Nias vermutlich nonverbal der Erzieherin signalisiert hat, dass er ein Anliegen hat, zeigt sie ihre Aufmerksamkeit (Z. 31). Der Sprecherwechsel findet nicht statt. Die Erzieherin fragt nach (Z. 33), Nias antwortet nicht. Sie wiederholt ihre Frage (Z. 35). Nias fragt, ob er auch noch eine Brezel haben darf (Z. 37). Die Erzieherin fragt nach, da sie seine Äußerung evtl. aus akustischen Gründen nicht verstanden hat (Z. 38).[324] Nias wiederholt seine Äußerung und formuliert sie dabei etwas um (Z. 39). Die Erzieherin erlaubt ihm, sich noch eine Brezel zu holen (Z. 40). Zwar produziert Nias in Zeile 37 eine korrekte Äußerung in der Zweitsprache, die Erzieherin fragt nach „wie BITte?" (Z. 3), was aber auch als ein Beispiel für eine Reaktion sein kann, wenn man aus akustischen Gründen etwas nicht verstanden hat.[325] Nach dem Nachfragen der Erzieherin fängt Nias seine Äußerung mit „eine/einmal" an und korrigiert sich selbst (Z. 39). Trotz der Reparaturen

---

[324] Hier ist das gesprächsanalytische Feingefühl besonders gefragt, denn wenn es sich um das Verstehen der in semantischer, morphosyntaktischer oder pragmatischer Hinsicht von der zielsprachlichen Norm abweichenden Äußerungen im DaZ-Kontext handelt, wird bei den Nachfragen der*des Interaktionspartner*in selten vermutet, dass es an akustischen Wahrnehmungsschwierigkeiten liegen kann (z.B. wegen des Lärms im Kindergarten, einer Ablenkung o. Ä.). Findet das Nachfragen nach einer korrekten Äußerung statt, würde man eher vermuten, dass außersprachliche Faktoren Grund dafür sind.

[325] Hier wäre es interessant herauszufinden, ob es Untersuchungen dazu gibt, dass Nachfragen von den Sprecher*innen unbewusst eingesetzt werden, wenn sie mit den Personen kommunizieren, von denen sie wissen, dass es für sie eine Zweit- oder Fremdsprache ist, oder mit denen sie in bisherigen Interaktionen häufig nachfragen mussten.

seitens der Erzieherin scheint die Verständigung schneller als in Transkript N7 hergestellt zu werden, was u.a. an der Elaboriertheit der von Nias produzierten turn-internen Einheit (Z. 37 und 39) liegen könnte. Diese Interaktionssequenz kann somit als Schlüsselsequenz angesehen werden, in der das Lernen als Veränderung der Partizipation stattfindet.

Am selben Tag findet erneut eine Interaktion im Rahmen der Brezelrunde statt (Transkript N16, 25.04, Erzieherin 3 (Erz)):

```
016   X1    meriam KANN ich was trinken?
017   Erz   ja (.) SCHNAPP dir mal deinen Becher-
018         (0.6)
019   X2    ich will was LEckeres essen;
020   Erz   ja.
021         (1.5)
022   X2    aber EIN bisschen.
023   N     DARF ich was essen?
024   Erz   ja (.) hoffentlich kriegt ihr da noch was MITtag (.) beim
            mittagessen (.) oder seid ihr dann schon satt von den bre-
            zeln,
025   N     BREzel.
026   Erz   machen wir mal ein PÄUSchen?
027   X1    meriam KANN ich auch?
028   Erz   hm_hm.
029         (3.6)
030   N     (möchte) was ESsen.=
031   Erz   =ja_a.
032   F     achSO.
033         (2.76)
034   X1    GUCKST du wie orkan hat;
035   Erz   okay BITte_schön.
036   Erz   KANNST du das alles halten?
037         (0.3)
038   Erz   was mit DIR?
039         (0.84)
040   X2    ich will auch noch anderes BROT.=
041   Erz   =ja.
042         (1.26)
043   Erz   achtung (.) KOMMT auch-
```

044   ((Auslassung 13.37 Sek: Die Kinder essen))

Ein Junge (X1) fragt die Erzieherin, ob er was trinken kann (Z. 16). Die Erzieherin antwortet, er soll sich einen Becher „SCHNAPP[en]" (Z. 17). Ein anderes Kind (X2) sagt, dass es „was LEckeres essen" will (Z. 19). Die Erzieherin produziert ein Hörersignal (Z. 20). Das Kind präzisiert seine Bitte „aber EIN bisschen" (Z. 22). Dann fragt Nias, ob er „was essen" „DARF" (Z. 23). Die Erzieherin bejaht und kommentiert den Hunger der Kinder (Z. 24). Nias präzisiert seine Äußerung bzw. spricht nach „BREzel" (Z. 25). Es kann sein, dass er sich in der vorangegangenen Äußerung der Erzieherin auf (bekannte) semantische Schlüsselsymbole bezieht. Die Erzieherin fragt, ob sie „ein PÄUSchen" machen sollen (Z. 26). Der Junge X1 fragt, ob er auch etwas von den Snacks haben „KANN" (Z. 27). Die Erzieherin bejaht (Z. 28). Nias sagt, dass er „was ESsen" „möchte" (Z. 30). Die Erzieherin signalisiert, dass sie es gehört hat (Z. 31). Der Junge X1 sagt, er will so was haben wie Orkan (Z. 34). Das Kind X2 sagt, es „will auch noch anderes BROT" haben (Z. 40). Die Erzieherin teilt den Kindern die Snacks aus, fragt nach und kommentiert ihre Handlung (Z. 35–43).

Nias bekommt zu Beginn der Interaktion den Zugang zu den sprachlichen Ressourcen der Community wie den Äußerungen der Kinder, mit denen eine Bitte nach Snacks formuliert werden kann: „KANN ich was trinken?" (Z. 16), „ich will was LEckeres essen;" (Z. 19), „KANN ich auch?" (Z. 27), „ich will auch noch anderes BROT." (Z. 40). Anders als bei den zwei anderen Situationen zur Teilnahme an der Brezelrunde von Nias (Transkripte N7 und N 9) entstehen hier anscheinend keine Verständigungs-schwierigkeiten[326], sodass man in dieser Situation behaupten kann, dass sich die Teilnahme von Nias von der der anderen Kinder nicht unterscheidet und dass Nias an der Praktik nicht als *legitimate peripheral participant*, sondern als „vollwertiger" Teilnehmer[327] partizipiert. Das Verteilen der Brezeln durch die Erzieherin am Ende der Interaktion kann dabei als „the funda-

---

326 Es ist sicherlich nicht unproblematisch, vom Fehlen von Verständigungsschwierigkeiten auf eine „vollständige" Partizipation zu schließen, da – so die konversationsanalytische Prämisse – Probleme und Reparaturen in einer jeglichen Interaktion auftreten können. Gleichzeitig zeigt sich hierbei ein konzeptuelles Problem des LPP-Konzeptes, nämlich die Frage, ab wann *peripheral participation* als eine *central* oder *full participation* angesehen werden kann? Was sind Kriterien hierfür? Geht es um die Dauer der Partizipation an der Community? Geht es um den Grad der Beherrschung und Ausführung von Praktiken? Geht es um die Beherrschung von Kenntnissen und Ressourcen einer Community?

327 In Bezug auf die Fokuskinder der vorliegenden Studie stellen sich die Fragen: Ab wann kann ein Kind, das Deutsch im Kindergarten lernt, nicht mehr als Lerner*in, sondern als volle*r Teilnehmer*in angesehen werden? Wenn es sich im Kita-Alltag orientieren kann? Wenn es an Praktiken der Kita-Community teilnehmen kann? Wenn es nicht mehr auf Unterstützung der Expert*innen angewiesen ist? Wenn es selbst als Expert*in handelt und die anderen Noviz*innen unterstützt? Wenn es die deutsche Sprache altersgemäß beherrscht? Diese Fragen ähneln der Frage: Ab wann ist Deutsch als Zweitsprache nicht mehr als Zweitsprache zu kennzeichnen?

mental evaluative move" in der Praktik angesehen werden (Björk-Willén 2008, 572): Damit werden die normativen Erwartungen („normative expectations") der Erzieherin bezüglich der Praktikausführung durch das Kind als erfüllt markiert (vgl. ebd.).

Brouwer und Wagner sprechen von der Geordnetheit von Interaktionen als Ziel des zweitsprachlichen Lernens: „The growing social relation manifests itself a semerging orderliness of the interaction". In ihren Analysen zeigen sie, dass Verzögerungen und Überlappungen mit der fortschreitenden Partizipationserfahrung geringer werden und *adjacency pairs* vollständig realisiert werden (vgl. Brouwer/Wagner 2004, 37). Dabei weisen Brouwer/Wagner darauf hin, dass für die Geordnetheit von Interaktionen beide Parteien verantwortlich sind (vgl. ebd.).

Die in diesem Abschnitt analysierten Interaktionsbeispiele zeigen die Änderungen in der Partizipation von Nias an der sozialen Praktik ‚Brezelrunde' und können somit als Belege für das zweitsprachliche Lernen aufgefasst werden (vgl. Hellermann/Cole 2009, 208; Wagner 2004, 615). Vor diesem Hintergrund wäre es meiner Ansicht nach angemessener, das Konzept *legitimate peripheral participant* nicht auf die/den Lerner*in im Ganzen zu beziehen, sondern auf ihre*seine Teilnahme an einer konkreten sozialen Praktik.[328]

Als Fazit des gesamten Kapitels kann festgehalten werden, dass der Kita-Alltag durch verschiedene soziale Praktiken konstituiert wird, an denen die Kinder teilnehmen. Dabei werden von den Kindern und deren Interaktionspartner*innen *Doing-Learning*-Interaktionen ko-konstruiert, in denen das Lernen sprachlich-interaktionaler Ressourcen, sozialer sowie kultureller Praktiken vollzogen wird.

5.4 Selbst- und Fremdpositionierungen der Kinder und deren Entwicklung

Forschungsfrage 4: Welche Positionierungen werden dabei von den Kindern und ihren Interaktionspartner*innen gegenseitig vollzogen? Wie entwickeln sich die Positionierungsaktivitäten der Fokuskinder über die Zeit hinweg?

Wie in den Kapiteln 5.3.1 und 5.3.2 bereits kurz angesprochen, gehen mit einer Praktik verschiedene Positionen für Teilnehmende einher. In diesem Kapitel werden Ergebnisse der bis dato ersten systematischen Untersuchung kindlicher Positionierungen im frühen DaZ-Erwerb dargestellt. Bei der Untersuchung habe ich nicht einfach die im CoP-Konzept vorgesehenen Positionen Noviz*in – Praktiker*in – Expert*in auf die Daten übertragen (zur Kritik siehe Kap. 3.2.2.8), sondern ich habe mich von den Daten selbst leiten lassen und anhand der Positionierungsanalyse der Äußerungen der Interaktionsteilnehmenden drei verschiedene Arten von Positionierungen (re-)konstruiert. Ein Überblick über die (re-)konstruierten Positionierungen wird in Kap. 5.4.1 gegeben. Anhand eines Analysebeispiels wird die interaktive Aushandlung von Positionen exemplarisch dargestellt (Kap. 5.4.2). Welche Rolle die Mehrsprachigkeit bei der Aushandlung sozialer Po-

---

328 Es wäre möglich, dass eine andere Konstellation zu einem anderen interaktiven Verhalten des Kindes geführt hätte.

sitionen spielen kann, wird in Kapitel 5.4.3 aufgezeigt. Im letzten Abschnitt dieses Kapitels wird die Aushandlung von Positionierungen in *Doing-Learning*-Interaktionen erläutert (Kap. 5.4.4.1) und der Frage nach der Entwicklung von Positionierungen im frühen Zweitspracherwerb nachgegangen (Kap. 5.4.4.2).

5.4.1 Positionierungsaktivitäten in Kind-Kind- und Kind-Erzieher*innen-Interaktionen

Auf der Basis der Analysen der Positionierungsaktivitäten der Fokuskinder und deren Interaktionspartner*innen unterscheide ich zwischen den *ressourcenbezogenen*, *praktikbezogenen* und *zugehörigkeitsbezogenen Positionierungen*, die im Folgenden ausführlicher vorgestellt werden sollen. Dabei werden die (re-)konstruierten Positionierungsarten kurz beschrieben und anhand von Ankerbeispielen veranschaulicht.

5.4.1.1 Ressourcenbezogene Positionierungen

Ressourcenbezogene Positionierungen sind diskursive Aushandlungen von Positionen (Selbst- und Fremdpositionierungen), die sich auf die Beherrschung und Nutzung sprachlich-interaktionaler Ressourcen beziehen. Es konnten folgende Positionen (re-)konstruiert werden, die die Interaktionsteilnehmenden in Bezug auf die Ressourcennutzung entweder für sich selbst beanspruchen oder von den anderen zugewiesen bekommen:

- *L1-Sprecher*in (Position als Sprecher*in der Erstsprache, meist über mehrere Turns hinweg)*
  Beispiel einer Selbstpositionierung

Ercan spielt mit seinem Bruder in der Puppenecke, die beiden Kinder sprechen Türkisch miteinander. Somit positioniert sich Ercan selbst als Türkischsprecher (Transkript E38, Z. 11):

```
009  O  IStemiyorum. ((türk. ich will das nicht))
010     (1.43)
011  E  ben IStemiyorum. ((türk. ich will das nicht))
```

Beispiel einer Fremdpositionierung

Wenn in der obigen Sequenz Orkan seinen Bruder auf Türkisch anspricht, positioniert er ihn als Türkischsprecher (Transkript E38, Z. 9):

```
009  O  IStemiyorum. ((türk. ich will das nicht))
```

- *L2-Lerner*in (Position als Lerner*in der Zweitsprache)*
  Beispiel einer Selbstpositionierung

Nias kommt mit einem Stock in der Hand auf die Gruppenerzieherin zu, fragt sie nach der Bezeichnung des Gegenstandes und positioniert sich selbst als Deutschlerner (Transkript N28):

```
005      N   m miriam was ist DAS?
```

Beispiel einer Fremdpositionierung
Die Erzieherin fordert Nias in einer *Doing-Learning*-Interaktion explizit auf, die Farbbezeichnung zu benennen und positioniert ihn damit als Deutschlerner (Transkript N4):

```
058    Erz    richtig.=ja sags mir doch an sie stimmt.
```

- *L2-Sprecher*in (Position als Sprecher*in der Zweitsprache)*
Beispiel einer Selbstpositionierung
Die Kinder spielen im Turnraum. Nias kommt mit zwei Bällen auf mich zu (Transkript N32):

```
003    F    hast du zwei BÄlle?
004    F    toll.
005    N    zwei BALL.
006    F    hast du hast einen GELben Ball und einen ROten ball.
007    F    das heißt du hast zwei (.) BÄLle.
008    N    BALL ball.
```

Man kann vermuten, dass Nias mich in Z. 5 korrigiert. Auch später ahmt er die korrekte Form nicht nach, sondern wiederholt seine Äußerung (Z. 8). Somit positioniert er sich als Deutschsprecher und mich als Deutschlernende.

Beispiel einer Fremdpositionierung
Nach dem Frühstück räumt Nias das Geschirr weg. Die Erzieherin gibt ihm dabei Anweisungen (Transkript N1, Erzieherin 3 (Erz)):

```
010    Erz    musst du auf den WAgen bringen.
011    X1     nudeee-
012    N      ABräumen.
013    Erz    genau ABräumen;
014    Erz    (ach danke schön) ich kann AUCH etwas lernen;
015    Erz    super (.) und deinen BEcher musst du auch abräumen.
```

In Zeile 13 bestätigt sie Nias Fremdkorrektur und positioniert ihn somit als Deutschsprecher. In Z. 14 positioniert sie sich als Deutschlernende.

- *mehrsprachiges Subjekt*
In Anlehnung an Kramschs Begriff *multilingual subject* verstehe ich unter *mehrsprachigem Subjekt* „people who use more than one language in everyday life" (Kramsch 2009, 17).

Beispiel einer Selbstpositionierung
Ercan und die anderen Kinder spielen. Ercan leitet das Spiel an (Transkript E41):

```
012    E      YOK ni:::sch. ((türk. „Yok" - „gibt es nicht/ Ein Nein Ak-
                zeptiere ich nicht/ ihr dürft nicht Nein sagen"))
```

Durch das *Code-Mixing*[329], d.h. die Verwendung vom türkischen „yok" und dem deutschen „nicht" innerhalb einer Äußerung positioniert sich Ercan als mehrsprachig.

Beispiel einer Fremdpositionierung
Beim Malen produziert Adnan (A), ein älterer zweisprachiger Junge, ein Türkischverbot (Transkript E6):

```
087 A    (ercan bitte) kein TÜRkisch (.) reden.330
```

Adnans Äußerung suggeriert, dass Ercan neben dem Türkischen auch Deutsch sprechen kann, und positioniert ihn somit als mehrsprachig, der von der einen in die andere Sprache switchen kann.

Diese empirisch (re-)konstruierten Positionen decken sich mit dem Hinweis von Hellermann und Lee (2014):

> [..] CA brings methodological strength for showing evidence for not just what a member, NS [native speaker, L.S.], or NNS [not-native speaker, L.S.] is, but how, when, and what degree participants in interactions orient to themselves and others as having traits specific to *member, native speaker, non-native speaker*, or perhaps most simply, *a multilingual person* (Hellermann/Lee 2014, 59; Herv. im Orig.).

Auch wenn die Positionen *Muttersprachler*in* und *Nicht-Muttersprachler*in* von den (erwachsenen) Interaktionsteilnehmenden in bestimmten Interaktionen relevant gemacht werden können, finde ich sie als analytische Kategorien nicht mehr zeitgemäß, da sie neben den häufig diskutierten identitären Aspekten (Sprache der Mutter bzw. des Vaters) als starre Kategorien keine Entwicklung zu einer anderen Position voraussehen. So kann ein*e Nicht-Muttersprachler*in höchstens eine Person, die die Zweitsprache auf muttersprachlichem Niveau beherrscht, aber niemals ein*e Muttersprachler*in werden. Dagegen sieht die Position Zweitsprachenlerner*in eine Entwicklung zum Zweitsprachensprecher*in und multilingualen Subjekt in der Regel vor.

5.4.1.2 Praktikbezogene Positionierungen

Unter *praktikbezogenen Positionierungen* verstehe ich die diskursive Aushandlung von Positionen (Selbst- und Fremdpositionierungen), die sich auf den Grad der Ausführung einer sozialen Praktik beziehen.[331] Im Rahmen der Studie konnten folgende praktikbezogene Positionierungen (re-)konstruiert werden:

- *Expert*in für eine Praktik*
  Beispiel einer Selbstpositionierung

---

329 Unter *Code-Mixing* wird der Gebrauch von Elementen aus mehreren Sprachen in einer Äußerung verstanden, während mit *Code-Switching* das Wechseln zwischen verschiedenen Sprachen verstanden wird (vgl. Loewen/Reinders 2011, 26).

330 Diese Aufforderung suggeriert, dass Adnan davon ausgeht, dass Ercan neben dem Türkischen auch Deutsch sprechen kann.

331 Auch Machold beobachtete „leistungsbezogene Positionierungen", die sich vor allem aus den Differenzierungspraktiken der pädagogischen Fachkräfte ergaben (Machold 2015, 44).

Nias bewertet Mostafas Bild als „FALSCH" und positioniert Mostafa somit als weniger kompetenter Maler und sich selbst als Malexperte (Transkript N22):

```
166 N     da hier is mostafa FALSCH.
```

Beispiel einer Fremdpositionierung
Beim Spielen in der Puppenecke wendet sich Sam an Ercan, um dessen Bestätigung zu bekommen, dass ein anderes Kind nicht in die Puppenecke darf (Transkript E11):

```
064 S     der darf NICHT;=oder?
```

Dadurch wird Ercan von Sam als (machtvoller) Experte für die soziale Praktik „In der Puppenecke spielen" fremdpositioniert.
- *Gleichberechtigtes Mitglied bzw. kompetenter Praktiker*
  Beispiel einer Selbstpositionierung

Als Daniel auf der Schaukel sitzt, weist Ercan ihn darauf hin, dass er nun dran ist, und positioniert sich selbst somit als gleichberechtigtes Mitglied bzw. als gleichberechtigter Praktiker (Transkript E25):

```
007 E     jetzt ICH.
```

Beispiel einer Fremdpositionierung

Beim Wasserspiel lobt die Erzieherin Ercans Praktikausführung und positioniert ihn somit als kompetenten Praktiker (Transkript N27, Erzieherin 1 (Erz)):

```
003 Erz   KANNST du schon;=ne?
```

- *Noviz*in / Lerner*in / legitimate peripheral participant*
  Beispiel einer Selbstpositionierung

Bei der Bilderbuchbetrachtung sagt Nias, dass er nicht alle Buchstaben kennt und positioniert sich selbst als Lerner der sozialen Praktik Lesen (Transkript N8):

```
125 N     aber ich WEIß nicht alle buch.
```

Beispiel einer Fremdpositionierung
Orkan bewertet Nias' Ausführung der sozialen Praktik Malen als „FALSCH" und positioniert ihn somit als Novizen (Transkript N5):

```
088 O     eh guckmal da FALSCH gemacht.
```

Insgesamt wird angenommen, dass sich die dreijährigen Kinder, die eine Kita besuchen, in Bezug auf eine bestimmte soziale Praktik von Noviz*innen über kompetente Praktiker*innen zu Expert*innen entwickeln. Unter den unterschiedlichen sprachlichen Mitteln, mit denen Selbstpositionierungen als kompetente*r Praktiker*in bzw. Expert*in realisiert werden, erscheint mir das Phänomen besonders interessant, das als ‚Sprache der Anderen' im Sinne von Bachtin konzipiert werden kann. Der metasprachliche Hinweis auf die eigenen Worte als Machtinstrument bzw. Wahrheitsinstanz findet sich in der Sprache der Experten, z.B. der Erzieherin: „das habe ich GRAde schon gesagt" (E5, Z. 5) und einem Vorschulkind: „HAbe ich gesagt so?" (E4, Z. 37). Aber auch beide Fokuskinder gebrauchen diesen Ausdruck der Erwachsenen- oder Expertensprache (bei Ercan sogar in der türkischen Sprache), um eine höhere und machtvollere Position für sich zu beanspruchen: Ercan: „senscheneMEschti::m." ((türk. „sana söylemistim" – „ich hatte das dir gesagt?")) (E39, Z. 54) und Nias: „HAB ich gesagt jetzt?" und „HAB ich gesagt nicht machen?" (N10, Z. 25 und 27).

5.4.1.3 Zugehörigkeitsbezogene Positionierungen

Als dritter Typ von Positionierungen in den Kind-Kind- und Kind-Erzieher*in-Interaktionen im Kindergarten konnten *zugehörigkeitsbezogene* Positionierungen[332] identifiziert werden. Darunter verstehe ich Selbst- und Fremdpositionierungen, mit denen die Zugehörigkeit zu einer ethnischen, sprachkulturellen, institutionellen etc. Gruppe markiert wird (vgl. Selbstpositionierungen der Kinder und Erzieher*innen als Mitglieder der Kindergartengruppe und der Kindergarten-Community in Kap. 5.1.1). Leider finden sich in den aufgenommenen Interaktionen keine expliziten zugehörigkeitsbezogenen Selbstpositionierungen der Fokuskinder.[333] Eine mögliche Erklärung dafür könnte sein, dass die Kinder das Konzept der identitären Zugehörigkeit erst später entwickeln oder zum Ausdruck bringen.[334] Einige interessante Beispiele finden sich jedoch in den Interaktionen anderer Kinder und sollen hier exemplarisch präsentiert werden.

1) Identitäre Selbstpositionierung von Orkan

Während der teilnehmenden Beobachtung spielte sich folgendes Gespräch zwischen Orkan, Ercans zwei Jahre älterem Bruder, und mir ab (Transkript „Türkisch" vom 11. oder 18.04.):

```
001        (2.35)
002   O    bleibst du HIER?
003   F    HEUte bin ich bei euch.
004   O    isch YUPpie.
005   F    ((lacht))
006   O    weißt du ich bin TÜrkisch.
```

---

332 Bei Kuhn und Diehm findet sich der Begriff „die identitäre Selbstpositionierung" (Kuhn/Diehm 2015, 126).

333 Die implizite Zugehörigkeitsmarkierung durch den Sprachgebrauch habe ich den ressourcenbezogenen Positionierungen zugeordnet.

334 Die entwicklungspsychologische Forschung liefert Belege dafür, dass Kinder im Alter von ca. zwei Jahren beginnen, ein Selbstkonzept zu entwickeln (vgl. Elsner/Pauen 2018[8], 183). Dabei beziehen sich drei- bis vierjährige Kinder bei Selbstbeschreibungen auf das körperliche Erscheinungsbild und motorische Fähigkeiten (vgl. Schneider/Hasselhorn 2018[8], 208). Bei meinem älteren Sohn beobachtete ich ab dem Alter von dreieinhalb Jahren explizite zugehörigkeitsbezogene Selbstpositionierungen bezogen auf die Zugehörigkeit zur Kindergartengruppe und ab ca. vier Jahren (nachdem er angefangen hat, den arabischen Samstagskindergarten und die ukrainische Sonntagsschule zu besuchen) explizite ressourcenbezogene Selbstpositionierungen als mehrsprachiges Subjekt.

```
007         (0.67)
008   F     kannst du auch TÜRkisch?
009   O     ja ich bin TÜRkisch.
010   F     ach SUper.
```

Orkan positioniert sich selbst explizit und selbstbewusst als Angehöriger der türkischen Gemeinschaft[335] (Z. 6). Ich frage nach, ob er auch die türkische Sprache kann (Z. 8). Er bestätigt und wiederholt, dass er Türkisch ist (Z. 9) (eventuell als Begründung dafür, warum er kurz davor Türkisch gesprochen hat).

2) Identitäre Selbstpositionierung von Esma

Die folgende Gesprächssequenz fand beim Freispiel auf einem Kinderspielplatz statt. Esma ist kein Fokuskind, geht aber in dieselbe Gruppe wie Nias und ist ungefähr fünf Jahre alt (Transkript „Esma" vom 18. oder 24.04.).

```
001         (1.73)
002   Es    HAllo ((lacht)).
003   Es    gestern war ich auf nem kom salamaLEYkum bedeutet?
004   F     BITte?
005         (0.29)
006   F     salamaLEYkum?
007   Es    ja (unverständlich) auf marokKAnisch bedeutet?
008   Es    HAllo gehts dir gut.
009   F     salamaLEYkum,
010   F     [aha.]
011   Es    [ja.]
012         (2.63)
013   F     wa maLEYkum okay.
014         (0.97)
015   F     <<leiser> wa maLEYkum assalam >.
016   F     kannst du marokKAnisch?
017   Es    ja.
018   Es    [esn.]
019   F     [ja,]
020   Es    ich komme aus marOKko.
021   F     ah.
```

---

335 Vgl. auch *membership categorization device*, d.h. Mitglieder-Kategorien („*a class of category sets*"), die sich auf das Geschlecht, Alter, Rasse, Religion, Beruf etc. beziehen (Sacks 1995, 40; Herv. im Orig.).

022   (2.29)

Hier erfolgt die Selbstpositionierung von Esma als mehrsprachiges Subjekt zunächst implizit durch den Gebrauch von „salamaLEYkum" (Z. 3)[336], dann durch den expliziten Hinweis, dass es „auf marokKAnisch" (Z. 7) ist. Interessanterweise bezeichnet Esma dabei ihre Sprache als „marokKAnisch" und nicht Arabisch oder marokkanisches Arabisch. Auf die Nachfrage, ob sie Marokkanisch[337] kann, antwortet sie, dass sie aus Marokko kommt (Z. 20) und positioniert sich somit explizit als der Gruppe der Aus-Marokko-Stammenden zugehörig.[338]

   3) Identitäre Fremdpositionierung von Mira

Mostafa, eines der Fokuskinder, spielt mit Mira (M), einem älteren Mädchen aus seiner Gruppe. Ich und die Gruppenerzieherin (Erzieherin 3 (Erz)) beobachten die Kinder und es kommt zu einem Feldgespräch (Transkript „Indisch" vom 18.04.):

```
001         (1.24)
002   M     moram aRAya moram maraya moram mariya.
003         (1.81)
004   Erz   ist das INdisch (.) mira (.) was er sagt?
005         (4.48)
006   Erz   ja sie kommt ja aus SRI lanka.
007   Erz   ich glaube das sind auch verSCHIEdene sprachen.
```

Durch die Frage der Erzieherin, ob es sich bei den Äußerungen von Mostafa um „INdisch" handelt (Z. 4), wird Mira als L1-Sprecherin des „Indischen" fremdpositioniert. Als Mira auf die Frage nicht reagiert (Z. 5), fängt die Erzieherin ein Gespräch mit mir an und weist darauf hin, dass Mira aus Sri Lanka kommt (Z. 6). Dadurch wird Mira als aus dem Inselstaat Sri Lanka stammend fremdpositioniert.[339]

Im weiteren Gesprächsverlauf werden weitere Anhaltspunkte für Miras Fremdpositionierung als Expertin für „Indisch" angeführt:

```
026 Erz   aber der MOstafa er hat den gleichen FAIBle für mira.
027 F     hm.
028 Erz   er besucht immer die verWANDten in die in england leben.
029 Erz   da ist bestimmt irgendeine dabei die ihr ÄHNlich
          sieht.=ne so.
```

---

336   Dies wäre eine ressourcenbezogene Selbstpositionierung als mehrsprachiges Subjekt.
337   Hier greife ich die Sprachbezeichnung auf, die Esma selbst verwendet.
338   Es ist mir nicht bekannt, ob sie in Marokko oder in Deutschland geboren wurde. Es ist aber für die KA auch uninteressant, da für die KA vor allem (bzw. allein) die Perspektive der Interaktionsteilnehmenden zählt.
339   Es handelt sich dabei allerdings um eine Positionierung 3. Grades, da sie nicht an Mira selbst gerichtet ist.

030 Erz   so ähnlich und immer so <<höher gesprochen> wer IST das >
           total;=ne also.
031 Erz   **ist richtig erFREUT sie zu sehen.**

So werden die von der Erzieherin wahrgenommene Sympathie Mostafas für Mira (Z. 26, 30 und 31) sowie Miras Äußeres (Z. 29) als Kriterien dafür angesprochen, dass die beiden Kinder denselben sprachlich-kulturellen ‚Hintergrund' teilen könnten.

Die (re-)konstruierten ressourcen-, praktik- und zugehörigkeitsbezogenen Selbst- und Fremdpositionierungen der Kinder und Erzieher*innen in den alltäglichen Interaktionen im Kindergarten machen deutlich, dass es in der Kita-Community mehrere (soziale) Positionen gibt, die in wechselseitigen Positionierungsaktivitäten ausgehandelt werden. Wie eine solche Positionsaushandlung vollzogen wird, ist das Thema des folgenden Kapitels.

5.4.2 Aushandlung von Positionen innerhalb einer Interaktion

Die (Re-)Konstruktion der Positionsaushandlung innerhalb einer Interaktion zeigt, dass die Positionierungen, d.h. die in der Interaktion beanspruchten und zugewiesenen Positionen, als multipel, dynamisch und widersprüchlich zu verstehen sind (vgl. Kap. 3.4.1). Die Positionen werden dabei von den Interaktionspartner*innen in den aufeinanderfolgenden Turns ausgehandelt. Anhand einer Beispielanalyse einer Interaktion im Rahmen der sozialen Praktik Malen wird veranschaulicht, wie Nias eine Position als kompetenter Maler für sich aushandelt.

Das Transkript N5 entstammt einer Malsituation, in der Nias, andere Kinder und die Gruppenerzieherin am Tisch sitzen und malen. Nias weist auf ein ‚Problem' hin, das er beim Ausmalen der Comic-Figur Mario hat.

043 N   ich hab ich hab den MArio ma:len.
044 O   wo ist MÜLL?
045 Erz   WAS hast du?
046 O   wo ist MÜLL?
047 N   **ich hab WAS ist machen hose?**
048 L   mario hat ROT.
049   (1.98)
050 N   **MArio:::?**
051 N   **ro:::?**
052 N   **hose ROT;=oder?**
053 O   <<leise> hier > hier unten ROT malen.
054 O   oKAY?
055 N   oKAy.
056 O   ((unverständlich))
057 N   **rot?**
058 L   glüRONge.
059 O   ro::t.

```
060   L     oRANge.
061   O     ro::t.
062   N     ich kann ((unverständlich)).
063   L     oRANge.
064   O     siehst du (.) ROT.
065         (2.4)
066   N     hm_hm.
067   O     nicht schlecht es blitzt (.) dann sieht es so oRANge
            aus.
```

Durch seine Frage, welche Farbe Marios Hose hat (47), positioniert Nias sich selbst als Lerner der Praktik Malen und die anderen Kinder als Experten. Louis und Orkan akzeptieren diese Positionierungen, indem sie dem Novizen helfen (Z. 48 und 53). Dabei streiten die beiden Jungs sich, wer von ihnen mehr Expertenwissen hat (Z. 58–67).

Im folgenden Gesprächsverlauf geht es Nias um die Anerkennung von den Peers.

```
087   N     RICHtig FALsche,
089   O     eh guckmal da FALSCH gemacht.
090         (0.9)
091   O     LOUIS guckmal wie der FALSCH macht.
092   Erz   [da das ist nicht FALSCH das gefällt ihm so.]
093   Erz   ja?
094   Erz   der darf sein bild ausmalen wie er MÖCHte.
095   O     so ist RICHtig ist es falsch so ist richtig aber.
096   Erz   ja?
097   Erz   das das ist nicht deine SAche der darf das machen wie er
            möchte.
098   Erz   ihm geFÄLLTS so besser.
099         ((Auslassung 2.92 Sek: unverständlich))
100   Erz   ja nias deins ist AUCH schön.
101   N     aber ich auch ein BESe::r.
102   Erz   geNAU.
103   N     <<atmet aus> hhh° >.
```

Durch die Frage, ob er richtig oder falsch gemalt hat (Z. 87), positioniert sich Nias als Lerner bzw. Teilnehmer an der Peripherie, der einerseits Anerkennung, andererseits evtl. Hilfestellung braucht. Die anderen Kinder werden von ihm somit als erfahrene Teilnehmer bzw. Praktiker fremdpositioniert. Orkan nimmt die zugewiesene Position an und bewertet Nias' Bild als falsch (Z. 88) und positioniert Nias somit als weniger kompetenten Praktiker bzw. als Lerner (Positionierung 2. Grades). In der Folgeäußerung, die sich an Louis richtet, positioniert Orkan Louis als Experten, dessen Zustimmung er erwartet. Gleichzeitig positioniert er sich selbst als jemand, der die Leistung des anderen beurteilen kann, also als kompetenter Praktiker, und Nias dementsprechend als weniger kompetenten Praktiker (Positionierung 3. Grades). Die Erzieherin positioniert Nias in ihrer Äußerung als kompetenten Praktiker, der „sein bild ausmalen" darf, „wie er MÖCHte" (Positionierung 3. Grades) (Z. 91). Sich selbst positioniert sie als jemand, der Expertise und Autorität hat, die Diskussion durch andere Aspekte, die jenseits der Dichotomie richtig/falsch liegen, zu erweitern. Orkan widerspricht der Fremdpositionierung von Nias, indem er seine Fremdpositionierung von Nias als weniger kompetenter Praktiker begründet: Sein (Orkans) Bild sieht er als richtig an und da sich Nias' Bild davon unterscheidet, muss es falsch sein (Z. 95) (Positionierung 3. Grades). Die Erzieherin ‚verteidigt' Nias' Bild und positioniert Nias somit als kompetenten Praktiker (Z. 97, 98) (Positionierung 3. Grades). Auch in der direkten Ansprache positioniert sie Nias als kompetenten Praktiker (Positionierung 2. Grades). In seiner Äußerung, dass a) sein Bild „BESse::r" ist oder 2) er auch „BESse::r" malen kann, positioniert sich Nias als kompetenter Praktiker, evtl. mehr kompetent als Orkan und somit Orkan als weniger kompetent (Z. 101). Die Erzieherin stimmt der Selbstpositionierung von Nias zu (Z. 102), worüber sich Nias erleichtert zeigt (Z. 103).

In dem darauf folgenden Gesprächsabschnitt geht es um die Erklärung der Erzieherin, dass Nias erst drei Jahre alt ist und seine Leistungen angesichts seines noch jungen Alters zu beurteilen sind. Daraus entwickelt sich ein Gespräch über Geburtstage der Kinder.

```
108    Erz    orkan (.) der nias ist DREI jahre alt.
109           (0.42)
110    Erz    ja?
111           (0.9)
112    O      ich hab ich-
113    Erz    du bist !FÜNF!.
114    O      ja;=aber wenn nias geburtstag hat ist doch VIER und dann
              (noch/macht) der richtig.
115    Erz    ja;=aber das DAUert noch ein bisschen;=ja?
116    Erz    der der nias ist geNAUso alt wie der ercan.
117           (0.66)
118    Erz    ne?
119           (0.48)
120    O      aber ich (wollte/will was) anderes fragen aber wenn nias ge-
              burtstag hat dann ist er VIER dann kann er RICHtig machen.
121    Erz    ja.
122    Erz    ja.
123    N      ich hab ich hab geGEBURTS ich hab BURTStag in (.) n ZWAN-
              zigte.
159    Erz    ((Auslassung: Unterhaltung über die Geburtstage))
```

Durch den Hinweis auf sein Alter positioniert die Erzieherin Nias als einen jungen Teilnehmer (Z. 108) (Positionierung 3. Grades). In Zeile 113 positioniert sie Orkan als älteren Teilnehmer. Orkan akzeptiert diese Positionierung (Z. 114). In Zeile 116 bestärkt die Erzieherin Nias' Positionierung als ein junges Kind, indem sie darauf hinweist, dass er so alt wie Ercan, Orkans Bruder, ist. In Zeile 123 positioniert sich Nias als kompetenter Teilnehmer, der weiß, wann er Geburtstag hat. Nach einigen Fremdkorrekturen von den anderen Kindern (Z. 131, 132?) und der Erzieherin (Z. 133, 137), die als Fremdpositionierungen von Nias als Deutschlerner interpretiert werden können, bestätigt die Erzieherin die Richtigkeit des angegebenen Geburtsdatums (Z. 159) und legitimiert somit Nias' Positionierung als wissendes und kompetentes Mitglied der Community.

Auch in der folgenden Sequenz geht es um die Anerkennung von den Peers.

```
191   N     guck_mal das ist RICHtig;
192         (1.68)
193   O     doch.
194         (0.96)
195   N     doch das ist mario das ist HIER.
196   O     (hier is du schreibst) MArio.
197         (1.8)
198   O     IST es richtig?
199   L     ja.
200   N     DAS ist das ist-
201   X3    louis es ist-
202   N     (xxx xxx xxx) FALsche.
203   X4    ey wie KLEIN machst du den denn,
204   N     louis,
205   N     das ist FAlsche das ist (BAU malen);
206   Erz   willst du dich auch ((unverständlich))?
207   N     ich MÖCHte (schneiden).
208   Erz   GEHT einfach so.
209   N     louis.
210         (2.22)
211   N     LOUIS (.) louis (.) louis.
212         ((Auslassung 8.22 Sek: die Erzieherin und die Kinder sprechen))
213   N     das ist RICHtig?
214         (1.66)
215   N     louis,
216         ((Auslassung 18.12 Sek))
217   N     louis (.) das ist RICHtig?
218   Erz   louis,
```

219		(0.9)
220	Erz	du must LAUter rufen (.) der hat dich nicht gehört ruf mal lauter louis.
221	N	louis.
222	Erz	ja guck mal (ob es RICHtig ist).
223	N	**der ist RIchtig?**
224		(0.94)
225	Erz	ja?
226	L	ist RICHtig.
227	N	**ja und das FALsche,**
228	O	aber meins ist RICHtig.
229	N	**[(xxx) RICHtig.]**
230	X3	[dip is mein-]
231		((AUslassung 13.42Sek: KInder sprechen))
232	O	nias guck (mein sujet) luis ist RICHtig?
233	N	**du bis m FALSCH.**
234	O	ä ist nicht FALSCH.
235	N	**ich möchte ich möchte ich m GUCK mal ma rio (.) das mario ist HIER.**
236	O	aber das_is nicht FALsche richtig ist nicht richtig ist falsch.
237	L	doch das ist RICHtig.
238		(1.78)
239	X3	[nias mach.]
240	N	**[(xxx) ist das HIER?]**
241	X3	warum das hier (.) guck mal (.) nias seine HÄNde gemalt.
242	X3	nein HAUSschuhe gegemalt.
243	N	**das ist eine FALsche.**
244	X3	ich hab nie so was geSEhen.
245		(2.14)
246	N	DAS ist <<atmet ein> hhh >.

In Zeile 191 positioniert sich Nias als kompetenter Praktiker, indem er sagt, dass sein Bild „RICHtig" ist. Orkan akzeptiert diese Selbstpositionierung (Z. 193). Nias begründet seine Selbstpositionierung in Zeile 195. In Zeile 196 positioniert sich Orkan als Experte, indem er sagt, dass Nias auf seinem Blatt „MArio" schreiben soll. Durch die an Louis gerichtete Frage, ob Nias' Bild richtig ist, positioniert Orkan Louis als noch erfahreneren Experten. Louis akzeptiert diese Fremdpositionierung, indem er das Urteil über die Richtigkeit des Bildes fällt (Z. 199). In den Zeilen 200 und 202 beurteilt Nias das Bild von Orkan und positioniert sich damit als Experte, der die Qualität der Bilder der anderen beurteilen kann bzw. darf. Dabei braucht er die Bestätigung von Louis als noch erfahrenerem Experten. Nias wendet sich an ihn (Z. 204) und erklärt seine Beurteilung Orkans Bildes (Z. 205). Da Louis nicht reagiert, ruft Nias ihn mehrmals (Z. 209, 211). Er fragt, ob sein Bild richtig ist (Z. 213), und positioniert sich somit als Lerner. Als Louis nicht reagiert, ruft Nias ihn mehrmals und wiederholt seine Frage (Z. 215, 217). Die Erzieherin unterstützt Nias dabei, indem sie zuerst selbst Louis ruft (Z. 221) und dann Nias erklärt, dass er lauter rufen soll (Z. 220). Hiermit mediiert bzw. legitimiert die Erzieherin die Fremdpositionierung von Louis als Experte für die Beurteilung der Malleistung.[340] Auch in den Zeilen 222 und 225 bietet die Erzieherin Nias *scaffolding*, um von Louis gehört zu werden. In Zeile 226 bewertet Louis das Bild von Nias als richtig, akzeptiert somit seine Fremdpositionierung als Experte und positioniert Nias somit als kompetenten Praktiker / kompetenten Lerner einer Praktik.

Daraufhin fragt Nias Louis, ob Orkans Bild falsch ist (Z. 227). Somit positioniert er sich selbst als Experten, der die Qualität der Bilder der anderen beurteilen kann bzw. darf, Orkan positioniert er als weniger kompetenten Praktiker und Louis als Experten. Orkan weist seine Fremdpositionierung zurück (Z. 228), akzeptiert jedoch die Fremdpositionierung von Louis als Experten, indem er selbst Louis fragt, ob sein Bild richtig ist (Z. 232). Nias positioniert Orkan als weniger kompetenten Praktiker (Z. 234), Orkan weist diese Fremdpositionierung zurück (Z. 234). In den Zeilen 235 und 236 begründen die beiden ihre Positionierungen, indem sie Argumente für die Richtigkeit bzw. Nicht-Richtigkeit der Bilder liefern. In Zeile 237 beurteilt Louis Orkans Bild als richtig und positioniert ihn somit als kompetenten Praktiker und spricht Nias gleichzeitig die Expertise ab, über die Richtigkeit des Bildes urteilen zu können. Nias versucht diese Fremdpositionierung zurückzuweisen (Z. 240, 243, 246), wird aber von den anderen Kindern hinsichtlich seiner Mal- und Schneidekompetenz als weniger kompetent fremdpositioniert (Z. 241, 242, 244) (Positionierung 3. Grades). Nias zeigt keine sichtbare Reaktion, atmet nur in Zeile 246 hörbar aus.

Diese Sequenz zeigt sehr anschaulich, dass in Bezug auf die Praktik Malen eine Hierarchie in der *Community of Practice* Kindergarten zu beobachten ist: Nias als Novize, Orkan als erfahrener Teilnehmer, Louis als noch erfahrenerer Teilnehmer. Während die Positionierung von Louis – zumindest an dieser Stelle – nicht hinterfragt wird, werden die Positionierungen von Nias und Orkan interaktiv ausgehandelt.

Zum Ende der Malpraktik wird die Anerkennung der Erzieherin als Expertin gesichert:

```
318   N    guck.
319   X3   ein STERN malen.
320   N    guck_mal das ist RICHti:::g;
321   Erz  ja.=es ist s s SUper.
322        ((Auslassung 2.44 Sek: Kinder sprechen))
323   N    FERtig.
```

---

340 Für den Hinweis auf diese Lesart danke ich Udo Ohm.

324   (4.44)

In Zeile 320 positioniert sich Nias als kompetenter Lerner bzw. Praktiker, indem er sagt, dass sein Bild richtig ist, und die Erzieherin positioniert er somit als Expertin, deren Anerkennung er implizit einfordert. Die Erzieherin bestätigt es in den Zeilen 321 und 325 und akzeptiert somit diese Positionierungen.

Es wurde anhand der Positionierungsanalyse der oben dargestellten Interaktion verdeutlicht, dass Nias im Laufe der Interaktion die Positionen als Lerner der Malpraktik, kompetenter Maler, kompetentes Community-Mitglied und Experte aushandelt. Dabei wird er als Lerner der Malpraktik, Deutschlerner und weniger kompetenter Maler fremdpositioniert. Die gegenseitigen Selbst- und Fremdpositionierungen werden dabei akzeptiert oder zurückgewiesen. Interessanterweise sucht Nias die Anerkennung von Louis (Z. 217 und 223) und der Erzieherin (Z. 320) als ausgewiesene Expert*innen, um seine Positionierung als kompetenter Praktiker zu sichern.

5.4.3   Mehrsprachigkeit und Positionierungen

In diesem Kapitel wird der Frage nachgegangen, welche Rolle mehrsprachigen Ressourcen in den Positionierungen im Kindergarten zukommt. Im Gegensatz zu Nias, der sich in den erhobenen Daten nur zweimal als mehrsprachiges Subjekt positioniert (vgl. Transkript N12, Z. 27 und Transkript N4, Z. 59), nutzt Ercan mehr Gelegenheiten, um sich als mehrsprachig zu positionieren, wie die Auswertungen der Transkripte E3, E4, E6, E10, E18, E28, E34, E35, E38 und E39 zeigen. Daher wird die Bedeutung der Mehrsprachigkeit als Positionierungsressource anhand von Ercans Daten herausgearbeitet.

5.4.3.1   Mehrsprachigkeit in der Kind-Erzieher*in-Interaktion

Dieses Kapitel baut auf die in Kap. 5.3.3.1 (re-)konstruierte Nutzung von Mehrsprachigkeit in den *Doing-Learning*-Interaktionen mit den Erzieher*innen auf. Es wurde aufgezeigt, dass die Kinder auf ihre erstsprachlichen Ressourcen zurückgreifen, um einen reagierenden Turn zu konstruieren und so die Interaktion aufrechtzuerhalten. Durch die Verwendung der Erstsprache nutzen die Kinder auch die Möglichkeit, ihr Wissen zu zeigen und sich selbst als mehrsprachige Subjekte zu positionieren.

Dabei bleibt offen, ob die erstsprachlichen Ressourcen von Nias und Ercan von den Erzieher*innen in den beobachteten Situationen als solche erkannt werden und aus welchen Gründen sie nicht thematisiert werden. Es sei darauf hingewiesen, dass es sich bei den Erzieher*innen in den Transkripten N4, E18 und E28 um drei verschiedene Personen handelt (Erzieherin 5, Erzieherin 6 und Erzieherin 1). Die Interaktionen, in denen die Kinder ihre mehrsprachigen Ressourcen einsetzen, werden von den Erzieher*innen nicht unterbunden. Es könnte der Eindruck entstehen, dass die Mehrsprachigkeit so selbstverständlich ist, dass sie von den pädagogischen Fachkräften nicht als störend beachtet wird, sondern als etwas, was „normale" Interaktionen kennzeichnet und daher nicht extra fokussiert werden soll. Das wäre eine mögliche Lesart. Sie würde jedoch nicht erklären können, warum sich Ercan eher reagierend an der Interaktion (Transkript E18, Z. 95–177) beteiligt und diese später abbricht (Transkript E18, Z. 179) oder warum er plötzlich zum

Schreien übergeht (Transkript E28, Schreien in Z. 237, 268) oder eine Anstrengung signalisiert (Z. 280–283).

Die Zurückweisung der Selbstpositionierungen von Ercan als mehrsprachiges Subjekt im Transkript E28 wird deutlich, wenn man die Reaktionen der Erzieherin 1 (Erz) auf seine erstsprachlichen und seine deutschen Äußerungen vergleicht. Während die Erzieherin auf deutschsprachige Benennungen mit „hm;=da hast du RECHT." (Z. 265) oder „genau" (Z. 327) reagiert, reagiert sie auf türkischsprachige Benennungen mit einer Gegenfrage „hm;=und was IST das?" (Z. 131) oder mit der Nennung der deutschen Bezeichnung (Z. 303). Es findet keine explizite Anerkennung seiner erst- bzw. mehrsprachigen Ressourcen statt.[341]

Im Transkript E18 reagiert die Erzieherin (Erzieherin 6 (Erz)) zwar bestätigend („die MILch ja genau ausschütten." (Z. 76) und „das_is TEE genau." (Z. 80)), ihre Bestätigung scheint sich jedoch mehr auf das selbst produzierte deutsche Lexem zu beziehen.[342]

Somit werden die kindlichen Selbstpositionierungen als mehrsprachiges Subjekt nicht explizit akzeptiert, sondern eher (subtil bzw. stillschweigend) zurückgewiesen. Zudem finden sich in den Daten keine Fremdpositionierungen (ersten oder zweiten Grades) der Fokuskinder als mehrsprachige Subjekte. Insgesamt machen die Datenanalysen deutlich, dass die Kinder in den Interaktionen mit den pädagogischen Fachkräften auf ihre erstsprachlichen Ressourcen zurückgreifen, um sich als mehrsprachige Subjekte zu positionieren, diese von den Erzieherinnen jedoch nicht wahrgenommen werden.

5.4.3.2 Mehrsprachigkeit in der Kind-Kind-Interaktion

Anhand der Positionierungsanalyse des Transkripts E6 wird im Folgenden veranschaulicht, wie Ercan seine erstsprachlichen Ressourcen nutzt, um in der Kind-Kind-Interaktion die gewünschte Position als kompetenter Maler auszuhandeln. Das Transkript E6 präsentiert eine Malsituation, an der Ercan, sein älterer Bruder Orkan (O), ein älterer Junge Adnan (A) und einige andere Kinder (O, K1, K2 und andere) teilnehmen. Adnan initiiert die Interaktion, indem er Ercans Bild als „KRItze kritzel" bewertet (Z. 6).

```
005 A   o_O der ercan.
006 A   ercan macht (dort) KRItze kritzel.
007 E   <<singt leise vor sich hin> tu du tu tu du >.
008 A   aber die (guck mal) schon mal RICHtig.
009     (2.79)
010 E   hier ROT?
011     (1.06)
012 O   ((unverständlich))
```

---

[341] Eine mögliche anerkennende Reaktion auf der Metaebene wäre: „Es heißt so und so. Es gibt noch andere Bezeichnungen dafür in den anderen Sprachen".

[342] Jedenfalls bleibt es offen, worauf sich die Bestätigungen der Erzieherin beziehen: Sind sie ein Diskursmarker, beziehen sie sich auf Ercans erstsprachliche Bezeichnungen und auf die eigenen deutschsprachigen Bezeichnungen.

```
013 K1  nein guck mal BLAU.
014     (1.92)
015 K1  der ercan (.) ist FALSCH.
016 A   [na_a.]
017 E   [<<schreit> adNAN >.]
018     (1.63)
019 A   ercan macht FALSCH.
020 O   ercan (.) ist eGAL.
021 E   <<schreit> adNAN >.
022     (1.1)
023 A   sörBECK is ercan.
024 E   adNAN <<legt den Finger auf den Mund> pssst >.
025 A   ercan ein BILD.
026     (0.94)
027 O   na ich hab (LANGsam).
028     (0.51)
029 E   ((schreit))
030     (0.55)
031 O   (tja du blöd THEater).
```

Durch seinen Hinweis, dass Ercan „KRItze kritzel" malt (Z. 6), positioniert Adnan ihn als weniger kompetenten Praktiker (Maler) und sich selbst entsprechend als Experten, der die Leistung des anderen Kindes beurteilen kann und darf. Interessanterweise wendet er sich dabei nicht direkt an Ercan, sondern an andere Mitglieder der Community. Ercan ignoriert seine Äußerung. Als Adnan seine Beurteilung relativiert (Z. 8) und Ercan somit als teilkompetent positioniert, akzeptiert Ercan seine Positionierung als Lerner und Adnans als Experten, indem er fragt, ob er „ROT" nehmen soll (Z. 10). Ein anderes Kind (K1) weist auf Blau hin (Z. 13) und positioniert sich selbst als Experten bzw. kompetenter Praktiker und Ercan als Lerner. Diese Fremdpositionierung verstärkt K1, indem er sagt, dass Ercan „FALSCH" gemalt hat (Z. 15). Adnan schließt sich dieser Fremdpositionierung von Ercan als Lerner an (Z. 16). Ercan weist die Fremdpositionierung als weniger kompetenter Praktiker zurück, indem er Adnan anschreit (Z. 17). Adnan nimmt erneut die Positionierung von Ercan als weniger kompetenter Praktiker vor (Z. 19). Orkan versucht, Ercan zu verteidigen (Z. 20). Ercan weist die Fremdpositionierung zurück (Z. 21). Adnan wiederholt diese (Z. 23). Ercan veranlasst Adnan zum Schweigen (Z. 24) und positioniert sich somit als gleichwertig. Adnan kommentiert Ercans Bild (Z. 25).

```
032 E   KIM yapti bunu ((türk. Wer hat das gemacht?))
033 A   ercan ich BIN-
034 E   SEN mi yaptin? ((türk. Hast du das gemalt?))
035 A   GUCK mal ercan.
036 E   hey (.) hallo SENde duz.((türk. mach du das auch richtig))
```

037   (0.4)
038 E adNAN psst.
039 A ercan (.) NAse pssst gesagt mit nase.
040   (1.33)
041 A so <<macht Ercan nach> pssst >.
042   (5.38)
043 A **und wa warum ist die KRItzel,**
044   (3.37)
045 A ERcan.
046 A **baksana YANlis yaptin** ((türk. guck mal, du hast das falsch gemacht))
047   (1.65)
048 A DAS hier das hier das hier.
049   ((Auslassung 18.02 Sek: die Kinder malen))
050 E (nadann) geh WEG.
051   (1.19)
052 E geh WEG abi. ((türk. „Bruder"))
053   (0.44)
054 A GEH du mal weg arios.
055   ((Auslassung 28.41 Sek: die Kinder malen))
056 K1 ORkan wenn du seine hände malst ((unverständlich))?
057 O dann ist der mario BÖse.
058   (0.46)
059 K1 der AUCH nicht lieb.
060   (2.2)
061 O das nicht da muss die ZWEI.
062   (0.58)
063 O und vom BAUser (hände) wenn du ähm die hände malst dannist er böse weißt bauserteam.
064 O aber sonst (ist der) LIEB.
065   (0.86)
066 A **RICHtig?**
067 O **SAna kötü** ((türk. „tütü"): zu dir ist er böse))
068 O aber SOnic ist lieb.
069 A hey o ist er BÖse yoshi?
070   (1.05)
071 O nein da kommt GELB ((unverständlich)).
072 A HAllo:::.
073 A ich ich mo ich hab schon mal GELB joshi gemalt.

```
074   A    und jetzt und jetzt habe ich eine GRÜN yoshi gemalt.
075        (1.34)
076   K1   es gibt no es gibt einen GRÜnen yoshi und einen GELben
           yoshi.
077   K2   du bist WAS?
078   K1   es gibt einen CLOWN yoshi.
079        ((Auslassung 57.14 Sek: die Kinder malen und unterhalten
           sich über die Figuren und darüber, welche Eigenschaften sie
           haben))
080   A    e ERcan,
081   A    er macht es ähm RICHtig.=oder?
082   K1   so (.) der MArio fliegt.
083   K1   der MArio hat hier so und deswegen-
084   E    <<schreit> adNAN >.
085   E    hey ein FALSCH.
086   E    das GETS.
```

In Zeile 32 wechselt Ercan ins Türkische und fragt, wer das gemacht hat, und positioniert sich als jemand, der sich verteidigen kann bzw. als kompetenter Praktiker. Adnan meldet sich (Z. 33). Ercan fährt auf Türkisch fort, sich mit Adnan zu streiten (Z. 34) und positioniert sich hiermit als gleichwertiger Praktiker. Adnan bleibt jedoch bei dem Deutschen (Z. 35) und weist somit Ercans Selbstpositionierung zurück. In Zeile 36 beginnt Ercan seine Äußerung (Diskursmarker) auf Deutsch und spricht dann auf Türkisch und fordert Adnan auf, es richtig zu machen, positioniert sich somit als gleichwertig bzw. als jemand, der imstande ist, sich zu verteidigen. In Zeile 38 setzt er wieder nonverbale Zeichen ein. Adnan macht sich über Ercan lustig und positioniert ihn somit als weniger kompetenten Praktiker (Z. 39 und 41). Dann fragt Adnan Ercan, warum auf seinem Bild „KRItzel" sind (Z. 43) und begründet somit die Fremdpositionierung von Ercan als weniger kompetenter Praktiker. Als Ercan nicht reagiert (Z. 44), spricht er ihn an (Z. 45), wechselt ins Türkische und sagt, dass Ercan es falsch gemacht hat (Z. 46). Er positioniert Ercan hiermit als weniger kompetent. In Zeile 48 wechselt Adnan zurück ins Deutsche und verweist auf die Stellen, wo Ercan angeblich falsch gemalt hat, und begründet somit die Fremdpositionierung von Ercan. In den Zeilen 50 und 52 ruft Ercan Adnan zu, er soll „WEG" gehen und positioniert sich dabei als gleichwertig bzw. stark. Adnan kontert, Ercan soll selbst gehen (Z. 54) und weist damit Ercans Selbstpositionierung zurück.

In Zeile 66 fragt Adnan die anderen Kinder, ob sein Bild „RICHtig" ist. Damit positioniert er sich selbst als Lerner bzw. Praktiker, der Anerkennung der anderen braucht. In Zeile 71 antwortet Orkan auf Adnans Frage mit dem Hinweis, dass da „GELB" kommt, und positioniert Adnan somit als weniger kompetenten Praktiker. Adnan protestiert (Z. 72) und verteidigt sich (Z. 73 und 74) und weist somit Orkans Fremdpositionierung zurück und beansprucht für sich die Position als kompetenter Praktiker. Das Kind K1 bestätigt (Z. 76) und akzeptiert somit Adnans Selbstpositionierung. Daraufhin wendet sich Adnan wieder an Ercan (Z. 80) und sagt, dass er es „RICHtig" macht und sichert die Zustimmung mit „=oder?" (Z. 81). Er positioniert Ercan den anderen Praktikern gegenüber damit als kompetenter Praktiker (Positionierung 3. Grades). Das K1 kommentiert (Z. 82 und 83), wobei unklar ist, ob sich seine Äußerungen auf Adnans Frage beziehen. Ercan schreit Adnan an (Z. 84); daraus könnte man schließen, dass er Adnans Äußerung (Z. 81) nicht verstanden hat, und weist die wahrgenommene Fremdpositionierung als weniger kompetenter Praktiker zurück. In Zeile 85 bezeichnet Ercan Adnans Bild als „FALSCH" und begründet seine Bewertung in Zeile 86. Damit positioniert er sich selbst als Experte und Adnan als weniger kompetenten Praktiker.

```
087 A   (ercan bitte) kein TÜRkisch (.) reden.
088 E   <<schreit> adNAN >.
089     YAPma bunu((türk. yapma bunu: mach das nicht)).
090 A   <<schreit> ercan LASS es jetzt >.
091 E   <<schreit> adNAN >.
092 A   <<schreit> LASS es >.
093     (1.56)
094 E   deine çaBUK azda sürerim.((türk. Çabuk azda sürerim: ich
        schmiere etwas mehr darauf))
095 A   schub PENner.
096 E   (unverständlich)
097     (2.34)
098 A   er will ((schreit)) soll ma bruder zuRÜCKschicken.
099 A   SENde onun gibi.((türk. Sende onun gibi: du bist wie, klein-
        kinder))
100 E   ((murmelt was vor sich hin)).
101 A   SENde ne yapiyon? ((türk. Sende ne yapiyon: Was machst du?))
102 O   dann bin ich NICHT.
103 O   dann bin ich nur DIE von.
104     (0.55)
105 A   mein ((unverständlich)).
106 O   SIMdi. ((türk. simdi: jetzt))
107     (6.39)
```

In Zeile 87 bittet Adnan Ercan, „kein TÜRkisch" zu reden, obwohl Ercan in der Äußerung davor Deutsch gesprochen hat. Er positioniert sich selbst hiermit als Erzieher, also als jemand, der Macht hat, Verbote auszusprechen; dementsprechend positioniert er Ercan als jemand, der zu gehorchen hat. Ercan schreit (Z. 88) und sagt auf Türkisch, Adnan soll es nicht machen (Z 89); damit weist er Adnans Selbst- und seine Fremdpositionierung zurück. Adnan schreit, dass Ercan es unterlassen soll (Z. 90), und positioniert sich selbst als machthabend bzw. stärker. Ercan schreit (Z. 91). Adnan wiederholt seine Äußerung (Z. 92) und verstärkt somit seine Selbstpositionierung. Ercan schimpft auf Türkisch

(Z. 94) und weist somit Adnans Positionierungen zurück. Adnan schimpft auf Deutsch (Z. 95) und positioniert sich als stärker. Ercan bleibt beim Türkischen (Z. 96) und positioniert sich vermutlich als jemand, der einen Streit austragen kann. Adnan appelliert an Orkan und fordert diesen, „ma bruder zuRÜCKschicken" (Z.98) und versucht somit, sich die Unterstützung anderer Praktiker zu sichern. Adnan wechselt ins Türkische und sagt zu Ercan, dass er wie ein Kleinkind ist (Z. 99) und positioniert ihn somit als weniger kompetent und sich als Erwachsener bzw. kompetenter. Ercan scheint ihn nicht zu beachten (Z. 100). Das weitere Gespräch verläuft zwischen Adnan und Orkan (Z. 101–106).

Das analysierte Transkript zeigt ausdrücklich, dass Ercan die erstsprachlichen Ressourcen einsetzt, um eine Position als Experte für die Praktik Malen zu beanspruchen, was ihm alleine in der deutschen Sprache nicht gelingt. Während der Konflikt von Ercan zu Beginn der Interaktion vor allem prosodisch und gestisch ausgetragen wird, stellt die Zeile 32 einen Schlüsselmoment dar, da an dieser Stelle Ercan ins Türkische wechselt. Ercan greift auf seine erstsprachlichen Ressourcen zurück, um möglicherweise seine stärkere Position durchzusetzen (Z. 32, 34, 36, 46, 52).[343] Als Türkischgebrauch von Adnan sanktioniert wird (Z. 87), könnte man vermuten, das macht er, weil er kein Türkisch versteht. Ercan gehorcht jedoch nicht, sondern greift auf seine Erstsprache zurück (Z. 94, 96?). In den Zeilen 46, 99 und 101 finden sich die Beweise dafür, dass Adnan Türkisch spricht. Auch Orkan kann Türkisch. Somit kann angenommen werden, dass sich das von Adnan ausgesprochene Türkischverbot gegen Ercans Selbstpositionierung als gleichwertig, jemand, der einen Streit austragen bzw. sich verteidigen kann, richtet. In ihrer Konstruktion ähnelt die Äußerung der der Erwachsenensprache (Gebrauch der Höflichkeitsfloskel „bitte"). Durch den Gebrauch der autoritären Sprache der Anderen – so die Interpretation in Anlehnung an Bachtins Ideen[344] – beansprucht Adnan für sich eine machtvollere Position (vgl. auch Kap. 5.4.1.2).

Interessanterweise finden in dieser Interaktion keine Nachahmungen statt, im Gegensatz zur Malsituation mit Ercans bestem Freund im Transkript E7 (vgl. Kap. 5.3.2, Punkt 4). Der Grund dafür kann darin liegen, dass sich Adnan gegenüber Ercan eher kompetitiv verhält, während sich Daniel in der Malsituation kooperativ verhält.

---

343 Der Wechsel der Sprache kann das Ergebnis „des Kampfes um zu sprechen" sein: „The construct of identity as multiple is particularly powerful because learners who struggle to speak from one identity position can reframe their relationship with their interlocutors and reclaim alternative, more powerful identities from which to speak" (Norton/McKinney 2011, 74).

344 Bachtin schreibt: „Man kann [...] sagen, dass jedes Wort sich dem Sprecher unter drei Aspekten darbietet: als das neutrale und unpersönliche Wort des Sprachsystems, als das *fremde* Wort anderer Menschen mit all seinen Resonanzen fremder Äußerungen, und schließlich als *mein* Wort, das von meiner Expression durchdrungen ist, da ich mit ihm in einer bestimmten Situation und mit einer bestimmten Sprechintention umgehe" (Bachtin 2017, 44; Herv. im Orig.).

Auch das Transkript E4 belegt, dass Ercan beim Lego-Bauen mit Hakan[345] ins Türkische wechselt (Zeilen 56 und 60), um sich selbst als kompetenter Praktiker zu positionieren (vgl. Kap. 5.3.4.1.2.1). Er sagt: „kolay çünKÜ" (auf Türkisch „denn es ist leicht") und meint damit wahrscheinlich, dass das Bauen leicht ist. Dadurch beansprucht Ercan eine Position als kompetenter Lego-Bauer für sich. Hakan reagiert auf die türkischsprachigen Äußerungen mit einer Nachfrage auf Deutsch (Z. 58) und Schweigen (Z. 61). Es liegen mir keine Informationen dazu vor, ob Hakan Türkisch spricht.

In den Interaktionen mit seinem Bruder Orkan spricht Ercan überwiegend Türkisch, wie die Transkript E38 und E39 illustrieren. Interessanterweise greift er dabei auf die autoritäre Sprache der Erwachsenen zurück, um für sich eine höhere Position auszuhandeln (Transkript E39):

```
054 E    sana söyleMIStim. ((türk. "sana söylemistim" - "ich
         hatte das dir gesagt?"))
```

Vergleicht man die Aushandlungen der Position als kompetenter Maler von Nias (Kap. 5.4.2) und Ercan (dieses Kapitel), wird deutlich, dass sie unterschiedliche Wege nutzen, um eine stärkere Position durchzusetzen: Während Nias Anerkennung und Unterstützung bei der Erzieherin und Louis als in der Community anerkannte Expert*innen sucht, greift Ercan auf seine (elaborierteren) erstsprachlichen Ressourcen zurück. Dieser Unterschied in den ressourcenbezogenen Positionierungsaktivitäten der Kinder könnte sicherlich auf das Vorhandensein bzw. Nicht-Vorhandensein anderer L1-Sprecher*innen in der Einrichtung und eine adäquate Sprachwahl, die auf die Sprache(n) der jeweiligen Interaktionspartner*innen abgestimmt ist, zurückgeführt werden. Es könnte aber auch andere Gründe geben, die sowohl kognitiv-psychologischer als auch sozialer Natur sein können.

Interessanterweise greift Ercan auf seine erstsprachlichen Ressourcen nicht nur zurück, wenn die Position als Türkischsprecher oder mehrsprachiges Subjekt ausgehandelt werden (vgl. Kap. 5.4.3.1), sondern, wie oben herausgearbeitet, auch, wenn die Position als Experte für eine soziale Praktik beansprucht wird. Es wird beispielsweise bei der Bewertung der eigenen (Transkript E4, Z. 56 und 60) und fremden Leistungen (Transkript E6, Z. 32, 34 und 36) auf erstsprachliche Ressourcen zurückgegriffen. Dass die Verwendung der Erstsprache eine Positionierung als machtvoll in den Interaktionen mit den Peers gleicher Erstsprache ermöglicht, hat auch Toohey beobachtet (vgl. Toohey 2000, 68). Epping weist darauf hin, dass Sprache als Machtsymbol fungieren kann, wenn z.B. die Verwendung einer bestimmten Sprache „zum Ausschlusskriterium für Verabredungen und Freundschaften" genutzt wird (Epping 2016, 243).[346]

---

345 In Zeile 27 sagt Hakan etwas mit „TÜRkisch", was aber unverständlich ist und es liegen mir keine Daten vor, die belegen würden, dass Hakan Türkisch spricht.

346 Die höchst interessante Studie von Epping (2016) liefert leider nur wenige Beschreibungen zum Umgang mit der Mehrsprachigkeit in den alltäglichen Interaktionen (S. 240–243). Dabei führt sie folgende Situation als Beispiel für „Ausgrenzung durch Sprache" an: „Im Kindergarten in Arnsberg spielt eine Gruppe von sieben Kindern zusammen auf dem Bauteppich. Nach einiger Zeit wechseln einige vom Deutschen ins Russische und schließen damit andere aus dem Gespräch aus" (Epping 2016, 243). Sie schreibt, dass es sich bei dieser

Als Fazit kann festgehalten werden, dass die Fokuskinder ihre erstsprachlichen Ressourcen zum einen nutzen, um sich als mehrsprachige Subjekte zu positionieren, und zum anderen, um eine Position als kompetente Praktiker auszuhandeln.

5.4.4 Lernen

Auch in diesem Kapitel wird Lernen aus zwei Perspektiven beleuchtet: als Ko-Konstruktion von *Doing-Learning*-Interaktionen (Kap. 5.4.4.1) und als Entwicklung (Kap. 5.4.4.2). Entsprechend werden auch die Positionierungsaktivitäten der Kinder und deren Interaktionspartner*innen vor dem Hintergrund dieser beiden Perspektiven analysiert.

5.4.4.1 Positionierungen in *Doing-Learning*-Interaktionen

Es wurde in den Kapiteln 5.2.3.1, 5.3.4.1 und 5.3.4.2 aufgezeigt, dass manche Interaktionen von den Interaktionsteilnehmenden zu *doing-learning* ko-konstruiert werden. Es wurde anhand der mikrogenetischen Analysen des Lernens als soziale Praxis herausgearbeitet, dass die Fokuskinder durch die Nutzung bestimmter aufeinander abgestimmter sprachlich-interaktionaler Ressourcen (wie Nachahmungen, *private speech*, metasprachliche Phänomene, Fragen, Selbst- und Fremdkorrekturen etc.) bzw. die (Re-)Produktion bestimmter Interaktionsmuster (wie IRE und Wortfindung) zeigen, dass sie sich mit *doing-learning* beschäftigen. Dass von den Interaktionsteilnehmenden auch verschiedene Positionierungen bei der Ko-Konstruktion des Lernens vorgenommen werden, wird im Folgenden anhand von Positionierungsanalysen ausgewählter *Doing-Learning*-Interaktionen erläutert.

5.4.4.1.1 Positionierungen bei doing-learning in der Kind-Erzieher*in-Interaktion

In Kapitel 5.3.4.1.1.1 wurde eine Memory-Praktik präsentiert (Transkript E28), die von Nias und der Gruppenerzieherin als *Doing-Learning*-Interaktion ko-konstruiert wird. In Bezug auf die innerhalb dieser Interaktion ausgehandelten Positionen lassen sich unterschiedliche Selbst- und Fremdpositionierungen (re-)konstruieren, die im Folgenden dargestellt werden.

In Zeile 9 initiiert Ercan eine Interaktion mit mir, indem er mich nach der Bezeichnung für den auf dem Bild dargestellten Gegenstand fragt. Damit positioniert er sich einerseits als kompetenter Praktiker (Spielleiter) und andererseits als kompetenter Lerner der deutschen Sprache, der sich Lerngelegenheiten schaffen und eine *Doing-Learning*-Interaktion initiieren kann. Mich positioniert er dabei als Expertin für die deutsche Sprache. Ich spiegele zunächst seine Frage zurück (Z. 10), benenne dann doch das Bild und akzeptiere somit Ercans Positionierungen. Ercan spricht nach (Z. 12, 14) und positioniert sich somit als Lerner und mich wiederum als Expertin. Dann löst mich die Gruppenerzieherin (Er-

---

Situation um eine Ausnahme handelt (vgl. ebd.). Weitere mögliche Gründe und Folgen des Erstsprachengebrauchs bzw. andere Interpretationen dieser Situation werden nicht angeführt.

zieherin 1 (Erz)) ab. In den Zeilen 19, 21, 23 fragt die Erzieherin Ercan nach der Bezeichnung und positioniert sich somit als Spielleiterin und Expertin und ihn als Lerner. Ercans zögerliche Reaktionen (Z. 20, 22) könnten dabei als Umstellung auf ein neues Interaktionsmuster oder als Zurückweisung der Spielleitung durch die Erzieherin gedeutet werden. Dann antwortet Ercan (Z. 24) und akzeptiert somit die Selbstpositionierung der Erzieherin als Spielleiterin. Die Erzieherin bestätigt (Z. 25) und positioniert sich selbst als Lehrerin (Spielleiterin, Expertin) und Ercan als kompetenten Lerner. Die Erzieherin fragt weiter (Z. 26, 31), evaluiert die Antworten (Z. 30, 35) und steuert somit die Interaktion. Die Erzieherin muntert Ercan auf (Z. 32) und positioniert ihn als kompetenten Sprecher der deutschen Sprache. Dann ergreift Ercan die Initiative und fragt nach der Bezeichnung (Z. 39) und positioniert sich als Spielleiter oder kompetenter Lerner und die Erzieherin als Mitspielerin und Expertin für die deutsche Sprache. Die Erzieherin antwortet (Z. 40), positioniert sich somit als Expertin für die deutsche Sprache. Ercan bestätigt bzw. evaluiert ihre Antwort (Z. 41) und positioniert sich somit als Spielleiter und Deutschsprecher bzw. Experte für die deutsche Sprache. Dann fragt wieder die Erzieherin und positioniert sich als Spielleiterin (Z. 42). Sie beantwortet ihre Frage selbst und positioniert sich als Expertin (Z. 43). Ercan spricht nach und positioniert sich als Lerner (Z. 44). Die Erzieherin evaluiert seine Antwort (Z. 45). Im weiteren Interaktionsverlauf verteilen sich die Initiativen mehr oder weniger gleich: Mal erfragt die Erzieherin die Bezeichnungen (Z. 46, 53, 67, 71, 87, 101, 102, 111, 131, 134, 146, 160, 189, 306–310, 325, 328, 359, 369, 372, 376) und benennt die Bilder (Z. 58, 182, 207, 217, 267, 294, 322, 332, 335, 337, 355, 394), mal erfragt Ercan die Bezeichnungen (Z. 68, 73, 123, 231, 253, 300) und benennt die Bilder (Z. 79, 90, 92, 103, 130, 173, 211, 214, 223, 226, 232, 240, 246, 257, 264, 275, 288, 302, 311, 316, 319, 324, 340, 343, 367, 381, 386). Somit positionieren sich Ercan und die Erzieherin abwechselnd als Spielleiter*in. In Zeile 118 positioniert die Erzieherin Ercan als kompetenten Sprecher, indem sie sagt, dass er Recht hat.

In Zeile 130 positioniert sich Ercan als mehrsprachiges Kind. Diese Selbst-positionierung wird von der Erzieherin nicht (an-)erkannt und somit zurückgewiesen. Mit ihren Fragen (Z. 131–132) übernimmt sie die Spielleitung und positioniert sich als Lehrerin und Ercan als Lerner der deutschen Sprache. Durch den Kommentar „das KENnen wir" positioniert die Erzieherin Ercan und sich als kompetente Sprecher*innen der deutschen Sprache (möglicherweise meint sie auch die ganze Community) (Z. 160). Ercan fragt nach der Bezeichnung des nächsten Bildes (Z. 231) und positioniert sich somit als Spielleiter bzw. Lehrer; er benennt es auf Türkisch (Z. 232), positioniert sich somit als kompetenter Sprecher des Türkischen bzw. mehrsprachiges Subjekt. Die Erzieherin bestätigt und benennt es auf Deutsch (Z. 233); es ist unklar, ob sie seine Selbstpositionierungen somit zurückweist. Die Erzieherin wiederholt die deutsche Bezeichnung (Z. 234) und positioniert sich selbst als Expertin und Ercan als Lerner. Gleichzeitig wiederholt Ercan die türkische Bezeichnung (Z. 235) und positioniert sich somit als mehrsprachiges Subjekt. Die Erzieherin verweist auf das Erfahrungswissen des Kindes, indem sie sagt, dass sie „kinder in der Käfergruppe" sind (Z. 236); somit ignoriert sie seine Selbstpositionierungen als mehrsprachiges Subjekt. Ercan wiederholt die türkische Bezeichnung zweimal und mit lauter Stimme (Z. 237) und versucht somit die Anerkennung seiner Selbstpositionierung zu gewinnen. Die Erzieherin zeigt sich einverstanden (Z. 238).

Die Zurückweisung der Selbstpositionierungen von Ercan als mehrsprachiges Subjekt wird deutlich, wenn man die Reaktionen der Erzieherin auf seine erstsprachlichen und seine deutschen Äußerungen vergleicht. Während die Erzieherin auf deutschsprachige Benennungen mit „hm;=da hast du RECHT." (Z. 265) oder „genau" (Z. 327) reagiert, reagiert sie auf türkischsprachige Benennungen mit einer Gegenfrage „hm;=und was IST das?" (Z. 131) oder mit der Nennung der deutschen Bezeichnung (Z. 303). Es findet keine explizite Anerkennung seiner erst- bzw. mehrsprachigen Ressourcen statt.

In Zeile 287 lobt die Erzieherin sein Handeln und positioniert ihn als kompetenten Praktiker und sich selbst als Expertin. Ercan sagt zu einem anderen Mädchen (I), dass es nicht mitspielen darf (Z. 364) und dass sie es „falsch" macht (Z. 365) und positioniert sich selbst als Spielleiter und als Experte und das Mädchen als jemand, der zu gehorchen hat und der weniger kompetent ist.

Insgesamt werden in der analysierten Interaktion mehrere Positionen von Ercan ausgehandelt: Es werden praktikbezogene (Spielleiter, kompetenter Praktiker), ressourcenbezogene (Deutschlerner, mehrsprachiges Subjekt, Deutschsprecher) sowie zugehörigkeitsbezogene Positionierungen[347] (Gruppenmitglied) vollzogen. Aus diesen und anderen Analysen der Interaktionstranskripte kann der Schluss gezogen werden, dass auch in den von den beiden Seiten ko-konstruierten *Doing-Learning*-Interaktionen[348] nicht nur zwei (DaZ-Lerner*in und DaZ-Expert*in) Positionen, sondern mehrere – auf den ersten Blick widersprüchliche – Positionen gleichzeitig und wechselseitig ausgehandelt werden.

5.4.4.1.2 Positionierungen bei doing-learning *in der Kind-Kind-Interaktion*

Die in Kap. 5.2.3.2 als Schlüsselsequenz identifizierte Interaktion (Transkript N17) ist auch im Hinblick auf unterschiedliche Positionierungen von Nias interessant und soll hier durch die Positionierungsanalyse vertiefend untersucht werden.

Nias und Elias sitzen am Tisch und stempeln. Durch seine Äußerungen „Was? Kann nicht sein" (zweimal) (Beobachtungsprotokoll N_2 vom 18.04.) positioniert sich Nias als Lerner der Praktik Stempeln, der Schwierigkeiten bei der Praktikausführung hat. Mit seiner Äußerung „Das machst du falsch" (Beobachtungsprotokoll N_2 vom 18.04.) bestätigt Elias Nias' Positionierung als Lerner bzw. weniger kompetenter Praktiker und positioniert sich selbst als Experte, der die Praktik des anderen beurteilen kann und darf. Diese Selbstpositionierung etabliert Elias, indem er Nias Hinweise gibt, was er aufstempeln soll (Z. 1).

Nias widerspricht zunächst dieser Fremdpositionierung, indem er statt eines Autos einen Schmetterling und einen Stern aufstempeln will (Z. 3, 5 und 6). Dabei positioniert er sich selbst als kompetenter Praktiker.

---

347 Gemeint ist die Fremdpositionierung durch die Erzieherin in Z. 236 (wir sind kinder in der KÄfergruppe).
348 Vgl. auch das Transkript E18.

Diese Selbstpositionierung zieht er zurück, indem er in den Zeilen 8 bis 10 sich selbst als jemand positioniert, der nicht stempeln kann, also als Lerner und Elias dementsprechend implizit als Experten. Elias akzeptiert die Selbstpositionierung von Nias als Lerner und seine Fremdpositionierung als Experte, indem er Nias seine Hilfe anbietet (Z. 11 und 18).

In Zeile 24 zeigt sich Nias als kompetenter Lerner, der selbst weitermachen will (Z. 24). Daraufhin sagt Elias, dass es bei dem gewählten Stempel schwerer geht (Z. 26). Somit weist er Nias' Selbstpositionierung als selbstständiger Praktiker zurück, weist ihm eine Position als Lerner, der Hilfe benötigt, zu und positioniert sich selbst als Experten, der den Schwierigkeitsgrad der Aufgabe einschätzen kann. Diese Positionierung etabliert er in darauffolgenden Äußerungen (Z. 28 und 30).

Nias akzeptiert die Selbstpositionierung von Elias als Experte und seine Fremdpositionierung als Lerner, indem er fragt, ob sein gestempeltes Bild „NICHT gut" sei (Z. 31). Elias gibt Hinweise (Z. 33) und positioniert sich weiterhin als Experte und Nias als Lerner. Nias' Äußerung „ich" in Zeile 34 könnte als Versuch interpretiert werden, seine Position als selbstständiger Praktiker zurückzugewinnen.

Während Nias die Idee von Elias, einen Bären zu stempeln, akzeptiert (Z. 40), erwidert er auf seinen Vorschlag, einen Stern zu stempeln (Z. 42), dass er ein Auto stempeln will (Z. 43) und versucht somit eine Position als selbstständiger Praktiker einzunehmen. Elias weist diesen Positionierungsversuch zurück, indem er weiterhin auf dem Stern beharrt (Z. 44). Nias gibt nach und akzeptiert somit die Selbstpositionierung von Elias als Experte und positioniert sich selbst somit als jemand, der der Aufforderung Folge zu leisten hat (Z. 45 und 46).

Elias handelt in Zeile 50 von seiner Position als Experte aus. Nias weist diese jedoch explizit zurück, indem er sagt, dass er selbst einen Stempel macht (Z. 51). Elias versucht dieser Selbstpositionierung von Nias zu widersprechen (Z. 52). Nias bestärkt jedoch seine Selbstpositionierung als kompetenter bzw. selbstständiger Praktiker (Z. 53 und 54).

In Zeile 56 produziert Nias sprachliche Begleitung seines Handelns und formuliert eine Aufforderung an sich selbst (er soll „festere" drücken). Seine Frage „oder WIE?" signalisiert seine Unsicherheit bei der Praktikausführung und positioniert ihn als Lerner. Daraufhin bietet Elias seine Hilfe an und positioniert sich somit erneut als Experten (Z. 60).

Die mehrfachen und zum Teil widersprüchlichen Positionierungen von Nias in dieser und ähnlichen Interaktionen (vgl. Transkripte E4 und E20) machen deutlich, dass auch in einer *Doing-Learning*-Interaktion zwischen den Kindern nicht nur eine, sondern mehrere Positionen ausgehandelt werden.

Zusammenfassend lässt sich festhalten, dass sich die Fokuskinder in den von diesen als *doing-learning* ko-konstruierten Interaktionen mit den Erzieher*innen und den anderen Kindern nicht nur als Lerner, sondern auch als kompetente Praktiker positionieren. Bedenkt man, dass nicht jede *Doing-Learning*-Interaktion von den beiden Seiten gleichermaßen intensiv mitgestaltet wird (vgl. die Nicht-Mitgestaltung in Kap. 5.3.4.1.1.2, Kap. 5.3.4.1.2.2, 5.4.3.2 und zum Teil 5.4.3.1), lässt sich folgender Schluss ziehen: Wenn die

Selbstpositionierungen des Kindes als Lerner*in, kompetente*r Praktiker*in oder mehrsprachiges Subjekt von den Interaktionspartner*innen zurückgewiesen werden, indem z.B. andere Kinder sich kompetitiv verhalten oder die Erzieher*innen nur primär auf die Fremdpositionierung als Lerner*in fixiert sind, kommt die Ko-Konstruktion von *doing-learning* nicht oder nur kurz zustande.

5.4.4.2 Entwicklung von Positionierungen

Die Frage, ob und wie sich die Positionierungsaktivitäten der Fokuskinder über die Zeit entwickeln bzw. verändern, lässt sich schwer beantworten. Eine einfache Progression vom L1-Sprecher*in über L2-Lerner*in zu L2-Sprecher*in oder mehrsprachigem Subjekt (für ressourcenbezogene Positionierungen) und vom Noviz*in (Teilnehmer*in an der LPP) über Praktiker*in bzw. gleichberechtigtes Mitglied zu einer*m Expert*in (für praktikbezogene Positionierungen) lässt sich in den Daten so nicht (re-)konstruieren.

Auf der einen Seite zeigt das in Kap. 5.3.4.3 analysierte Beispiel zur Ausführung der sozialen Praktik „An der Brezelrunde teilnehmen", dass mit der Praktikaneignung von der LPP zur vollen Teilnahme auch die Entwicklung der Positionierung von dem *legitimate peripheral participant* zum gleichberechtigten Mitglied bzw. kompetenten Praktiker einhergeht. Auf der anderen Seite zeigen die Ergebnisse jedoch auch, dass bereits zu Beginn der Datenerhebung in den kindlichen Interaktionen multiple und widersprüchliche Positionierungen zu finden sind.

So zeigt die (Re-)Konstruktion der Positionierungen von Ercan in Bezug auf das Kennen und Einhalten der Regel „die/den Erzieher*in nach der Erlaubnis fragen, wenn man in die Puppenecke gehen will"[349] folgende Dynamik auf:

1) Ercan fragt die Erzieherin 1 (Erz) nach der Erlaubnis und positioniert sich als Praktiker, der die Regel kennt und einhält (Transkript E1, 18.04.):

```
005   E     er ercan andere GRUppe,
006   E     was?
007         (1.42)
008   Erz   du möchtest in den RAUM gehen?
009   E     ja:::.
010   Erz   ja::?
011   E     komm daniel (.) lass ANdere gruppe.
```

Auch wenn Ercan statt „Puppenecke" auf die Assoziation bzw. Umschreibung „andere Gruppe" (Z. 5 und 11) zurückgreift, wird die Regel realisiert.

2) Ercan fragt die Erzieherin 1 (Erz) nicht nach der Erlaubnis und positioniert sich als jemand, der die Regel (bewusst) verletzt (Transkript E36, 03.05.):

```
011   E     EDge ich hier.
```

---

349 Im Transkript E5 verweist die Erzieherin Ercan und Aliya auf die Regel *Fragen, wenn man in den Turnraum will*:
009 Erz ihr FRAGT ob ihr in den turnraum dürft.

```
012       (1.22)
013   D   FRAgen ercan in muss fragen.
014   E   doch.
015       (0.9)
016   D   ich muss-
017   Erz ercan du musst mich FRAgen.
018   Erz ja?=KOMM mal bitte her.
019   D   FRAgen.
020       (1.32)
021   Erz KOMM bitte einmal (.) hier.
022   D   (FRAgen).
023   E   (ich MÖCHte)-
024   Erz KOMM bitte einmal zu mir ercan.
025   E   **na:n.**
026   Erz doch (.) du musst mich FRAgen.
027   Erz KOMM mal her.
028   E   **doch.**
029   Erz das ist die REgel im kindergarten.
030   E   **doch.**
031   Erz frag mal maria DARF ich in die puppenecke?
032   E   (gehen) in die PUPpeneck.
033   Erz KANN ich in die puppenecke (.) ercan.
034   Erz hm FRAgen hm_hm.
035   Erz stopp (.) du musst FRAgen.
036       (3.0)
037   Erz frag ich MÖCHte bitte in die puppenecke.
038       (3.62)
039   Erz du musst FRAgen.
040   X   ((unverständlich))
041   D   FRAG nja.
042   Erz du möchtest AUCH rein?
043   D   ich WILL.
044   E   ja.
045   Erz ja?=DARFST du.
```

In Zeile 13 weist Daniel Ercan explizit darauf hin, dass er „FRAgen" soll (Z. 13) und positioniert ihn somit als Lerner der Norm der Community und sich selbst als Experten. Ercan widersetzt sich dem Hinweis (Z. 14) und weist somit die Fremdpositionierung als Lerner zurück. Daniel bietet ihm sprachliche Muster an (Z. 16) und positioniert Ercan somit als Lerner der deutschen Sprache.

Die Erzieherin (Z. 17) und Daniel (Z. 19, 22) weisen Ercan auf die Regel hin und positionieren ihn somit als Lerner der Community-Norm und sich selbst als Experten und Überwacher. Ercan setzt zu fragen an (Z. 23) und akzeptiert somit die Fremdpositionierungen.

Als die Erzieherin ihn zu sich ruft (Z. 24, 27) und die Regel expliziert (Z. 26, 29), widersetzt er sich ihr (Z. 25, 28, 30), weist somit die Fremdpositionierung als Lerner der Norm zurück und positioniert sich als kompetenter Praktiker.

Die Erzieherin bietet ihm das Sprachmuster (Ressource) und fordert ihn zum Nachsprechen auf (Z. 31), womit sie ihn als Lerner der deutschen Sprache positioniert. Ercan spricht zum Teil nach (Z. 32) und akzeptiert somit die Fremdpositionierung. Die Erzieherin fordert ihn erneut auf zum Nachsprechen (Z. 33, 37) und zum Fragen (Z. 34, 35, 39) und positioniert ihn als Lerner sowohl in Bezug auf die deutsche Sprache als auch in Bezug auf die Regel. Auch Daniel fordert ihn auf zu fragen (Z. 41). Als Ercan nicht fragt und sich den beiden Fremdpositionierungen widersetzt, fragt die Erzieherin, ob er „AUCH rein" möchte (Z. 42) und positioniert ihn somit als Praktiker. Ercan bejaht (Z. 44) und akzeptiert die Positionierung als Praktiker. Die Erzieherin erlaubt es ihm (Z. 45) und positioniert ihn somit als Praktiker.

Aufgrund der in dieser Sequenz enthaltenen expliziten Regelvermittlung wird diese Sequenz als Schlüsselsequenz betrachtet. Vor der Schlüsselsequenz findet sich kein Nachweis des Lexems „-frag-" in Ercans Turns. Nach der Schlüsselsequenz im Transkript E11 findet sich die Konstruktion Partizip II von „fragen" in Ercans Turns.

3) Ercan weist die anderen Kinder auf die Regel hin und positioniert sich als Experte (Transkript E11, 28.05., Erzieherin 1 (Erz)):

```
033 E    geh WEG.
034 De   guck mal ((unverständlich)).
035 Erz  ICH soll weggehen?
036      (0.54)
037 E    nein du WEG.
038 Erz  [okay dann gehe ich jetzt mal WEG.]
039 De   [nein ich hab geSAGT-]
040 E    du nicht FRAGT.
041 Erz  soll ich die tür ZUmachen?
042 E    du nicht FRAGT.
043 Erz  hm?
044 E    du NISCH.
045 Erz  ne ich bleibe DRAUßen.
046 Erz  hm?
047 Erz  ich lass dich jetzt mit sam alLEIne.
048 E    hm_hm.
```

Das Transkript E11 kann als Evidenz dafür gelten, dass die Regelvermittlung durch die Erzieherin und ein anderes Kind drei Wochen davor erfolgreich war (siehe Transkript E36). Ercan hat die Regel nicht nur selbst verinnerlicht, sondern er überwacht die Einhaltung der Regel durch andere Kinder. Somit ändert sich seine Positionierung (Fremdpositionierung) vom Lerner zum Experten. In den Zeilen 33 und 37 fordert Ercan Dennis auf, wegzugehen, und positioniert sich damit als Bestimmer und positioniert Dennis als jemand, der zu gehorchen hat. Dennis erwidert, dass er „geSAGT" hat (Z. 39) und positioniert sich selbst als kompetenter Praktiker. Ercan weist ihn darauf hin, dass er „nicht FRAGT" (Z. 40 und 42) hat, und positioniert Dennis somit als weniger kompetenten Praktiker und sich selbst als kompetenten und autoritären Praktiker (auch in Zeilen 42 und 44). Die Erzieherin signalisiert das Nichtverstehen bzw. fragt nach (Z. 43). Ercan sagt „du NISCH" (Z. 44) und meint damit entweder, dass nicht die Erzieherin gemeint wird oder dass Dennis nicht gefragt hat. Die Erzieherin sagt, dass sie „DRAUßen" bleibt (Z. 45). Ercan zeigt sich einverstanden (Z. 48).

Wie die drei analysierten Beispiele zeigen, können die praktikbezogenen Positionierungen der beobachteten Kinder eine widersprüchliche Entwicklung aufweisen: vom Regelkennen und -anwenden über das Gegen-die-Regel-Verstoßen bis hin zur Regelüberwachung. Ein Grund hierfür könnte sein, dass Entwicklungen in Bezug auf die Positionierungsaktivitäten einen längeren zeitlichen Rahmen beanspruchen. Dann wäre als Forschungsdesiderat ein longitudinales Untersuchungsdesign[350] notwendig, das die Beobachtung der Positionierungen der Kinder zu Beginn des Kindergartenbesuchs (z.B. erste drei Monate), nach ca. 1,5 Jahren und gegen Ende des Kindergartenbesuchs zum Ziel hat. Ein anderer Grund könnte darin liegen, dass man der/dem kompetenten Praktiker*in auch das Recht einräumen sollte, im Sinne von *agency* zu handeln und – wenn es sein muss – gegen die Regel zu verstoßen und dadurch zu lernen.

Als Fazit kann festgehalten werden, dass die Kindergartenkinder sich in Bezug auf ihre sprachlich-interaktionalen Ressourcen, Praktikerfahrungen und institutionelle oder kulturelle Zugehörigkeit selbst positionieren und fremdpositioniert werden. Es können in den Kind-Erzieher*in- und Kind-Kind-Interaktionen zugleich mehrere und widersprüchliche Positionen ausgehandelt werden und es werden von den Kindern unterschiedliche Ressourcen genutzt, um gewünschte Positionen auszuhandeln.

5.5 Zusammenfassung und Theoriegenese

Die zentralen Ergebnisse der Studie liegen in der (Re-)Konstruktion des Kindergartens als *Community of Practice*, deren Mitglieder (Kinder und Erzieher*innen) soziale Kita-Praktiken gemeinsam ausführen, mit Community-Ressourcen, -Regeln und -Wissen umgehen sowie sich selbst als der Kita-Community zugehörig positionieren. Auf dieser erkenntnistheoretischen (vgl. Kap. 3.2.2) und empirisch (re-)konstruierten (vgl. Kap. 5.1.5.3) Grundlage wird der frühe Zweitspracherwerb als Partizipation an der Kita-Community konzeptualisiert.

---

350   Vgl. die longitudinalen Untersuchungen von Cekaite (2007), Day (1999), Toohey (2000).

Die Ergebnisse zeigen, dass die untersuchten dreijährigen Kinder bei der Partizipation am Community-Alltag verschiedene *sprachlich-interaktionale Ressourcen* nutzen, darunter auch mehrsprachige Ressourcen. Mittels der CA-SLA wurde die Ressourcenaneignung sowohl aus der Quer- als auch aus der Längsschnittperspektive als beobachtbarer sozialer Prozess (re-)konstruiert und an den ausgewählten Analysebeispielen exemplarisch aufgezeigt. Insbesondere Nachahmungen, Fragen, Selbst- und Fremdkorrekturen, metasprachliche Phänomene und *private speech* wurden dabei als sprachlich-interaktionale Ressourcen und IRE sowie Wortfindungen als Interaktionsmuster identifiziert, die als sozial ko-konstruierte Prozesse eine wichtige Bedeutung im zweitsprachlichen Lernen spielen.

Des Weiteren liefert die Studie interessante Erkenntnisse zu den *sozialen Praktiken* der Kita-Community. Die Mitglieder der Community – sowohl Noviz*innen als auch Expert*innen – stehen bei der Partizipation an den Praktiken vor verschiedenen Herausforderungen: den Zugang zur Praktik und zu materiellen Ressourcen bekommen, sich deren Regeln aneignen, die Möglichkeit einer LPP oder eines Scaffoldings bekommen, das eigene Handeln regulieren, verschiedene Positionen erkennen und entsprechende Selbst- und Fremdpositionierungen vornehmen. Die Studie zeigte des Weiteren, dass innerhalb einiger Praktiken (wie Memory oder Frühstück) *Doing-Learning*-Interaktionen ko-konstruiert werden, die aber je nachdem, ob nur eine Seite oder beide Seiten an der Ko-Konstruktion beteiligt sind, als gelungen oder weniger gelungen angesehen werden können. Aus der Längsschnittperspektive wurde gezeigt, dass sich die Partizipation an der Praktik mit der Zeit und durch die Möglichkeit, die Praktikausführung durch andere zu beobachten oder deren Unterstützung zu bekommen, von der LPP zur vollen Teilnahme entwickelt.

Darüber hinaus kristallisierten sich im Rahmen der Datenauswertung Phänomene heraus, die mit den hierarchischen Machtverhältnissen bei der Partizipation an der Community einhergehen und sich auf die Ressourcennutzung, Praktikausführung und Zugehörigkeitsmarkierung beziehen. Die (Re-)Konstruktion *ressourcen-, praktik- und zugehörigkeitsbezogener Selbst- und Fremdpositionierungen,* die Kinder und Erzieher*innen in den alltäglichen Interaktionen im Kindergarten vollziehen, stellen eine für die DaZ-Forschung innovative Erkenntnis dar. Die Datenanalysen zeigen, dass innerhalb einer Interaktion, aber auch innerhalb eines Turns, mehrere Positionierungen vorgenommen und ausgehandelt werden können, z.B. als kompetent*er Praktiker*in und L2-Lerner*in oder als Noviz*in und L2-Sprecher*in. Bei der Aushandlung der höheren bzw. stärkeren Position werden dabei von den Kindern unterschiedliche Wege genutzt: Nutzung mehrsprachiger Ressourcen, Frage nach Anerkennung an anerkannte Community-Expert*innen (*signifikante Andere*[351]) und Nutzung der autoritären Sprache der *signifikanten Anderen* haben sich als Möglichkeiten erwiesen, die machtvollere Position einzunehmen.

So wurde in der wechselseitigen und zyklischen Bewegung zwischen datengenerierten und theoriegeleiteten Erkenntnissen ein tiefergehendes Verständnis von Kontexten

---

351 Daase spricht in diesem Sinne in Anlehnung an Schütze (1987) von *signifikanten Anderen*, d.h. Personen, denen das Individuum in Bezug auf sein Denken oder Handeln eine wichtige Rolle beimisst (Daase 2018, 154).

des frühen Zweitspracherwerbs entwickelt. Insgesamt sprechen die Studienergebnisse dafür, die drei Gegenstandsaspekte – Ressourcen, Praktiken und Positionierungen – als ineinandergreifend und füreinander konstitutiv zu verstehen (vgl. auch Norton/Toohey 2011, 414). Die Kinder setzen ihre sprachlich-interaktionalen Ressourcen ein, um an Praktiken der Kita-Gemeinschaft teilzunehmen. Gleichzeitig werden deren Ressourcen durch die Teilnahme an Praktiken ausgebaut. Es werden sprachlich-interaktionale Ressourcen genutzt, um sich selbst zu positionieren bzw. zugewiesene Positionen anzunehmen, abzulehnen und neue Positionen auszuhandeln. Andererseits können bestimmte Positionen Zugänge zu neuen Ressourcen, Beziehungen und Praktiken erleichtern bzw. erschweren. Positionierungen entstehen wiederum in und durch Praktiken, so kann die Teilnahme bzw. Nichtteilnahme an sowie Zugang zu bestimmten Praktiken die Positionierungen des Kindes beeinflussen.

Diese Ergebnisse lassen sich in Form eines Modells übertragen. Folgende Abbildung modelliert die drei Gegenstandsaspekte als drei sich überschneidende Bereiche:

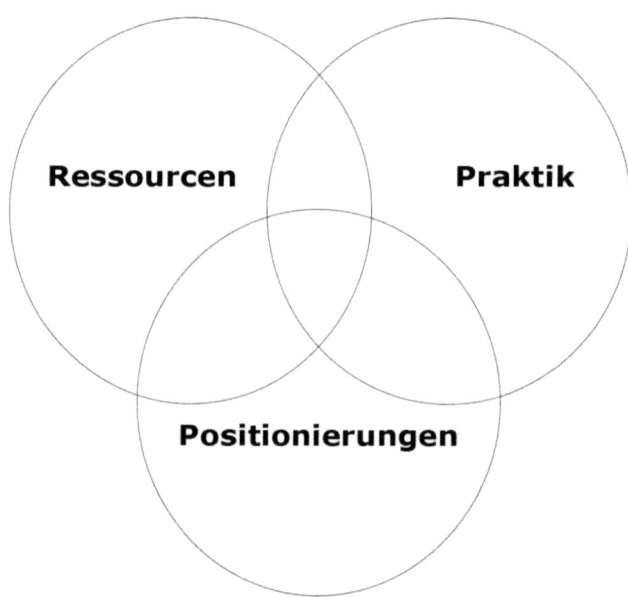

Abbildung 10: Zusammenspiel von Ressourcen, Praktiken und Positionierungen im frühen Zweitspracherwerb im Kindergarten (zu Beginn des Zweitspracherwerbs)

Am Beispiel des Memory-Spiels (Transkript E28) möchte ich die Abbildung erläutern und beobachtete Entwicklungstendenzen skizzieren. Erstens zeigen die Datenanalysen, dass von allen sprachlich-interaktionalen Ressourcen des Kindes (vgl. Kap. 5.2.1) nur ein Teil für eine Praktik konstitutiv zu sein scheint und in einer bestimmten Interaktion realisiert wird. Beim Memory-Spiel sind es z.B. Fragen, Benennungen, wobei bei den Letzteren auch auf mehrsprachige Ressourcen zurückgegriffen wird, Nachahmungen sowie verbale und nonverbale Deixis. Zweitens müssen nicht alle Aspekte der Praktik (vgl. Kap.

5.3.1 und 5.3.2) in einer bestimmten Situation realisiert werden, sondern nur ein Teil davon. So wird beim Memory-Spiel in Kapitel 5.3.4.1.1.1 nicht mit den zudeckten, sondern mit den aufgedeckten Bildern gespielt und auf den Wettbewerb verzichtet. Dies hat zur Folge, dass bestimmte Ressourcen (z.B. „du bist dran", „deck auf" etc.), die für das Memory-Spiel typisch bzw. erwartbar wären, in dem Analysebeispiel nicht vorkommen. Drittens sind für die obige Praktik von allen drei (re-)konstruierten Positionierungsarten vor allem praktikbezogene und ressourcenbezogene Positionierungen relevant, wobei im Analysebespiel primär ressourcenbezogene Selbst- und Fremdpositionierungen von Ercan als Deutschlerner, Deutschsprecher und mehrsprachiges Subjekt vollzogen werden (vgl. Kap. 5.4.4.1.1.). Um diese Positionen auszuhandeln, greift Ercan in der beobachteten Interaktion auf einen Teil seiner sprachlich-interaktionalen Ressourcen zurück. Das Zentrum, in dem sich alle drei Kreise überschneiden, bildet in der Summe die in der konkreten Interaktion verwendeten sprachlich-interaktionalen Ressourcen, ausgeführten Praktikaspekte und vollzogenen Positionierungen.

Wenn ich diesen Gedankengang weiterverfolge, nehme ich an, dass der Bereich, der sich in der Mitte der sich überlappenden Kreise befindet, bei den Noviz*innen ziemlich klein ist und sich mit der fortschreitenden Partizipation an den Praktiken der Kita-Community immer weiter vergrößert.

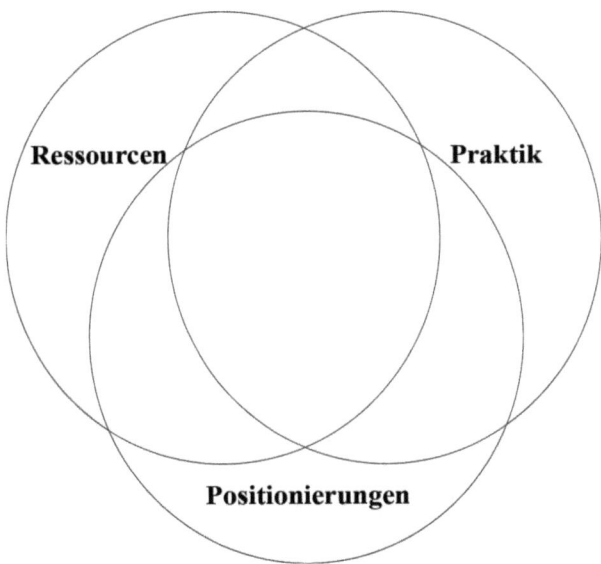

Abbildung 11: Zusammenspiel von Ressourcen, Praktiken und Positionierungen im frühen Zweitspracherwerb im Kindergarten (bei fortschreitendem Zweitspracherwerb)

Die Kinder verfügen irgendwann über alle notwendigen Ressourcen, um an einer bestimmten Praktik teilzunehmen, sie können alle relevanten Aspekte dieser Praktik ausführen und die gewünschten Positionen aushandeln. Man könnte einwenden, dass die Position als Lerner*in mit dem Erreichen der vollen Partizipation dann überflüssig wird. Dabei ist die Position als Lerner*in keinesfalls als eine defizitäre Position zu verstehen. Es gibt im Kindergarten Praktiken, die nur bestimmte Expert*innen ausführen können wie z.B. Lesen oder Schreiben. Sich bei der Teilnahme an diesen Praktiken als Lerner*in zu positionieren, wie Nias es beispielsweise im Transkript N8 (Z. 73) tut, ist eine Position, aus der heraus er sich den Zugang zu den Ressourcen und die Unterstützung durch die Expert*innen verschafft.

Des Weiteren können sich die Diskrepanzen zwischen der Selbst- und Fremdpositionierung auf die Praktikausführung und folglich auf die Ressourcennutzung auswirken. So zeigt das Transkript E29 (25.04.), dass Ercan bereits nach zwei Minuten die Teilnahme am Memory-Spiel aufgibt (vgl. Kap. 5.3.4.1.1.2). Aus dieser Beobachtung könnte man schließen, dass Ercan beim Memory nicht länger mitmacht, weil ihm der Wortschatz in der deutschen Sprache fehlt. Man würde auch vermuten, dass er sich angesichts seines Alters und – wiederum – seiner Zweitsprachlichkeit nicht lange konzentrieren kann. Vergleicht man Ercans Partizipation am Memory-Spiel im Transkript E28 (17.04.), kann man erkennen, dass Ercan über ausreichend Wortschatz in der deutschen Sprache und sprachlich-interaktionale Ressourcen (Fragen, Deixis, mehrsprachige Ressourcen etc.) verfügt, um die Memory-Praktik aktiv zu ko-konstruieren. Auch seine Ausdauer im Transkript E28 – 13 Minuten – ist bemerkenswert. Also kann es nicht an Ercans Zweitsprachlichkeit gelegen haben, dass er am Memory-Spiel am 25.04. zunächst als *legitimate peripheral participant* und dann gar nicht partizipiert. Wie in Kap. 5.3.4.1.1.2 herausgearbeitet wurde, sehe ich den Grund für Ercans Interaktionsabbruch vor allem in den Selbstpositionierungen der anderen Kinder (der älteren Jungen) als Expert*innen und in deren Ignorieren von Ercans verbaler Beteiligung (Zurückweisung seiner Positionierungen als kompetenter Praktiker). Das kompetitive Verhalten der anderen Kinder hat sich, so meine Interpretation, auf das sprachlich-interaktive Verhalten von Ercan (Teilnahme am Memory-Spiel) ausgewirkt.

Diese Ausführungen haben für den Zweitspracherwerb im Kindergarten insofern eine Bedeutung, als nicht der Grammatik- und Wortschatzerwerb als Ziel des zweitsprachlichen Lernens angesehen werden. Vielmehr wird die Partizipation an den relevanten sozialen Praktiken der Kita-Community, die Aneignung von deren sprachlich-interaktionalen Ressourcen, inklusive der Aneignung und Nutzung der mehrsprachigen Ressourcen, sowie die Aushandlung gewünschter Positionen als Ziele des frühen Zweitspracherwerbs im Kindergarten konzipiert. Bezogen auf die in der Abb. 10 präsentierte grafische Darstellung bedeutet dies, dass das Ziel des zweitsprachlichen Lernens ist, in jeder für die Kita-Community relevanten Praktik einen möglichst großen Überschneidungsbereich mit damit zusammenhängenden sprachlich-interaktionalen Ressourcen und gewünschten Positionierungen zu erreichen. Ob sich diese Hypothese bewährt, soll die künftige Forschung zeigen.

Im folgenden Kapitel sollen die Untersuchungsergebnisse in Bezug auf deren Gültigkeit und Reichweite interpretiert und diskutiert werden, indem einerseits die Ergebnisse in den bisherigen Forschungsstand eingebettet (Kap. 6) und andererseits die Grenzen und Potenziale des gewählten CA-SLA-Vorgehens kritisch reflektiert (Kap. 7) werden.

6 Zusammenfassung und Diskussion der Ergebnisse

6.1 Kindergarten als *Community of Practice*

Die erste Untersuchungsfrage der Arbeit bezog sich auf die (Re-)Konstruktion der Institution Kindergarten aus der *Community-of-Practice*-Perspektive, wobei der Fokus auf der (Re-)Konstruktion der emischen Perspektive der Untersuchungsteilnehmenden lag. Anhand der konversationsanalytischen Auswertung der Interaktionstranskripte wurde untersucht, wie sich die Kinder und die Erzieher*innen in den alltäglichen Interaktionen gegenseitig zeigen, dass sie sich als Mitglieder einer oder mehrerer Gemeinschaft(en) verstehen. Insbesondere an den routinierten Praktiken wie Morgenkreis und „Ahoi"-Begrüßungsrunde (vgl. Kap. 5.1.1), der expliziten Vermittlung sozialer Praktiken (vgl. Kap. 5.1.2), der Orientierung an den innerhalb der CoP geteilten sprachlichen Ressourcen (Kap. 5.1.3.1), der Aushandlung von Community-Regeln (vgl. Kap. 5.1.3.2) sowie dem Umgang mit dem Community-Wissen (vgl. Kap. 5.1.3.3) wird deutlich, wie die Kinder und die Erzieher*innen als *Community* bzw. *Communitys of Practice* ihren Kita-Alltag ko-konstruieren.

Als zentrales Ergebnis der Studie kann festgehalten werden, dass sich die Interaktionsteilnehmenden zum einen als Mitglieder der jeweiligen Gruppen-Communitys (z.B. Kinder der Käfergruppe bzw. Kinder der Bärengruppe), zum anderen als Mitglieder der übergreifenden Community *Kindergarten* verstehen (vgl. Kap. 5.1.1). Auch Toohey stellte in ihrer Studie fest, dass es neben einer Kita-Gemeinschaft auch kleinere Gemeinschaften gab. Diese Subgemeinschaften wurden in ihrer Studie jedoch durch verschiedene darin gesprochene Sprachen konstituiert (Toohey 1996, 566).[352] Im Rahmen der vorliegenden Arbeit konnten hingegen keine solchen Subgemeinschaften der Kinder mit einer gemeinsamen Erst- bzw. Familiensprache identifiziert werden, zumindest haben die Fokuskinder während des Beobachtungszeitraums an keinen festen erstsprachlichen Communitys partizipiert. Vielmehr schienen sie ihre (besten) Freunde zu haben, mit denen sie häufig spielten; die jeweiligen Erst- bzw. Familiensprachen schienen in diesen Freundschaften aber keine Rolle zu spielen.

Vor diesem Hintergrund lässt sich schlussfolgern, dass sich der in vielen Bildungsplänen verankerte Gedanke vom Kindergarten als einer Gemeinschaft (vgl. Kap. 2.4) auch in den alltäglichen Interaktionen wiederfinden lässt. Was seine Genese anbetrifft, also die Frage, ob die Erzieher*innen sich bei ihrem Handeln an dem Gemeinschaftskonzept orientieren und es an die Kinder weitergeben oder ob es eine natürliche Entwicklung des Lebens in der Institution Kindergarten und in der Gruppenstruktur ist, kann an dieser Stelle nicht beantwortet werden. Dennoch scheinen die Expert*innen (Erzieher*innen,

---

[352] Dabei beobachtete die Forscherin, dass Kinder in unterschiedlichen Gemeinschaften unterschiedliche Identitäten konstruierten und zugewiesen bekamen (vgl. Toohey 1996, 565f.).

ältere und erfahrenere Kinder) dafür zu sorgen, dass der Community-Gedanke sowie Regeln und Wissen der Community weitergegeben werden. Somit fungiert das Lernen als integraler Teil der Partizipation an einer Kita-Community.

Durch die Kombination von der CA-SLA und Positionierungsanalyse wurden in der vorliegenden Studie die Ko-Konstruktionen des Kindergartens als CoP in den alltäglichen Interaktionen empirisch herausgearbeitet, was den bisherigen Forschungsstand zum Zweitspracherwerb im Kindergarten als CoP (vgl. Cekaite 2007, Björk-Willén 2008, Day 1999, Toohey 2000) erweitert und eine innovative Perspektive zur Untersuchung des frühen DaZ-Erwerbs darstellt. Der in der Studie angewendete methodische Zugang zu sprachlichen Interaktionen der Kita-Gemeinschaft stellt dabei sowohl eine geeignete analytische Linse als auch einen passenden epistemologischen Rahmen dar, um spezifische Aspekte der Partizipation der Kinder an sozialen Praktiken der Community und das damit einhergehende (zweitsprachliche) Lernen zu untersuchen.

6.2 Sprachlich-interaktionale Ressourcen der Kinder und deren Aneignung

Die zweite Forschungsfrage lautete: Auf welche sprachlich-interaktionalen Ressourcen greifen die Fokuskinder zurück und wie werden diese in den Interaktionen angeeignet?

Die Auswertung der kindlichen Sprecherbeiträge in den Kind-Kind- und Kind-Erzieher*in-Interaktionen zeigt, dass die Fokuskinder vielfältige sprachlich-interaktionale Ressourcen nutzen, um alltägliche Interaktionen zu ko-konstruieren. So finden sich in den Sprecherbeiträgen der Kinder unter anderem prosodische und paraverbale Ressourcen, Markierungen semantischer Schlüsselsymbole, Nachahmungen, Fragen, Selbst- und Fremdkorrekturen, Wiederholungen eigener Äußerungen, Paraphrasen, *chunks*, *private speech*, metasprachliche Phänomene, verbale und nonverbale Deixis, phonetische und semantische Assoziationen, Reduktionen und mehrsprachige Ressourcen (vgl. Kap. 5.2.1 und 5.2.2).

Dies deckt sich mit den anderen Untersuchungen zum frühen Zweitspracherwerb (vgl. Albers 2009, Apeltauer 2010, Epping 2016, Jeuk 2011[2], Lengyel 2009). Während jedoch in der bisherigen Forschung diese Ressourcen – zusammengefasst unter dem Oberbegriff *Strategien* – vor allem als im Individuum angesiedelt verstanden werden (vgl. Kap. 2.3.1), belegt die vorliegende Studie, dass sprachlich-interaktionale Ressourcen als kontextsensitiv und interaktiv hervorgebracht zu betrachten sind (vgl. auch Schramm 2009, 140).

Die Datenanalysen zeigen, dass die Ressourcennutzung nicht nur dem kognitiven Bereich des Kindes zuzuschreiben ist, sondern durch kontextuelle und soziale Faktoren wie die Spezifik der Praktik oder die Art der ausgehandelten Positionierungen motiviert sein kann (vgl. Kap. 5.3.4.1 und Kap. 5.4.4.1). So wurden die Nachahmungen häufig bei den sozialen Praktiken beobachtet, die eine sich wiederholende Handlung voraussetzen wie beim Stempeln, Rutschen oder Memory (vgl. Kap. 5.2.3.2) und häufiger in den kooperativen als in den kompetitiven Kind-Kind-Interaktionen (vgl. Kap. 5.4.3.2). Auch entwicklungspsychologische Studien belegen, dass bereits dreijährige Kinder einen Unterschied zwischen einer*einem kooperativen und einer*einem kompetitiven Spielpartner*in machen und ihr Verhalten entsprechend darauf ausrichten können (vgl. Mähler 2008, 197).

Zudem kann die Vertrautheit bzw. Qualität der Beziehung mit der*dem (erwachsenen) Interaktionspartner*in die Akzeptanz bzw. die Nicht-Akzeptanz der Fremdpositionierung als Deutschlernende*r und entsprechend das interaktive Verhalten des Kindes (z.B. die Nachahmungen oder Übernahmen von Fremdkorrekturen) beeinflussen (vgl. Kap. 5.4.1.1 und Kap. 5.4.4.1).

Neben Nachahmungen sind in der Studie vor allem Fragen, Metasprache, selbst- und fremdinitiierte Selbstkorrekturen und *private speech* als Phänomene (re-)konstruiert worden, mit denen die Fokuskinder zeigen, dass sie *Doing-Learning*-Interaktionen ko-konstruieren, in denen neue Ressourcen angeeignet werden (vgl. Kap. 5.2.3, Kap. 5.3.4.1 und Kap. 5.3.4.2). Zudem konnten in der Studie mittels kontrastiver Vergleiche der Interaktionstranskripte mittel- und langfristige Veränderungen in der Ressourcennutzung der Kinder dokumentiert werden (vgl. Kap. 5.2.3.2, Kap. 5.3.4.3 und Kap. 5.4.4.2).

Insgesamt liefert die Studie Argumente dafür, die bekannten Konzepte der eher kognitivistisch orientierten Zweitspracherwerbsforschung wie Imitationen, Wortfindungen, Selbst- und Fremdkorrekturen usw. aus der CA-SLA-Perspektive zu untersuchen (vgl. auch Eskildsen/Majlesi 2018, 3) und durch die Kombination der konversationsanalytischen, soziokulturellen und poststrukturalistischen Ansätze die soziale Dimension des zweitsprachlichen Lernens zu (re-)konstruieren. Insbesondere die weitere Erforschung des Zusammenhangs zwischen der Art und dem Vorkommen sprachlich-interaktionaler Ressourcen in einer bestimmten Praktik und bei bestimmten Positionierungen der Kinder und deren Interaktionspartner*innen verspricht interessante Erkenntnisse zum frühen Zweitspracherwerb (vgl. Kap. 8.1).

6.3 Soziale Praktiken der Kindergarten-Community und deren Aneignung

Die dritte Forschungsfrage war: In welche sozialen Praktiken sind beobachtete Interaktionen eingebettet und wie partizipieren die Fokuskinder an diesen Praktiken?

Die (Re-)Konstruktion des Kindergartens als CoP (vgl. Kap. 5.1) ermöglicht es, die typischen Aktivitäten des Kindergartens als soziale Praktiken der Kita-Community aufzufassen. Folgende Aspekte haben sich für die mikroanalytische (Re-)Konstruktion sozialer Praktiken im Kindergarten als relevant herauskristallisiert: Zugang zur Praktik und den Ressourcen, Regeln und Normen der Praktik und deren Mediation, die Möglichkeit von *legitimate peripheral participation*, *Scaffolding*, Orte, Artefakte, Interaktionskonstellation, mögliche Positionen (vgl. Kap. 5.3.1). Die Nutzung dieser Beschreibungskategorien zur Analyse sozialer Praktiken ermöglicht ein umfangreiches Bild von sozialen Praktiken als Hintergrundfolie für Kind-Kind- und Kind-Erzieher*innen-Interaktionen (vgl. Kap. 5.3.2), das es in der Forschung zum frühen Zweitspracherwerb im Kindergarten bislang so nicht gegeben hat.

Die vorliegende Studie zeigt, dass die Teilnahme an sozialen Praktiken des Kindergartens wie Malen, Bauen, Frühstücken, Morgenrunde, Memory-Spiel, Symbol- oder

Rollenspiel[353] etc. vielfältige Lernmöglichkeiten für Kinder im frühen Zweitspracherwerb bietet. Es wurde jedoch anhand kontrastiver Vergleiche aufgezeigt, dass solche sozialen Praktiken nicht *per se* eine Lerngelegenheit darstellen, vielmehr sollen sie von den beiden Seiten als *Doing-Learning*-Interaktionen ko-konstruiert werden (vgl. Kap. 5.3.4.1).

Brouwer zeigte anhand von Analysen interaktiv gestalteter Wortfindungsprozesse, dass das aktive Einbeziehen der Interaktionspartner*innen in die eigenen kognitiven Lernprozesse einerseits und die explizite Orientierung beider Interaktionspartner*innen an dem Noviz*in-Sein des einen und der Expertise des anderen andererseits wichtige Kriterien für die Identifikation sozialen Lernens sind (vgl. Brouwer 2003, 542). So zeigen mikrogenetische Analysen und Positionierungsanalysen von *Doing-Learning*-Interaktionen, dass das aufeinander abgestimmte Hervorbringen von interaktiven Wortfindungen und IRE-Mustern einen wichtigen Rahmen für die Ko-Konstruktion von *doing-learning* sowohl in den Kind-Erzieher*in- als auch Kind-Kind-Interaktionen darstellt.

Anhand der Analyse der Vermittlung der kulturellen Praktik ‚Zählen' wurden des Weiteren die mikrogenetischen Prozesse der Mediation der Praktik (re-)konstruiert, was ausdrücklich zeigt, dass es nicht nur die Zweitsprache als System an sich ist, die Kinder im Kindergarten lernen, sondern dass das (zweit-)sprachliche Lernen in der Wechselbeziehung mit der fortschreitenden kognitiven Entwicklung verläuft (vgl. Kap. 5.3.4.2). Und beides wird wiederum in den sozialen Prozessen, d.h. der Interaktion mit der sozialen Umwelt, entwickelt. Die Unterstützung der Erzieher*in beim Zählen ermöglicht dem Kind darüber hinaus an der sozialen Praktik ‚Morgenkreis' teilzunehmen, auch wenn seine Teilnahme als LPP beschrieben werden kann. Dass sich die Partizipation von der LPP zur vollen Teilnahme an einer Praktik innerhalb einer Woche entwickeln kann, wurde in Kapitel 5.3.4.3 aufgezeigt.

Auf die Bedeutung von sozialen Praktiken des Kindergartens für die Gestaltung von Interaktionen weist auch die deutsche Bildungsforschung hin. Die BIKE-Studie („Bedingungsfaktoren für gelingende Interaktionen zwischen Erzieherinnen und Kindern") belegt die Zusammenhänge zwischen der Qualität der Kind-Erzieher*in-Interaktion und „den jeweiligen Aktivitäten": So wurde für Essenssituationen und Freispielsituationen eine niedrigere Interaktionsqualität nachgewiesen als für Aktivitäten, die von den fachpädagogischen Fachkräften moderiert waren (vgl. Wirts et al. 2017, 59). Würde man in der Bildungsforschung den unspezifischen Begriff ‚Aktivität' oder ‚Tätigkeit'[354] durch den Begriff ‚Praktik' ersetzen, würden dann die Aspekte wie Historizität, Relevanz und Sinn für die Kita-Community auf weitere theoretisch wie empirisch begründete Wissensbestände referieren.

Insgesamt sprechen die Ergebnisse der vorliegenden Studie dafür, dass es sich sowohl für die Zweitspracherwerbsforschung als auch für die empirische Bildungsforschung

---

353 In der Entwicklungspsychologie unterscheidet man zwischen einem Funktionsspiel (z.B. einen Turm aus Bauklötzen bauen), einem Symbolspiel (z.B. im Spielzeuggeschirr eine Suppe kochen und diese später essen), einem Phantasiespiel (in dem die Kinder „individuelle Vorstellungen" zum Ausdruck bringen) und einem Rollenspiel (in dem die Kinder „gemeinsame Vorstellungen" zum Ausdruck bringen) (vgl. Mähler 2008, 200).

354 Der Begriff *Tätigkeit* findet sich z.B. bei Jeuk (2011², 147).

lohnt, soziale Praktiken des Kindergartens genauer in den Blick zu nehmen (vgl. dazu Kap. 8.1).

6.4 Selbst- und Fremdpositionierungen der Kinder und deren Entwicklung

Der vierte Fragenkomplex lautete: Welche sozialen Positionen beanspruchen die Fokuskinder für sich in den alltäglichen Interaktionen, welche Positionen werden ihnen von ihren Interaktionspartner*innen zugewiesen und welche Positionen weisen die Fokuskinder den anderen zu? Wie verändern sich die Positionierungsaktivitäten der Kinder mit der Zeit?

Die durchgeführten Positionierungsanalysen der Sprecherbeiträge der Interaktionsteilnehmenden zeigen, dass bereits in den Interaktionen dreijähriger DaZ-Lernender Macht und Position ausgehandelt werden (vgl. Kap. 5.4.2). Es konnten mittels der Positionierungsanalyse *ressourcen-*, *praktik- und zugehörigkeitsbezogene* Positionierungen der Kinder und ihrer Interaktionspartner*innen sowohl in den Kind-Kind- als auch in den Kind-Erzieher*in-Interaktionen (re-)konstruiert werden. Diese Ergebnisse erweitern den bisherigen Forschungsstand zur kindlichen Identitätskonstruktion im frühen Zweitspracherwerb (vgl. Cekaite 2007, Day 1999, Toohey 2000) und bestätigen die Erkenntnisse der Erwachsenen-Identitätsforschung, dass Identitäten als multipel, dynamisch und widersprüchlich zu verstehen sind (vgl. Block 2007, Firth/Wagner 1997, Hellermann/Lee 2014, Kasper 2004, Norton/Toohey 2011, Toohey et al. 2007).

Die Differenzierung zwischen ressourcen-, praktik- und zugehörigkeitsbezogenen Positionierungen ermöglicht darüber hinaus eine präzisere Beschreibung der Positionierungsaktivitäten der Interaktionsteilnehmenden. Die (re-)konstruierten ressourcenbezogenen Positionen sind L1-Sprecher*in, L2-Lerner*in, L2-Sprecher*in und mehrsprachiges Subjekt. Unter den praktikbezogenen wird zwischen den Positionierungen als Expert*in, Praktiker*in und Lerner*in einer Praktik differenziert. Als dritter Typ wurden in den Gesprächsaufnahmen zugehörigkeitsbezogene Positionierungen mehrsprachiger Kinder herausgearbeitet, die in der Studie als Selbstpositionierungen von älteren Kindern (älteren Geschwisterkindern der Fokuskinder und älteren Kindergartenkindern) vollzogen wurden und sich auf institutionelle, nationale, ethnische, kulturelle etc. Zugehörigkeiten beziehen, wobei bei Fremdpositionierungen auch physikalische Merkmale oder beobachtete Freundschaften als Merkmal der Gruppenzugehörigkeit gedeutet werden können (vgl. Kap. 5.4.1.3).

Des Weiteren wurde in der vorliegenden Studie aufgezeigt, dass kooperative und kompetitive Beziehungen bzw. Positionierungen der Kinder einen Einfluss auf das sprachlich-interaktive Verhalten der Fokuskinder in der Interaktion haben (vgl. Kap. 5.3.4.1.1.2, Kap. 5.3.4.1.2 und Kap. 6.2; vgl. auch Toohey 2000, 118ff.; Toohey/Day

1999, 50f.). Dabei wird auch in der Entwicklungspsychologie die Bedeutung des kooperativen Spiels[355] für die soziale und kognitive Entwicklung des Kindes besonders hervorgehoben (vgl. Mähler 2008, 216). Insbesondere Freundschaften werden als „ein wichtiger Nährboden" für die kindliche soziale, emotionale und kognitive Entwicklung angesehen; und dies nicht, weil in den Freundschaften keine oder weniger Konflikte auftreten, sondern weil sie überwiegend „beziehungsdienlich" gelöst werden (vgl. ebd., 222f.).

Die kontrastiven Vergleiche ausgewählter Interaktionen eines und desselben Kindes an einer und derselben oder ähnlichen Praktik zeigten, dass sich das sprachlich-interaktive Verhalten des Kindes und die in der Interaktion ko-konstruierten Lernmöglichkeiten unterscheiden können. Das ist insofern eine wichtige Erkenntnis, als bislang vor allem Persönlichkeitsmerkmale (Extrovertiertheit vs. Introvertiertheit), strategisches Verhalten (erfolgreiche vs. weniger erfolgreiche Lernende) oder Präferenzen des Kindes bezüglich der Interaktionspartner*innen, z.B. Erzieher*innen vs. Peers, als relevante Einflussgrößen behandelt wurden. Die Ergebnisse dieser Studie zeigen jedoch, dass die oben genannten Faktoren zwar eine Rolle spielen (vgl. Kap. 4.1.1.4.3), aber zu kurz greifen, um die unterschiedliche Partizipation von Ercan an den Kind-Erzieher*innen-Interaktionen (vgl. Kap. 5.3.4.1.1 und Kap. 5.4.4.1.1) und Kind-Kind-Interaktionen (vgl. Kap. 5.3.4.1.2) zu erklären.

In der Positionierungstheorie werden Sprachkompetenzen, Bereitschaft zur Positionierung und Macht als Ursachen für die Variation in Positionierungsaktivitäten genannt (vgl. Harré/van Langenhove 1991, 406). Obwohl sich die Fokuskinder zum Zeitpunkt der Datenerhebung am Anfang ihres Zweitspracherwerbs befinden, handeln sie unter Nutzung der ihnen zur Verfügung stehenden sprachlich-interaktionalen Ressourcen gewünschte Positionen aus, indem sie sich selbst je nach der Situation als Lernende, gleichberechtigte Community-Mitglieder oder Expert*innen positionieren und ungewünschte Fremdpositionierungen zurückweisen (vgl. Kap. 5.4.2 und Kap. 5.4.4.1).

Um eine gewünschte (höhere oder gleichberechtigte) Position einzunehmen, nutzen die Fokuskinder die Unterstützung bei anerkannten Expert*innen oder greifen auf ihre mehrsprachigen Ressourcen zurück (vgl. Kap. 5.4.2). Auch die Übernahmen der autoritären und machtvollen Redeweise von Erwachsenen (älteren Geschwistern oder Peers) stellen eine Ressource dar, die zur Aushandlung der eigenen machtvollen Position genutzt wird (vgl. Kap. 5.3.4.1.2.1 und Kap. 5.4.2).

Block betrachtet poststrukturalistische Ansätze als „a move away from framing learners as having just one identity, that of language learner" (Block 2007, 867). In diesem Sinne liegt eine der wichtigsten Erkenntnisse der vorliegenden Studie darin, dass die ‚Identität als DaZ-Lerner*in' nur eine der vielen möglichen Positionen ist und nicht in jeder Interaktion sowohl für das Kind als auch für seine Interaktionspartner*innen relevant gemacht wird (vgl. auch Firth/Wagner 1997, 291f.; Hellermann/Lee 2014, 59; Kasper/Wagner 2011, 127). Vielmehr sind es mehrere, widersprüchliche und dynamische Positionierungen, die in den Interaktionen vollzogen werden.

---

355   D.h. das Spiel, in dem die Kinder ihre „Tätigkeiten zur Erreichung eines gemeinsamen Ziels oder zur Bewältigung einer bestimmten Aufgabe" aufeinander abstimmen (Mähler 2008, 216). Für sechs soziale Anforderungen an das kooperative Spiel siehe Mähler (ebd.).

Ein überraschendes Ergebnis war, dass auch in den *Doing-Learning*-Interaktionen nicht nur eine Positionierung (als Deutschlerner*in oder Noviz*in), sondern mehrere Positionierungen vollzogen werden (vgl. Kap. 5.4.4.1). Die Positionierungsanalysen der *Doing-Learning*-Interaktionen zeigen ausdrücklich, dass, wenn die Selbst- und Fremdpositionierungen aufeinander abgestimmt sind, eine *Doing-Learning*-Interaktion ko-konstruiert wird, oder, umgekehrt, dass, wenn die vollzogenen Positionierungen nicht von beiden Parteien akzeptiert werden, kein *doing-learning* zustande kommt.

Aufgrund eines relativ kurzen Beobachtungszeitraums können im Rahmen der vorliegenden Arbeit keine Aussagen zum Zusammenhang zwischen dem Ausbau der sprachlich-interaktionalen Ressourcen und den Positionierungsaktivitäten bzw. zur Länge des Kita-Aufenthalts und den Positionierungsaktivitäten der Kinder gemacht werden. Rein theoretisch wären Entwicklungen bezogen auf die Selbstpositionierung von der*dem L1-Sprecher*in und der*dem L2-Lerner*in hin zu der*dem L2-Sprecher*in oder dem mehrsprachigen Subjekt bzw. von der*dem *legitimate peripheral participant* über das gleichberechtigte Mitglied zu der*dem Expert*in möglich. Überraschenderweise ergaben die Datenanalysen, dass sich die Entwicklung nicht immer linear vollzieht. So wird anhand der Ausführung der Regel ‚Fragen' durch Ercan aufgezeigt, dass die Regelanwendung vom Kennen und Anwenden über die explizite Verweigerung, die Regel anzuwenden, hin zur Überwachung der Regeleinhaltung durch andere Kinder erfolgt (vgl. Kap. 5.4.4.2). Daraus lässt sich schließen, dass die Partizipation an den Praktiken nicht nur von dem Wissen und sprachlich-interaktionalen Ressourcen, sondern auch von Positionierungen moderiert wird.

Versteht man Selbst- und Fremdpositionierungen als solche, die mit den entwicklungspsychologischen Phänomenen *Selbstkonzept* und *Selbstwert* in Wechselbeziehung stehen, eröffnen sich direkte Konsequenzen für die pädagogische Praxis, die in Kap. 8.2.4 näher erörtert werden.

6.5 Mehrsprachigkeit

Zwar stand der Umgang mit Mehrsprachigkeit nicht explizit im Fokus dieser Arbeit, die Auswertungen mehrsprachiger Ressourcen in den Kind-Kind- und Kind-Erzieher*in-Interaktionen erlauben jedoch die Formulierung einiger Beobachtungen und Überlegungen zu diesem Aspekt.[356]

In den analysierten Daten finden sich erstsprachliche und anderssprachige[357] Phänomene sowohl in den Kind-Kind-Interaktionen als auch in den Kind-Erzieher*in-Interaktionen, jedoch ausschließlich in den Sprecherbeiträgen der Kinder (der Fokuskinder und deren Interaktionspartner*innen). In den Sprecherbeiträgen der Erzieher*innen finden

---

356 Darüber hinaus sollte es mittlerweile zur professionellen Ethik der DaZ-Forschung gehören, neben den DaZ-Aspekten auch erst- und familiensprachliche Aspekte zu berücksichtigen und einzubeziehen.

357 Darunter fasse ich mehrsprachige Phänomene oder Phänomene der Kindersprache zusammen, die nicht eindeutig identifiziert werden können.

sich keine Phänomene, die sich der mehrsprachigen Ressource zuordnen lassen würden, obwohl einige der Erzieher*innen selber mehrsprachig sind (vgl. Kap. 5.2.2 und Kap. 5.3.3).

Die konversationsanalytischen Auswertungen der sozialen Praktiken ‚Frühstück' und ‚Memory', in denen die Fokuskinder in den Interaktionen mit drei unterschiedlichen Erzieherinnen auf ihre erstsprachlichen Ressourcen zurückgreifen (vgl. Kap. 5.4.3.1), können auf drei Weisen interpretiert werden. Die erste – optimistische – Lesart wäre: Die erst-, familiensprachlichen oder anderssprachigen Ressourcen der Kinder werden von den Erzieher*innen als solche erkannt und als „legitim"[358] zugelassen. Nach der Didaktik der Sprachenvielfalt von Oomen-Welke stellt das Vorgehen „Andere Sprachen zulassen" die erste Stufe einer Mehrsprachigkeitsdidaktik dar, was konkret heißt: „[D]ie Erstsprachen der Zweitsprachler nicht grundsätzlich verbieten" (Oomen-Welke 2014³, 484). Die zweite – pessimistische – Lesart wäre: Die mehrsprachigen Ressourcen der Kinder werden von den Erzieher*innen nicht erkannt und somit nicht anerkannt. Die dritte – besorgniserregende – Lesart wäre: Die eigene Überzeugung oder die vorherrschende Sprachpolitik bringen die Erzieher*innen dazu, die erstsprachlichen Einheiten in den Sprecherbeiträgen der Kinder nicht so stehen zu lassen, sondern durch deutschsprachige zu ersetzen. Die Tatsache, dass es sich bei den Erzieher*innen um drei verschiedene Personen handelt, bestärkt nur den Eindruck, dass es sich hierbei um den *monolingualen Habitus* handeln könnte, der vor fast 25 Jahren für deutsche Schulen postuliert wurde (Gogolin 1994) und bis heute anhält.[359]

Demirkaya stellt in ihrer Studie fest, dass in den fünf im Rahmen des MIKI-Projektes begleiteten Kindertageseinrichtungen unterschiedlich mit der lebensweltlichen Mehrsprachigkeit der Kinder umgegangen wurde: Während in einigen Einrichtungen die Verwendung der Erstsprachen vom dem Kita-Team toleriert wurde, beriefen sich andere Einrichtungen auf das Deutschgebot oder ignorierten die Erstsprachen gänzlich (vgl. Demirkaya 2017, 471).

In meinen Daten finden sich keine expliziten Hinweise dazu, wie mit den sprachlichen Ressourcen im Kindergarten umzugehen ist: In den Sprecherbeiträgen der Erzieher*innen findet sich weder ein explizites Deutschgebot noch ein explizites Erstsprachenverbot noch ein expliziter Hinweis für die Kinder, dass alle Sprachen gebraucht werden können. Lediglich in dem Sprecherbeitrag eines Kindes findet sich ein Erstsprachenverbot (Transkript E6, Z. 87, vgl. Kap. 5.4.3.2). Die Frage, ob es sich beim Verbot der Erstsprache um

---

358 Roth formuliert in Anlehnung an Bourdieu (1990): „Dialekte, Einwanderersprachen und kulturelle Sprachvarietäten (z.B. der Arbeiter und Kleinbürger) [werden] als illegitime Sprachen bzw. Codes markiert, um sie aus dem Bereich des legitimen gesellschaftlichen Sprechens – und damit auch des partizipatorischen demokratischen Handelns – herauszuhalten, damit die gesellschaftlichen Machtverhältnisse nicht gefährdet werden" (Roth 2013, 39).

359 Gogolin würdigte in ihrer Studie zwar die Anstrengungen der Lehrkräfte bei der Bewältigung des monolingualen Habitus in der Schule, zweifelte aber – nicht zu Unrecht –, ob diese „zur Überwindung ihrer ‚strukturellen Trägheit' hinreichen" würden (Gogolin 1994, 265).

eine einmalige selbstinitiierte Aktion (*agency*) oder eine internalisierte Regel bzw. Norm der Community handelte, kann im Rahmen dieser Arbeit nicht beantwortet werden; ihre Beantwortung würde die Erhebung und Auswertung weiterer Daten benötigen. Eine mögliche Interpretation des Erstsprachenverbots wäre, dass hegemoniale Sprachpolitiken und -praktiken von Kindern verinnerlicht und in alltäglichen Interaktionen reproduziert werden.

Auch Epping beobachtete in ihrer Studie ein von einem Kind artikuliertes Deutschgebot: „Im Kindergarten sprechen wir Deutsch!", das von den spielenden und dabei Russisch sprechenden Kindern dann jedoch ignoriert wurde (Epping 2016, 241). Ein ähnliches Deutschgebot seitens der Erzieherin führte dagegen zum Abbruch der erstsprachlichen Interaktion zwischen den Geschwisterkindern (ebd.). Dies könnte ein kurzfristiger Effekt eines Deutschgebots sein. Zu den langfristigen Effekten von Deutschgeboten, Erstsprachenverboten und expliziten Mehrsprachigkeitsgeboten in Bezug auf die Identitätskonstruktion einzelner Kinder bzw. auf die sprachlichen und sozialen Praktiken der Kita-Community liegen bisher keine Erkenntnisse vor.[360]

Toohey weist in diesem Zusammenhang darauf hin, dass Kinder früh erkennen, welche sprachlichen Ressourcen in der Community besonders wertgeschätzt werden und welche nicht (vgl. Toohey 1996, 572). Also kann sich die fehlende Wertschätzung auf den Wunsch des Kindes auswirken, die Mehrsprachigkeit als Ressource zu nutzen.

Thomauske, die Sprachpolitiken und -praktiken in deutschen und französischen Kindergärten aus der postkolonialen und hegemonietheoretischen Perspektive untersucht, kommt zu folgendem Schluss:

> Die strukturellen und gesellschaftlichen Machtverhältnisse, die dadurch [Aufrechterhaltung, Durchsetzung und Legitimation der Einsprachigkeit der Einrichtung, LS] reproduziert werden, werden nicht thematisiert und können somit auch nicht dekonstruiert und hinterfragt werden. Mit einer Dethematisierung werden Machtverhältnisse konserviert. Somit wird deutlich, inwiefern die frühkindliche Bildung zu einer institutionellen Diskriminierung beiträgt (Thomauske 2015, 105).

Aufgrund ähnlicher Beobachtungen schreibt Machold: „Der Elementarbereich wird in den Dienst der Vorbereitung auf die monolinguale Schule genommen, was eine Verschärfung der monolingualen Kultur von Kindertagesstätten bezogen auf die hinzu kommende Leistungslogik nach sich zu ziehen scheint" (Machold 2015, 48).

Insgesamt liegt der Schluss nahe, dass die Mehrsprachigkeit in der begleiteten Einrichtung eher ein „geheimes Leben" führt, wie Brizić dies im Hinblick auf den Gebrauch von Familiensprachen in Familien konstatiert (Brizić 2006). Das Bildungsziel „Förderung der deutschen Sprache" scheint Vorrang vor dem Bildungsziel „Förderung der Mehrsprachigkeit" zu haben. Und dass es kein Entweder-Oder sein muss, sondern die mehrsprachige sprachliche Bildung ein übergeordnetes Ziel darstellen kann, scheint noch keine Selbstverständlichkeit zu sein.

---

360 Focali weist jedoch darauf hin, dass eine erlebte oder fehlende Anerkennung als entscheidend für das Gefühl gesellschaftlicher Integration oder Desintegration angesehen wird (vgl. Focali 2009, 33).

Vor diesem Hintergrund erscheint es dringend notwendig, nicht nur die Bildungspraxis, sondern auch die Forschung sowie bildungspolitische und gesellschaftliche Diskurse in Bezug auf den Umgang mit Mehrsprachigkeit kritisch in den Blick zu nehmen. Einige Überlegungen hierzu werden in Kapitel 8 vorgestellt.

Die in Kap. 5.5 unternommene Modellierung des Zusammenspiels von Ressourcen, Praktiken und Positionierungen soll verdeutlichen, dass die Forschung zum frühen Zweitspracherwerb sich nicht ausschließlich mit den Ressourcen beschäftigen kann, während zwei andere – für die Partizipation – wichtige Aspekte außer Acht gelassen werden. Jede Äußerung des Kindes ist demnach nicht nur durch seine Sprachkompetenz moderiert, sondern auch durch die soziale Praktik konstituiert und für diese konstituierend sowie in die Aushandlung einer Selbst- und Fremdpositionierung eingewickelt. Dieses Verständnis hat Konsequenzen sowohl für die Zweitspracherwerbsforschung als auch für die Praxis der Sprachbeobachtung und -bildung (vgl. Kap. 8.1 und Kap. 8.2).

7 Kritische Reflexion zur Anwendung der Methode CA-SLA

Da ich in der vorliegenden Studie mit der CA-SLA eine innovative Methode zur Erforschung des frühen Zweitspracherwerbs im Kindergarten genutzt habe, erscheint es angebracht, rückblickend meine Erfahrungen damit zu reflektieren. Im Folgenden sollen daher unter Berücksichtigung der in Kap. 3.3.3 dargestellten methodologischen und epistemologischen Aspekte Grenzen und Potenziale meiner sich als *developmental* CA-SLA-Forschung verstehenden Studie dargestellt werden.

Der erste Punkt betrifft die Datenart: Ich habe die Interaktionen, an denen die Fokuskinder teilgenommen haben, anhand der Audioaufnahmen untersucht. Die neueren Entwicklungen innerhalb der CA-SLA-Forschung zeigen jedoch, dass sich die CA-Datenbasis auf Videoaufnahmen natürlicher Interaktionen ausgeweitet hat, was multimodale Analysen (Blick, Mimik, Gestik, Kinästhetik etc.) ermöglicht (vgl. Markee/Kunitz 2015, 431). Markee und Kunitz fordern sogar explizit, zur Untersuchung von Interaktionen im Klassenzimmer videografierte Daten zu erheben, um „a minimally acceptable standard of empirical adequacy" zu erreichen (ebd.).[361] Dies konnte im Rahmen der Studie sowohl aus forschungsethischen als auch aus technischen Gründen nicht realisiert werden (vgl. Kap. 4.1.2.1). Der Informationsverlust wurde durch die Beobachtungsnotizen in situ zum Teil kompensiert, eine vollständige Dokumentation und folglich Rekonstruktion nonverbaler interaktionaler Ressourcen sowie nonverbaler Aspekte von Praktiken und Positionierungen war jedoch nicht möglich und stellt vorerst ein Desiderat für weitere Forschungen dar.

Ein weiterer Punkt bezieht sich auf die (Re-)Konstruktion der Kita-Community. Mittels der konversationsanalytischen Auswertungen authentischer Interaktionen habe ich die Evidenz dafür gefunden, dass sich die Kinder und Erzieher*innen als Community verstehen. Was die KA jedoch nicht beantworten kann, sind die Fragen: Welche Personen gehören noch zu der Community, die – aus welchen Gründen auch immer – an den beobachteten Interaktionen nicht teilgenommen haben? Zählen die Eltern zu der Community des untersuchten Kindergartens? Zählen die Köch*innen und der Hausmeister dazu? Offen bleibt auch die in Kap. 6.1 angerissene Frage nach der Genese der Community-Idee. Auch hier stößt die KA an ihre Grenzen.

In Bezug auf die Verallgemeinerbarkeit der Ergebnisse nehme ich aufgrund meiner eigenen beruflichen und persönlichen Erfahrungen mit fünf anderen Kindergärten an, dass die Erkenntnis, dass sich innerhalb einer Kindergarteneinrichtung eine oder mehrere (parallele oder sich überlappende) Communitys (re-)konstruieren lassen, als verallgemeinerbar gelten kann. Es wird angenommen, dass je nach dem Kita-Konzept und entsprechenden Strukturen (gruppenbasiert bzw. gruppenübergreifend, Vorschulgruppe, Waldkinder, Sprachfördergruppe etc.) unterschiedliche Communitys mit unterschiedlichen für

---

[361] Ein Beispiel für die CA-SLA-Auswertungen anhand von Videoaufnahmen stellt die Arbeit von Pekarek Doehler (2010) dar, in der anhand des Blickkontaktes und der Körpersprache die Evidenz für das langfristige Lernen belegt wird.

sie konstitutiven Praktiken, Regeln, Orten, Artefakten etc. in den alltäglichen Interaktionen der Kinder und Erzieher*innen (re-)konstruiert werden können. Auch hier würde es sich für die künftige Forschung anbieten, Kindertageseinrichtungen unterschiedlicher struktureller und konzeptioneller Art aus der CoP-Perspektive zu untersuchen.

Eine besondere Herausforderung im Rahmen der Studie bestand für mich darin, bereits zu Beginn der Forschung sprachlich-kommunikative Strategien als Phänomene der Kognition und konversationsanalytische Verfahren und Methoden als Phänomene der Interaktion analytisch auseinanderzuhalten. Es stellte sich das Dilemma: Gehe ich z.B. bei kindlichen Nachahmungen in erster Linie von einer sprachlich-kommunikativen Strategie im Zweitspracherwerb aus, dann wird vernachlässigt, dass Imitationen als Reparaturverfahren für eine jegliche Interaktion typisch sind; fasse ich die Nachahmungen primär als das übliche Reparaturverhalten, kann ich am Ende nur die Aussagen über die Mitgestaltung der Interaktion durch die Kinder, aber keine Aussagen über das Lernen machen. Für die vorliegende Arbeit war daher das Verständnis von Kognition als sozial geteilt leitend (vgl. Kap. 3.3.3.1), das zur Folge hatte, dass kindliche Sprecherbeiträge und Phänomene der Interaktionsgestaltung zwar primär aus konversationsanalytischer Sicht betrachtet, jedoch nicht auf ihre kommunikative Dimension reduziert wurden. Die sprachlich-interaktionalen Ressourcen wurden vielmehr als Phänomene der „socially shared cognition" (Kasper/Wagner 2011, 121) im frühen Zweitspracherwerb angesehen, d.h. die Ressourcen wurden von den Kindern nicht einfach genutzt, um die Interaktionen ‚aufrechtzuerhalten' oder Lücken bzw. Verständigungsschwierigkeiten zu überwinden, sondern um soziale Lernprozesse zu initiieren und zu ko-konstruieren. Insbesondere in Kap. 5.3.4.2 wird deutlich gemacht, dass Ercans Nachahmungen von Zahlwörtern nicht nur der Partizipation an der jeweiligen sozialen Praktik dienen, sondern eine wichtige Grundlage für die Entwicklung der numerischen Kompetenz darstellen.

Daraus ergibt sich die Frage, ob es mittels der CA-SLA überhaupt möglich ist, die Lernprozesse zu dokumentieren (vgl. Kap. 3.3.3.3). Ich habe zu diesem Zweck kontrastive Vergleiche ähnlicher Interaktionen durchgeführt, die sich als hilfreich erwiesen, um Veränderungen in den kindlichen Ressourcen, Praktiken und Positionierungen zu (re-)konstruieren (vgl. Kap. 4.4.5, Kap. 5.2.3.2, Kap. 5.3.4.3 und Kap. 5.4.4.2). Bei der (Re-)Konstruktion von Lernen anhand kontrastiver Vergleiche wurde darauf geachtet, dass der Kontext und die Interaktionspartner*innen der Fokuskinder möglichst dieselben sind. Das Finden von möglichst ähnlichen Situationen gestaltete sich dabei aus zwei Gründen ziemlich schwierig: Erstens zeichnet sich der Kindergarten-Alltag durch deutlich vielfältigere und weniger strukturierte Situationen aus als z.B. ein Klassenzimmer (insbesondere, wenn die Unterrichtsinteraktion in einem bestimmten Fach untersucht wird); zweitens habe ich bei der Datengenerierung nicht darauf geachtet, möglichst viele Interaktionsdaten von einer bestimmten Praktik zu erheben, sondern bin eher offen-explorativ vorgegangen und habe diejenigen Interaktionen aufgenommen, die sich in meiner Anwesenheit abgespielt haben. Eine *fokussierte(re) Ethnografie* im Sinne von Knoblauch (2001) hätte die Auswertung durch kontrastive Vergleiche wesentlich erleichtert.

Anhand der Datenanalysen aus der longitudinalen Perspektive wird in der vorliegenden Arbeit argumentiert, dass die als Schlüsselsequenzen identifizierten Interaktionen als

Doing-Learning-Interaktionen ko-konstruiert wurden und eine Veränderung in der Partizipation der Kinder dokumentieren. Auch wenn nicht ausgerechnet diese einzelnen Sequenzen ausschlaggebend für die Veränderungen in der Verwendung der sprachlich-interaktionalen Ressourcen oder der Praktikausführung waren, dann waren sie sehr wahrscheinlich einige von den ähnlichen, die in der Summe das Lernen respektive Veränderung bewirkt haben. Aus diesem Grund bietet die CA-SLA eine notwendige forschungsmethodologische Basis nicht nur für die Beschreibung und Analyse von *talk-in-interaction*, sondern auch für Mikroanalysen des Lernens in Interaktionen.

Die mikrogenetischen Analysen einzelner als *doing learning* (re-)konstruierten Interaktionen (vgl. Kap. 5.2.3.1, Kap. 5.3.4.1, Kap. 5.3.4.2 und Kap. 5.4.4.1) spiegeln die gemeinsame Hervorbringung von sozialen Lernprozessen wider und lassen dagegen keine Aussagen darüber zu, ob das Lernen auch mittel- oder langfristig stattgefunden hat (vgl. auch Firth/Wagner 2007, 811). So wurde von Nias nach der intensiven Beschäftigung mit dem Lexem „Murmel" (vgl. Kap. 5.2.3.1.1) das Vorkommen des Lexems in seinen Äußerungen nicht bestätigt. Ich gehe davon aus, dass er irgendwann das Wort sehr wohl gebrauchen wird. Welcher Stellenwert der in Kap. 5.2.3.1.1 analysierten Interaktion beim Lernen des Lexems oder der Regel zur Bildung und Zerlegung von Komposita dabei zukommen wird, kann mit der CA-SLA nicht beantwortet werden.

Eine weitere Herausforderung, die sich generell bei der Forschung zum Zweitspracherwerb stellt, betrifft die Frage, ob die Zweitsprachlichkeit nicht zu vorschnell und nicht als der einzige Grund für ein (auffälliges) interaktives Verhalten angeführt wird (vgl. Kap. 5.3.4.1.1.2, als Ercan bereits nach zwei Minuten die Teilnahme am Memory-Spiel aufgibt). Um die Inpretation zu untermauern, dass das kompetitive Verhalten der Kinder untereinander den Spielverlauf beinflusst, wäre die Beobachtung einer vergleichbaren Memory-Situation mit einer*einem kooperativen Spielfreund*in notwendig. Eine solche Situation habe ich nicht beobachtet. Wenn ich sie selbst oder mit Hilfe einer pädagogischen Fachkraft arrangiert hätte, hätte sich die Frage gestellt, inwieweit sich dies mit der Prämisse der Datenauthentizität in der KA vertragen hätte. Daher habe ich zum kontrastiven Vergleich in diesem Fall die Memory-Interaktion mit einer Erzieherin genommen (vgl. Kap. 5.3.4.1.1.1) und zum kontrastiven Vergleich zwischen einem kooperativen und kompetitiven Kind als Interaktionspartner*in beim Bauen eine ähnliche, aber nicht dieselbe Praktik (vgl. Kap. 5.3.4.1.2).

Im Rahmen der Studie stieß ich des Weiteren auf die Schwierigkeit, zu entscheiden, wann die (Nicht-)Teilnahme an einer sozialen Praktik als LPP interpretiert werden kann. Denn die Nicht-Teilnahme muss nicht unbedingt „einen spezifischen Teilnahmemodus" (Brougère 2007, 219) eines *legitimate peripheral participant* bedeuten, sondern aus dem Willen (im Sinne von *agency*) eines vollständigen Community-Mitglieds resultieren (vgl. auch Hauser 2011, 350). So zeigen das Transkript E5, wie sich Ercan auch nach der Aufforderung der Erzieherin weigert, die Leseecke aufzuräumen; und das Transkript E36[362], wie sich Ercan weigert, die Regel ‚Frage die Erzieherin, wenn du in die Puppenecke

---

362 Die beiden Transkripte entstammen ca. der Mitte des Beobachtungszeitraums und liegen zeitlich drei Wochen auseinander.

willst' (auch nach der expliziten Aufforderung durch dieselbe Erzieherin) zu befolgen (vgl. Kap. 5.4.4.2). Angesichts der in beiden Situationen direkten Regelvermittlung seitens der Erzieherin könnte man vermuten, dass Ercan (oder im Transkript E5 auch andere sich in der Leseecke befindenden Kinder) von der Gruppenerzieherin als *legitimate peripheral participants* angesehen werden. Hier stellt sich jedoch die Frage, wer entscheidet, welches Verhalten als periphere Teilnahme oder als volle Teilnahme angesehen werden kann. Nimmt man die Perspektive der Erzieherin ein und die Kenntnis und das Einhalten der Verhaltensnormen des Kindergartens als das Ideal bzw. die Norm einer vollen Teilnahme, so wäre das Verhalten von Ercan in dieser Situation als periphere Teilnahme zu betrachten. Nimmt man dagegen die Perspektive der Kinder ein und sieht es als ‚normales' kindliches Verhalten[363] an, zu dem das Brechen und Austesten der Regeln sowie einfach Quatschmachen dazugehören, so wäre Ercans Verhalten als volle Teilnahme am Kindergartenalltag aufzufassen. Eine mögliche Lösung wäre, dass man den Grad der Partizipation fokussiert, ohne eine normative Bewertung der Praktik vorzunehmen. In den beiden Situationen scheint es sich mehr um Positionierungen als um Praktik zu handeln, zumindest präsentiert sich Ercan nicht als Lerner bzw. weist die Fremdpositionierung als Lerner zurück. Die (Re-)Konstruktion der Anwendung der Regel ‚Frage die Erzieherin, wenn du in die Puppenecke willst' anhand drei ähnlicher Situationen lässt keine gradlinige Entwicklung – von der LPP zur vollen Partizipation – erkennen (vgl. Kap. 5.4.4.2). Diese Beobachtungen sprechen dafür, die LPP als eine auszuhandelnde Position und nicht als feste Kategorie zu verstehen ist. Hauser schreibt: „Whether situated learning theory and the central theoretical concepts of community of practice and legitimate peripheral participation are applicable in any specific learning context is an empirical question" (Hauser 2011, 351). Ich stimme dieser Position zu und weise auf die Notwendigkeit hin, mittels der Konversationsanalyse und/oder Positionierungsanalyse zu (re-)konstruieren, wie sich die Untersuchungsteilnehmenden zeigen, ob sie sich als *legitimate peripheral participants* oder Expert*innen verstehen.

Wie oben ausgeführt, lag eine zentrale Herausforderung für mich darin, anhand CA-SLA-Auswertungen der empirischen Daten haltbare Aussagen nicht in Bezug auf die Beschaffenheit der analysierten Interaktionen, sondern auch in Bezug auf das Lernen zu formulieren (vgl. Kap. 4.4.1). In der vorliegenden Arbeit wurde die Evidenz einerseits durch die Ausschöpfung der analytischen Möglichkeiten der CA-SLA-Methode bei der Auswertung und Interpretation der Interaktionen (methodenimmanent) (vgl. Kap. 5) und andererseits durch den Einbezug vergleichbarer Forschungsarbeiten im Diskussionsteil (methodentranszendent) (vgl. Kap. 6) angestrebt. Der in Kapitel 5.5 unternommene Versuch einer Modellierung des Zusammenspieles von Ressourcen, Praktiken und Positionierungen im frühen Zweitspracherwerb im Kindergarten zeigt Tendenzen auf, denen in weiteren Forschungen nachgegangen werden soll.

---

363 Auch Firth und Wagner weisen darauf hin, dass sich die Einschätzungen von Forschenden und Interaktionsteilnehmenden unterscheiden können: „What may appear 'abnormal' to observer-analysts may be regarded as appropriate and 'normal' by the interactants themselves" (Firth/Wagner 1998, 93).

Als Fazit dieser Ausführungen kann festgehalten werden, dass sich die CA-SLA als geeignetes Instrument erwiesen hat, um die Forschungsfragen dieser Arbeit zu beantworten. Es ist anzunehmen, dass mit dem *Community-of-Practice*-Konzept und den hier herausgearbeiteten Kategorien wie den sprachlich-interaktionalen Ressourcen, den sozialen Praktiken sowie den ressourcen-, praktik- und zugehörigkeitsbezogenen Positionierungen ein analytischer Rahmen entwickelt wurde, der sich auf andere institutionelle Zweitspracherwerbskontexte übertragen lässt und wertvolle Erkenntnisse nicht nur für die Forschung, sondern auch für die Praxis verspricht.

8 Implikationen

Unter dem Stichwort *Verantwortung* fasst Demirkaya das Ziel der Bemühungen um den Abbau und die Prävention sozialer Benachteiligung zusammen, die von Bildungsforschung, -praxis und -politik gleichermaßen gefordert wird (vgl. Demirkaya 2017, 507). Dieser Forderung schließe ich mich an und versuche, auf der Basis der in den vorausgegangenen Kapiteln referierten und diskutierten Ergebnisse der Studie einige Schlussfolgerungen für die Forschung zum frühen DaZ-Erwerb und zur Interaktionsgestaltung im Kindergarten (Kap. 8.1) sowie für die Praxis im frühpädagogischen Bereich (Kap. 8.2.1–8.2.4) abzuleiten. Außerdem skizziere ich in Kapitel 8.2.5 ein mögliches Projektdesign zur Fortbildung und Implementierung der abgeleiteten didaktischen Empfehlungen in Kindertageseinrichtungen. Einige Überlegungen in Bezug auf die Relevanz der Erkenntnisse aus der Studie für die Bildungspolitik (Kap. 8.3) sowie eine Gewichtung der Studienergebnisse im Lichte der aktuellen Bildungsdebatte einerseits und der künftigen Entwicklungen andererseits (vgl. auch Kap. 9) schließen die Arbeit ab.

8.1 Relevanz für die Zweitspracherwerbs- und Bildungsforschung

Für die Zweitspracherwerbsforschung liefert die vorliegende Arbeit empirisch fundierte Argumente, die für die Erweiterung der theoretischen und der forschungsmethodologischen Zugänge zum Untersuchungsgegenstand *früher DaZ-Erwerb* sprechen. So haben sich soziokulturelle und poststrukturalistische Ansätze bei der Beschreibung des frühen Zweitspracherwerbs im Kindergarten als besonders fruchtbar erwiesen, um die soziale Dimension des Spracherwerbs und ihre Beziehung zur kognitiven Dimension herauszuarbeiten.[364] Die Ergebnisse der vorliegenden Studie zeigen, dass das sprachlich-interaktive Verhalten des Kindes in einer bestimmten Interaktion durch die soziale Praktik und die Beziehung (Positionierung) zu der*dem Interaktionspartner*in wesentlich beeinflusst wird. Vor diesem Hintergrund erscheint es erforderlich, die Qualität und Quantität kindlicher Äußerungen nicht primär auf den sprachlich-kognitiven Bereich des Kindes (Kompetenz) zurückzuführen, sondern auch Faktoren wie Praktikcharakteristiken, Aushandlung von Positionen und anderen möglichen und gleichberechtigten Erklärungen für die Art der kindlichen Sprachproduktionen nachzugehen.

Der soziokulturell orientierte Blick auf den frühen Zweitspracherwerb hilft, bei der Erklärung von Phänomenen wie Nachahmungen, Wortfindungen, *private speech* oder Selbst- und Fremdkorrekturen über die kognitivistische Dimension hinauszugehen und

---

[364] Diese Sicht wird auch von Lengyel geteilt, die schreibt: „Konzepte wie das der ‚community of practice' helfen dabei, den ZSE als soziale Praxis theoretisch genauer zu modellieren. Die Idee von Lerngelegenheiten, die mit unterschiedlichen (sozialen) Positionen einhergehen, wird herangezogen, um Unterschiede im Erwerbserfolg – trotz vergleichbar hoher Motivation – zu erklären. Diese Forschungsperspektive trägt insgesamt dazu bei, auch den sozialen Druck deutlich zu machen, unter dem der Lerner bei der Aneignung der ZS steht" (Lengyel 2009, 122)

sie als Phänomene der sozial situierten Kognition (*socially shared cognition*) zu betrachten (vgl. Kap. 6.2).

Auch die poststrukturalistischen Ansätze erweitern die vorherrschende psycholinguistisch geprägte Perspektive auf den frühen Zweitspracherwerb. Als Beispiel möchte ich die in meiner Studie bei einem Fokuskind (Wateya) beobachtete geringe verbale Beteiligung am Kita-Alltag anführen (vgl. Kap. 4.1.1.4.3). In der traditionellen Zweitspracherwerbsforschung wird die im frühen Zweitspracherwerb vorkommende Schweigephase[365] als Zeit aufgefasst, in der das Kind sich in die Sprache hereinhört, diese analysiert und verarbeitet, bevor es sie aktiv produziert. Aus der CoP-Perspektive hingegen wäre das Verhalten des Kindes als Partizipation an der legitimierten Peripherie zu beschreiben, einer Position, die der*dem Lernenden eine Teilnahme an der Community vom ersten Tag an ermöglicht. Eine andere Forschungsperspektive wiederum führt das Silencing „von Anderssprachigen[366] Kindern" auf „sprachpolitische Verhaltensweisen seitens pädagogischer Fachkräfte und Lehrkräften [sic!]" zurück (Thomauske 2015, 103). So formuliert Thomauske:

> Sprachlosigkeit ist zum einen ein Effekt des Verbannens von Anderen Sprechweisen und Sprachen in den privaten Bereich; zum anderen ist es ein Resultat der Assimilationsanforderung, die Anderssprachige dazu auffordert, sich der Anderen Sprache zu entledigen und sich in einem „Sprachbad" zurechtzufinden (Thomauske 2015, 103).

Die soziokulturell orientierten Forscher*innen Pavlenko und Lantolf sprechen außerdem bei einem ähnlichen bei erwachsenen L2-Lernenden beobachteten Phänomen von einer (Re-)Konstruktionsphase oder einer Verlustphase („phase of loss"), die sich durch den Verlust der linguistischen Identität oder den Verlust der inneren Stimme kennzeichnet (vgl. Pavlenko/Lantolf 2000, 162f.). Der Vorteil der unterschiedlichen Perspektiven liegt auf der Hand: Durch ihre Berücksichtigung wird ein vollständigeres Bild von komplexen Phänomenen wie Silencing ermöglicht.

Eine weitere Innovation der Arbeit bezieht sich auf die Nutzung von CA-SLA, die sich als hilfreiches analytisches Instrument und fruchtbarer forschungsmethodologischer Rahmen erwiesen hat, um sprachliche Interaktionen als Lernkontexte mikroanalytisch zu untersuchen.

Henrici bezeichnete seine 1995 erschienene Monografie „Spracherwerb durch Interaktion" als „erste Versuche, die Potenzen von diskursanalytischen Vorgehensweisen hinsichtlich der Klärung von Erwerbsfragen zu prüfen und ihre Möglichkeiten und Grenzen aufzuzeigen" (Henrici 1995, 151). In der deutschen Zweitspracherwerbsforschung hat sich seitdem erstaunlicherweise wenig getan (vgl. Kap. 3.3.2). Nun stellt sich die Frage, wie lange man „erste Versuche" unternehmen müsste, damit sich die konversationsanalytische Methodologie auch in der DaZ-/DaF-Forschung durchsetzen kann. Diese Arbeit

---

365 Vgl. *period of silence* (Toohey 1996, 562f.) oder *silencing* (Thomauske 2015, 103).
366 Mit der Großschreibung bringt Thomauske zum Ausdruck, dass Kinder in öffentlichen Diskursen zu ‚Anderen' gemacht werden (vgl. Thomauske 2015, 85, Fußnote 1; Thomauske 2017, 35, Fußnote 1).

kann somit als Anstoß für die in den letzten 20 Jahren eher selten durchgeführte konversationsanalytische Zweitspracherwerbsforschung in Deutschland verstanden werden, wobei mit dieser Arbeit sicherlich noch lange nicht alle Möglichkeiten und Grenzen der zweitspracherwerbsspezifischen Konversationsanalyse aufgezeigt und alle offenen Fragen beantwortet sind. In dieser Hinsicht schließe ich mich Schwab an, der schreibt:

> Die konversationsanalytische Methodologie kann [...] keine unmittelbaren Antworten auf die in der Psycholinguistik gestellten Fragen nach Lernen / Erwerben als individuell-kognitivem Prozess geben. Sie kann aber helfen, fremdsprachliches Lernen / Erwerben zu erklären, indem das Bild vom Spracherwerb um eine sozial-interaktive Ebene erweitert wird, was heißen mag, dass der Blick auf den einzelnen Lerner nicht reicht, um Lernen / Erwerben zu verstehen (Schwab 2009, 109).

Die in Kapitel 3.3.2 vorgestellte Frage von Hall nach dem Mehrwert der CA jenseits der Interaktionsbeschreibung (vgl. Hall 2004, 609) bekommt hier folgende Antwort: Die CA-SLA kann einen wichtigen Beitrag zur ZSE-Forschung leisten, indem sie einerseits Lernen als beobachtbare soziale Praxis (re-)konstruiert (vgl. Kap. 5.2.3.1, Kap. 5.3.4.1 und Kap. 5.3.4.2) und andererseits, indem sie beobachtbare Änderungen in der Ressourcennutzung oder dem Partizipationsverhalten der Interaktionsteilnehmenden dokumentiert (vgl. Kap. 5.2.3.2, Kap. 5.3.4.3 und Kap. 5.4.4.2). Ein wichtiger Beitrag der CA-SLA-Forschung liegt in der Neukonzipierung der Sprachkompetenz: „[C]ompetence is co-constructed by the participants rather than being fixed and static" (Seedhouse 2005, 168).

Ich denke deshalb, es ist an der Zeit, dass sich die Forschung zum frühen Zweitspracherwerb langsam von der Vorstellung verabschiedet, dass Sprachlernen nur stattfindet, wenn die fachpädagogischen Fachkräfte oder Peers einen Input liefern, der durch eine kognitive Verarbeitung direkt zum Lernen, d.h. Änderung in den neuronalen Verbindungen im Gehirn führt. Vielmehr sollte die DaZ-Forschung den Erkenntnissen Rechnung tragen, dass die Umgebung oder die anderen Personen nur ‚vermittelt' auf das menschliche Gehirn einwirken können und daher soziale und emotionale Aspekte wie die Art der Interaktion (Praktik) und der Beziehung zwischen den Interaktant*innen (Positionierungen) eine Grundlage bilden, auf der die Mediation überhaupt erst möglich wird. Daher ist es lohnenswert, sich die Interaktionen durch die CA-SLA-Linse anzuschauen.

Weltzien et al. weisen auch darauf hin, dass die Forschung immer noch wenig darüber weiß, welchen Einfluss die Interaktionserfahrungen im Kindergarten einzelner Kinder auf deren individuelle (kognitive, soziale, emotionale etc.) Entwicklung haben (vgl. Weltzien et al. 2017, 12). Hierzu könnte die CA-SLA-Forschung in der Kombination mit anderen methodischen Zugängen in vor allem longitudinalen Untersuchungen interessante Erkenntnisse liefern.

Insgesamt schließt die vorliegende Arbeit an die kognitiv-soziale Debatte an (siehe Kapitel 3.1.1) und argumentiert für eine Rekonzeptualisierung der aktuellen DaZ-Forschung, insbesondere der Forschung zum frühen Zweitspracherwerb, in der soziale Aspekte die gleiche Berücksichtigung und Anerkennung finden würden wie kognitive Aspekte. Die Berücksichtigung der in der soziokulturell und poststrukturalistisch orientierten Forschung herausgearbeiteten Aspekte wie der Zugang zu sprachlich-kulturellen Ressourcen und Praktiken einer Gemeinschaft sowie vorhandene Machtbeziehungen verspricht der empirischen Bildungsforschung und der Zweitspracherwerbsforschung neue Erkenntnisse in Bezug auf den Bildungserfolg von Kindern und Jugendlichen (vgl. Daase 2012, 129).

In dieser Hinsicht schließe ich mich Ortegas Forderung an:

> [...] [P]rogress and relevance will be maximal if, instead of always (only) asking how [...] [child, L. S.] L2 acquisition is different from monolingual child L1 acquisition, and instead of invoking negative framings surrounding the daunting complexity of factors that allegedly explain the lack of success in L2 acquisition, SLA invests in a range of broader-looking, more positive framings of disciplinary goals for the field in the 21st century (Ortega 2013, 18).

Die künftige soziokulturell und poststrukturalistisch inspirierte Forschung zum frühen Zweitspracherwerb könnte z.B. folgende Fragen fokussieren:

– Wie verläuft die Eingewöhnung der Kinder, die eine andere Familien- oder Erstsprache als Deutsch haben (z.B. in den ersten drei Monaten)? Wie nehmen sie vom ersten Tag an am Kita-Alltag teil?
– Wie unterscheidet sich das sprachlich-interaktive Verhalten der Kinder je nach der Praktik, an der teilgenommen wird: Welche Praktiken oder Aspekte des Kindergartenalltags ermöglichen die Partizipation für Kinder am Beginn des frühen Zweitspracherwerbs (mit noch geringen Ressourcen in der L2), welche wirken eher partizipationshemmend?
– Wie unterscheidet sich das sprachlich-interaktive Verhalten der Kinder in den unterschiedlichen Interaktionskonstellationen (Kind-Gruppenerzieherin vs. Kind-andere Erzieherin, Kind-ein*e kooperative*r Spielpartner*in vs. Kind-ein*e neutral*e Spielpartner*in vs. Kind-ein*e kompetitive*r Spielpartner*in, Kind-Gruppenerzieherin vs. Kind-Kinder-Gruppenerzieherin etc.)?[367]
– Wie entwickeln sich ressourcen-, praktik- und zugehörigkeitsbezogene Positionierungen der Kinder über die Zeit des Kita-Besuchs hinweg (über drei Jahre)? Welche Folgen haben zurückgewiesene Selbstpositionierungen (z.B. als mehrsprachiges Subjekt) in kurz-, mittel- und langfristiger Perspektive?
– Welche Identitäten von ‚mehrsprachigen Kindern', ‚Kindern, die Deutsch als Zweitsprache erwerben' und ‚Kindern mit Migrationshintergrund' werden in bildungspolitischen, gesellschaftlichen und wissenschaftlichen Diskursen in Deutschland konstruiert? Inwieweit beeinflussen solche konstruierten Identitäten die Entscheidungen auf der Makroebene (Bildungspolitik), Mesoebene (Institution Kindergarten) und Mikroebene (Kind-Kind- und Kind-Erzieher*in-Interaktionen)?
– Lassen sich die in Kap. 5.5 festgestellten Tendenzen zum Zusammenspiel von Ressourcen, Praktiken und Positionierungen in weiteren Forschungen bestätigen bzw. ausdifferenzieren?

---

[367] Einige entwicklungspsychologische Studien belegen Unterschiede in der Art und Qualität der Interaktion zwischen Freunden vs. „Nicht-Freunden" (vgl. Mähler 2008, 221f.).

Für die Beantwortung dieser Fragen wären interdisziplinäre Forschungsprojekte notwendig, z.B. Kooperationen der DaZ-Forscher*innen mit den Wissenschaftler*innen aus der Entwicklungs-, Kinder- und Berufspsychologie sowie Bildungs- und Erziehungsforschung. Besonders zu begrüßen wären längere Wissenschaft-Praxis-Kooperationsprojekte (vgl. meine Überlegungen in Kap. 8.2.5).

8.2 Relevanz für die Praxis

Der Sozialforscher Atteslander weist darauf hin, dass die qualitative Sozialforschung „ein kritisches und praktisches Erkenntnisziel und nicht ein rein theorieprüfendes [verfolgt]" (Atteslander 2010[13], 78). Das gilt gleichermaßen auch für die Forschung zum frühen Zweitspracherwerb, insbesondere, wenn man bedenkt, dass trotz vieler Bemühungen maßgeschneiderte, durchgängige, nachhaltige und wirksame Angebote sprachlicher Bildung nach wie vor eine Entwicklungsaufgabe darstellen (vgl. Riemer 2018, 567). Es ist ein riskantes Unternehmen, Implikationen für die Praxis aus einer Studie abzuleiten, die keine Interventionsstudie war (vgl. Tietze et al. 2013, 151). Dennoch liefert die vorliegende Arbeit Erkenntnisse, die für eine Neukonzeptualisierung alltagsintegrierter Sprachförderung sprechen. Als erstes sei darauf hingewiesen, dass trotz vieler didaktischer Empfehlungen die zentrale Frage offenbleibt, nämlich: Was ist unter *Alltag* zu verstehen?[368] Es scheint, als würde man sich dabei auf das alltagssprachliche Verständnis von ‚Alltag' beziehen. Die Konzipierung der Institution Kindergarten als CoP eröffnet demgegenüber eine breitere Perspektive auf und ein umfangreicheres Verständnis von sogenannten sozialen Einflussfaktoren des Zweitspracherwerbs. Denn es werden nicht nur die (sprachlichen) Interaktionen zwischen den Kindern und den pädagogischen Fachkräften und zwischen den Kindern untereinander in den Blick genommen, sondern durch das Heranziehen der Aspekte wie Praktiken, Artefakte usw. rücken auch Orte, Materialien, Gegenstände etc. in den Fokus, die in der Frühpädagogik als räumlich-materielle Umwelt konzipiert werden und denen eine wichtige Bedeutung für die Entwicklung des Kindes beigemessen wird (vgl. z.B. Bayerisches Staatsministerium für Arbeit und Sozialordnung, Familie und Frauen; Staatsinstitut für Frühpädagogik München 2016[7], 152)[369].

Wie in Kap. 5.5 ausgeführt, sollen die volle Partizipation an den relevanten Kita-Praktiken, die Aneignung der dafür notwendigen sprachlich-interaktionalen Ressourcen sowie die Aushandlung der gewünschten Positionen Ziel des zweitsprachlichen Lernens im Kindergarten sein. Anhand der Ergebnisse der Studie können einige methodisch-didaktische Implikationen für die Praxis im Kindergarten entwickelt werden, die im Folgenden präsentiert werden.

---

368 Vgl. dazu auch Kap. 8.2.3.
369 URL: https://www.ifp.bayern.de/imperia/md/content/stmas/ifp/bildungsplan_7.auflage.pdf (letzter Abruf am 07.10.2020).

8.2.1 Praktik- und positionierungssensible Sprachbeobachtung

Die in Kapitel 5.3.1 dargestellten Analysepunkte für die Beschreibung einer Praktik würden sich für die Beschreibung sogenannter Alltagssituationen im Kindergarten anbieten. Am Beispiel der Teilnahme eines Kindes am Morgenkreis soll das Vorgehen einer praktik- und positionierungssensiblen Sprachbeobachtung veranschaulicht werden.

Es sollte im ersten Schritt, also bevor die Teilnahme eines beobachteten Kindes am Morgenkreis beschrieben wird, die Beschreibung und die darauffolgende Reflexion darüber starten, wie die Praktik *Morgenkreis* von den pädagogischen Fachkräften und Kindern ko-konstruiert wird: Wie gestaltet sich der Zugang zu der Praktik? Wie gestaltet sich der Zugang zu den Artefakten (Sitzplätze, Stühle, Magnettafeln, Kalender etc.)? Welche Normen/Regeln/Rituale gibt es (z.B. Kinder zählen, der Reihe nach sprechen)? Wie werden sie vermittelt und überwacht? Welche Möglichkeiten für eine LPP gibt es (z.B. Singen im Chor, *scaffolding* beim Erzählen oder Kinder zählen)? Welche Positionen stellt die Praktik bereit? Wie werden diese ausgehandelt? Bekommen/nutzen/schaffen die Kinder Möglichkeiten, sich als Expert*innen bzw. kompetente Praktiker*innen zu positionieren? Gibt es Möglichkeiten für die Nutzung mehrsprachiger Ressourcen?

Erst in einem zweiten Schritt sollte die Beschreibung des sprachlich-interaktiven Verhaltens des beobachteten Kindes erfolgen, welches schließlich vor dem Hintergrund der Praktikbeschreibung zu analysieren ist. So können Bildverzerrungen vermieden werden wie „Das Kind ist unkonzentriert, wenn andere im Morgenkreis erzählen", wenn die Praktikanalyse hergibt, dass sich die älteren Vorschulkinder dermaßen aktiv und leidenschaftlich um Positionierungen als Expert*innen bemühen, dass jüngere Kinder oder Kinder mit geringeren L2-Kenntnissen keine Möglichkeit bekommen, gehört zu werden und allmählich ‚abschalten' (vgl. auch Ercans Beteiligung an der Praktik Memory in Kap. 5.3.4.1.1.2).

Im dritten Schritt wäre die Teilnahme des Fokuskindes an der Praktik *Morgenkreis* in der Längsschnittperspektive zu beschreiben: Was verändert sich bezogen auf die ko-konstruierten Ressourcen, Praktiken und Positionierungen über die Zeit hinweg?

Erst dann sollten die Konsequenzen für die Förderung gezogen werden: Ist für das beobachtete Kind eine Ergotherapie bzw. eine Sprachförderung erforderlich oder sollte etwas an der Praktik selbst geändert werden, damit die LPP, das Scaffolding und die Aushandlung einer Position als Expert*in auch für jüngere Kinder oder Kinder mit geringeren L2-Kenntnissen möglich sind?

8.2.2 Förderung sprachlich-interaktionaler Ressourcen

Es kann zum aktuellen Zeitpunkt festgehalten werden, dass die Konzepte wie Sprachlehrstrategien und korrektives Feedback, die oft im Zentrum der Weiterbildungsangebote von Erzieher*innen stehen, in der Praxis bereits umgesetzt werden und pädagogisches Handeln der Erzieher*innen prägen (siehe z.B. Sprachlehrstrategien der Erzieherinnen in den Transkripten N4, N11, E10, E18 und E28). Deswegen werden sie hier nicht weiter fokussiert. Der Umgang mit Mehrsprachigkeit ist, so der Eindruck, dagegen noch kein Teil der (reflektierten) pädagogischen Praxis. Es scheint, dass der Umgang mit Mehrsprachigkeit dethematisiert wird oder ein stillschweigender – oft nicht auf einer reflektierten

Auseinandersetzung im Team beruhender – Konsens darüber besteht, wie damit umzugehen ist.

Auch Riemer merkt kritisch an, dass aktuelle Angebote zur sprachlichen Bildung sich fast überwiegend auf die Förderung des Deutschen beschränken:

> Problematisch sind häufig mitschwingende, ausgeprägt defizitorientierte Sichtweisen in Hinblick auf die vorhandenen Deutschkompetenzen sowie die Beschränkung auf die Mehrheitssprache des Einwanderungslands, während Fragen der Anerkennung lebensweltlicher Mehrsprachigkeit durch Wertschätzung und Förderung der Familiensprachen oft randständig oder ganz ausgeblendet bleiben (Riemer 2018, 567).

In Anlehnung an Mecheril und Quehl (2006) sieht Thomauske hinter dieser Ignorierung einer kulturell und sprachlich diversifizierten Gesellschaft die Angst der Mehrheitsgesellschaft, ihre Machtpositionen zu verlieren (vgl. Thomauske 2015, 93). Sie unterscheidet bei den Sprachpraktiken im Kindergarten zwischen dem „offiziellen" und „privaten" Bereich, wobei der erste alle jene Situationen umfasst, die von der pädagogischen Fachkraft ko-konstruiert werden und wo es feste Vorgaben zum Sprachgebrauch gibt, und sich der letztere auf die Situationen bezieht, in welchen die Sprachpraktiken der Kinder von der pädagogischen Fachkraft nicht kontrolliert werden, wie freies Spiel oder „sich zurückziehen" (vgl. ebd., 96). Auch wenn meine Daten zeigen, dass der Sprachgebrauch nicht nur von den pädagogischen Fachkräften, sondern auch von den anderen Kindern kontrolliert und sanktioniert werden kann (Transkript E6, Z. 87), lassen sich solche Beobachtungen insgesamt bestätigen. Die aktuelle Herausforderung für den Elementarbereich besteht deshalb m.E. darin, die Mehrsprachigkeit aus dem „privaten" Bereich auch in den „offiziellen" Bereich zu holen.

Denn es ist eine seltsame Entwicklung zu beobachten: Einerseits findet Mehrsprachigkeit verstärkt Beachtung in den Bildungsplänen. Im Hessischen Bildungs- und Erziehungsplan für Kinder von 0 bis 10 Jahren steht z.B.: „Zwei- und Mehrsprachigkeit sind wesentliche Kompetenzen. Es gilt, die spezifischen Entwicklungsprofile und Bedürfnisse von mehrsprachig aufwachsenden Kindern wahrzunehmen und zu nutzen" (Hessisches Ministerium für Soziales und Integration / Hessisches Kultusministerium 2019[9], 67). In der dazu gehörigen Handreichung steht außerdem:

> Ein Kind hat zu seiner Erstsprache einen besonderen emotionalen Bezug. Es ist wichtig, dass das Kind auf seine bereits vorhandenen Kompetenzen in der Erstsprache zurückgreifen kann und seine Erstsprache sowie auch der kulturelle Kontext des Kindes wertgeschätzt und zugleich gestärkt werden. Dies gilt auch für den Dialekt eines Kindes (Hessisches Ministerium für Soziales und Integration 2010, 37).

In den Empfehlungen für die Umsetzung in die pädagogische Praxis werden des Weiteren die Rolle der Erstsprachen und deren Fördermöglichkeiten aufgezeigt, wobei die Bedeutung für alle Seiten (multi- und monolinguale Kinder, deren Familien und pädagogische Fachkräfte) hervorgehoben wird (ebd., 44).

Andererseits fehlen noch die konkreten Konzepte und Ausarbeitungen dazu, was das Bildungsziel sein soll und welches Wissen und Können die pädagogischen Fachkräfte brauchen, um eine qualitativ hochwertige Förderung der Mehrsprachigkeit im Kita-Alltag durchzuführen (vgl. auch Lengyel 2018, 470ff.). Wichtig ist auch die Frage nach den

Einstellungen pädagogischer Fachkräfte gegenüber der migrationsbedingten Mehrsprachigkeit, denn es wird davon ausgegangen, dass diese die Aneignung und den Einsatz der Sprachförderkompetenzen beeinflussen (vgl. Hopp et al. 2010, 620). Eine kritische Reflexion eigener Stereotypen zur Mehrsprachigkeit ist daher dringend erforderlich (vgl. ebd., 623).

Einige theoretische Überlegungen dazu liefert die „Expertise Kompetenzen früh-/kindheitspädagogischer Fachkräfte im Spannungsfeld von normativen Vorgaben und Praxis" (Fröhlich-Gildhoff et al. 2014), in der die Unterstützung mehrsprachiger Kinder als eine der Kompetenzebenen des Kompetenzprofils pädagogischer Fachkräfte modelliert wird (vgl. ebd., 259).

Darüber hinaus arbeiten die Autor*innen der Expertise heraus, über welches Wissen und Können die Erzieher*innen verfügen müssen, um eine kultursensible, vorurteils- und diversitätsbewusste pädagogische Praxis zu gestalten (vgl. ebd., 252ff.).

Zuerst erscheint es jedoch notwendig, dass sich die Einrichtung explizit auf den Umgang mit Mehrsprachigkeit einigt. So konstatiert Demirkaya in Bezug auf den Umgang mit Mehrsprachigkeit in fünf begleiteten Kindergärten, dass auch in den Einrichtungen, die die Mehrsprachigkeit akzeptierten, „keine weitere gemeinsame Linie des gesamten Teams" erkennbar war und es eher an den einzelnen Erzieher*innen lag, die Mehrsprachigkeit in den Kita-Alltag aktiv einzubeziehen (Demirkaya 2017, 472). Nur in einer Einrichtung, die in Demirkayas Arbeit als Best-Practice-Beispiel aufgeführt wird, wurde die Mehrsprachigkeit nicht nur akzeptiert, sondern auch aktiv und systematisch gefördert, indem das ganze Team in die Förderung involviert war[370] und ein Konzept für die Förderung in Deutsch, drei Erstsprachen der Kinder und Türkisch als Fremdsprache entwickelt wurde (vgl. ebd.).

Auch Epping weist auf die Notwendigkeit einer Positionierung der Einrichtungen in Bezug auf das Thema Mehrsprachigkeit hin:

> [D]er gesamtgesellschaftliche Diskurs zu den Themen Multikulturalität, Migration und Mehrsprachigkeit [...] stellt den größeren Rahmen, innerhalb dessen sich die Einrichtungen insgesamt, aber auch jede einzelne Fachkraft sowie die Familien bewegen und positionieren müssen (Epping 2016, 261).[371]

Mit der Anerkennung und Förderung der Mehrsprachigkeit auf der Institutionsebene sind allerdings nicht der punktuelle Einsatz mehrsprachiger Begrüßungslieder oder die sporadische Organisation von Veranstaltungen wie interkulturelles Essen gemeint. Wenn die Mehrsprachigkeit kein explizites Bildungsziel zu einem bestimmten Zeitpunkt darstellt,

---

370 Demirkaya stellt fest, dass es auch ohne Kenntnisse in den Erstsprachen der Kinder möglich ist, die Mehrsprachigkeit zu fördern: „Festgestellt wurde in der Studie [...], dass auch wenn eine Erzieherin die jeweiligen Erstsprachen der Kinder nicht beherrscht, sie diese durchaus berücksichtigen und das gesamtsprachliche Verhalten eines Kindes einschätzen kann, wenn sie in der Begegnung mit den Kindern sprachsensibel vorgeht" (Demirkaya 2017, 502).

371 Epping beobachtete, dass die Erzieher*innen „für ihre Arbeit relevante Elemente des Diskurses [wie ‚die Frage nach dem Umgang mit Mehrsprachigkeit oder der Begriff des Migrationshintergrundes'] auf[greifen] und [...] eine Position dazu [entwickeln], die sich dann wieder auf ihre Arbeit auswirkt" (Epping 2016, 262).

sollte dies offen im Team besprochen und den Kindern sowie deren Erziehungsberechtigten gegenüber transparent vertreten werden. Denn es zeigt sich sowohl bei den Kindern als auch bei den Erzieher*innen Unsicherheit beim Umgang mit der Mehrsprachigkeit, beispielsweise hinsichtlich folgender Fragen: Soll ich die ganze Zeit ausschließlich Deutsch sprechen? Darf ich die Erstsprache sprechen? Wann und mit wem?[372] Oder: Wie gehe ich mit der Mehrsprachigkeit der Kinder um? Darf ich meine Erstsprache mit den Kindern sprechen? Wann, wie oft, wie lange?[373]

Des Weiteren sollten die in der Einrichtung praktizierten Sprachpraktiken, -politiken und -ideologien dauernd hinterfragt werden, wie auch Thomauske dies fordert (Thomauske 2015, 105).

An dieser Stelle können noch keine konkreten Hinweise dazu gegeben werden, wie die Mehrsprachigkeit der Kinder konkret gefördert werden kann.[374] Als erster Schritt werden jedoch die Anerkennung und Wertschätzung[375] gesehen, die sich nicht nur in den Konzeptionen, sondern in den alltäglichen Interaktionen im Kindergarten niederschlagen sollten. So könnten die Erzieher*innen die erstsprachlichen Phänomene in den Äußerungen der Kinder explizit anerkennen, positiv thematisieren oder selbst einbeziehen.[376] Dies setzt jedoch voraus, dass die erstsprachlichen Phänomene überhaupt als solche erkannt werden.[377]

---

372 In den Beobachtungsnotizen im Forschertagebuch vom 20.03., also noch vor dem Beginn der Audioaufnahmen, steht z.B.: „Orkan schaute mich ab und zu an. Antwortete er auf Türkisch? Guckte er mich an, weil dies eine andere Sprache war?". Auch in den Beobachtungsnotizen vom 24.04. findet sich eine ähnliche Beobachtung: „O auf dem Bauteppich spricht Türkisch [und] schaut dabei kurz mich an" (BP_E_5).

373 Solche Fragen habe ich mir während meiner Tätigkeit als Sprachförderkraft gestellt.

374 Ein mehrsprachiges Vorleseprojekt, in dessen Rahmen Eltern zum Vorlesen in ihren Erst- und Familiensprachen eingeladen werden, wäre hierfür ein Beispiel. Konkrete Hinweise für die Unterstützung von Sprachlernprozessen bei Kindern, die über die DaZ-Förderung hinausgehen, finden sich beispielsweise bei Focali (2009, 78).

375 In der Frühpädagogik wird unter *Wertschätzung* ein Verhalten der pädagogischen Fachkraft den Kindern gegenüber verstanden, das sich durch „Zuwendung, Aufmerksamkeit und Interesse" auszeichnet (Wahdepohl 2017, 176). Im Beobachtungsverfahren *Wertschätzung in Interaktionen* wird es durch folgende Indikatoren operationalisiert: Aufmerksamkeit (Blickkontakt, Körperhaltung, Wahrnehmung kindlicher Bedürfnisse) und Emotionsausdruck (Tonfall, Mimik/Gestik, Gestaltung von Nähe und Distanz) (vgl. ebd., 181f.).

376 Focali schlägt z.B. vor, den Kindern die Möglichkeit zu geben, wichtige Personen oder Gegenstände in den Erstsprachen zu benennen (Focali 2009, 78). Mein vierjähriger Sohn verwendet z.B. die deutschen Bezeichnungen Oma und Opa als Oberbegriffe und um auf Omas und Opas anderer Kinder zu referieren. Seine ukrainischen Großeltern bezeichnet er als „бабуся" und „дідусь", seine syrischen Großeltern entsprechend als „جدة" und „جدو".

377 Dass es eine Herausforderung darstellen kann, turn-interne Einheiten als anderssprachige Phänomene und nicht als abweichende Sprachproduktionen zu identifizieren, wenn man der anderen Sprache(n) des Kindes selber nicht mächtig ist (vgl. Transkript E18, Z. 76), kenne ich auch aus den Interaktionen mit meinem Sohn. So sagte er einmal beim Spielen mit mir und meinem Mann am Flussufer „моgeh" was ich als das ukrainische Wort „море" („more", Meer) interpretierte und Marcel darauf hinwies, dass es „річка" (der Fluss) und

8.2.3 Unterstützung der kindlichen Partizipation an Kita-Praktiken

Aus den CA-SLA-Auswertungen der Daten lässt sich ableiten, dass die Förderung nicht losgelöst von dem Kita-Alltag stattfinden kann. Diese Idee ist nicht neu, sondern als das Konzept *alltagsintegrierte Sprachförderung* besonders in den letzten Jahren relevant geworden. Der Begriff *Alltag* im Kompositum *alltagsintegriert* bedarf jedoch einer präziseren Definition. Unter *alltagsintegrierter Sprachbildung* wird üblicherweise „Einbettung sprachfördernden Verhaltens in die täglichen Interaktionen mit Kindern" verstanden (Adler 2011, 24). Diese täglichen Interaktionen und Situationen sind, wie die soziokulturell orientierte Auswertung der Kind-Kind- und Kind-Erzieher*in-Interaktionen gezeigt hat, jedoch nicht als geschichtslose einmalige Aktivitäten zu verstehen, sondern sie sind vor dem Hintergrund von deren Genese und Bedeutung für die Community zu reflektieren. Dabei können die in Kapitel 5.3.1 herausgearbeiteten Aspekte wie Zugang zu Interaktionen mit den Erzieher*innen und Peers, Zugang zu sozialer Praktik, Artefakte, Ermöglichung von LPP, Förderung in der ZdnE, Scaffolding, Positionen, die mit der Praktik verbunden sind, etc. als Orientierung für die Entwicklung eines Konzeptes sprachlicher Bildung dienen, das praktikbasiert die Entwicklung kindlicher Ressourcen unterstützt.

Ähnlich wie bei der Sprachbeobachtung (vgl. Kap. 8.2.1) gilt es im ersten Schritt zu beschreiben, welche Praktiken den Kita-Alltag ausmachen und wie sie von den Kita-Mitgliedern ko-konstruiert werden. In einem zweiten Schritt wäre dann zu überlegen, welche Lernmöglichkeiten mit der Praktik einhergehen, von den Kindern selbst geschaffen oder genutzt werden und wie diese Lernmöglichkeiten optimiert werden können, z.B. in Form von Förderung in der ZdnE oder Scaffolding durch die Erzieher*innen oder Peers. Für die Herstellung von *doing-learning* ist von Bedeutung, dass Interaktionspartner*innen einerseits sprachlich-interaktionale Ressourcen und interaktive Muster (wie IRE oder Wortfindung) und andererseits ihre Selbst- und Fremdpositionierungen aufeinander abstimmen.

Das Ziel einer solchen rekonzeptualisierten alltagsintegrierten Sprachförderung wäre dabei die volle selbstregulierte Partizipation des Kindes an zentralen Kita-Praktiken.

8.2.4 Unterstützung der Kinder bei der Identitätskonstruktion

Die pädagogischen Fachkräfte sollten sich bewusst machen, dass sie in den alltäglichen Interaktionen mit Kindern an deren Identitätskonstruktionen beteiligt sind. Damit geht die Forderung an die pädagogischen Fachkräfte einher, erstens für die Selbstpositionierungen der Kinder sensibel zu sein und mit diesen professionell umzugehen und zweitens die eigenen Selbst- und Fremdpositionierungen sowie das Positionierungsverhalten der anderen (Kinder, Kolleg*innen, Eltern etc.) zu reflektieren und gegebenenfalls zu ändern. Denn es wird angenommen, dass die Zurückweisung der Selbstpositionierung der Kinder als mehrsprachiges Subjekt nicht nur kurzfristige (wie emotionale Aufregung oder Interaktionsabbruch), sondern auch mittel- und langfristige Folgen haben kann. Für Toohey

---

nicht „море" (das Meer) ist. Mein Mann sagte aber, dass Marcel das arabische Wort „موجه" („mogeh") gesagt hatte, was auf Deutsch „die Welle" bedeutet.

und Day spielen z.B. die Möglichkeiten, eine starke Position einzunehmen, eine wichtige Rolle für das sprachliche Lernen und die Partizipation an der Community:

> In situations where the identity positions of the children are not obviously threatened and their activities are playful, community knowledge appears accessible to all, and the language of their community appears rich and open to appropriation. In such situations, the children's participation is transformed over the course of time from minimal to full (Toohey/Day 1999, 50).

Toohey sieht darin einen pädagogischen Handlungsbedarf: „Helping children find desirable and powerful places in classroom activities requires attention to political as well as linguistic aspects of classroom interactions." (Toohey 2000, 121) und fordert Bildungsakteur*innen deswegen dazu auf, „to find ways to build communities in which community resources are accessible to all, and in which desirable and powerful positions are available to all children" (ebd., 127).

Manyak, der Sprach- und Literacy-Praktiken in der Grundschule untersuchte, leitet folgende Charakteristiken einer dynamischen Lernumgebung für mehrsprachige Kinder ab:
1. Herausfordernde und vielfältige Aufgaben, die Teilnahme an unterschiedlichen kooperativen Arbeitsformen ermöglichen,
2. Zugang zur Exert*innenperformanz,
3. Zugang zu Identitätspositionen als Expert*in,
4. Möglichkeit, die eigenen Ressourcen und die vielfältigen Ressourcen der Gemeinschaft zu nutzen (vgl. Manyak 2001, 2002; zit. n. Toohey et al. 2007, 635).

Versteht man die Unterstützung der Kinder bei der Konstruktion einer machtvollen Identität als Teil der vorurteilsbewussten Erziehung, so ist auf die von Focali formulierten Prinzipien zur Anerkennung und Wertschätzung des Kindes sowohl als Individuum als auch als Mitglied einer sozialen Gruppe, zur Thematisierung von Vorurteilen und Diskriminierungen sowie zur Ermutigung, sich gegen Diskriminierungen jeglicher Art zu wehren, zu verweisen (vgl. Focali 2009, 59f.).

8.2.5 Entwurf eines Pilotprojektes

Aus der didaktischen Perspektive stellen sich nun die Fragen: Wie können die Ergebnisse der Studie zum Zweitspracherwerb in der Kindergarten-Community-of-Practice aufbereitet und in Form einer Fort- oder Weiterbildung an pädagogische Fachkräfte weitergegeben werden?[378] Und wie können mit den Praktiker*innen zusammen die Konsequenzen für die Praxis herausgearbeitet werden? Die Entwicklung konkreter didaktisch-methodischer Überlegungen dazu, wie ein solches Konzept aussehen kann, das bei der Sprachbe-

---

378 Konkrete Überlegungen zur Umsetzung in der Praxis sind m.E. erstens eine Bringschuld der DaZ-Forschung als Teil der Bildungsforschung und sind zweitens angesichts der aktuellen bildungspolitischen Bestrebungen in Bezug auf die Interaktionsqualität in Kindertageseinrichtungen besonders zu begrüßen.

obachtung und -förderung die Aspekte Ressourcen, Praktiken und Positionierungen berücksichtigt, stellt vorerst ein Desiderat dar. Dennoch sollen hier erste Ideen für ein mögliches Projektdesign kurz präsentiert werden.

Ein mögliches Entwicklungsprojekt könnte dabei folgende Schritte umfassen:
1. Konzipierung einer Fort- oder Weiterbildung, die pädagogische Fachkräfte dabei unterstützt, ihr Wissen, Können und Handeln im Bereich der Ressourcen, Praktiken und Positionierungen der Kita-Community auszubauen sowie ihre Haltungen zu Sprachbildung und Mehrsprachigkeit zu reflektieren,
2. Implementierung der Fort-/Weiterbildung in einer oder mehreren Einrichtungen, begleitet durch ein Coaching mit regelmäßigen Umsetzungs- und Reflexionsphasen (z.B. in Orientierung am Coaching-Ansatz „MyTeachingPartner"[379]),
3. Wissenschaftliche Begleitung in Bezug auf erstens das Wissen, Können, Handeln und die Einstellungen der einzelnen fortgebildeten Erzieher*innen; zweitens Praktiken des Kindergartens; und drittens die Entwicklung sprachlich-interaktionaler Ressourcen und Positionierungen betreuter Kinder,
4. Aufbereitung der Ergebnisse und Transfer (Publikationen, Handreichung, Fortbildungsangebot etc.).

8.3 Relevanz für die Bildungspolitik

Betz zufolge werden die Erzieher*innen im aktuellen bildungspolitischen Diskurs als „eine weitgehend homogene, vor großen Herausforderungen stehende und zugleich defizitäre Gruppe konstruiert" (Betz 2013, 269). Wie von Scarvaglieri/Zech (2013) anhand der Analysen der Zeitungskorpora des Instituts für deutsche Sprache (IdS) herausgearbeitet wurde (vgl. Kap. 2.1.2), ist auch in Bezug auf Personen ‚mit Migrationshintergrund' durch die Zuschreibung von Förderbedürftigkeit, Benachteiligung und Integrationsbedarf (vgl. ebd., 217) eine vorherrschende defizitäre Sichtweise zu verzeichnen. Im bildungspolitischen Diskurs scheinen die Ursachen für die Bildungsbenachteiligung der Kinder in den einzelnen Gruppen gesehen zu werden: auf der einen Seite in den Kindern selbst, ihren ‚sozialschwachen' und ‚bildungsfernen' Familien und auf der anderen Seite in dem nicht ausreichend aus- und fortgebildeten pädagogischen Fachpersonal. Demgegenüber könnte m.E. eine systematische und kritische Auseinandersetzung mit dem gesamten Bildungssystem sowohl auf der ideologischen als auch auf der strukturellen Ebene perspektivisch erfolgsversprechend sein.[380]

---

[379] „Der Coaching-Ansatz ‚MyTeachingPartner (MTP)' (Allen et al. 2011; Pianta, Mashburn, Downer, Hamre & Justice 2008) wurde speziell entwickelt, um die Aufmerksamkeit der Fachkräfte auf die Mikro-Analyse von alltäglichen Interaktionssituationen zu lenken und die Beobachtungsfähigkeiten zum einen durch die geführte Analyse von Videos ihres eigenen Interaktionsverhaltens sowie zum anderen über den Zugang zu Modell-/Beispielvideos zu stärken" (Pianta 2017, 27).

[380] Überraschend für mich war das Interview des Präsidenten der Kultusministerkonferenz Helmut Holter im ZDF-Film *Blauer Brief für die Schule – Was im System schiefläuft* vom 29.08.2018, in dem er zugegeben hat, dass die Länder in den letzten Jahren im Rahmen der

Bezogen auf den Elementarbereich empfiehlt der amerikanische Erziehungswissenschaftler Pianta, „den Fokus von politischen Maßnahmen zur Verbesserung der Arbeit von pädagogischen Fachkräften stärker auf Interaktionsprozesse zu lenken, die direkt im Zusammenhang mit Lernen und Lehren stehen, und weniger auf distale Faktoren, wie den Ausbildungsabschluss von Fachkräften, oder Leistungen, wie die Ergebnisse von Schülertests" (Pianta 2017, 30). Mit dieser Fokusverschiebung treten nicht die einzelnen Gruppen, sondern gemeinsame Interaktionsprozesse in den Vordergrund und der Änderungsbedarf auf der ideologischen und strukturellen Ebene wird deutlich. Was brauchen wir, um die Interaktionsqualität zu verbessern, jenseits der Strategientrainings für Erzieher*innen und Sprachfördermaßnahmen für Kinder?

Auf der ideologischen Ebene wäre die Frage der Integration erneut in den Blick zu nehmen. Besonders interessant erscheint in diesem Zusammenhang der Gedanke der Reproduktion, Transformation und Veränderung einer CoP, die im Spannungsfeld zwischen der Kontinuität und Ablösung stattfinden (Lave/Wenger 2011[24], 114; vgl. auch Kap. 3.2.2.1). Überträgt man diese Idee auf den Kita-Kontext, lässt sich formulieren: Wenn ein neues Kind der Kita-Community beitritt, verändert sich dadurch zwangsläufig die Community. D.h., es wäre einerseits utopisch, andererseits falsch zu erwarten, dass die Community eines deutschen Kindergartens etwas Konstantes ist, worin sich neue Kinder, darunter insbesondere Zweitsprachenlernende, zu integrieren haben. Vielmehr werden durch die Aufnahme neuer Mitglieder auch Ressourcen, Praktiken und Positionen der Community Änderungen erfahren. Diese Änderungen sorgen jedoch dafür, dass die Community weiter besteht (vgl. ebd., 117). Das Gleiche gilt auch für die Gesellschaft im Allgemeinen. In Bezug auf die strukturelle Ebene des Bildungssystems fordern Geißler und Weber-Menges:

> Wenn Deutschland [...] die bisher ungenutzten Leistungspotenziale der Kinder aus sozial schwachen Familien und Migrantenfamilien optimal entwickeln und ausschöpfen möchte, wird es langfristig um eine vielschichtige, behutsame Perestroika des Bildungssystems – möglichst „von unten", d.h. unter Einbeziehung und Mitwirkung möglichst aller Eltern und Lehrkräfte – nicht herum kommen (Geißler/Weber-Menges 2009, 44).

Wie genau diese „Perestrojka des Bildungssystems" aussehen könnte, ob eine Aufhebung der frühen Trennung der Schüler*innen (vgl. ebd.) hier eine Lösung sein könnte, um die Bildungsbenachteiligung zu mindern, soll das Thema künftiger Forschungen und Debatten sein.

Sparprogramme viele Lehrerstellen abgebaut haben, was im Zuge der sozialdemografischen Entwicklung zum akuten Lehrermangel geführt hat (URL: https://www.zdf.de/dokumentation/zdfzoom/zdfzoom-blauer-brief-fuer-die-schule---was-im-system-schieflaeuft-100.html, letzter Abruf am 07.10.2020). Die wenig vorausschauende Bildungspolitik und die aus dem Handlungsdruck resultierenden Entscheidungen wären daher grundsätzlich in Frage zu stellen. Genauso wie Qualifikation der Erzieher*innen und kulturelles Kapital der Familien mit Migrationshintergrund müssten auch bildungspolitische Entscheidungen Eingang in die bildungspolitische Diskussion finden.

9 Fazit und Ausblick

Die vorliegende Arbeit leistet einen Beitrag zur Untersuchung des frühen Zweitspracherwerbs in der sozialen Interaktion, indem sie mittels Konversations- und Positionierungsanalyse und durch das Heranziehen der soziokulturellen und poststrukturalistischen Ansätze sprachlich-interaktionale Ressourcen, soziale Praktiken und Positionierungen der Kinder in den Blick nimmt und die Bedeutung sozialer Aspekte für den frühen Zweitspracherwerb im Kindergarten aufzeigt. Die in den Kapiteln 8.1.und 8.2 skizzierten Fragen und Überlegungen machen gleichzeitig deutlich, dass trotz vieler Bemühungen seitens der Forschung und Praxis das Thema früher Zweitspracherwerb keineswegs als abgeschlossen gelten kann. Auch aktuelle demographische und (bildungs-)politische Entwicklungen lassen den Schluss zu, dass die Themen *früher Zweitspracherwerb* und *Mehrsprachigkeit* in den nächsten Jahren an Aktualität nicht verlieren werden. Wie die Analysen des Fachkräftebarometers zeigen, wird in den nächsten Jahren mit dem weiteren Ausbau der Kindertagesbetreuung gerechnet und die Qualität der Ausbildung und der Praxis werden eine wichtige Rolle spielen (vgl. Schilling 2017, 185). Die Bildungspolitik reagiert darauf mit der Verabschiedung des „Gute-KiTa-Gesetztes" vom 18.9.2018, in dem sprachliche Bildung als eines der zehn Handlungsfelder fokussiert wird.[381] Damit die Bildungsqualität im Elementarbereich verbessert wird, sollten didaktische Bemühungen im Bereich sprachlicher Bildung erstens stärker auf den Erkenntnissen der Grundlagenforschung basieren, d.h., bevor die Entscheidung über eine flächendeckende Einführung bestimmter – für die unterschiedlichen Spracherwerbstypen geeigneten – Verfahren oder Maßnahmen zur Sprachdiagnostik oder Sprachförderung diskutiert wird, sollte hinreichend empirisch fundiertes Wissen darüber vorliegen, wie der Zweitspracherwerb im Kindergarten verläuft. Zweitens sollte in der Bildungspolitik und Praxis ein weitgehender Konsens darüber herrschen, was die Bildungsziele sind und wie sie auszulegen sind: Meint die alltagsintegrierte Sprachförderung in Bezug auf Deutsch als Zweitsprache primär die Förderung der morphosyntaktischen Korrektheit und des Wortschatzausbaus in der deutschen Sprache oder wird die Unterstützung der Kinder in der Entwicklung einer mehrsprachigen Kompetenz bzw. machtvollen multilingualen Identität[382] angestrebt? Das Letztere klingt leider noch ziemlich utopisch.

Die in Bezug auf Entwicklungen in der SLA-Forschung proklamierten „social turn" (Block 2003) und „bi/multilingual turn" (Ortega 2013) sind für die deutschsprachige Zweitspracherwerbsforschung leider noch nicht zu verzeichnen. Erfreulicherweise gibt

---

381 URL: https://www.bmfsfj.de/blob/128302/0a24bc44ab7042b7552397b2cea00fb2/infografik-gute-kita-gesetz-data.pdf, letzter Abruf am 07.10.2020.

382 Es wäre jedoch naiv zu denken, dass die Konstruktion einer mehrsprachigen Identität allein durch die institutionelle Unterstützung zu beeinflussen ist. Wir wissen leider nach wie vor zu wenig darüber, was die Einflussfaktoren der Identitätskonstruktion sind, wie sie wirken und ob und wie sie didaktisch zu beeinflussen wären. Hier scheinen die *agency* des Kindes, die familiäre Sprachpraxis und die Entscheidungen der Familie über z.B. den Spracherhalt oder -verlust primäre Relevanz zu haben, was wiederum von institutionellen oder gesellschaftspolitischen Faktoren beeinflusst werden kann, vgl. z.B. Brizić (2006, 38).

es jedoch bereits einzelne Arbeiten, die – so die Hoffnung – Anstöße für mehr sozial und multilingual orientierte DaZ-/DaF-Forschung geben können (z.B. Ohm 2008, Daase 2018). Wenn diese Arbeit auch einen Impuls für eine CA-SLA inspirierte DaZ-Forschung einerseits sowie für eine für die innerhalb der Community genutzten Ressourcen, ko-konstruierten Praktiken und vorgenommenen Positionierungen sensibilisierte Praxis andererseits geben könnte, wäre das Ziel der Publikation damit erreicht.

10 Literatur

Ackermann, Ulrike (2014): Soziale Positionierungen von LehrerInnen in der Elternsprechstunde. Zur ‚Gesprächsteuerung' im institutionellen Gesprächstyp ‚Elterngespräch'. Freiburger Arbeitspapiere zur germanistischen Linguistik (FRAGL) 21, 186 (URL: https://portal.uni-freiburg.de/sdd/fragl/kotthoff2014.21, letzter Abruf am 07.10.2020).

Adler, Yvonne (2011): Kinder lernen Sprache(n). Alltagsorientierte Sprachförderung in der Kindertagesstätte. Stuttgart: Kohlhammer.

Aguado, Karin (2010a): L2-Erwerb als soziokognitiver Prozess: Aufmerksamkeit als Mittler zwischen Interaktion und Erwerb. In: Berndt, Annette; Kleppin, Karin (Hrsg.): Sprachlehrforschung: Theorie und Empirie. Festschrift für Rüdiger Grotjahn. Unter Mitarbeit von Sarah Schönbrunn und Jessica Böcker. Frankfurt am Main u. a.: Lang, 159–168.

Aguado, Karin (2010b): Sozial-interaktionistische Ansätze. In: Krumm, Hans-Jürgen; Fandrych, Christian; Hufeisen, Britta; Riemer, Claudia (Hrsg.): Deutsch als Fremd- und Zweitsprache. Ein internationales Handbuch. Berlin und New York: De Gruyter Mouton, 817–825.

Ahrenholz, Bernt (2010): Zweitspracherwerbstheorie. In: Barkowski, Hans; Krumm, Hans-Jürgen (Hrsg.): Fachlexikon Deutsch als Fremd- und Zweitsprache. Tübingen und Basel: A. Francke UTB, 367.

Ahrenholz, Bernt (2011): Neuere Befunde zum frühen Zweitspracherwerb und ihre Bedeutung für den Deutsch-als-Zweit- und Fremdsprachenunterricht. In: Barkowski, Hans; Demmig, Silvia; Funk, Hermann; Würz, Ulrike (Hrsg.): Deutsch bewegt. Entwicklungen in der Auslandsgermanistik und Deutsch als Fremd- und Zweitsprache; Dokumentation der Plenarvorträge der XIV. Internationalen Tagung der Deutschlehrerinnen und Deutschlehrer IDT Jena-Weimar 2009. Baltmannsweiler: Schneider Verlag Hohengehren, 21–38.

Ahrenholz, Bernt (2014a): Erstsprache – Zweitsprache – Fremdsprache – Übersicht, Begrifflichkeiten. In: Ahrenholz, Bernt; Oomen-Welke, Ingelore (Hrsg.): Deutsch als Zweitsprache. 3. korrigierte Auflage. Baltmannsweiler: Schneider Verlag Hohengehren, 3–16.

Ahrenholz, Bernt (2014b): Zweitspracherwerbsforschung. In: Ahrenholz, Bernt; Oomen-Welke, Ingelore (Hrsg.): Deutsch als Zweitsprache. 3. korrigierte Auflage. Baltmannsweiler: Schneider Verlag Hohengehren, 64–80.

Ahrenholz, Bernt (2015): Zehn Jahre Workshop „Kinder und Jugendliche mit Migrationshintergrund". In: Rösch, Heidi; Webersik, Julia (Hrsg.): Deutsch als Zweitsprache – Erwerb und Didaktik: Beiträge aus dem 10. Workshop „Kinder mit Migrationshintergrund" Stuttgart: Fillibach bei Klett, 11–20.

Ahrenholz, Bernt; Maak, Diana; unter Mitarbeit von Fuchs, Isabel; Hövelbrinks, Britta; Ricart Brede, Julia; Zippel, Wolfgang (2013): Zur Situation von SchülerInnen nichtdeutscher Herkunftssprache in Thüringen unter besonderer Berücksichtigung von Seiteneinsteigern. Abschlussbericht zum Projekt „Mehrsprachigkeit an Thüringer Schulen (MaTS)", durchgeführt im Auftrage des TMBWK (URL: http://www.daz-portal.de/images/Berichte/bm_band_01_mats_bericht_20130618_final.pdf, letzter Abruf am 07.10.2020).

Akbaş, Bedia (2018): Von Sprachdefiziten und anderen Mythen. Eine Studie zum Nicht-Verbleib von Elementarpädagoginnen und -pädagogen mit Migrationshintergrund. Wiesbaden: Springer.

Albers, Timm (2009): Sprache und Interaktion im Kindergarten. Eine quantitativ-qualitative Analyse der sprachlichen und kommunikativen Kompetenzen von drei- bis sechsjährigen Kindern. Bad Heilbrunn: Verlag Julius Klinkhardt (URL: https://www.pedocs.de/volltexte/2009/1988/pdf/P16245_Albers_D_A.pdf, letzter Abruf am 07.10.2020).

Albers, Timm (2011): Sag mal! Krippe, Kindergarten und Familie: Sprachförderung im Alltag. Weinheim und Basel: Beltz.

Amann, Klaus; Hirschauer, Stefan (1997): Die Befremdung der eigenen Kultur. Ein Programm. In: Hirschauer, Stefan; Amann, Klaus (Hrsg.): Die Befremdung der eigenen Kultur. Frankfurt am Main: Suhrkamp, 752.

Apeltauer, Ernst (2010): Selbststeuerung beim Zweitspracherwerb in Vor- und Grundschule. Flensburg: Universität Flensburg, Abt. Deutsch als fremde Sprache.

Atkinson, Dwight (Hrsg.) (2011a): Alternative approaches to second language acquisition. London, New York: Routledge.

Atkinson, Dwight (2011b): Introduction. Cognitivism and second language. In: Atkinson, Dwight (Hrsg.): Alternative approaches to second language acquisition. London, New York: Routledge, 1–23.

Atteslander, Peter (2010): Methoden der empirischen Sozialforschung. 13. Aufl. Berlin: Schmidt.

Bach, Gerhard; Viebrock, Britta (2012): Was ist erlaubt? Forschungsethik in der Fremdsprachenforschung. In: Doff, Sabine (Hrsg.): Fremdsprachenunterricht empirisch erforschen: Grundlagen, Methoden, Anwendung. Tübingen: Narr, 19–35.

Bachtin, Michail Michailowitsch (1963/2002): Probley [sic!] poeti [sic!] Dostojevskoho [Probleme der Poetik Dostoevskijs]. Moskau und Augsburg: ImWerden-Verlag (URL: http://imwerden.de/pdf/bachtin_poetika_dostoevsky.pdf, letzter Abruf am 07.10.2020).

Bachtin, Michail M. (2017): Sprechgattungen. Berlin: Matthes & Seitz.

Baden-Württemberg Ministerium für Kultus, Jugend und Sport (Hrsg.) (2011): Orientierungsplan für Bildung und Erziehung in baden-württembergischen Kindergärten und weiteren Kindertageseinrichtungen (URL: http://kindergaerten-bw.de/site/pbs-bw-new/get/documents/KULTUS.Dachmandant/KULTUS/Projekte/kindergaerten-bw/Oplan/Material/KM-KIGA_Orientierungsplan_2011.pdf, letzter Abruf am 07.10.2020).

Baisch, Benjamin; Lüders, Kilian; Meiner-Tobner, Christiane; Riedel, Birgit; Scholz, Antonia (2017): Flüchtlingskinder in Kindertagesbetreuung. Ergebnisse der DJI-Kita-Befragung „Flüchtlingskinder" zu Rahmenbedingungen und Praxis 2016

(URL: https://www.dji.de/fileadmin/user_upload/bibs2017/Fluechtlingskinder_in_Kindertagesbetreuung.pdf, letzter Abruf am 07.10.2020).

Barden, Phil (2013): Decoded. The science behind why we buy. New York: John Wiley & Sons, Inc. Ukrainische Ausgabe: Barden, Phil (2017): Kod zlamano abo nauka, scho zmuschuje kupuvaty (übersetzt aus dem Englischen ins Ukrainische von Julija Kuzjmenko). Charkiw: Knyzhkowyj klub.

Barkowski, Hans (2010a): Sprachhandlung. In: Barkowski, Hans; Krumm, Hans-Jürgen (Hrsg.): Fachlexikon Deutsch als Fremd- und Zweitsprache. Tübingen und Basel: A. Francke UTB, 302.

Barkowski, Hans (2010b): Sprechhandlung. In: Barkowski, Hans; Krumm, Hans-Jürgen (Hrsg.): Fachlexikon Deutsch als Fremd- und Zweitsprache. Tübingen und Basel: A. Francke UTB, 317.

Barkowski, Hans; Krumm; Hans-Jürgen (Hrsg.) (2010): Fachlexikon Deutsch als Fremd- und Zweitsprache. Tübingen und Basel: A. Francke UTB.

Bausch, Karl-Richard; Burwitz-Melzer, Eva; Königs, Frank G.; Krumm, Hans-Jürgen (Hrsg.) (2011): Erforschung des Lehrens und Lernens fremder Sprachen: Forschungsethik, Forschungsmethodik und Politik. Tübingen: Gunter Narr.

Bayerisches Staatsministerium für Arbeit und Sozialordnung, Familie und Frauen; Staatsinstitut für Frühpädagogik München (Hrsg.) (2019): Der Bayerische Bildungs- und Erziehungsplan für Kinder in Tageseinrichtungen bis zur Einschulung. 10. Auflage (URL: https://www.ifp.bayern.de/imperia/md/content/stmas/ifp/baybep_10-auflage_2019_webversion.pdf, letzter Abruf am 20.09.2020).

Beck, Gertrud; Scholz, Gerold (2000): Teilnehmende Beobachtung von Grundschulkindern. In: Heinzel, Friederike (Hrsg.): Methoden der Kindheitsforschung. Ein Überblick über Forschungszugänge zur kindlichen Perspektive. Weinheim: Juventa, 147–170.

Beer, Bettina (2008): Systematische Beobachtung. In: Beer, Bettina (Hrsg.): Methoden ethnologischer Feldforschung. 2. Aufl. Berlin: Reimer, 167–189.

Bergmann, Jörg R. (2012): Konversationsanalyse. In: Flick, Uwe; von Kardorff, Ernst; Steinke, Ines (Hrsg.): Qualitative Forschung. Ein Handbuch. 9. Aufl. Reinbek bei Hamburg: Rowohlt Taschenbuch Verlag, 524–537.

Betz, Tanja (2013): Anforderungen an Fachkräfte in Kindertageseinrichtungen. In: Stamm, Margrit; Edelmann, Doris (Hrsg.): Handbuch frühkindliche Bildungsforschung. Wiesbaden: Springer Fachmedien, 259–272.

Bickes, Hans; Pauli, Ute (2009): Erst- und Zweitspracherwerb. Paderborn: Wilhelm Fink (UTB).

Björk-Willén, Polly (2008): Routine trouble: How preschool children participate in multilingual instruction. In: Applied Linguistics 29 (4), 555–577.

Block, David (2003): The social turn in second language acquisition. Edinburgh: Edinburgh University Press Ltd.

Block, David (2007): The rise of identity in SLA research, post Firth and Wagner (1997). In: The Modern Language Journal 91 (s1), 863–876.

Bortz, Jürgen; Döring, Nicola (2006): Forschungsmethoden und Evaluation. Für Human- und Sozialwissenschaftler. 4. Aufl. Heidelberg: Springer-Medizin-Verlag.

Bourdieu, Pierre (1983): Ökonomisches Kapital, kulturelles Kapital, soziales Kapital. In: Kreckel, Reinhard (Hrsg.): Soziale Ungleichheiten. Göttingen: O. Schwarz & Company,183–198 (URL: http://unirot.blogsport.de/images/bourdieukapital.pdf, letzter Abruf am 07.10.2020).

Bourdieu, Pierre (1990): Was heißt hier Sprechen? Die Ökonomie des sprachlichen Tausches. Wien: Braumüller.

Breidenstein, Georg; Hirschauer, Stefan; Kalthoff, Herbert; Nieswand, Boris (2015): Ethnografie. Die Praxis der Feldforschung. 2. Auflage. Konstanz und München: UVK Verlagsgesellschaft GmbH.

Brinker, Klaus; Sager, Sven F. (2010): Linguistische Gesprächsanalyse. Eine Einführung. 5., neu bearbeitete Auflage. Berlin: Erich Schmidt Verlag.

Brizić, Katharina (2006): Das geheime Leben der Sprachen. Eine unentdeckte migrantische Bildungsressource. In: Kurswechsel 2, 32–43 (URL: http://www.beigewum.at/wordpress/wp-content/uploads/032_katharina_brizic.pdf, letzter Abruf am 07.10.2020).

Bronfenbrenner, Urie (1981): Die Ökologie der menschlichen Entwicklung: natürliche und geplante Experimente. Stuttgart: Ernst Klett und Cotta.

Brougère, Gilles (2007): Die Kinder, die Erwachsenen und der Beobachter. In: Weigand, Gabriele; Hess, Remi (Hrsg.): Teilnehmende Beobachtung in interkulturellen Situationen. Frankfurt am Main u. a.: Campus Verlag, 213–228.

Brouwer, Catherine E. (2003): Word searches in NNS-NS interaction: Opportunities for language learning? In: The Modern Language Journal 87 (iv), 534–545.

Brouwer, Catherine E.; Wagner, Johannes (2004): Developmental issues in second language conversation. In: Journal of Applied Linguistics 1 (1), 29–47.

Brüsemeister, Thomas (2008): Qualitative Forschung. Ein Überblick. 2. Aufl. Wiesbaden: VS Verlag für Sozialwissenschaften.

Busch, Brigitta (2013): Mehrsprachigkeit. Wien: facultas.

Cekaite, Asta (2007): A child's development of interactional competence in a Swedish L2 classroom. In: The Modern Language Journal 91 (i), 45–62.

Chilla, Solveig; Rothweiler, Monika; Babur, Ezel (2010): Kindliche Mehrsprachigkeit. Grundlagen – Störungen – Diagnostik. München: Ernst Reinhardt.

Clift, Rebecca (2016): Conversation analysis. Cambridge: Cambridge University Press.

Cloos, Peter (2010): Qualitative frühpädagogische Forschung. In: Bock, Karin; Miethe, Ingrid (Hrsg.): Handbuch Qualitative Methoden in der Sozialen Arbeit. Opladen/Farmington Hills: Barabara Budrich, 475–480.

Daase, Andrea (2012): Jugendliche mit mehrsprachigem Hintergrund im Übergangssystem – Ein soziokulturell erweiterter Blick auf Bildungsbenachteiligung und Mehrsprachigkeit. In: Ohm, Udo; Bongartz, Christiane (Hrsg.): Soziokulturelle und psycholinguistische Untersuchungen zum Zweitspracherwerb: Ansätze zur Verbindung zweier Forschungsparadigmen. Frankfurt am Main u. a.: Peter Lang, 113–146.

Daase, Andrea (2018): Zweitsprachsozialisation in den Beruf. Narrative Rekonstruktionen erwachsener Migrant*innen mit dem Ziel einer qualifizierten Arbeitsaufnahme. Münster und New York: Waxmann.

Dausendschön-Gay, Ulrich; Gülich, Elisabeth; Krafft, Ulrich (2007): Vorgeformtheit als Ressource im konversationellen Formulierungs- und Verständigungsprozess. In: Hausendorf, Heiko (Hrsg.): Gespräch als Prozess. Linguistische Aspekte der Zeitlichkeit verbaler Interaktion. Tübingen: G. Narr, 181–219.

Davies, Bronwyn; Harré, Rom (1990): Positioning: The discursive production of selves. In: Journal for the Theory of Social Behaviour 20 (1), 43–63 (URL: https://onlinelibrary.wiley.com/doi/epdf/10.1111/j.1468-5914.1990.tb00174.x, letzter Abruf am 07.10.2020).

Day, Elaine Mellen (1999): Identity formation in a kindergarten. English language learner: an ethnographic case study. Simon Fraser University.

Day, Elaine Mellen; Toohey, Kellen (1999): Language-learning: the importance of access to community. In: TESL Canada Journal 17 (1), 40–53.

Demirkaya, Sevilen (2017): Vorschulische Sprachförderung für Kinder mit Migrationshintergrund. Eine qualitative Längsschnittstudie aus sozialökologischer Perspektive. Dissertation. Bielefeld: Universität Bielefeld (URL: https://pub.uni-bielefeld.de/record/2920992, letzter Abruf am 07.10.2020).

Deppermann, Arnulf (2000): Ethnographische Gesprächsanalyse: Zu Nutzen und Notwendigkeit von Ethnographie für die Konversationsanalyse. In: Gesprächsforschung – Online-Zeitschrift zur verbalen Interaktion 1, 96–124 (URL: http://www.gespraechsforschung-ozs.de/heft2000/ga-deppermann.pdf, letzter Abruf am 07.10.2020).

Deppermann, Arnulf (2008): Gespräche analysieren. Eine Einführung. 4. Aufl. Wiesbaden: VS Verlag für Sozialwissenschaften.

Deppermann, Arnulf (2010): Konversationsanalyse und diskursive Psychologie. In: Mey, Günter; Mruck, Katja (Hrsg.): Handbuch Qualitative Forschung in der Psychologie. Wiesbaden: VS Verlag für Sozialwissenschaften / Springer Fachmedien, 643–661.

Desgrandes, Ilka (1985): „Was sollen wir denn heute machen?" Gespräche zwischen Kindern und Erwachsenen. In: Kutsch, Stefan (Hrsg.): Zweitsprache Deutsch – ungesteuerter Erwerb. Interaktionsorientierte Analyse des Projekts Gastarbeiterkommunikation. Tübingen: Niemeyer, 48–87.

Deutscher Bildungsrat (1973): Strukturplan für das Bildungswesen. Empfehlungen der Bildungskommission. Unveränderter Nachdruck der 4. Auflage 1972. Stuttgart: Ernst Klett Verlag.

Dirim, İnci (2013): „Meine Perspektive auf das Fachgebiet Deutsch als Zweitsprache" (URL: https://germanistik.univie.ac.at/personen/dirim-inci/, letzter Abruf am 07.10.2020).

Dörnyei, Zoltán (2006): Individual differences in second language acquisition. In: AILA Review, 19, 42–68 (URL: https://www.zoltandornyei.co.uk/journal-articles, letzter Abruf am 07.10.2020).

Douglas Fir Group (2016): A transdisciplinary framework for SLA in a multilingual world. In: The Modern Language Journal 100 (S1), 19–47.

Duff, Patricia A.; Talmy, Steven (2011): Language socialization approaches to second language acquisition: social, cultural, and linguistic development in additional languages. In: Atkinson, Dwight (Hrsg.): Alternative approaches to second language acquisition. London, New York: Routledge, 95–116.

Ehlich, Konrad (2010): Konversationsanalyse. In: Barkowski, Hans; Krumm, Hans-Jürgen (Hrsg.): Fachlexikon Deutsch als Fremd- und Zweitsprache. Tübingen und Basel: A. Francke UTB, 170.

Ehlich, Konrad; Bredel, Ursula; Reich, Hans H. (Hrsg.) (2008): Referenzrahmen zur altersspezifischen Sprachaneignung – Forschungsgrundlagen. Bonn und Berlin: Bundesministerium für Bildung und Forschung (BMBF).

Elsner, Birgit; Pauen, Sabina (2018): Vorgeburtliche Entwicklung und früheste Kindheit (0–2) Jahre. In: Schneider, Wolfgang; Lindenberger, Ulman (Hrsg.): Entwicklungspsychologie. 8. überarbeitete Auflage. Weinheim und Basel: Beltz Verlag, 163–189.

Emerson, Robert M.; Fretz, Rachel I.; Shaw, Linda L. (1995): Writing ethnographic fieldnotes. Chicago u.a.: Univ. of Chicago Press.

Engeström, Yrjö (1999): Activity theory and individual and social transformation. In: Engeström, Yrjö; Miettinen, Reijo; Punamäki, Raija-Leena (Hrsg.): Perspectives on Activity Theory. Cambridge: Cambridge University Press, 19–38.

Epping, Clara (2016): Sprachliche Interaktion im multikulturellen Kindergarten. Eine videogestützte ethnographische Studie. Münster und New York: Waxmann.

Eskildsen, Søren Wind (2018): 'We're learning a lot of new words': Encountering new L2 vocabulary outside of class. In: The Modern Language Journal 102 (S1), 46–63.

Eskildsen, Søren Wind; Majlesi, Ali Reza (2018): Learnables and teachables in second language talk: advancing a social reconceptualization of central SLA tenets. Introduction to the special issue. In: The Modern Language Journal 102 (S1), 3–10.

Fiehler, Reinhard (2009): Gesprochene Sprache. In: Duden. Die Grammatik. 8 Auflage. Berlin: Dudenverlag, 1165–1244.

Fillmore, Lily Wong (1976): The second time around: cognitive and social strategies in second language acquisition. A dissertation submitted to the department of linguistics and the committee on graduate studies of Stanford university.

Fillmore, Lily Wong (1979): Individual differences in second language acquisition. In: Fillmore, Charles J.; Kempler, Daniel; Wang, William S.-Y. (Hrsg.): Individual differences in language ability and language behavior. New York u.a: Academic Press, 203–228.

Fine, Gary Alan; Glassner, Barry (1979): Participant observation with children. Promise and problems. In: Urban Life 8 (2), 153–174.

Firth, Alan; Wagner, Johannes (1997): On discourse, communication, and (some) fundamental concepts in SLA research. In: The Modern Language Journal 81 (3), 285–300.

Firth, Alan; Wager, Johannes (1998): SLA property: No trespassing! In: The Modern Language Journal, 82 (1), 91–94.

Firth, Alan; Wagner, Johannes (2007): Second/foreign language learning as a social accomplishment: elaborations on a reconceptualized SLA. In: The Modern Language Journal 91 (S1), 800–819.

Fischer, Hans (2008): Dokumentation. In: Beer, Bettina (Hrsg.): Methoden ethnologischer Feldforschung. 2. Aufl. Berlin: Reimer, 293–322.

Flick, Uwe (2009): Sozialforschung. Methoden und Anwendungen. Ein Überblick für die BA-Studiengänge. Reinbek: Rowohlt Taschenbuch.

Flick, Uwe (2010): Qualitative Sozialforschung. Eine Einführung. 3. Aufl. Reinbek: Rowohlt Taschenbuch.

Flick, Uwe; Kardorff, Ernst von; Steinke, Ines (2012): Was ist qualitative Forschung? Einleitung und Überblick. In: Flick, Uwe; von Kardorff, Ernst; Steinke, Ines (Hrsg.): Qualitative Forschung. Ein Handbuch. 9. Aufl. Reinbek: Rowohlt Taschenbuch, 13–29.

Focali, Ergin (2009): Sprachen und Kulturen sichtbar machen. Interkulturelle Bildungsarbeit mit Kleinstkindern. Troisdorf: Bildungsverlag EINS GmbH.

Friebertshäuser, Barbara; Panagiotopoulou, Argyro (2010): Ethnographische Feldforschung. In: Friebertshäuser, Barbara; Langer, Antje; Prengel, Annedore (Hrsg.): Handbuch qualitative Forschungsmethoden in der Erziehungswissenschaft. Unter Mitarbeit von Heike Boller und Sophia Richter. 3. Aufl. Weinheim u.a.: Juventa, 301–322.

Fried, Lilian; Briedigkeit, Eva (2008): Sprachförderkompetenz – Selbst- und Teamqualifizierung für Erzieherinnen, Fachberatungen und Ausbilder. Berlin, Düsseldorf, Mannheim: Cornelsen.

Fröhlich-Gildhoff, Klaus; Weltzien, Dörte; Kirstein, Nicole; Pietsch, Stefanie; Rauh, Katharina (2014): Expertise Kompetenzen früh-/kindheitspädagogischer Fachkräfte im Spannungsfeld von normativen Vorgaben und Praxis (URL: http://www.zfkj.de/images/Expertise%20Kompetenzen%20frhpdagogischer%20Fachkrfte-Frhlich-Gildhoff%20et%20al.%202014-Langfassung.pdf, letzter Abruf am 07.10.2020).

Gasteiger-Klicpera, Barbara; Knapp, Werner; Kucharz, Diemut, unter Mitarbeit von Patzelt, Doreen; Ricart Brede, Julia; Schmidt, Barbara Maria; Vomhof, Beate (2010): Abschlussbericht der Wissenschaftlichen Begleitung des Programms „Sag' mal was – Sprachförderung für Vorschulkinder". Pädagogische Hochschule Weingarten (URL: https://www.sagmalwas-bw.de/fileadmin/Mediendatenbank_DE/Sag_Mal_Was/Dokumente/Abschlussbericht_PH_Weingarten.pdf, letzter Abruf am 07.10.2020).

Gass, Susan (1998): Apples and oranges: Or, why apples are not orange and don't need to be. A response to Firth and Wagner. In: The Modern Language Journal 82 (1), 8390.

Gass, Susan (2004): Conversation analysis and input-interaction. In: The Modern Language Journal 88 (4), 597–602.

Gass, Susan; Lee, Junkyu; Roots, Robin (2007): Firth and Wagner (1997): New ideas or a new articulation? In: The Modern Language Journal 91 (S1), 788–799.

Geißler, Rainer; Weber-Menges, Sonja (2009): Soziale und ethnische Auslese im deutschen Bildungssystem – ein skandalöser Mechanismus sozialer Ausgrenzung. In: Archiv für Wissenschaft und Praxis der sozialen Arbeit 40, 34–46 (URL:https://www.uni-siegen.de/phil/sozialwissenschaften/soziologie/mitarbeiter/geissler/2009sozialeund_ethnischeauslese.pdf, letzter Abruf am 06.10.2020).

Geist, Barbara (2013): Sprachdiagnostische Kompetenz von Sprachförderkräften. Berlin und Boston: De Gruyter Mouton.

Gibbons, Pauline (2009): English learners, academic literacy, and thinking. Portsmouth: Heinemann.

Gibbons, Pauline (2010): Learning academic registers in context: challenges and opportunities in supporting migrant learners. In: Benholz, Claudia; Kniffka, Gabriele; Winters-Ohle, Elmar (Hrsg.): Fachliche und sprachliche Förderung von Schülern mit Migrationsgeschichte. Münster u. a.: Waxmann, 25–37.

Girtler, Roland (1988): Methoden der qualitativen Sozialforschung. Anleitung zur Feldarbeit. 2. Aufl. Wien u. a.: Böhlau.

Goffman, Erving (1996): Über Feldforschung. In: Knoblauch, Hubert (Hrsg.): Kommunikative Lebenswelten. Zur Ethnographie einer geschwätzigen Gesellschaft. Konstanz: UVK Univ.-Verlag Konstanz, 261–269.

Gogolin, Ingrid (1994): Der monolinguale Habitus der multilingualen Schule. Münster und New York: Waxmann.

Grimm, Hannelore (2003): SSV. Sprachscreening für das Vorschulalter. Göttingen: Hogrefe.

Grimm, Angela; Schulz, Petra (2012): Forschungsmethoden der kombinierten Längs- und Querschnittstudie MILA. In: Ahrenholz, Bernt (Hrsg.): Einblicke in die Zweitspracherwerbsforschung und ihre methodischen Verfahren. Berlin und Boston: De Gruyter Mouton, 195–218.

Grotjan, Rüdiger (2000): Einige Thesen zur empirischen Forschungsmethodologie. In: Aguado, Karin (Hrsg.): Zur Methodologie in der empirischen Fremdsprachenforschung. Baltmannsweiler: Schneider Verlag Hohengehren, 18–30.

Gültekin-Karakoç, Nazan; Demirkaya, Sevilen; Riemer, Claudia (2009): Vorschulische Sprachförderung für Kinder mit Migrationshintergrund. Das Bielefelder Forschungsprojekt MIKI. In: Schramm, Karen (Hrsg.): Empirische Zugänge zu Spracherwerb und Sprachförderung in Deutsch als Zweitsprache. Münster und New York: Waxmann, 131–156.

Hall, Joan Kelly (1997): A consideration of SLA as a theory of practice: a response to Firth and Wagner. In: The Modern Language Journal 81 (3), 301–306.

Hall, Joan Kelly (2004): Language learning as an interactional achievement. In: The Modern Language Journal 88 (4), 607–612.

Haneda, Mari (2006): Classrooms as communities of practice: a reevaluation. In: TESOL Quarterly 40 (4), 807–817.

Harari, Yuval Noah (2015): Eine kurze Geschichte der Menschheit. München: Pantheon.

Harré, Rom; Van Langenhove, Luk (1991): Varieties of Positioning. In: Journal for the Theory of Social Behaviour, 21 (4), 393–407.

Harré, Rom; van Langenhove, Luk (1999): Positioning Theory. Oxford: Blackwell.

Hauser, Eric (2011): On the danger of exogenous theory in CA-for-SLA: A response to Hellermann and Cole (2009). In: Applied Linguistics 32 (3), 348–352.

Hauser-Schäublin, Brigitta (2008): Teilnehmende Beobachtung. In: Beer, Bettina (Hrsg.): Methoden ethnologischer Feldforschung. 2. Aufl. Berlin: Reimer, 37–59.

Hausendorf, Heiko; Quasthoff, Uta M. (1996): Sprachentwicklung und Interaktion. Eine linguistische Studie zum Erwerb von Diskursfähigkeiten. Opladen: Westdeutscher Verlag.

He, Agnes Weiyun (2004): CA for SLA: Arguments from the Chinese Language Classroom. In: The Modern Language Journal 88 (4), 568–582.

Hee, Katrin (2012): Polizeivernehmungen von Migranten. Eine gesprächsanalytische Studie interkultureller Interaktionen in Institutionen. Heidelberg: Universitätsverlag Winter.

Heinzel, Friederike (2000): Methoden und Zugänge der Kindheitsforschung im Überblick. In: Heinzel, Friederike (Hrsg.): Methoden der Kindheitsforschung. Ein Überblick über Forschungszugänge zur kindlichen Perspektive. Weinheim: Juventa, 21–35.

Heinzel, Friederike (2010): Zugänge zur kindlichen Perspektive Methoden der Kindheitsforschung. In: Friebertshäuser, Barbara; Langer, Antje; Prengel, Annedore (Hrsg.): Handbuch qualitative Forschungsmethoden in der Erziehungswissenschaft. Unter Mitarbeit von Heike Boller und Sophia Richter. 3. Aufl. Weinheim u.a.: Juventa, 707–721.

Heller, Vivien; Morek, Miriam (2016): Gesprächsanalyse. Mikroanalytische Beschreibung sprachlicher Interaktion in Bildungs- und Lernzusammenhängen. In: Boelman, Jan (Hrsg.): Empirische Bildungsforschung in der Deutschdidaktik. 2. Aufl. Baltmannsweiler: Schneider Verlag Hohengehren, 223–246.

Hellermann, John (2007): The development of practices for action in classroom dyadic interaction: focus on task openings. In: The Modern Language Journal 91 (i), 83–96.

Hellermann, John; Cole, Elisabeth (2009): Practices for social interaction in the language-learning classroom: disengagements from dyadic task interaction. In: Applied Linguistics, 30 (2), 186–215.

Hellermann, John; Lee, Yo-An (2014): Members and their competencies: contributions of ethnomethodological conversation analysis to a multilingual turn in second language acquisition. In: System, 44, 54–65.

Henrici, Gert (1995): Spracherwerb durch Interaktion? Eine Einführung in die fremdsprachenerwerbsspezifische Diskursanalyse. Baltmannsweiler: Schneider Verlag Hohengehren.

Henrici, Gert (2001): Zweitsprachenerwerb als Interaktion I: Interaktiv-kommunikative Variablen. In: Helbig, Gerhard (Hrsg.): Deutsch als Fremdsprache. Ein internationales Handbuch. Berlin: De Gruyter, 732–742.

Hepburn, Alexa; Bolden, Galina B. (2013): The conversation analytic approach to transcription. In: Sidnell, Jack; Stivers, Tanya (Hrsg.): The handbook of conversation analysis. Chicester u.a: Wiley-Blackwell, 57–76.

Herzog-Punzenberger, Barbara; Hintermann, Christiane (2018): Migrant, Migrantin. In: Gogolin, Ingrid; Georgi, Viola B.; Krüger-Potratz, Marianne; Lengyel, Drorit; Sandfuchs, Uwe (Hrsg.): Handbuch Interkulturelle Pädagogik. Bad Heilbrunn: Verlag Julius Klinkhardt, 30–33.

Hessisches Ministerium für Soziales und Integration (Hrsg.) (2010): Kinder in den ersten drei Lebensjahren – Was können sie, was brauchen sie? Eine Handreichung zum Hessischen Bildungs- und Erziehungsplan für Kinder von 0–10 Jahren (URL: https://bep.hessen.de/sites/bep.hessen.de/files/U3_Handreichung_0-3_Internet_2019.pdf, letzter Abruf am 07.10.2020).

Hessisches Ministerium für Soziales und Integration / Hessisches Kultusministerium (Hrsg.) (2019): Bildung von Anfang an. Bildungs- und Erziehungsplan für Kinder von 0 bis 10 Jahren in Hessen. 9. Auflage (URL: https://bep.hessen.de/sites/bep.hessen.de/files/BEP_2019_Web_0.pdf, letzter Abruf am 07.10.2020).

Hopf, Christel (2012): Forschungsethik und qualitative Forschung. In: Flick, Uwe; von Kardorff, Ernst; Steinke, Ines (Hrsg.): Qualitative Forschung. Ein Handbuch. 9. Aufl. Reinbek: Rowohlt Taschenbuch, 589–600.

Hopp, Holger; Thoma, Dieter; Tracy, Rosemarie (2010): Sprachförderkompetenz pädagogischer Fachkräfte. Ein sprachwissenschaftliches Modell. In: Zeitschrift für Erziehungswissenschaft, 13 (4), 609–629.

Hu, Adelheid (2011): Forschung – Politik – Ethik. Einige Überlegungen aus der Perspektive fremdsprachendidaktischer Forschung im Jahre 2011. In: Bausch, Karl-Richard; Burwitz-Melzer, Eva; Königs, Frank G.; Krumm, Hans-Jürgen (Hrsg.): Erforschung des Lehrens und Lernens fremder Sprachen: Forschungsethik, Forschungsmethodik und Politik. Tübingen: Narr, 73–81.

Huber, Oswald (1993): Beobachtung. In: Roth, Erwin; Heidenreich, Klaus (Hrsg.): Sozialwissenschaftliche Methoden. Lehr- und Handbuch für Forschung und Praxis. 3. Aufl. München: R. Oldenbourg, 126–145.

Hufeisen, Britta (2011): Zugänge zum Forschungsfeld des Lehrens und Lernens von Fremdsprachen oder: Gibt es und brauchen wir eigene Forschungsmethoden? In: Bausch, Karl-Richard; Burwitz-Melzer, Eva; Königs, Frank G.; Krumm, Hans-Jürgen (Hrsg.): Erforschung des Lehrens und Lernens fremder Sprachen: Forschungsethik, Forschungsmethodik und Politik. Tübingen: Gunter Narr, 82–91.

Hufeisen, Britta; Riemer, Claudia (2010): Spracherwerb und Sprachenlernen. In: Hans-Jürgen Krumm (Hrsg.): Deutsch als Fremd- und Zweitsprache. Ein internationales Handbuch. 1. Halbband. Berlin und New York: De Gruyter Mouton, 738–753.

Hunter, Judy (1997): Multiple perceptions: social identity in a multilingual elementary classroom. In: TESOL Quarterly, Vol. 31 (3), 603–611.

Illius, Bruno (2012): Feldforschung. In: Beer, Bettina (Hrsg.): Ethnologie. Einführung und Überblick. 7. Aufl. Berlin: Reimer, 75–100.

Jahoda, Maria; Deutsch, Morton; Cook, Stuart W. (1972): Beobachtungsverfahren. In: König, René; Rueschemeyer, Dietrich; Scheuch, Erwin K. (Hrsg.): Praktische Sozialforschung. 7. Aufl. Köln: Kiepenheuer & Witsch, 77–96.

Jeuk, Stefan (2011): Erste Schritte in der Zweitsprache Deutsch. Eine empirische Untersuchung zum Zweitspracherwerb türkischer Migrantenkinder in Kindertageseinrichtungen. 2. unveränderte Auflage. Freiburg im Breisgau: Fillibach Verlag.

Kallmeyer, Werner; Schütze, Fritz (1976): Konversationsanalyse. In: Studium Linguistik 1, 1–28.

Kammermeyer, Gisela; Roux, Susanna (2013): Sprachbildung und Sprachförderung. In: Stamm, Margrit; Edelmann, Doris (Hrsg.): Handbuch frühkindliche Bildungsforschung. Wiesbaden: Springer Fachmedien, 515–528.

Kammermeyer, Gisela; Roux, Susanna; Stuck, Andrea (2013): „Was wirkt wie?" – Evaluation von Sprachfördermaßnahmen in Rheinland-Pfalz. Abschlussbericht (März 2013). Landau: Universität (URL: https://www.yumpu.com/de/document/view/17736596/abschlussbericht-kita-server-rheinland-pfalz, letzter Abruf am 07.10.2020).

Kasper, Gabriele (1997): „A" stands for acquisition: a response to Firth and Wagner. In: The Modern Language Journal 81 (3), 307–312.

Kasper, Gabriele (2004): Participant orientations in German conversation-for-learning. In: The Modern Language Journal 88 (4), 551–567.

Kasper, Gabriele; Wagner, Johannes (2011): A conversation-analytic approach to second language acquisition. In: Atkinson, Dwight (Hrsg.): Alternative approaches to second language acquisition. London, New York: Routledge, 117–142.

Kasper, Gabriele; Wagner, Johannes (2018): Epistemological reorientations and L2 interactional settings: a postscript to the special issue. In: The Modern Language Journal 102 (S1), 82–90.

Kieferle, Christa (2011): Literacy-Entwicklung. In: Reichert-Garschhammer, Eva; Kieferle, Christa (Hrsg.): Sprachliche Bildung in Kindertageseinrichtungen. Freiburg et al.: Herder, 49–57.

Klann-Delius, Gisela (1996): Einige praktische Probleme von Langzeituntersuchungen und ihre methodologischen Implikationen. In: Ehlich, Konrad (Hrsg.): Kindliche Sprachentwicklung. Konzepte und Empirie. Opladen: Westdeutscher Verlag, 17–30.

Klein, Wolfgang (2001): Typen und Konzepte des Spracherwerbs. In: Helbig, Gerhard (Hrsg.): Deutsch als Fremdsprache. Ein internationales Handbuch. Berlin: De Gruyter, 604–617.

Knapp, Werner; Kucharz, Diemut; Gasteiger-Klicpera, Barbara (2010): Sprache fördern im Kindergarten. Umsetzung wissenschaftlicher Erkenntnisse in die Praxis. Weinheim und Basel: Beltz.

Kniffka, Gabriele; Siebert-Ott, Gesa (2012): Deutsch als Zweitsprache. Lehren und Lernen. 3. aktualisierte Auflage. Paderborn u.a.: Ferdinand Schöningh.

Knoblauch, Hubert (2001): Fokussierte Ethnographie. In: Sozialer Sinn (1), 123–141 (URL: http://www.digizeitschriften.de.ubproxy.ub.uni-frankfurt.de/dms/gcs-wrapper, letzter Abruf am 07.10.2020).

Koller, Werner (2003): Mensch und Text in der Sprachfremde: overt und covert. In: Baumgarten, Nicole; Böttger, Claudia; Motz, Markus; Probst, Julia (Hrsg.): Übersetzen, Interkulturelle Kommunikation, Spracherwerb und Sprachvermittlung – das Leben mit mehreren Sprachen. Festschrift für Juliane House zum 60. Geburtstag (=Zeitschrift für Interkulturellen Fremdsprachenunterricht 8, 2/3), 6–14.

Komor, Anna (2010): Miteinander kommunizieren – Kinder unter sich. Eine empirische diskursanalytische Untersuchung zur Ausbildung kindlicher Kommunikationsfähigkeit. Münster et al.: Waxmann.

König, Anke (2007): Dialogisch-entwickelnde Interaktionsprozesse als Ausgangspunkt für die Bil-dungsarbeit im Kindergarten. In: Bildungsforschung 4 (1), 1–21 (URL: https://www.researchgate.net/publication/267975054_Dialogisch-entwickelnde_Interaktionsprozesse_als_Ausgangspunkt_fur_die_Bildungsarbeit_im_Kindergarten, letzter Abruf am 07.10.2020).

Korobov, Neill (2001): Reconciling Theory with Method: From Conversation Analysis and Critical Discourse Analysis to Positioning Analysis [36 paragraphs]. In: Forum Qualitative Sozialforschung, 2(3), Art. 11 (URL: https://www.qualitative-research.net/index.php/fqs/article/view/906/1981, letzter Abruf am 06.10.2020).

Kowal, Sabine; O'Connell, Daniel C. (2012): Zur Transkription von Gesprächen. In: Flick, Uwe; von Kardorff, Ernst; Steinke, Ines (Hrsg.): Qualitative Forschung. Ein Handbuch. 9. Aufl. Reinbek: Rowohlt Taschenbuch, 437–447.

Kraft, Barbara (2007): „Und wo sind die Hände?" Beobachtungen zur Funktion von Rückfragen bei der Erziehung und Wissensvermittlung im Kindergarten. In: Meng, Katharina; Rehbein, Jochen (Hrsg.): Kindliche Kommunikation – einsprachig und mehrsprachig. Münster et al.: Waxmann, 229–254.

Kramsch, Claire (2009): The multilingual subject. Oxford: Oxford University Press.

Krumm, Hans-Jürgen (2011): Wissenschaft und (Sprachen-)Politik: wissenschaftsethische Perspektiven des Faches Deutsch als Fremd- und Zweitsprache. In: Bausch, Karl-Richard; Burwitz-Melzer, Eva; Königs, Frank G.; Krumm, Hans-Jürgen (Hrsg.): Erforschung des Lehrens und Lernens fremder Sprachen: Forschungsethik, Forschungsmethodik und Politik. Tübingen: Narr, 125–134.

Kuhn, Melanie; Diehm, Isabell (2015): Sprechen über das Sprechen der Kinder. Thematisierungsweisen ‚ungesprochener' Mehrsprachigkeit im elementarpädagogischen Feld. In: Schnitzer, Anna; Mörgen, Rebecca (Hrsg.): Mehrsprachigkeit und (Un-)Gesagtes. Sprache als soziale Praxis in der Migrationsgesellschaft. Weinheim und Basel: Beltz Juventa, 109–130.

Kunitz, Silvia (2018): Collaborative attention work on gender agreement in Italian as a foreign language. In: The Modern Language Journal 102 (S1), 64–81.

Kunitz, Silvia; Markee, Numa (2016): Understanding the fuzzy borders of context in conversation analysis and ethnography. In: Wortham, Stanton; Kim, Deoksoon; May, Stephen (Hrsg.): Discourse and education. Encyclopedia of language and education. Cham: Springer International Publishing Switzerland, 1–13.

Lafford, Barbara (2007): Second language acquisition reconceptualized? The impact of Firth and Wagner (1997). In: The Modern Language Journal 91 (S1), 735–756.

Lamnek, Siegfried (2010): Qualitative Sozialforschung. Lehrbuch. 5. Aufl. Weinheim, Basel: Beltz.

Lamparter-Posselt, Margarete; Jeuk, Stefan (2014): Deutsch als Zweitsprache im Kindergarten. In: Ahrenholz, Bernt; Oomen-Welke, Ingelore (Hrsg.): Deutsch als Zweitsprache. 3. korrigierte Auflage. Baltmannsweiler: Schneider Verlag Hohengehren, 149–161.

Langer, Antje (2010): Transkribieren – Grundlagen und Regeln. In: Friebertshäuser, Barbara; Langer, Antje; Prengel, Annedore (Hrsg.): Handbuch qualitative Forschungsmethoden in der Erziehungswissenschaft. Unter Mitarbeit von Heike Boller und Sophia Richter. 3. Aufl. Weinheim u.a.: Juventa, 515–526.

Lantolf, James P. (2011): The sociocultural approach to second language acquisition. Sociocultural theory, second language acquisition, and artificial L2 development. In: Atkinson, Dwight (Hrsg.): Alternative approaches to second language acquisition. London, New York: Routledge, 24–47.

Lantolf, James, P.; Thorne, Steven, L. (2006): Sociocultural theory and the genesis of second language development. Oxford: University Press.

Lantolf, James P.; Thorne, Steven L. (2007): Sociocultural Theory and Second Language Learning. In: VanPatten, Bill; Williams, Jessica (Hrsg.): Theories in second language acquisition. An introduction. Mahwah und New Jersey (London): Lawrence Erlbaum Associates, 201–224.

Lantolf, James P.; Thorne, Steven L.; Poehner, Matthew E. (2015): Sociocultural Theory and Second Language Development. In: VanPatten, Bill; Williams, Jessica (Hrsg.): Theories in second language acquisition. An introduction. 2. Aufl. New York und London: Routledge Tylor & Francis Group, 207–226.

Lapassade, Georges (2007): Teilnehmende Beobachtung: Ursprünge – Differenzierungen – Abgrenzungen. In: Weigand, Gabriele; Hess, Remi (Hrsg.): Teilnehmende Beobachtung in interkulturellen Situationen. Frankfurt am Main u.a.: Campus Verlag, 39–61.

Larsen-Freeman, Diane (2004): CA for SLA? It all depends... In: The Modern Language Journal 88 (4), 603–607.

Larsen-Freeman, Diane (2007): Reflecting on the cognitive-social debate in second language acquisition. In: The Modern Language Journal 91 (S1), 773–787.

Lave, Jean; Wenger, Etienne (2011): Situated learning. Legitimate peripheral participation. 24. Auflage. Cambridge: Cambridge University Press.

Lee, Jackson L.; Burkholder, Ross; Flinn, Gallagher B.; Coppess, Emily R. (2016): Working with CHAT transcripts in Python (URL: http://jacksonllee.com/papers/lee-etal-2016-pylangacq.pdf, letzter Abruf am 07.10.2020).

Legutke, Michael K.; Schramm, Karen (2016): Forschungsethik. In: Caspari, Daniela; Klippel, Friederike; Legutke, Michael K.; Schramm, Karen (Hrsg.): Forschungsmethoden in der Fremdsprachendidaktik. Ein Handbuch. Tübingen: Narr Francke Attempo Verlag, 108–117.

Leist, Anja (2006): Sprachförderung im Elementarbereich. In: Bredel, Ursula; Günther, Hartmut; Klotz, Peter; Ossner, Jakob; Siebert-Ott, Gesa (Hrsg.): Didaktik der deutschen Sprache. Ein Handbuch. 2. durchges. Aufl. Paderborn: UTB, 673–683.

Lengyel, Drorit (2009): Zweitspracherwerb in der Kita. Eine integrative Sicht auf die sprachliche und kognitive Entwicklung mehrsprachiger Kinder. Münster u. a.: Waxmann.

Lengyel, Drorit (2018): Sprachbildung. In: Gogolin, Ingrid; Georgi, Viola B.; Krüger-Potratz, Marianne; Lengyel, Drorit; Sandfuchs, Uwe (Hrsg.): Handbuch Interkulturelle Pädagogik. Bad Heilbrunn: Verlag Julius Klinkhardt, 469–473.

Liddicoat, Anthony (1997): Interaction, social structure, and second language use: a response to Firth and Wagner. In: The Modern Language Journal 81 (3), 313–317.

Linehan, Carol; McCarthy, John (2000): Positioning in practice: Understanding participation in the social world. In: Journal for the Theory of Social Behaviour 30 (4), 435–453.

Lisker, Andrea (2011): Additive Maßnahmen zur vorschulischen Sprachförderung in den Bundesländern. Expertise im Auftrag des Deutschen Jugendinstituts (URL: https://www.dji.de/fileadmin/user_upload/bibs/Expertise_Sprachfoerderung_Lisker_2011.pdf letzter Abruf am 07.10.2020).

Loewen, Shawn; Reinders, Hayo (2011): Key concepts in second language acquisition. Basingstoke: Palgrave Macmillan.

Long, Michael H. (1993): Assessment strategies for second language acquisition theories. In: Applied Linguistics 14 (3), 225–249.

Long, Michael H. (1997): Construct validity in SLA research: a response to Firth and Wagner. In: The Modern Language Journal 81 (3), 318–323.

Lüders, Christian (2012): Beobachten im Feld und Ethnographie. In: Flick, Uwe; von Kardorff, Ernst; Steinke, Ines (Hrsg.): Qualitative Forschung. Ein Handbuch. 9. Aufl. Reinbek: Rowohlt Taschenbuch, 384–401.

Lucius-Hoene, Gabriele; Deppermann, Arnulf (2002): Rekonstruktion narrativer Identität. Ein Arbeitsbuch zur Analyse narrativer Interviews. Opladen: Leske+Budrich.

Lucius-Hoene, Gabriele; Deppermann, Arnulf (2004): Narrative Identität und Positionierung. In: Gesprächsforschung – Online-Zeitschrift zur verbalen Interaktion, 5, 166–183 (URL: http://www.gespraechsforschung-online.de/heft2004/ga-lucius.pdf, letzter Abruf am 07.10.2020).

Lueger, Manfred (2010): Interpretative Sozialforschung: die Methoden. Wien: facultas.

Maak, Diana; Ricart Brede, Julia (2014): Empirische Erfassung von Invasivität in videografierten Lehr-Lernsituationen: Entwicklung und Erprobung eines Beobachtungssystems. In: Neumann, Astrid; Mahler, Isabelle (Hrsg.): Empirische Methoden der Deutschdidaktik. Audio- und videografierende Unterrichtsforschung. Baltmannsweiler: Schneider Hohengehren, 151–173.

Machold, Claudia (2015): Wie Individuen zu ‚ethnisch anderen' Kindern werden. Ethnizitätsrelevante Unterscheidungspraktiken in Kindertagesstätten und ihr Beitrag zur (Re-)Produktion von Ungleichheit. In: Soziale Passagen. Journal für Empirie und Theorie Sozialer Arbeit, 7 (1), 35–50

Magnan, Sally Sieloff (2007): From the editor: presenting the special issue. In: The Modern Language Journal 91 (S1), 733–734.

Maguire, Mary H. (2005). What if You Talked to Me? I Could Be Interesting! Ethical Research Considerations in Engaging with Bilingual / Multilingual Child Participants in Human Inquiry [39 paragraphs]. In: Forum Qualitative Sozialforschung 6 (1), Art.

4 (URL: http://nbn-resolving.de/urn:nbn:de:0114-fqs050144, letzter Abruf am 07.10.2020).

Mähler, Claudia (2008): Das Kindergarten- und Vorschulalter (4. bis 7. Jahr). In: Hasselhorn, Marcus; Silbereisen, Rainer K. (Hrsg.): Entwicklungspsychologie des Säuglings- und Kindesalters. Göttingen u. a.: Hogrefe, 177–237.

Mahler, Gerhart; Kaiser, Karl Klaus (1985): Ausländische Schüler an bayerischen Schulen. Zusammenstellung aller wichtigen Vorschriften mit Kommentar und den (sic!) Lehrplan Deutsch als Zweitsprache. 3., neu bearb. Aufl. Kronach/Bayern, München: Link.

Mahler, Gerhart; Steindl, Michael (1983): Zweitsprache Deutsch für Ausländerkinder. Bildungspolitische Schwerpunkte, didaktische Grundlagen. Donauwörth: L. Auer.

Majlesi, Ali Reza (2018): Instructed vision: Navigating grammatical rules by using landmarks for linguistic structures in corrective feedback sequences. In: The Modern Language Journal 102 (S1), 11–29.

Markee, Numa (2000): Conversation analysis. Mahwah, New Jersey: Erlbaum.

Markee, Numa; Kasper, Gabriele (2004): Classroom talks: an introduction. In: The Modern Language Journal 88 (4), 491–500.

Markee, Numa; Kunitz, Silvia (2015): CA-for-SLA studies of classroom interaction: Quo vadis? In: Markee, Numa (Hrsg.): The handbook of classroom discourse and interaction. Hoboken, New Jersey: John Wiley & Sons, 425–439.

Massumi, Mona; von Dewitz, Nora; Grißbach, Johanna; Terhart, Henrike; Wagner, Katarina; Hippmann, Kathrin; Altinay, Lale. Mit Becker-Mrotzek, Michael; Roth, Hans-Joachim (2015): Neu zugewanderte Kinder und Jugendliche im deutschen Schulsystem (URL: https://www.mercator-institut-sprachfoerderung.de/fileadmin/Redaktion/PDF/Publikationen/MI_ZfL_Studie_Zugewanderte_im_deutschen_Schulsystem_final_screen.pdf, letzter Abruf am 07.10.2020).

Mayring, Philipp (2002): Einführung in die qualitative Sozialforschung. Eine Anleitung zu qualitativem Denken. 5. Aufl. Weinheim: Beltz.

Mecheril, Paul; Quehl, Thomas (2006): Die Macht der Sprachen. Englische Perspektiven auf die mehrsprachige Schule. Münster und New York: Waxmann.

Meisel, Jürgen M. (2008): Child second language acquisition or successive first language acquisition? In: Haznedar, Belma; Gavruseva, Elena (Hrsg.): Current trends in child second language acquisition: a generative perspective. Amsterdam und Philadelphia: John Benjamin Pub. Co., 55–80.

Miethe, Ingrid (2010): Forschungsethik. In: Friebertshäuser, Barbara; Langer, Antje; Prengel, Annedore (Hrsg.): Handbuch qualitative Forschungsmethoden in der Erziehungswissenschaft. Unter Mitarbeit von Heike Boller und Sophia Richter. 3. Aufl. Weinheim u.a.: Juventa, 927–937.

Mikrozensus (2017): Bevölkerung und Erwerbstätigkeit. Bevölkerung mit Migrationshintergrund – Ergebnisse des Mikrozensus 2017 (URL: https://www.destatis.de/DE/Themen/Gesellschaft-Umwelt/Bevoelkerung/Migration-Integration/Publikationen/Downloads-Migration/migrationshintergrund-2010220177004.pdf, letzter Abruf am 20.09.2020).

Mondada, Lorenza; Pekarek Doehler, Simona (2004): Second language acquisition as situated practice: task accomplishment in the French second language classroom. In: The Modern Language Journal 88 (4), 501–518.

Mori, Junko (2007): Border crossings? Exploring the intersection of second language acquisition, conversation analysis, and foreign language pedagogy. In: The Modern Language Journal 91 (S1), 849–862.

Müller, Klaus (1983): Interaktionsstrategien in der Kommunikation von Gastarbeiterkindern: Plädoyer für eine konversationsanalytische Beschreibung des ungesteuerten Zweitspracherwerbs. In: Rath, Rainer (Hrsg.): Sprach- und Verständigungsschwierigkeiten bei Ausländerkindern in Deutschland: Frankfurt am Main: Peter Lang.

Mundwiler, Vera (2017): Beurteilungsgespräche in der Schule. Eine gesprächsanalytische Studie zur Interaktion zwischen Lehrpersonen, Eltern sowie Schülerinnen und Schülern. Tübingen: Narr.

Narimani, Petra (2014): Zustimmung als Prozess: Informiertes Einverständnis in der Praxisforschung mit von Ausweisung bedrohten Drogenabhängigen. In: von Unger, Hella; Narimani, Petra; M'Bayo, Rosaline (Hrsg.): Forschungsethik in der qualitativen Forschung: Reflexivität, Perspektiven, Positionen. Wiesbaden: Springer VS Verlag, 41–58.

Niedersächsisches Kultusministerium (2018): Orientierungsplan für Bildung und Erziehung. Gesamtausgabe (URL: https://www.bildungsserver.de/Bildungsplaene-der-Bundeslaender-fuer-die-fruehe-Bildung-in-Kindertageseinrichtungen-2027-de.html (letzter Abruf am 07.10.2020).

Norton Peirce, Bonny (1995): Social identity, investment, and language learning. In: TESOL Quarterly 29 (1), 9–31.

Norton, Bonny; McKinney, Carolyn (2011): An identity approach to second language acquisition. In: Atkinson, Dwight (Hrsg.): Alternative approaches to second language acquisition. London, New York: Routledge, 73–94.

Norton, Bonny; Toohey, Kelleen (2011): State-of-the-art-article. Identity, language learning, and social change. In: Language Teaching 44 (4), 412–446.

Ochs, Elinor (1979): Transcription as theory. In: Ochs, Elinor; Schieffelin, Bambi B. (Hrsg.): Developmental pragmatics. New York u. a: Academic Press, 43–72.

Ohm, Udo (2007): Informationsverarbeitung vs. Partizipation: Zweitspracherwerb aus kognitiv-interaktionistischer und soziokultureller Perspektive. In: Eßer, Ruth; Krumm, Hans-Jürgen (Hrsg.): Bausteine für Babylon: Sprache, Kultur, Unterricht … Festschrift zum 60. Geburtstag von Hans Barkowski. München: iudicium, 24–33.

Ohm, Udo (2008): Zweitspracherwerb als Erfahrung. Eine qualitativ-explorative Untersuchung auf der Basis narrativer Interviews. Unveröffentlichte Habilitationsschrift. Jena: Friedrich-Schiller-Universität.

Ohm, Udo (2012): Zweitspracherwerb als Erfahrung: Narrationsanalytische Rekonstruktionen biografischer Verstrickungen von Erwerbsprozessen. In: Ahrenholz, Bernt (Hrsg.): Einblicke in die Zweitspracherwerbsforschung und ihre methodischen Verfahren. Berlin und Boston: Walter de Gruyter, 261–283.

Ohm, Udo; Bongartz, Christiane (2012): Einleitung. In: Ohm, Udo; Bongartz, Christiane (Hrsg.): Soziokulturelle und psycholinguistische Untersuchungen zum Zweitspracherwerb: Ansätze zur Verbindung zweier Forschungsparadigmen. Frankfurt am Main u. a.: Peter Lang, 9–13.

Oomen-Welke, Ingelore (2014): Didaktik der Vielfalt. In: Ahrenholz, Bernt; Oomen-Welke, Ingelore (Hrsg.): Deutsch als Zweitsprache. 3. korr. Aufl. Baltmannsweiler: Schneider Verlag Hohengehren, 479–492.

Ortega, Lourdes (2011): SLA after the social turn. Where cognitivism and its alternatives stand. In: Atkinson, Dwight (Hrsg.): Alternative approaches to second language acquisition. London, New York: Routledge, 167–180.

Ortega, Lourdes (2013): SLA for the 21st century: disciplinary progress, transdisciplinary relevance, and the bi/multilingual turn. In: Language Learning 63 (S1), 1–24.

Quasthoff, Uta (2006): Entwicklung mündlicher Fähigkeiten. In: Bredel, Ursula; Günther, Hartmut; Klotz, Peter; Ossner, Jakob; Siebert-Ott, Gesa (Hrsg.): Didaktik der deutschen Sprache. Ein Handbuch. 1. Teilband. 2. durchgesehene Aufl. Paderborn: F. Schöningh (UTB, 8235), 107–120.

Pallotti, Gabriele; Wagner, Johannes (Hrsg.) (2011): L2 learning as social practice. Conversation-analytic perspectives. Honolulu: National Foreign Language Resource Center.

Pallotti, Gabriele; Wagner, Johannes (2011): L2-Learning as Social Practice: Conversation-Analytic Perspectives. In: Pallotti, Gabriele; Wagner, Johannes (Hrsg.): L2 learning as social practice. Conversation-analytic perspectives. Honolulu: National Foreign Language Resource Center, 1–13.

Pavlenko, Aneta; Lantolf, James P. (2000): Second language learning as participation and the (re)construction of selves. In: Lantolf, James P. (Hrsg.): Sociocultural theory and second language learning. Oxford: Oxford University Press, 155–177.

Pekarek Doehler, Simona (2010): Conceptual changes and methodological challenges: on language and learning from a conversation analytic perspective on SLA. In: Seedhouse, Paul; Walsh, Steve; Jenks, Chris (Hrsg.): Conceptualising ‚learning' in applied linguistics. Basingstoke: Palgrave Macmillan, 105–126.

Pekarek Doehler, Simona (2013): Conversation analysis and second language acquisition: CA-SLA. In: Chapelle, Carol A. (Hrsg.): The encyclopedia of applied linguistics. Oxford: Blackwell Publishing, 1–8[383] (URL: https://onlinelibrary.wiley.com/doi/pdf/10.1002/9781405198431.wbeal0217, letzter Abruf am 07.10.2020).

Pekarek Doehler, Simona; Fasel Lauzon, Virginie (2015): Documenting change across time: longitudinal and cross-sectional CA studies of classroom interaction. In: Markee, Numa (Hrsg.): The handbook of classroom discourse and interaction. Hoboken, New Jersey: John Wiley & Sons, 409–424.

Pianta, Robert C. (2017): Beobachtung und Weiterentwicklung der Fachkraft-Kind-Interaktionen in der Frühpädagogik. In: Wertfein, Monika; Wildgruber, Andreas; Wirts,

---

[383] Die Seitenangaben beziehen sich auf das online-Dokument und weichen von denen in der Originalpublikation ab.

Claudia; Becker-Stoll, Fabienne (Hrsg.): Interaktionen in Kindertageseinrichtungen: Theorie und Praxis im interdisziplinären Dialog. Göttingen: Vandenhoeck & Ruprecht, 22–34.

Portmann-Tselikas, Paul R. (2011): Vom Ethos der Wissenschaft und seinem Verhältnis zum Praxisfeld und zur Ethik. In: Bausch, Karl-Richard; Burwitz-Melzer, Eva; Königs, Frank G.; Krumm, Hans-Jürgen (Hrsg.): Erforschung des Lehrens und Lernens fremder Sprachen: Forschungsethik, Forschungsmethodik und Politik. Tübingen: Narr, 181–191.

Poulisse, Nanda (1997): Some words in defense of the psycholinguistic approach: a response to Firth and Wagner. In: The Modern Language Journal 81 (3), 324–328.

Rampton, Ben (1997): Second language research in late modernity: a response to Firth and Wagner. In: The Modern Language Journal 81 (3), 329–333.

Rath, Rainer (1983): Das Saarbrücker Projekt „Gastarbeiterkommunikation". In: Rath, Rainer (Hrsg.): Sprach- und Verständigungsschwierigkeiten bei Ausländerkindern in Deutschland. Frankfurt am Main u. a.: Peter Lang, 7–17.

Redder, Angelika (2001a): Aufbau und Gestaltung von Transkriptionssystemen. In: Brinker, Klaus; Burkhardt, Armin; Steger, Hugo; Ungeheuer, Gerold; Wiegand, Herbert Ernst (Hrsg.): Text- und Gesprächslinguistik. Ein internationales Handbuch zeitgenössischer Forschung. 2. Halbband. Berlin und New York: Walter de Gruyter, 1038–1059.

Redder, Angelika (2001b): Theorie und Empirie. In: Helbig, Gerhard; Götze, Lutz; Henrici, Gert; Krumm, Hans-Jürgen (Hrsg.): Deutsch als Fremdsprache. Ein internationales Handbuch. Berlin: De Gruyter, 638–647.

Redder, Angelika (2001c): Zweitsprachenerwerb als Interaktion II: Interaktion und Kognition. In: Helbig, Gerhard; Götze, Lutz; Henrici, Gert; Krumm, Hans-Jürgen (Hrsg.): Deutsch als Fremdsprache. Ein internationales Handbuch. Berlin: De Gruyter, 742–751.

Redwood, Sabi (2008): Research less violent? Or the ethics of performative social science. In: Forum Qualitative Sozialforschung 9 (2) (URL: http://www.qualitative-research.net/index.php/fqs/article/view/407/881, letzter Abruf am 07.10.2020).

Reich, Hans H. (1994): Deutschlehrer für Gastarbeiterkinder. Eine Übersicht über Ausbildungsmöglichkeiten in der Bundesrepublik. In: Koreik, Uwe; Henrici, Gert (Hrsg.): Deutsch als Fremdsprache. Wo warst du, wo bist du, wohin gehst du? Zwei Jahrzehnte der Debatte über die Konstituierung des Fachs Deutsch als Fremdsprache. Baltmannsweiler: Schneider Verlag Hohengehren, 90–104.

Reich, Hans H., unter Mitarbeit von Knisel-Scheuring, Gerlinde (2008): Sprachförderung im Kindergarten. Grundlagen, Konzepte und Materialien. Weimar und Berlin: Verlag das netz.

Reich, Hans H. (2009): Zweisprachige Kinder: Sprachenaneignung und sprachliche Fortschritte im Kindergartenalter. Münster u. a.: Waxmann.

Reich, Hans H. (2010): Entwicklungen von Deutsch als Zweitsprache in Deutschland. In: Krumm, Hans-Jürgen; Fandrych, Christian; Hufeisen, Britta; Riemer, Claudia

(Hrsg.): Deutsch als Fremd- und Zweitsprache. Ein internationales Handbuch. Berlin und New York: De Gruyter Mouton, 63–72.

Reichert-Garschhammer, Eva (2011): Bildung und Lernen im Dialog – Ko-Konstruktion und Partizipation. In: Reichert-Garschhammer, Eva; Kieferle, Christa (Hrsg.): Sprachliche Bildung in Kindertageseinrichtungen. Freiburg u. a.: Herder, 87–91.

Reichert-Garschhammer, Eva; Kieferle, Christa (Hrsg.) (2011): Sprachliche Bildung in Kindertageseinrichtungen. Freiburg u. a.: Herder.

Reichertz, Jo (1989): Hermeneutische Auslegung von Feldprotokollen? Verdrießliches über ein beliebtes Forschungsmittel. In: Aster, Reiner; Merkens, Hans; Repp, Michael (Hrsg.): Teilnehmende Beobachtung. Werkstattberichte und methodologische Reflexionen. Frankfurt am Main und New York: Campus, 84–102.

Ricart Brede, Julia (2011): Videobasierte Qualitätsanalyse vorschulischer Sprachfördersituationen. Freiburg im Breisgau: Fillibach Verlag.

Ricart Brede, Julia (2014): Vorschulische Sprachfördersituationen. Ein aufbereiteter und kommentierter Transkriptband aus dem Projektkontext von „Sag' mal was – Sprachförderung für Vorschulkinder" (URL: http://www.daz-portal.de/images/Berichte/bm_band_02_ricart-brede_20140730.pdf, letzter Abruf am 06.10.2020).

Richter, Rudolf (1997): Qualitative Methoden in der Kindheitsforschung. In: Österreichische Zeitschrift für Soziologie 22 (3), 74–98.

Riemer, Claudia (2010): Feldforschung. In: Barkowski, Hans; Krumm, Hans-Jürgen (Hrsg.): Fachlexikon Deutsch als Fremd- und Zweitsprache. Tübingen und Basel: A. Francke UTB, 82.

Riemer, Claudia (2011): Zugänge zur empirischen Forschung in DaF/DaZ oder: Plädoyer für eine gegenstandsspezifische Diskussion um empirische Forschungszugänge in der Fremdsprachenforschung. In: Bausch, Karl-Richard; Burwitz-Melzer, Eva; Königs, Frank G.; Krumm, Hans-Jürgen (Hrsg.): Erforschung des Lehrens und Lernens fremder Sprachen: Forschungsethik, Forschungsmethodik und Politik. Tübingen: Narr, 192–200.

Riemer, Claudia (2014): Forschungsmethodologie Deutsch als Fremd- und Zweitsprache. In: Settinieri, Julia; Demirkaya, Sevilen; Feldmeier, Alexis; Gültekin-Karakoç, Nazan; Riemer, Claudia (Hrsg.): Empirische Forschungsmethoden für Deutsch als Fremd- und Zweitsprache. Paderborn: Ferdinand Schöningh, 15–31.

Riemer, Claudia (2018): Sprachlehrkräfte für Deutsch als Zweitsprache. In: Gogolin, Ingrid; Georgi, Viola B.; Krüger-Potratz, Marianne; Lengyel, Drorit; Sandfuchs, Uwe (Hrsg.): Handbuch Interkulturelle Pädagogik. Bad Heilbrunn: Verlag Julius Klinkhardt, 565–569.

Roos, Jeanette; Polotzek, Silvana; Schöler, Hermann (2010): Evaluationsstudie zur Sprachförderung von Vorschulkindern. Wissenschaftliche Begleitung der Sprachfördermaßnahmen im Programm „Sag' mal was – Sprachförderung für Vorschulkinder" (URL: https://www.sagmalwas-bw.de/fileadmin/Mediendatenbank_DE/Sag_Mal_Was/Dokumente/EVAS_Abschlussbericht_mit-Anhang_und_Vorspann_und_Danksagung_21-04-2010.pdf, letzter Abruf am 07.10.2020).

Rösch, Heidi (2011): Deutsch als Zweit- und Fremdsprache. Berlin: Akademie Verlag.

Rosenthal, Gabriele (2011): Interpretative Sozialforschung. Eine Einführung. 3. aktual. und ergänzte Auflage. Weinheim und München: Juventa.

Roth, Hans-Joachim (2013): Sprache – Sprechen – Schweigen. Historische und theoretische Positionen zum Verhältnis des Sprechens über sprachliche Vielfalt. In: Roth, Hans-Joachim; Terhart, Henrike; Anastasopoulos, Charis (Hrsg.): Sprache und Sprechen im Kontext von Migration. Worüber man sprechen kann und worüber man (nicht) sprechen soll. Wiesbaden: Springer Fachmedien, 13–42.

Rothweiler, Monika (2007): Bilingualer Spracherwerb und Zweitspracherwerb. In: Steinbach, Markus; Albert, Ruth; Girnth, Heiko; Hohenberger, Annette; Kümmerling-Meibauer, Bettina; Meibauer, Jörg; Rothweiler, Monika; Schwarz-Friesel, Monika (Hrsg.): Schnittstellen der germanistischen Linguistik. Stuttgart: J. B. Metzler, 103–135.

Rothweiler, Monika; Ruberg, Tobias; Utrecht, Dörte (2009): Praktische Kompetenz ohne theoretisches Wissen? Zur Rolle von Sprachwissenschaft und Spracherwerbstheorie in der Ausbildung von Erzieherinnen und Grundschullehrerinnen. In: Wenzel, Diana; Koeppel, Gisela; Carle, Ursula (Hrsg.): Kooperation im Elementarbereich. Eine gemeinsame Ausbildung für Kindergarten und Grundschule (3. Band). Baltmannsweiler: Schneider Verlag Hohengehren, 111–122.

Ruberg, Tobias; Rothweiler, Monika (2012): Spracherwerb und Sprachförderung in der KiTa. Stuttgart: Kohlhammer.

Sacks, Harvey (1995): Lectures on conversation. Volumes I & II. Oxford und Cambridge: Blackwell.

Sacks, Harvey (2003): Notes on methodology. In: Atkinson, Maxwell J.; Heritage, John (Hrsg.): Structures of social action: studies in conversation analysis. Cambridge: Cambridge University Press, 21–27.

Sacks, Harvey; Schegloff, Emanuel A.; Jefferson, Gail (1974): A simplest systematics for the organization of turn-taking in conversation. In: Language 50 (4), 696–735.

Sager, Sven F. (2001a): Formen und Probleme der technischen Dokumentation von Gesprächen. Brinker, Klaus; Burkhardt, Armin; Steger, Hugo; Ungeheuer, Gerold; Wiegand, Herbert Ernst (Hrsg.): Text- und Gesprächslinguistik. Ein internationales Handbuch zeitgenössischer Forschung. 2. Halbband. Berlin und New York: De Gruyter, 1022–1033.

Sager, Sven F. (2001b): Probleme der Transkription nonverbalen Verhaltens. In: Brinker, Klaus; Burkhardt, Armin; Steger, Hugo; Ungeheuer, Gerold; Wiegand, Herbert Ernst (Hrsg.): Text- und Gesprächslinguistik. Ein internationales Handbuch zeitgenössischer Forschung. 2. Halbband. Berlin und New York: De Gruyter, 1069–1085.

Scarvaglieri, Claudio; Zech, Claudia (2013): „ganz normale Jugendliche, allerdings mit Migrationshintergrund". Eine funktional-semantische Analyse von „Migrationshintergrund". In: Zeitschrift für angewandte Linguistik 58, 201–227.

Schegloff, Emanuel A. (1991): Conversation analysis and socially shared cognition. In: Resnick, Lauren B.; Levine, John M.; Teasley, Stephanie D. (Hrsg.): Perspectives on socially shared cognition. Washington: American Psychological Association, 150–171.

Schilling, Matthias (2017): Künftiger Personalbedarf – eine Projektion bis 2025. In: Autorengruppe Fachkräftebarometer Frühe Bildung 2017. Weiterbildungsinitiative Frühpädagogische Fachkräfte. München, 176–185 (URL: https://www.fachkraeftebarometer.de/fileadmin/Redaktion/Publikation_FKB2017/7_Personalbedarf_web.pdf, letzter Abruf am 07.10.2020).

Schirmer, Dominique (2009): Empirische Methoden der Sozialforschung. Grundlagen und Techniken. Stuttgart: UTB.

Schmelter, Lars (2011): Vielgestaltige Zugänge zum Forschungsfeld „Lehren und Lernen von Fremdsprachen" – politische, ethische, methodische Probleme und Fragen. In: Bausch, Karl-Richard; Burwitz-Melzer, Eva; Königs, Frank G.; Krumm, Hans-Jürgen (Hrsg.): Erforschung des Lehrens und Lernens fremder Sprachen: Forschungsethik, Forschungsmethodik und Politik. Tübingen: Narr, 201–209.

Schneider, Wolfgang; Hasselhorn, Marcus (2018): Frühe Kindheit (3–6 Jahre). In: Schneider, Wolfgang; Lindenberger, Ulman (Hrsg.): Entwicklungspsychologie. 8. überarbeitete Auflage. Weinheim und Basel: Beltz Verlag, 191–214.

Schnell, Rainer; Hill, Paul B.; Esser, Elke (2011): Methoden der empirischen Sozialforschung. 9. Aufl. München: Oldenbourg.

Schnitzer, Anna (2015): Sprache(n) sprechen. Biographische Selbstpositionierungen jugendlicher Schülerinnen einer bilingualen Schulklasse in der Schweiz. In: Schnitzer, Anna; Mörgen, Rebecca (Hrsg.): Mehrsprachigkeit und (Un-)Gesagtes. Sprache als soziale Praxis in der Migrationsgesellschaft. Weinheim und Basel: Beltz Juventa, 131–152.

Schramm, Karen (2009): Zum Konzept der Kompensationsstrategien aus soziokultureller Perspektive: Produktionssicherndes Handeln von GrundschülerInnen in einer Deutsch-als-Zweitsprache-Fördergruppe. In: Nauwerck, Patricia (Hrsg.): Kultur der Mehrsprachigkeit. Festschrift für Ingelore Oomen-Welke. Freiburg im Breisgau: Fillibach.

Schramm, Karen (2014a): Besondere Forschungsansätze: videobasierte Unterrichtsforschung. In: Settinieri, Julia; Demirkaya, Sevilen; Feldmeier, Alexis; Gültekin-Karakoç, Nazan; Riemer, Claudia (Hrsg.): Empirische Forschungsmethoden für Deutsch als Fremd- und Zweitsprache. Paderborn: Ferdinand Schöningh, 243–254.

Schramm, Karen (2014b): Sprachlernstrategien. In: Ahrenholz, Bernt; Oomen-Welke, Ingelore (Hrsg.): Deutsch als Zweitsprache. 3. korrigierte Auflage. Baltmannsweiler: Schneider Verlag Hohengehren, 95–106.

Schramm, Karen; Aguado, Karin (2009): Videographie in den Fremdsprachendidaktiken. Ein Überblick. In: Aguado, Karin; Schramm, Karen (Hrsg.): Fremdsprachliches Handeln beobachten, messen, evaluieren. Frankfurt am Main: Peter Lang, 185–214.

Schulz, Petra; Grimm, Angela (2012): Spracherwerb. In: Drügh, Heinz; Komfort-Hein, Susanne; Kraß, Andreas; Meier, Cécile; Rohowski, Gabriele; Seidel, Robert; Weiß, Helmut (Hrsg.): Germanistik. Sprachwissenschaft – Literaturwissenschaft – Schlüsselkompetenzen. Stuttgart und Weimar: J. B. Metzler, 155–172 (URL: https://www.uni-frankfurt.de/49012670/Schulz-_-Grimm-_2012__-Spracherwerb1.pdf, letzter Abruf am 07.10.2020).

Schütze, Fritz (1987): Symbolischer Interaktionismus. In: Ammon, Ulrich; Dittmar, Norbert; Mattheier, Klaus J. (Hrsg.): Soziolinguistik. Ein internationales Handbuch zur Wissenschaft von Sprache und Gesellschaft. 1. Halbband. Berlin, New York: de Gruyter, 520–553.

Schwab, Götz (2009): Gesprächsanalyse und Fremdsprachenunterricht. Landau: Verlag Empirische Pädagogik.

Schwab, Götz; Schramm, Karen (2016): Diskursanalytische Auswertungsmethoden. In: Caspari, Daniela; Klippel, Friederike; Legutke, Michael K.; Schramm, Karen (Hrsg.): Forschungsmethoden in der Fremdsprachendidaktik. Ein Handbuch. Tübingen: Narr Francke Attempo Verlag, 280–297.

Seedhouse, Paul (2005): Conversation analysis and language learning. In: Language Teaching 38, 165–187.

Selting, Margret (2001): Probleme der Transkription verbalen und paraverbalen/prosodischen Verhaltens. In: Brinker, Klaus; Antos, Gerd; Heinemann, Wolfgang; Sager, Sven F. (Hrsg.): Text- und Gesprächslinguistik. Ein internationales Handbuch zeitgenössischer Forschung. 2. Halbband. Berlin und New York: De Gruyter, 1059–1068.

Selting, Margret (2016): Praktiken des Sprechens und Interagierens im Gespräch aus der Sicht von Konversationsanalyse und Interaktionaler Linguistik. In: Deppermann, Arnulf; Feilke, Helmuth; Linke, Angelika (Hrsg.): Sprachliche und kommunikative Praktiken. Walter de Gruyter: Berlin und Boston, 27–56.

Selting, Margret; Auer, Peter; Barth-Weingarten, Dagmar; Bergmann, Jörg; Bergmann, Pia; Birkner, Karin; Couper-Kuhlen, Elizabeth; Deppermann, Arnulf; Gilles, Peter; Günthner, Susanne; Hartung, Martin; Kern, Friederike; Mertzlufft, Christine; Meyer, Christian; Morek, Miriam; Oberzaucher, Frank; Peters, Jörg; Quasthoff, Uta; Schütte, Wilfried; Stukenbrock, Anja; Uhmann, Susanne (2009): Gesprächsanalytisches Transkriptionssystem 2 (GAT 2). In: Gesprächsforschung – Online-Zeitschrift zur verbalen Interaktion 10, 353402 (URL: http://www.gespraechsforschung-ozs.de/heft2009/px-gat2.pdf, letzter Abruf am 07.10.2020).

Selting, Margret; Couper-Kuhlen, Elizabeth (2000): Argumente für die Entwicklung einer ‚interaktionalen Linguistik'. In: Gesprächsforschung – Online-Zeitschrift zur verbalen Interaktion 1, 76–95.

Settinieri, Julia (2012): Möglichkeiten und Grenzen der Prüfung konvergenter Validität sprachstandsdiagnostischer Verfahren. In: Ahrenholz, Bernt (Hrsg.): Einblicke in die Zweitspracherwerbsforschung und ihre methodischen Verfahren. Berlin und Boston: Walter de Gruyter, 325–348.

Settinieri, Julia (2014): Planung einer empirischen Studie. In: Settinieri, Julia; Demirkaya, Sevilen; Feldmeier, Alexis; Gültekin-Karakoç, Nazan; Riemer, Claudia (Hrsg.): Empirische Forschungsmethoden für Deutsch als Fremd- und Zweitsprache. Paderborn: Ferdinand Schöningh, 57–71.

Sfard, Anna (1998): On two metaphors for learning and the dangers of choosing just one. In: Educational Researcher 27 (2), 4–13.

Sfard, Anna; Prusak, Anna (2005a): Identity that makes a difference: substantial learning as closing the gap between actual and designed identities. In: Chick, Helen L.;

Vincent, Jill L. (Hrsg.): Proceedings of the 29th conference of the international group for the psychology of mathematics Education 1. Melbourne: PME, 37–52 (URL: http://www.emis.de/proceedings/PME29/PME29Plenaries/PME29SfardPrusakPlenary.pdf, letzter Abruf am 07.10.2020).

Sfard, Anna; Prusak, Anna (2005b): Telling identities: In search of an analytical tool for investigating learning as a culturally shaped activity. In: Educational Researcher 34 (4), 14–22 (URL: https://www.researchgate.net/publication/242177845_Telling_Identities_In_Search_of_an_Analytic_Tool_for_Investigating_Learning_as_a_Culturally_Shaped_Activity, letzter Abruf am 07.10.2020).

Skintey, Lesya (2014): „Wo ist Mostafa?" Kinder haben Fragen – kleine Gespräche fördern das Sprachenlernen. In: Frühes Deutsch 23 (31), 47–49.

Skintey, Lesya (2015): „Wo gehen gleich? Wo? Wo?": erste Beobachtungen aus einem empirischen Forschungsprojekt zu zweitsprachlichen Interaktionen im Kindergarten. In: Witzigmann, Stéfanie; Rymarczyk, Jutta (Hrsg.): Mehrsprachigkeit als Chance. Herausforderungen und Potentiale individueller und gesellschaftlicher Mehrsprachigkeit. Frankfurt am Main: Peter Lang Edition, 105–122.

Spranz-Fogasy, Thomas; Deppermann, Arnulf (2001): Teilnehmende Beobachtung in der Gesprächsanalyse. In: Brinker, Klaus; Antos, Gerd; Heinemann, Wolfgang; Sager, Sven F. (Hrsg.): Text- und Gesprächslinguistik. Ein internationales Handbuch zeitgenössischer Forschung. 2. Halbband. Berlin und New York: De Gruyter Mouton, 1007–1013.

Statistisches Bundesamt (2017): Bevölkerung und Erwerbstätigkeit. Bevölkerung mit Migrationshintergrund – Ergebnisse des Mikrozensus 2017 (URL: https:/www.destatis.de/DE/Publikationen/Thematisch/Bevoelkerung/MigrationIntegration/Migrationshintergrund2010220177004.pdf?__blob=publicationFile, letzter Abruf am 07.10.2020).

Steinke, Ines (1999): Kriterien qualitativer Forschung. Ansätze zur Bewertung qualitativ-empirischer Sozialforschung. Weinheim und München: Juventa.

Strätz, Rainer; Demandewitz, Helga (2000): Beobachten. Anregungen für Erzieherinnen im Kindergarten. 4. Aufl. Weinheim u. a.: Beltz.

Strübing, Jörg (2009): Annotationen aus der Perspektive qualitativ-interpretativer Methoden. In: Kromrey, Helmut (Hrsg.): Empirische Sozialforschung. Modelle und Methoden der standardisierten Datenerhebung und Datenauswertung. 12. überarbeitete und ergänzte Aufl. Stuttgart: Lucius & Lucius, 57–64, 102–106, 158–160, 188–189, 242–249, 295–297, 386–394, 490–496.

Swain, Merrill; Deters, Ping (2007): "New" mainstream SLA theory: expanded and enriched. In: The Modern Language Journal 91 (S1), 820–836.

Sylva, Kathy, unter Mitarbeit von Murkett, Grace; Melhuish, Edward; Sammons, Pam; Siraj, Iram; Taggart, Brenda (2017): Wirksame Lernunterstützung in der frühkindlichen Bildung und Betreuung. In: Wertfein, Monika; Wildgruber, Andreas; Wirts, Claudia; Becker-Stoll, Fabienne (Hrsg.): Interaktionen in Kindertageseinrichtungen: Theorie und Praxis im interdisziplinären Dialog. Göttingen: Vandenhoeck & Ruprecht, 35–46.

Textor, Martin R. (2005): PISA 2003 – die richtigen Konsequenzen ziehen. In: Textor, Martin R.; Bostelmann, Antje (Hrsg.): Das Kita-Handbuch (URL: http://www.kindergartenpaedagogik.de/1385.html, letzter Abruf am 07.10.2020).

Textor, Martin R. (2016): Flüchtlingskinder in der Kita. In: Textor, Martin R.; Bostelmann, Antje (Hrsg.): Das Kita-Handbuch (URL: http://www.kindergartenpaedagogik.de/2386.html, letzter Abruf am 07.10.2020).

Theodórsdóttir, Guđrún (2018): L2 teaching in the wild: a closer look at correction and explanation practices in everyday L2 interactions. In: The Modern Language Journal 102 (S1), 30–45.

Thomauske, Nathalie (2015): Das Silencing Anderssprachiger Kinder of Color. Ein deutsch-französischer Vergleich von Sprachpolitiken und -praktiken in frühkindlichen Bildungseinrichtungen. Schnitzer, Anna; Mörgen, Rebecca (Hrsg.): Mehrsprachigkeit und (Un-)Gesagtes. Sprache als soziale Praxis in der Migrationsgesellschaft. Weinheim und Basel: Beltz Juventa, 85–108.

Thomauske, Nathalie (2017): Sprachlos gemacht in Kita und Familie. Ein deutsch-französischer Vergleich von Sprachpolitiken und -praktiken. Wiesbaden: Springer VS.

Thorne, Steve L.; Hellermann, John (2015): Sociocultural approaches to expert-novice relationships in second language interaction. In: Markee, Numa (Hrsg.): The handbook of classroom discourse and interaction. Hoboken und New Jersey: John Wiley & Sons, 281–297.

Tietze, Wolfgang; Becker-Stoll, Fabienne; Bensel, Joachim; Eckhardt, Andrea G.; Haug-Schnabel, Gabriele; Kalicki, Bernhard; Keller, Heidi; Leyendecker, Birgit (2013): NUBBEK. Nationale Untersuchung zur Bildung, Betreuung und Erziehung in der frühen Kindheit. Weimar und Berlin: Verlag das netz.

Titz, Cora; Geyer, Sabrina; Ropeter, Anna; Wagner, Hanna; Weber, Susanne; Hasselhorn, Marcus (Hrsg.) (2017): Konzepte zur Sprach- und Schriftsprachförderung entwickeln. Stuttgart: W. Kohlhammer Verlag.

Titz, Cora; Weber, Susanne; Ropeter, Anna; Geyer, Sabrina; Hasselhorn, Marcus (Hrsg.) (2018): Konzepte zur Sprach- und Schriftsprachförderung umsetzen und überprüfen. Stuttgart: W. Kohlhammer Verlag.

Toohey, Kelleen (1996): Learning English as a second language in kindergarten: a community of practice perspective. In: The Canadian Modern Language Review 52 (4), 549–576.

Toohey, Kelleen (1998a): „Breaking them up, taking them away": ESL students in grade 1. In: TESOL Quarterly 32 (1), 61–84.

Toohey, Kelleen (1998b): Learning ESL: Participation in situated communities of practice. Presentation to AAAL meeting, Seattle, March 1998 (URL: http://files.eric.ed.gov/fulltext/ED422735.pdf, letzter Abruf am 07.10.2020).

Toohey, Kelleen (2000): Learning English at school. Identity, social relations and classroom practice. Clevedon u. a.: Multilingual matters LTD.

Toohey, Kelleen; Day, Elaine (1998): Communities of participation in learning ESL. Presentation to TESOL conference March 1998, Seattle, Washington (URL: http://files.eric.ed.gov/fulltext/ED426612.pdf, letzter Abruf am 07.10.2020).

Toohey, Kelleen; Day, Elaine (1999): Language-Learning: The Importance of Access to Community. In: TESL Canada Journal 17 (1), 40–53.

Toohey, Kelleen; Day, Elaine (2001): Home to school/kindergarten to grade 1: incommensurable practices? Paper presented at the annual meeting of the American Association for Applied Linguistics (St. Louis, MO, February 24–27, 2001) (URL: http://files.eric.ed.gov/fulltext/ED462835.pdf, letzter Abruf am 07.10.2020).

Toohey, Kelleen; Day, Elaine; Manyak, Patrick (2007): ESL learners in the early school years. Identity and mediated classroom practices. In: Cummins, Jim; Davison, Chris (Hrsg.): International handbook of English Language teaching. 2. Halbband. Luxemburg u. a.: Science+Business Media, 625–638.

Toohey, Kelleen; Norton, Bonny (2010): Language learner identities and sociocultural worlds. In: The Oxford handbook of Applied Linguistics. 2. Aufl. Oxford: Oxford University Press, 178–188.

Topsch, Wilhelm (2004): Grundwissen für Schulpraktikum und Unterricht. 2. überarbeitete und erweiterte Auflage. Weinheim und Basel: Beltz Verlag.

Tracy, Rosemarie; Lemke, Vytautas (Hrsg.) (2009): Sprache macht stark. Berlin und Düsseldorf: Cornelsen.

Ulich, Michaela; Mayr, Toni (2006): Sismik. Sprachverhalten und Interesse an Sprache bei Migrantenkindern in Kindertageseinrichtungen. Freiburg im Breisgau: Herder.

Ulich, Michaela; Mayr, Toni (2007): Seldak. Sprachentwicklung und Literacy bei deutschsprachig aufwachsenden Kindern. Freiburg im Breisgau: Herder.

Unger von, Hella (2014): Forschungsethik in der qualitativen Forschung: Grundsätze, Debatten und offene Fragen. In: von Unger, Hella; Narimani, Petra; M'Bayo, Rosaline (Hrsg.): Forschungsethik in der qualitativen Forschung: Reflexivität, Perspektiven, Positionen. Wiesbaden: Springer VS Verlag, 15–39.

Viebrock, Britta (2007): Kommunikative und argumentative Validierung: Zwischen Gütekriterien, Subjektivität und forschungsethischen Fragestellungen. In: Vollmer, Helmut Johannes (Hrsg.): Empirische Zugänge in der Fremdsprachenforschung. Herausforderungen und Perspektiven. Frankfurt am Main: Lang, 73–87.

Viebrock, Britta (2009): Fremdsprachenforschung und Research Ethics. In: Lütge, Christiane; Kollenrott, Anne Ingrid; Ziegenmeyer, Birgit; Fellmann, Gabriela (Hrsg.): Empirische Fremdsprachenforschung – Konzepte und Perspektiven. Frankfurt am Main: Lang, 39–59.

Viebrock, Britta (2015): Ethik in der Fremdsprachenforschung. Eine systemische Betrachtung. Frankfurt am Main: Lang.

Vygotskij, Lev S. (1931/1992): Geschichte der höheren psychischen Funktionen. Berlin u.a.: Lit Verlag.

Vygotskij, Lev S. (1934): Mischlenie i recj. Moskwa und Leningrad: Gosudarstvennoe sozialjno-ekonomitscheskoe izdateljstvo.

Wadepohl, Heike (2017): Die Gestaltung wertschätzender Interaktionen als eine Facette der Beziehungsqualität. In: Wadepohl, Heike; Mackowiak, Katja; Fröhlich-Gildhoff, Klaus; Weltzien, Dörte (Hrsg.): Interaktionsgestaltung in Familie und Kindertagesbetreuung. Wiesbaden: Springer, 171–198.

Wadepohl, Heike; Mackowiak, Katja; Fröhlich-Gildhoff, Klaus; Weltzien, Dörte (Hrsg.) (2017): Interaktionsgestaltung in Familie und Kindertagesbetreuung. Wiesbaden: Springer.

Wagner, Johannes (2004): The classroom and beyond. In: The Modern Language Journal 88 (4), 612–616.

Weltzien, Dörte; Fröhlich-Gildhoff, Klaus; Wadepohl, Heike; Mackowiak, Katja (2017): Interaktionsgestaltung im familiären und frühpädagogischen Kontext. Einleitung. In: Wadepohl, Heike; Mackowiak, Katja; Fröhlich-Gildhoff, Klaus; Weltzien, Dörte (Hrsg.): Interaktionsgestaltung in Familie und Kindertagesbetreuung. Wiesbaden: Springer, 1–26.

Wenger, Etienne (1998): Communities of practice. Learning, meaning, and identity. Cambridge: Cambridge University Press.

Wertfein, Monika; Reichert-Garschhammer, Eva (2017): Peer-Interaktionen in den ersten Lebensjahren. In: Wertfein, Monika; Wildgruber, Andreas; Wirts, Claudia; Becker-Stoll, Fabienne (Hrsg.): Interaktionen in Kindertageseinrichtungen: Theorie und Praxis im interdisziplinären Dialog. Göttingen: Vandenhoeck & Ruprecht, 153–165.

Wertfein, Monika; Wildgruber, Andreas; Wirts, Claudia; Becker-Stoll, Fabienne (Hrsg.) (2017): Interaktionen in Kindertageseinrichtungen: Theorie und Praxis im interdisziplinären Dialog. Göttingen: Vandenhoeck & Ruprecht.

Winner, Anna (2007): Kleinkinder ergreifen das Wort. Sprachförderung mit Kindern von 0 bis 4 Jahren. Berlin et al.: Cornelsen.

Wirts, Claudia; Wertfein, Monika; Wildgruber, Andreas (2017): Unterstützung kindlicher Kompetenzentwicklung und ihre Bedingungen in Kindertageseinrichtungen. In: Wertfein, Monika; Wildgruber, Andreas; Wirts, Claudia; Becker-Stoll, Fabienne (Hrsg.): Interaktionen in Kindertageseinrichtungen: Theorie und Praxis im interdisziplinären Dialog. Göttingen: Vandenhoeck & Ruprecht, 59–72.

Wolff, Stephan (2012): Wege ins Feld und ihre Verfahren. In: Flick, Uwe; von Kardorff, Ernst; Steinke, Ines (Hrsg.): Qualitative Forschung. Ein Handbuch. 9. Aufl. Reinbek: Rowohlt Taschenbuch, 334–349.

Wörle, Jutta (2013): Kommunikationsstrategien und Anzeichen für Sprachbewusstheit von Kindern. Baltmannsweiler: Schneider Verlag Hohengehren.

Zollinger, Barbara (2015): Die Entdeckung der Sprache. 9. Auflage. Bern: Haupt.

Zumwald, Bea; Schönfelder, Mandy (2015): Sprache im Alltag fördern. In: Löffler, Cordula; Vogt, Franziska (Hrsg.): Strategien der Sprachförderung im Kita-Alltag. München: Reinhardt, 9–17

11 Abbildungsverzeichnis

Abbildung 1: Zusammenhang zwischen Bildungs- und Qualitätsdiskussion (König 2007, 10; leicht modifiziert) 26

Abbildung 2: Interaktionen in der Bildungs- und Qualitätsdiskussion sowie der Zweitspracherwerbsforschung (in Anlehnung an König 2007, 10) 27

Abbildung 3: Soziale und kognitive Strategien (Fillmore 1979, 209) 28

Abbildung 4: Gegenstandsapekte und theoretische Ansätze zu deren Untersuchung.... 46

Abbildung 5: The Metaphorical Mappings (Sfard 1998, 7; übersetzt von L. S.) 50

Abbildung 6: The multifaceted nature of language learning and teaching (Douglas Fir Group 2016, 25) 92

Abbildung 7: Profile der Fokuskinder 108

Abbildung 8: Positionierung (Lucius-Hoene/Deppermann 2002, 198; leicht modifiziert) 134

Abbildung 9: Auswertungsprozess 137

Abbildung 10: Zusammenspiel von Ressourcen, Praktiken und Positionierungen im frühen Zweitspracherwerb im Kindergarten (zu Beginn des Zweitspracherwerbs) ...240

Abbildung 11: Zusammenspiel von Ressourcen, Praktiken und Positionierungen im frühen Zweitspracherwerb im Kindergarten (bei fortschreitendem Zweitspracherwerb) 241

12 Abkürzungsverzeichnis

CA	conversation analysis
CA-SLA/CA-for-SLA	conversation analysis for second language acquisition
CoP	Community of Practice
DaZ	Deutsch als Zweitsprache
KA	Konversationsanalyse
Kita	Kindertageseinrichtung
L1	Erstsprache
L2	Zweitsprache
LPP	Legitimate peripheral participation
SCT	sociocultural theory (Soziokulturelle Theorie)
SLA	second language acquisition
TCU	turn-constructional unit (turn-interne Einheit)
ZdnE	Zone der nächsten Entwicklung
ZSE	Zweitspracherwerb

13 Anhang

13.1 Anhang 1: Vorlage für Beobachtungsprotokolle[384]

Dokumentname:
Kinder:
Datum:
Ort(e):
Zeit:
Beobachtungssituationen:

Zeit	Beobachtungsnotizen:		Theoretische Notizen:	Methodische Notizen:
			Theoretische Kommentare, Hypothesen, Zwischenbefunde	Formen, Positionen, Rollen, Modulationen, Kritik, Gefühle, Konsequenzen
	Phase Situation	**Beschreibung** Akteur*innen, Raum, Spielhandlung, nonverbale Handlung, verbale Handlung		

---

384 In Anlehnung an Brüsemeister (2008², 84ff.) und Topsch (2004², 54f.).

13.2 Anhang 2: Leitfaden für Elterninterviews

1. Könnten Sie mir bitte über Ihre Familie erzählen?
2. Erzählen Sie bitte, welche Sprachen bei Ihnen zu Hause gesprochen werden.
3. Wann und mit wem spricht Ihr Kind ... (die Erstsprache)?
4. Wie gut spricht es ... (die Erstsprache)?
5. Wann und mit wem spricht Ihr Kind Deutsch?
6. Wie gut spricht es Deutsch?
7. Wie wichtig ist es Ihnen, dass Ihr Kind mehrsprachig aufwächst?
8. Was glauben Sie, wie lernt Ihr Kind zwei (oder mehrere) Sprachen?
9. Wann spricht / erzählt Ihr Kind besonders viel, in welchen Situationen? (in welcher Sprache?)
10. Was macht Ihr Kind, wenn es ein Wort in ... (in der Erstsprache) nicht versteht / oder vergessen hat?
11. Was ist Ihrer Ansicht nach besonders förderlich für die sprachliche Entwicklung Ihres Kindes (in der Erstsprache? und im Deutschen?)?
12. Wie sieht die Freizeit Ihres Kindes aus? / Was macht es besonders gerne? (Freies Spiel, malen, Bilderbücher, bauen, singen, Gesellschaftsspiele, draußen spielen, mit vielen Kindern spielen etc.)
13. Welche Aspekte zum Thema erscheinen Ihnen noch wichtig und müssen angesprochen werden?

13.3 Anhang 3: Leitfaden für Erzieher*inneninterviews

1. Wie ist die Eingewöhnung des Kindes verlaufen?
2. Wie ist die Kommunikation am Anfang verlaufen?
3. Wie würden Sie die Sprachentwicklung des Kindes seit dem Kita-Eintritt bis jetzt einschätzen?
4. Wie wird im Kindergarten mit Mehrsprachigkeit umgegangen?
5. Was ist Ihre persönliche Einstellung zur Mehrsprachigkeit?
6. Was wird in Bezug auf die Sprachförderung im Kindergarten gemacht?
7. Wie gestaltet sich die Zusammenarbeit mit den Eltern?
8. Welche Aspekte zum Thema erscheinen Ihnen noch wichtig und müssen angesprochen werden?

13.4 Anhang 4: Elternfragebogen[385]

Sprachwelt des Kindes

1.	Name des Kindes	
2.	Vorname des Kindes	
3.	Geschlecht	☐ Junge ☐ Mädchen
4.	Geburtsdatum und -ort	
5.	In Deutschland seit*	
6.	In der Kita seit	
Familie		
7.	Vater (Name, Vorname)	
8.	Herkunftsland	
9.	Sprachen	
10.	Mutter (Name, Vorname)	
11.	Herkunftsland	
12.	Sprachen	
13.	Geschwister: Name, Vorname, Alter	
14.	Wie lange lebt die Familie in Deutschland?*	☐ Mutter seit _____ ☐ Vater seit _____
Außersprachliche Aspekte		
15.	Letzter Hörtest	am _____ bei _____
16.	Befund vom Hörtest	☐ unauffällig ☐ auffällig

17.	War oder ist das Kind bereits in logopädischer Behandlung?	☐ nein
		☐ ja, früher, von _____ bis _____ (Zeitraum)
		    bei _____
		☐ ja, seit _____
		    bei _____

---

[385] Der Elternfragebogen wurde von mir Anlehnung an die Fragebögen von Jeuk (2011², 138), SISMIK, SELDAK sowie den Elternfragebogen aus dem MIKI-Projekt (Demirkaya 2017, Anhänge B-C2, S. 86ff.) im Rahmen meiner Tätigkeit als Fachkraft für Sprache und Integration entwickelt und später im Forschungsprojekt eingesetzt.

Sprachen			
18. Was ist die Muttersprache[386] des Kindes?			
19. Welche weitere(n) Sprache(n) spricht das Kind?*	Zweitsprache* _____ Drittsprache** _____		
20. Wächst das Kind von Geburt an mit zwei/drei Sprachen auf?*	☐ ja ☐ nein		
21. Wann sprach Ihr Kind erste Worte?	☐ Muttersprache mit ___ Monaten	☐ Zweitsprache* mit ___ Monaten	☐ Drittsprache* mit ___ Monaten
22. Gibt es eine Sprache, die hauptsächlich in der Familie gesprochen wird (Familiensprache)?*	☐ ja ☐ nein wenn ja, welche? _____		
23. Welche Sprache(n) spricht die Mutter mit dem Kind?*	☐ Deutsch ☐ beide Sprachen	☐ andere Sprache _____	
24. Welche Sprache(n) spricht der Vater mit dem Kind?*	☐ Deutsch ☐ beide Sprachen	☐ andere Sprache _____	
25. Welche Sprache(n) sprechen die Mutter und der Vater untereinander?*	☐ Deutsch ☐ beide Sprachen	☐ andere Sprache _____	
26. Welche Sprache(n) sprechen Geschwister mit dem Kind?*	☐ Deutsch ☐ beide Sprachen	☐ andere Sprache _____	

---

386 Zu dem Erhebungszeitpunkt habe ich den – vermutlich für die Eltern geläufigeren – Begriff *Muttersprache* verwendet. Heute würde ich den Begriff *Erstsprache(n)* verwenden.

27. Welche Sprache(n) sprechen andere Bezugspersonen (z.B. Großeltern) mit dem Kind?*	☐ Deutsch ☐ andere Sprache _____ ☐ beide Sprachen	
28. Welche Sprache(n) sprechen Freunde/Nachbarn mit dem Kind?	☐ Deutsch ☐ andere Sprache(n) _____ ☐ beide Sprachen	
	Sprachfähigkeit in der Muttersprache	
29. Kann das Kind Fragen oder Aufträge in der Muttersprache verstehen?	☐ mühelos ☐ mit etwas Mühe ☐ mit großer Mühe ☐ gar nicht	
30. Kennt es in dieser Sprache	☐ Lieder ☐ Reime ☐ Spiele ☐ Märchen	
31. Das Kind erzählt in der Muttersprache	☐ viel und gerne ☐ manchmal ☐ selten ☐ nie	
32. Das Kind spricht	☐ deutlich ☐ etwas undeutlich ☐ sehr undeutlich	
33. Das Kind kann Gegenstände benennen	☐ kann alle benennen ☐ kann die meisten benennen ☐ kann einige benennen ☐ kann keine benennen	
34. Spricht es altersgerecht grammatikalisch richtig?	☐ durchgängig richtig ☐ überwiegend richtig ☐ teilweise richtig ☐ kaum richtig	
35. Nimmt es in der Muttersprache eigenständig Kontakt auf?	☐ oft ☐ manchmal ☐ selten ☐ nie	
Sprachfähigkeit in der	**Zweitsprache***	**Drittsprache****
36. Seit wann erwirbt das Kind diese Sprache? (Alter des Kindes in Monaten)	_____	_____
37. Kann das Kind Fragen oder Aufträge in dieser Sprache verstehen?	☐ mühelos ☐ mit etwas Mühe ☐ mit großer Mühe ☐ gar nicht	☐ mühelos ☐ mit etwas Mühe ☐ mit großer Mühe ☐ gar nicht

38.	Kennt es in dieser Sprache	☐ Lieder ☐ Reime ☐ Spiele ☐ Märchen	☐ Lieder ☐ Reime ☐ Spiele ☐ Märchen
39.	Das Kind erzählt in dieser Sprache	☐ viel und gerne ☐ manchmal ☐ selten ☐ nie	☐ viel und gerne ☐ manchmal ☐ selten ☐ nie
	Das Kind spricht	☐ deutlich ☐ etwas undeutlich ☐ sehr undeutlich	☐ deutlich ☐ etwas undeutlich ☐ sehr undeutlich
40.	Das Kind kann Gegenstände benennen	☐ kann die meisten benennen ☐ kann einige benennen ☐ kann keine benennen	☐ kann die meisten benennen ☐ kann einige benennen ☐ kann keine benennen
41.	Spricht es altersgerecht grammatikalisch richtig?	☐ durchgängig richtig ☐ überwiegend richtig ☐ teilweise richtig ☐ kaum richtig	☐ durchgängig richtig ☐ überwiegend richtig ☐ teilweise richtig ☐ kaum richtig
42.	Nimmt es in dieser Sprache eigenständig Kontakt auf?	☐ oft ☐ manchmal ☐ selten ☐ nie	☐ oft ☐ manchmal ☐ selten ☐ nie

Abschließende Fragen

43.	Welche Sprache, glauben Sie, spricht Ihr Kind lieber?*			
44.	Wird in der Familie generell gern und viel gesprochen?	☐ ja, viel ☐ normal ☐ eher wenig		
45.	Lesen Sie Ihrem Kind vor?	☐ Muttersprache ☐ oft ☐ manchmal ☐ nie	☐ Zweitsprache* ☐ oft ☐ manchmal ☐ nie	☐ Drittsprache* ☐ oft ☐ manchmal ☐ nie
46.	Vermuten Sie Besonderheiten in der Sprachentwicklung des Kindes?	☐ ja ☐ nein		
47.	Wenn ja, in welcher Sprache?*	☐ Deutsch ☐ andere Sprache(n) _____ ☐ beiden		
48.	In welchem Bereich?	☐ Laute produzieren ☐ Wörter lernen ☐ Sätze bilden ☐ zusammenhängend erzählen ☐ sonstiges _____		

49. Wie wichtig ist für Sie, dass Ihr Kind mehrsprachig aufwächst?	☐ wichtig, weil_____ _____ _____ ☐ nicht so wichtig, weil _____ _____ _____
50. Welche Wünsche oder Anregungen haben Sie bezogen auf die Sprachförderung Ihres Kindes?	

Datum: _____   Der Bogen wurde ausgefüllt von: _____

Vielen Dank!

13.5 Anhang 5: Erzieher*innenfragebogen[387]

Gruppenleiterin

Name der Kindertageseinrichtung: _____

I. Zur Person

Name:

Geburtsort:

Geburtsdatum:

Wohnort *(bitte geben Sie ihren Stadtteil an)*:

Familienstand:

Haben Sie Kinder? Wie viele?

Sprechen Sie weitere Sprachen? Welche?

Welche Ausbildung haben Sie?

II. Zur Arbeit

Wie lange sind Sie in dieser Einrichtung beschäftigt? Wie viele Stunden arbeiten Sie?

---

[387] Der Erzieher*innenfragebogen wurde aus dem MiKi-Projekt übernommen (vgl. Demirkaya 2017, Anhänge B-C2, S. 77f.) (URL: https://pub.uni-bielefeld.de/record/2920992, letzter Abruf am 07.10.2020).

Haben Sie außerhalb Ihrer jetzigen Tätigkeit Erfahrungen im pädagogischen-interkulturellen Kontext gesammelt? *(bitte Aufgabenfeld und Einrichtung angeben)*

Haben Sie Fortbildungen besucht, die Ihnen für Ihre jetzige Tätigkeit nützlich sind?
(bitte Jahreszahl und Themenschwerpunkte der Fortbildungen angeben)

Jahr **Themenschwerpunkte**

_____   _____

_____   _____

III. Zur Gruppe

Wie ist Ihr Gruppenraum ausgestattet? *(Bastelecke, Puppenecke ...)*

Wie viele Kinder sind in Ihrer Gruppe?
Wie ist die Geschlechteraufteilung in der Gruppe?

Männlich: **Weiblich:**

Wie ist die Altersverteilung in der Gruppe?

Alter **Anzahl der Kinder**

_____   _____

_____   _____

_____   _____

Welche Herkunftssprachen haben die Kinder?

Wie viele Personen arbeiten mit Ihnen in der Gruppe? Welche Herkunftssprachen haben diese Personen? *(bitte mit Berufsbezeichnung angeben, z.B. türkischsprachige Praktikantin, russischsprachiger Erzieher)*

Was sind die Inhalte Ihrer Arbeit? Wie entscheiden Sie, was sie an einem Tag machen werden?

Ergänzungen:

13.6 Anhang 6: Transkriptionskonvention GAT-2

[ ]	Überlappungen und Simultansprechen
°h / h°	Ein- bzw. Ausatmen von ca. 0.2–0.5 Sek. Dauer
°hh / hh°	Ein- bzw. Ausatmen von ca. 0.5–0.8 Sek. Dauer
°hhh / hhh°	Ein- bzw. Ausatmen von ca. 0.8–1.0 Sek. Dauer
(.)	Mikropause, geschätzt, bis ca. 0.2 Sek. Dauer
(-)	kurze geschätzte Pause von ca. 0.2–0.5 Sek. Dauer
(--)	mittlere geschätzte Pause v. ca. 0.5–0.8 Sek. Dauer
(---)	längere geschätzte Pause von ca. 0.8–1.0 Sek. Dauer
(0.5) (2.0)	gemessene Pausen von ca. 0.5 bzw. 2.0 Sek. Dauer (Angabe mit einer Stelle hinter dem Punkt)
((lacht))	para- und außersprachliche Handlungen und Ereignisse
<<lachend> >	Lachpartikeln in der Rede, mit Reichweite
<<erstaunt> >	interpretierende Kommentare mit Reichweite
und_äh	Verschleifungen innerhalb von Einheiten
hm_hm ja_a	zweisilbige Signale
( )	unverständliche Passage ohne weitere Angaben
(xxx), (xxx xxx)	eine bzw. zwei unverständliche Silben
(solche)	vermuteter Wortlaut
(also/alo)	mögliche Alternativen
((unverständlich, ca. 3 Sek))	unverständliche Passage mit Angabe der Dauer
((...))	Auslassung im Transkript
=	schneller, unmittelbarer Anschluss neuer Sprecherbeiträge oder Segmente
:	Dehnung, Längung, um ca. 0.2–0.5 Sek.
::	Dehnung, Längung, um ca. 0.5–0.8 Sek.
:::	Dehnung, Längung, um ca. 0.8–1.0 Sek.
akZENT	Fokusakzent
ak!ZENT!	extra starker Akzent
?	hoch steigend
,	mittel steigend
–	gleichbleibend
;	mittel fallend
.	tief fallend
man	Fettdruck zum Verweis auf das im Text diskutierte Phänomen

Andrea Daase

Zweitsprachsozialisation in den Beruf
Narrative Rekonstruktionen erwachsener Migrant*innen mit dem Ziel einer qualifizierten Arbeitsaufnahme

Beiträge zur Soziokulturellen Theorie der Sprachaneignung, Band 1, 2018, 408 Seiten, br., 39,90 €, ISBN 978-3-8309-3583-4
E-Book: 35,99 €, ISBN 978-3-8309-8583-9

Diese Studie nähert sich der Aneignung der Zweitsprache Deutsch in Deutschland für den Beruf aus einer hierzulande bislang kaum beachteten emischen Perspektive. Dafür geht sie von den (Sprach-)Biographien der Menschen aus, welche mit dem Forschungsverfahren Narratives Interview erhoben und analysiert wurden. Die Ergebnisse der Studie, welche sich wissenschaftstheoretisch im Soziokulturellen Paradigma der Zweitspracherwerbsforschung und forschungsmethodologisch im Interpretativen Paradigma verortet, zeigen, welche Rolle eine auf das historisch-biographische Gewordensein der Subjekte bezogene Sicherheit für den Prozess der Sprachaneignung spielt. Zum anderen stellt sich Zweitsprachsozialisation in den Beruf als ein dialogischer Prozess dar, der durch soziale Beziehungen vermittelt wird und damit nicht allein in Berufssprachkursen vonstatten gehen kann, sondern als gesamtgesellschaftliche Aufgabe gesehen werden muss.

WAXMANN
www.waxmann.com
info@waxmann.com

Monika Angela Budde,
Franziska Prüsmann
(Hrsg.)

Vom Sprachkurs Deutsch als Zweitsprache zum Regelunterricht
Übergänge bewältigen, ermöglichen, gestalten

Deutsch als Zweitsprache – Positionen, Perspektiven, Potenziale, Band 1, 2020, 208 Seiten, br., 29,90 €, ISBN 978-3-8309-4103-3
E-Book: 26,99 €, ISBN 978-3-8309-9103-8

Über Bedeutung und Auswirkungen von Übergängen im Lebens- und Schulverlauf liegen Erkenntnisse vor, die sich u. a. in gezielten Maßnahmen im Bildungsbereich niederschlagen. Bisher sehr wenig bekannt ist über die Übergänge im Kontext des Deutschen als Zweitsprache (DaZ), z. B. Übergänge in eine neue Lebensumgebung oder hinsichtlich des Lernens in einer anderen Sprache. Es gibt wenige Erkenntnisse darüber, inwiefern DaZ-spezifische Übergänge didaktisch zu berücksichtigen sind oder in welcher Form die Beteiligten unterstützt werden können, um Übergänge gewinnbringend zu gestalten.

Der Sammelband trägt dazu bei, diese Forschungslücke zu schließen. Die Beiträge befassen sich mit den sprachlichen, inhaltlichen und organisatorischen Übergängen, die für DaZ-Lernende und -Lehrende von Bedeutung sind. Sie zeigen, unter welchen Bedingungen schulische Übergänge erfolgreich verlaufen und wann sie eine besondere Hürde sind. Der Sammelband macht die Vielschichtigkeit und Relevanz von Übergängen im Kontext DaZ sichtbar und bietet Impulse für die weitere Forschung.

WAXMANN
www.waxmann.com
info@waxmann.com